넛지 사용법

Nudge

넛지 사용법

소리 없이
세상을 바꾸는법

강준만 외 지음

인물과
사상사

머리말

★

왜 공중도덕을 지키자는
계몽 캠페인은 실패하는가?

남성 화장실의 소변기 앞엔 오줌을 소변기 밖으로 흘리지 말자는 계몽 표어가 붙어 있지만, 별 효과가 없다. 진지하게 훈계하는 것보다는 "남자가 흘리지 말아야 할 것은 눈물만은 아니다"는 식의 유머성 표어가 더 낫긴 하지만, 이 또한 큰 효과를 거둔 것 같지는 않다.

화장실 관리자가 고심 끝에 소변기에 파리 한 마리를 그려넣었더니, 소변기 밖으로 새는 소변량의 80퍼센트가 줄어들었다. 소변을 보는 남성들이 '조준 사격'을 하는 재미로 파리를 겨냥했기 때문이다. 네덜란드 암스테르담 스키폴Schipol공항에서 실제로 일어난 일이다. 최근 스키폴공항의 소변기에는 파리 외에도 다양한 동물 스티커가 붙어 있다.[1]

미국 텍사스주는 고속도로에 버려지는 쓰레기를 줄이기 위해 막대한 자금을 들여 요란한 광고 캠페인을 벌였다. 쓰레기를 아무 데나 버리지 않는 것이 시민의 의무라고 강조했다. 누가 그걸 몰라서 쓰레기를 버리나? 아무 효과가 없었다. 사람들은 아무리 옳은 일이라도 자신이 계몽이나 훈계의 대상이 되고 있다는 걸 몹시 싫어한다. 그래서 하라고 하면 더 안 하고 하지 말라고 하면 더 하려는 청개구리 심보를 부리는 경향이 있다.

텍사스주 당국은 발상의 전환을 했다. 인기 풋볼팀인 댈러스 카우보이의 선수들을 참여시켜 그들이 쓰레기를 줍고 맨손으로 맥주 캔을 찌그러뜨리며 "텍사스를 더럽히지 마!Don't mess with Texas!"라고 으르렁대는 텔레비전 광고를 제작했다. 이른바 '계몽의 엔터테인먼트화'를 시도한 것이다. 캠페인 1년 만에 쓰레기는 29퍼센트나 줄었고, 6년 후에는 72퍼센트나 감소했다. 텍사스 주민의 95퍼센트가 이 표어를 알고 있었으며, 2006년에는 이 표어가 미국인이 가장 사랑하는 표어로 압도적인 지지를 얻어 뉴욕시 메디슨 거리를 행진하는 영광을 누리기도 했다.[2]

이 두 가지 에피소드는 이젠 너무도 잘 알려진 넛지의 사례로, 미국의 행동경제학자 리처드 탈러Richard H. Thaler와 법률학자 캐스 선스타인Cass R. Sunstein이 쓴 『넛지: 똑똑한 선택을 이끄는 힘』(2008)에 나오는 이야기다. 넛지nudge는 '팔꿈치로 슬쩍 찌르다', '주의를 환기시키다'는 뜻이다. 탈러와 선스타인은 이 단어를 격상시켜 '타인의 선택을 유도하는 부드러운 개입'이라는 정의를 새로 내리고, 그들이 역설하는 '자유주의적 개입주의libertarian paternalism'라고 하는 이데올로기의 간판 상품으로 만들었다. 이들은 "자유주의적 개입주의는 좌파적인 것도 우파적인 것도 아니며, 민주당적인 것도 공화당적인 것도 아니다"고 역설한다. 넛지는 초당파적이라는 것이다.[3]

자유주의적 개입주의의 실천 이론이라 할 수 있는 넛지는 구체적으로 선택 설계에 적용될 수 있다. 이 일을 하는 '선택 설계자choice architect'는 사람들이 결정을 내리는 배경이 되는 '정황이나 맥락'을 만드는 사람이다. 투표용지를 디자인하는 사람, 환자에게 선택 가능한 다양한 치료법들을 설명해주어야 하는 의사, 직원들이 회사의 의료보험 플랜에 등록할 때 서류 양식을 만드는 사람, 자녀에게 선택 가능한 교육 방식들을 설명해주는 부모, 물건이나 서비스를 판매하는 세일즈맨 등이 바로 선택 설계자들이다.

　　탈러와 선스타인은 겉으로 보기에는 사소하고 작은 요소라 해도 사람들의 행동 방식에 커다란 영향을 끼칠 수 있다며 이렇게 말한다. "넛지는 선택 설계자가 취하는 하나의 방식으로서, 사람들에게 어떤 선택을 금지하거나 그들의 경제적 인센티브를 크게 변화시키지 않고 예상 가능한 방향으로 그들의 행동을 변화시키는 것이다. 넛지 형태의 간섭은 쉽게 피할 수 있는 동시에 그렇게 하는 데 비용도 적게 들어야 한다. 넛지는 명령이나 지시가 아니다. 과일을 눈에 잘 띄는 위치에 놓는 것은 넛지다. 그러나 정크 푸드를 금지하는 것은 넛지가 아니다."[4]

　　『넛지Nudge』는 세계적인 베스트셀러가 되었고, 세계 각국 정부에 적잖은 영향을 미쳤다. 미국 대통령 버락 오바마Barack Obama는 2009년 『넛지』의 공저자인 선스타인을 백악관의 규제정보국장으로 임명했으며, 영국 총리 데이비드 캐머런David Cameron은 2010년 정부 예산을 줄이고 경제를 활성화하는 데에 넛지 이론을 적용하기 위한 특별팀Behavioural Insights Team을 내각 기구로 편성했다. 한국에선 이명박 대통령이 2009년 『넛지』를 주변 사람들에게 권했다고 해서 화제가 되었으

며, 한국은 40만 부 이상의 판매로 『넛지』가 세계에서 가장 많이 팔린 나라라는 기록을 세웠다.[5]

넛지에 대한 관심이 뜨겁지만, 넛지가 새로운 건 아니다. 그 원조는 '현대 PR의 아버지'로 불리는 에드워드 버네이스Edward L. Bernays, 1891~1995가 역설한 '간접적 수단의 매력appeals of indirection'이라는 개념이다. 버네이스는 제품이나 서비스를 선전할 때에 제품이나 서비스를 직접 선전하는 대신 이벤트 창출을 통해 행동양식을 판매하는 방법을 썼다.[6]

버네이스는 사람들의 완고함에 대한 나름의 이론을 갖고 있었다. "때때로 수백만 명의 태도를 변화시키는 것은 가능하지만, 한 사람의 태도를 바꾸는 것이 불가능한 경우가 있다."[7] 그래서 그는 누군가를 설득하는 최선의 방법에 대해서도 이렇게 말했다. "누군가에게 옳지 않다고 말하는 것보다는, 존경 받는 권위자를 내세우거나 자신의 견해에 대한 논리적 틀을 설명하고 전통을 고려하여 설득함으로써, 자신의 주장을 받아들도록 하는 것이 더 쉽다."[8]

'넛지'는 공익을 추구하는 반면, 버네이스의 '간접적 수단의 매력'은 대기업을 위해 봉사하기도 한다는 차이는 있지만, 대중을 설득하기 위한 방법론이라는 본질에선 같다. 『넛지』라는 책에서 버네이스가 전혀 언급되지 않는 게 이상하다. 부정적 인식을 줄 우려가 있다고 생각했기 때문일까?

'넛지'를 행동경제학behavioral economics이라고 부르지만, 그 핵심은 커뮤니케이션학이다. PR학이다. '설득' 기술의 변천 과정을 살펴보면 이미 넛지가 오래전부터 사용되어왔다는 걸 알 수 있다. PR·광고 전문가들은 행동경제학에 대해 코웃음 칠지도 모르겠다. 무슨 옛날이야기를 그렇게 새로운 것처럼 하느냐고 말이다. 그러나 그렇게만 볼 건 아니다. 커뮤니케이션 분야에선 오래된 이야기일망정, 넛지의 이치를 정부 부처·공공 기관·시민단체 등의 정책에 고려하는 건 별개의 문제일 수 있기 때문이다. 아직도 우리의 정부 부처·지방자치단체·공공 기관들이 애용하는 플래카드는 노골적인 계몽과 훈계의 메시지로 가득하다. 쓰레기를 아무 데나 버리지 않는 것이 시민의 의무라고 강조했던 텍사스주의 과오를 교정할 뜻이 전혀 없는 것 같다.

오늘날 '계몽의 종언'이 외쳐지고 있는데, 그건 과연 진실일까? 누구에게든 어떤 메시지를 직접적으로 말하면 "감히 누굴 가르치는 거냐?"고 반발하지만, 교묘하게 이벤트나 엔터테인먼트의 형식을 취해 주입시키면 열광적으로 받아들이는 게 현실이다. 즉, 문제는 계몽의 포장술이다. 누군가를 가르치겠다는 티를 내지 않고 소리 없이 세상을 바꾸는 포장술이 필요하다.

그런데 그런 포장엔 돈이 많이 든다. 버네이스의 이벤트 연출 묘기는 모두 다 대기업의 금전적 물량 공세 덕분에 가능했던 것이다. 금력과 권력을 가진 쪽의 포장술은 갈수록 세련되어가는 반면, 그걸 갖지 못한 일부 개혁·진보주의자들은 계몽에 들러붙은 엘리트주의 딱지를 떼면서 대중의 지지와 인기를 얻어내기 위해 독설과 풍자 위주로 카타르시스 효과만 주는 담론에 집착하고 있는 게 우리 현실이다. 우리 시대의 계몽과 설득이 처해 있는 딜레마다.

그런 딜레마를 해결하기 위해 애쓰는 사람이 적지 않은데, 그 대표적 사례로 이종혁 교수가 이끄는 광운대학교 공공소통연구소와 『중앙선데이』가 협력해 꾸려온 '작은 외침 LOUD팀'을 빼놓을 수 없겠다. 'Look over Our society Upgrade Daily life(우리 사회를 살펴보고 일상을 업그레이드하자)'의 약자인 라우드는 그간 각종 사회문제 해결을 위한 아이디어를 실천에 옮겨 큰 호응을 받아왔다(라우드의 주요 성과는 이 책의 본문에 소개한다).[9]

나 역시 커뮤니케이션을 공부하는 사람으로서 오래전부터 이 문제에 깊은 관심을 기울여왔다. 2013년 『감정 독재: 세상을 꿰뚫는 50가지 이론』을 출간한 이후 '세상을 꿰뚫는 50가지 이론' 시리즈를 6권 출간해온 것도 바로 그런 관심의 산물이었다.[10] 커뮤니케이션 학계의 넛지에 대한 무관심에 자극을 주고자 2016년엔 『한국언론학보』에 「'넛지 커뮤니케이션'의 방법론적 유형 분류: 공익적 설득을 위한 넛지의 활용 방안」이라는 논문을 게재하기도 했다. 이제 정년이 다가오기 때문일까? 학생들과 더불어 의미 있는 일을 하고 싶은 마음이 강해졌다. 그런 뜻을 이 논문에서도 각주脚註를 통해 다음과 같이 밝힌 바 있다.

"필자가 궁극적으로 원하는 것은 넛지와 관련된 모든 국내외 사례들을 모아 체계적인 분류를 함으로써 보통 사람들도 쉽게 이용할 수 있는 매뉴얼을 만드는 일이다. 이와 관련, 기자·PD·아나운서가 되겠다는 부푼 꿈을 안고 들어온 학생들을 볼 때마다 강한 직업적 스트레스를 받는 필자의 경험이 이 논문의 동기가 되었다는 걸 밝혀두는 게 좋을 것 같다. 좋은 사회적 대우를 받는 언론 종사자가 되는 길은 사실상 명문대 학생, 그들 중에서도 극소수 학생들에게만 국한된 현실에서, 게다가 전통적인 신문·방송 매체들의 위기가 날이 갈수록 심화돼 그 분야의 취업 기회는 점점 더 줄어들고 광고·PR·홍보 분야의 취업 기회도 마찬가지인 상황에서, 언론학과 커뮤니케이션학은 학생들에게 무엇을 가르쳐야 하는가라는 의문이 평소 필자를 괴롭혀왔다. 필자는 학계 차원에서 우리 학문의 정체성과 진로에 대한 논의가 활발하게 이루어지고, 그 과정에서 모든 대학들이 비슷한 커리큘럼을 유지하는 것에 대한 문제 제기와 대학별 특성화에 대한 모색이 왕성하게 이루어지기를 희망한다. 필자는 중앙보다는 지방이 넛지의 활용을 더욱 필요로 한다고 보기에 커리큘럼상 넛지를 특성화해 지역사회 발전에 실질적으로 기여하는 지방대학들이 많이 나오면 좋겠다. 본 논문이 그런 필요성을 환기시키는 작은 자극이 되길 바랄 뿐이다."[11]

그런 문제의식을 갖고 지난 학기에 학생들에게 넛지 아이디어를 리포트 과제로 부과하면서 그 결과물을 책으로 내겠다는 약속을 했다. 학생들에겐 이 책의 공저자가 된다는 점을 강조하는 넛지식 유인책도 구사했다. 학생들은 한동안 몇 명이 모이기만 하면 서로 넛지 아이디어에 대해 이야기하는 브레인스토밍brainstorming 시간을 자주 가졌다고 한다.

왜 우리에게 넛지가 필요한가? 몇몇 학생들은 이런 이유를 댔다. "한국은 하지 말라면 하고 싶은 일종의 청개구리 심보가 만연하고 있다. 한 세대가 넘는 오랜 세월 동안 일제의 식민통치를 겪으면서 생겨난 일종의 저항 심리 때문일까. 공공연하게 시행되는 도덕 캠페인도 무시되기 일쑤고 최근에 시행된 담배 경고 그림 부착도 금연에 크게 효과를 주진 못했다."(유병준) "우리가 어떤 민족인가. 일제의 탄압과 유신 독재를 거치면서 우리를 억압하고자 하는 것으로부터 자유롭고 싫어 하는 뜨거운 열망을 가지고 있는 민족이 아닌가. 또한, 하지 말라고 하면 더욱더 하고 싶어지는 것이 바로 사람의 본성이기에……."(유현승)

중국 유학생 유청영은 당나라 시대의 시인인 두보杜甫의 「춘야희우春夜喜雨」라는 시 한 구절을 소개하면서 넛지의 당위성을 역설하기도 했다. "'隨風潛入夜 潤物細無聲'는 봄비가 밤사이에 가라앉으면서 묵묵히 땅을 촉촉이 적셔오고 있다는 뜻이다. 이게 바로 넛지다." 광준걸은 중국의 교통 홍보 표어에 담겨 있는 넛지의 정신을 소개하기도 했다. "유머러스한 어조로 듣는 사람들로 하여금 '하라'고 하는 의미가 아닌 '같이 하자' 또는 '같이 주의하자'라는 의미를 내포한다. 예컨대 '亲 , 我陪你一起等红灯(자기야, 나는 너와 함께 적신호를 기다리고 있다)', '开车不喝酒 , 喝酒不开车(운전하면 술을 먹지 않고 술을 먹으면 운전하지 않는다)' 등과 같은 식으로 나타난다."

학생들의 리포트를 읽고 그들의 발표를 듣는 시간은 더할 나위 없이 즐거웠다. 물론 현실성이 떨어지는 아이디어도 많았지만, "아이디어는 터무니없는 것일수록 더 좋다"는 브레인스토밍의 정신에 따르자면, 문제될 게 전혀 없다. 넛지의 주창자 중 한 명인 리처드 탈러의 넛지 관련 논문도 처음엔 주요 학술지 6~7곳에서 퇴짜를 맞았으며,『넛지』라는 책도 여러 출판사에서 숱한 퇴짜를 맞았다는 걸 상기할 필요가 있다.[12]

넛지를 위한 브레인스토밍과 넛지 윤리에 관한 글을 준비했지만, 지면의 한계로 싣질 못했다. 이 책의 후속작에 싣도록 하겠다. 넛지를 둘러싼 논란에 대해선 미리 한 말씀 드리는 게 좋겠다. 넛지의 이념을 따지는 건 무의미하거니와 좀 우스꽝스럽지만, 그걸 몹시 궁금해할 사람들을 위해 굳이 분류를 해본다면 좌우左右를 벗어나 '제3의 길'을 지향하는 '중도'라고 할 수 있겠다. 그래서 넛지는 자주 좌우 양쪽에서 협공을 당하기도 한다.

캐스 선스타인은 믿기지 않을 정도로 부지런하고 성실하게 넛지에 대해 제기되는 모든 비판에 열심히 답을 하면서 반론을 펴지만, 나는 이런 논쟁엔 별 관심이 없다. 아니 좀 우습다고 생각한다(솔직히 영어로 쓰인 그런 논쟁 관련 논문을 100여 편 읽으면서 내내 쓴 웃음을 지었다). 이른바 '논쟁을 위한 논쟁'이라고 생각하기 때문이다. 넛지엔 천차만별千差萬別이라고 해도 좋을 정도로 다양한 유형이 있기 때문에 그걸 '넛지'라는 말로 싸잡아 하나의 단일체인 양 간주하고 그걸 논쟁의 대상으로 삼는 건 부질없는 일이라는 게 나의 생각이다.

나는 넛지에 대한 비판에 대해선 넛지의 주창자들과는 다른 입장을 취한다. 비판은 다다익선多多益善이라는 게 나의 생각이다. 넛지의 주창자들은 넛지로 경제와 행정의 정책 패러다임을 바꿔보려는 야심가들인 반면, 나는 넛지를 정책의 보조 수단으로 간주해 "써먹을 게 제법 있네!"라는 입장을 취하는 사람이다. 비판은 넛지의 오남용을 예방하거나 시정할 수 있을 뿐만 아니라 넛지를 널리 알리는 데에 크게 기여할 수 있다는 게 내 생각이지만, 이젠 추상적인 비판 못지않게 실제 적용 사례를 분석하는 각론 비판이 많이 나오면 좋겠다는 바람은 있다. 이런 이야기는 이 책의 후속작에서 자세히 하기로 하자.

이 책의 제1장은 내가 논문으로 발표했던 「'넛지 커뮤니케이션'의 방법론적 유형 분류: 공익적 설득을 위한 넛지의 활용 방안」의 일부를 수정하면서 쉽게 풀어쓴 것이다. 어떤 문제에 대한 넛지 방안을 모색하는 데에 도움이 되리라고 믿는다. 제2장에서 제11장까지는 넛지 아이디어를 실생활에 도움이 될 수 있는 방향으로 분류해 소개한 것이다. 크게 교통안전, 교통질서, 쓰레기, 자원 절약·환경보호, 건강, 매너, 행정·범죄 예방, 소통, 마케팅·자기계발, 기타 등 10개 장으로 나누었는데, 각 장마다 5개씩 해서 모두 50개의 항목이다. 각 항목 당넛지 아이디어는 5~15개로, 모두 합해 370개다. 넛지 아이디어는 국내외에서 이미 실행·제안된 것과 더불어 학생들의 새로운 아이디어를 같이 묶었는데, 학생들의 아이디어엔 끝의 괄호 속에 이름을 표기했다. 제12장은 넛지 관련 논문들을 소개한 것인데, 왜 이런 소개가 필요한가에 대해선 제12장에서 자세히 말씀드리겠다.

나는 일상적 삶에서 나타나는 불편과 무질서를 줄이는 미시적 넛지뿐만 아니라 구조적이고 추상적인 영역의 거시적 넛지에도 깊은 관심을 갖고 있다. 예컨대, 본문에서 자세히 설명하겠지만, 한국의 극단적인 정치 혐오를 넘어설 수 있는 '정치적 어포던스' 같은 것에 흥미가 있다는 것이다. 나는 정년퇴직 후 내 집을 본부로 삼는 1인 '넛지 연구소'를 만들어 공익사업에 기여해볼까 하는 생각을 하고 있는바, 나의넛지 작업은 이 책 이후로도 오랫동안 계속될 것이다. 이 책의 집필에 참여한 공동 저자 104명의 명단은 다음과 같다. 명단은 학과별 가나다순이며, 괄호 속 숫자는 학번이다.

신문방송학과 강무진(13), 곽상아(15), 광준걸(대학원 16), 권율(13), 김다희(16), 김빈(16), 김상인(15), 김시원(16), 긴어진(16), 김연민(16), 김유진(13), 김재욱(16), 김재희(16), 김준희(12), 김지윤(16),

류창선(12), 박예빈(16), 박이주(13), 박정민(16), 서민지(16), 서재원(16), 손유경(15), 손준영(13), 안태승(16), 안하은(16), 양지훈(13), 엄하진(13), 오상원(15), 유명선(14), 유병준(15), 유청영(14), 유현승(13), 윤신애(16), 이나라(15), 이소민(15), 이수완(15), 이채연(16), 이현지(15), 임경택(13), 장자원(16), 장하은(16), 정지산(16), 주제현(16), 최서령(14), 최예지(13), 최유선(14), 최유진(15), 한상휘(13), 홍지수(16), 황서이(13), 황채연(16). 국어국문학과 김다혜(14), 김대은(13), 김소영(15), 김영한(11), 김유리(14), 서지석(13), 신찬호(12), 양서윤(14), 엄승현(12), 이지은(13), 이자연(16), 이하자(14), 조인성(14), 최민애(15), 최성우(11), 최혜정(16), 한장희(12), 황희원(13). 경영학과 김다운(14), 김서연(16), 박지수(16), 우승진(11), 이도언(14). 정치외교학과 권다은(16), 김태원(16), 이건우(14), 이연미(16), 홍영표(16). 무역학과 김윤휘(13), 박용청(14), 유의건(13), 전병호(14). 심리학과 김도하(14), 노수은(16), 이서희(16). 철학과 윤주혜(16), 이호선(16), 정은영(16). 영어영문학과 신가영(16), 이회연(13). 회계학과 곽정현(14), 임수빈(16). 농업경제학과 권남형(16). 독어독문학과 배동현(14). 사학과 남주선(15). 사회학과 조나림(16). 생명공학부 신상민(14). 소프트웨어공학과 이정철(13). 신소재공학부 이다솔(13). 일반사회교육과 김은중(12). 전기공학과 채범석(대학원 16). 주거환경학과 이수현(16). 한국음악학과 이주연(13).

2017년 9월

강준만

제 **1** 장

*

왜 넛지를 위해
인간을 알아야 하나?

★★★

넛지의 유형 분류

Nudge

7개의 인간적 추구 성향에 따른 넛지 유형

넛지를 커뮤니케이션 현상으로 이해하는 나로서는 커뮤니케이션학계가 넛지에 대해 거의 침묵 수준의 무반응을 보이고 있는 게 매우 안타깝다. 아마도 그렇게 커뮤니케이션의 범위를 넓혀 나가면 이 세상에 커뮤니케이션 아닌 게 뭐가 있겠느냐는, 겸양의 뜻에서 비롯된 침묵이 아닌가 싶다. 그런 겸양 외에 또 다른 이유가 있다면, 넛지의 사상적 기반이라 할 '자유주의적 개입주의'에 대한 반감 때문일 수도 있겠다.

언론의 자유는 인간의 '자유의지free will'를 근거로 역설된 것이었기에,[1] 커뮤니케이션학자들이 자유의지의 침해 가능성이 있는 자유주의적 개입주의에 대해 적대적인 걸까? 아니면 신문 등 각종 언론 매체에서 넛지가 기사 소재로 인기 상품화되고 있는 현실과 관련, 유행에 휩쓸리지 않으려는 경계심 때문일까? 그것도 아니면 각 학문 분과별 영역주의의 고착화로 학제적 성격을 갖는 주제가 다뤄지기 어려운 사정때문일까?

그 이유가 무엇이건, 넛지에 찬성을 하건 반대를 하건, 그 어떤 의견표명은 있어야 하는 게 아닐까? 커뮤니케이션학 전반이 매체·메시지연구에 집착하는 경향을 보이고 있는 것에 대한 성찰을 기반으로 '다양한 학제적·이론적 실험을 통한 영역 확대'와 '다른 학문 영역 간의경계를 넘나드는 대화와 경쟁'이 촉구되어온 것에 좀더 귀를 기울여야 하지 않을까?[2]

평소 그런 문제의식을 갖고 있던 나는 우리의 일상적 삶에서 거의무한한 적용 범위를 가진 넛지를 커뮤니케이션학이 적극 다뤄야 할필요성을 역설하는 차원에서 '넛지 커뮤니케이션'의 유형을 분류하는동시에 공익적 설득을 위한 넛지의 활용 방안에 대해 말하고자 한다.『넛지』의 저자들은 넛지에 대한 이론적 방어와 적용의 이점을 강조하느라 체계적인 유형 분류를 하지 않았다.

영국 정부의 '행동조사팀Behavioural Insights Unit'이 2010년에 발간한 보고서 「마인드스페이스: 공공 정책을 통해 행동에 영향 미치기MINDSPACE: Influencing Behavior through Public Policy」에서 바람직한 행동을 유도할 수 있는 주변 여건 요인을 9가지로 분류한 것이 제법 그럴듯하다. 9가지 분류 항목을 기억하기 쉽게 각각의 머리글자를 따서MINDSPACE라 명명한 것인데, 그 9가지는 다음과 같다.

① 전달자Messenger: 우리는 누가 정보를 전달하느냐에 크게 영향을 받는다. ② 인센티브Incentives: 인센티브에 대한 우리의 반응은 강한 손실 회피 성향과 같이 예측 가능한 정신적 지름길에 의해 형성된다. ③ 규범Norms: 우리는 다른 사람들이 하는 행동에 큰 영향을 받는다. ④ 디폴트Defaults: 우리는 미리 정해진 옵션을 그대로 받아들이는 경향이 있다. ⑤ 현저성Salience: 우리의 관심은 새롭거나 우리에게 적합하게 보이는 것에 끌린다. ⑥ 점화Priming: 우리의 행동은 잠재의식의 신호에 영향을 받는 경향이 있다. ⑦ 감정Affect: 우리의 감정적 연상이 우리의 행동에 강력한 영향을 미친다. ⑧ 관여Commitments: 우리는 우리의 공개적인 약속과 일관된 행동을 하려는 경향이 있다. ⑨ 자존심Ego: 우리는 우리 자신에게 좋은 느낌을 가질 수 있는 방식으로 행동한다.[3]

이 분류법도 썩 괜찮긴 하나, 나는 유형 분류의 주요 가치를 넛지 활용의 자극, 즉 어포던스affordance(행동 유도성)를 주는 데에서 찾고자 한다. 막연히 넛지를 구상하기보다는 인간적 추구 성향을 중심으로 생각해보면 넛지에 대한 관심 제고와 더불어 구체적인 넛지 방안을 찾는 데에 도움을 줄 수 있다는 것이다.

이런 필요성은 경험에서 비롯된 것이다. 학생들에게 넛지 방안을 찾는 과제를 냈더니, 그들은 넛지에 대한 기본적인 이해를 하고 있으면서도 넛지의 광범위한 적용 범위에 혼란스러워하면서 생각의 갈피를 잡는 데에 어려움을 겪었다. 내가 몇 가지 인간적 추구 성향을 기준으로 생각해보라는 조언을 주자 그들은 구체적인 넛지 방안을 생각해내는 데에 큰 도움이 되었다고 했다. 즉, 인간적 추구 성향의 분류가 초기 윤곽을 잡기 위한 일종의 '매뉴얼 지도'로서 그들의 사고에 어포던스 역할을 한 것이다.

나는 넛지의 방법론적 유형을 인간적 추구 성향 중심으로 ① 인지적 효율성cognitive efficiency, ② 유도성affordance, ③ 흥미성interest, ④ 긍정성positivity, ⑤ 비교성comparability, ⑥ 일관성consistency, ⑦ 타성inertia 등 7개로 제시하고자 한다. 이 7개는 내가 그간 넛지에 관한 자료들에서 가장 많이 거론된 것 중심으로 예시한 것일 뿐 이 7개 외에도 다른 유형이 얼마든지 더 포함될 수 있다. 아직 이런 분류의 가치나 효용이 인식되지 못하고 있는 상황이기에 상세한 추가 분류는 다음의 과제로 남겨두고자 한다. 이제부터 논의할 '인간적 추구 성향에 따른 넛지 커뮤니케이션의 방법론적 유형'의 주요 내용을 미리 요약해 제시해보자면 〈표 1〉과 같다.

〈표 1〉 인간적 추구 성향에 따른 넛지 커뮤니케이션의 방법론적 유형

인간적 추구 성향	내 용	이론적 근거	현실 적용 가능성
인지적 효율성 (cognitive efficiency)	사람들이 인지적으로 많은 자원을 소비하면서 어떤 생각을 깊게 하는 것 자체를 싫어하는 성향으로 인해 자신의 경험 혹은 자주 들어서 익숙하고 쉽게 떠올릴 수 있는 것들을 가지고 판단을 내리는 경향을 고려하거나 이용한다.	한정적 합리성 (bounded rationality) 가용성 편향 (availability bias) 생존 편향 (survivorship bias)	정크 푸드를 비판하는 대신 몸에 좋은 음식을 눈에 잘 띄는 위치에 놓는 것처럼 사회적으로 바람직한 것의 가시성·가용성을 높이거나 반대로 가시성·가용성이 낮아 외면되고 있는 사회문제들을 찾아내 해결의 해법을 모색한다.

유도성 (affordance)	사과의 빨간색이 따 먹고자 하는 행동을 유도하는 것처럼 '어떤 형태나 이미지가 행위를 유도하는 힘' 또는 '대상의 어떤 속성이 유기체에게 특정한 행동을 하게끔 유도하거나 특정 행동을 쉽게 하게 하는 성질'을 활용한다.	어포던스 (affordance) 무주의 맹시 (inattentional blindness) 터널 비전 (tunnel vision)	지하철 착석 방식을 유도하는 스티커처럼 특정 행동을 유도하거나 '무주의 맹시'나 '터널 비전'으로 인한 지각의 한계를 넘어설 수 있게 만드는 사회적 디자인을 구상하고 눈에 잘 보이지 않는 문제들을 볼 수 있게끔 만든다.
흥미성 (interest)	"사람들이 재미를 느끼면 어떠한 활동이든 기꺼이 한다"는 '재미 이론'과 우리 인간의 삶은 남들의 인정을 받기 위한 투쟁이라는 '인정 투쟁 이론'에 근거해 사람들의 재미와 인정 욕구를 충족시킬 수 있는 방안을 탐구한다.	재미 이론 (fun theory) 인정 투쟁 (struggle for recognition) 과잉정당화 효과 (overjustification effect)	파리 한 마리가 그려진 소변기나 발을 디디면 소리가 나는 피아노 계단처럼 공익적 캠페인을 사람들의 재미나 호기심 욕구를 충족시키는 방향으로 설계하는 동시에 공익 활동과 연계한 사회적 디자인을 개발한다.
긍정성 (positivity)	사람들이 똑같거나 오히려 자신에게 불리한 경우인데도 긍정적 프레임으로 제시된 담론을 선호하는 경향에 주목해 언론의 공익적 보도와 공공 캠페인의 프레임을 긍정적 방향으로 바꾸게끔 노력한다.	프레임 이론 (frame theory) 학습된 무력감 (learned helplessness) 자기이행적 예언 (self-fulfilling prophesy)	기존 공공·계몽 담론의 프레임을 분석하면서 더 나은 대안적 프레임을 연구해 제시하고, 특히 부정성이 두드러지는 공공적 담론 프레임을 긍정성으로 바꾸는 시도를 커뮤니케이션 연구자와 학생들의 과제로 삼는다.
비교성 (comparability)	공공 담론의 프레임과 내용을 자신을 다른 사람과 비교하는 인간의 본성이 긍정적인 방향으로 나타날 수 있게끔 함으로써 한국인들의 강한 '비교 성향'이 자부심과 행복감이 낮은 주요 이유가 되고 있는 현실을 개혁한다.	사회 비교 이론 (social comparison theory) 정박 효과 (anchoring effect) 사회적 증거 (social proof)	공익적 캠페인 등에서 사람들의 비교 성향과 '사회적 증거'에 따른 행위가 긍정적 방향으로 나타날 수 있게 하며, 이를 위해 한국 특유의 '수치의 문화'가 공익적 동력으로 작용할 수 있는 방안을 모색한다.

일관성 (consistency)	사람의 의견 형성과 태도 변용에 영향을 미치는 심리적 메커니즘은 조화를 이루기 위한 것이 아니라 부조화를 줄이기 위한 것이며, 이와 관련된 일관성 유지 성향을 공익적 목적의 활동에 연계시키는 방안을 찾는다.	인지 부조화 이론 (theory of cognitive dissonance) 단계적 순응 기법 (sequential compliance tactics) 단순 측정 효과 (mere-measurement effect)	처음엔 부담감이 적은 부탁을 해 허락을 받으면 그다음엔 점차 큰 부탁도 들어주기 쉽게 된다는 '문전 걸치기 전략'과 질문을 받았을 때 자신의 답변에 행동을 일치시킬 가능성이 높아지는 '단순 측정 효과'를 활용한다.
타성 (inertia)	사람들이 현재의 상태에 그대로 머물고자 하며, 귀찮은 것을 싫어하고, 자신의 소유 경험에 의미를 부여하는 타성을 감안한 공공적 선택 설계를 하고 그런 타성을 윤리적 수준에서 이용해 공익을 증진시키는 방안들을 모색한다.	현상 유지 편향 (status quo bias) 디폴트 규칙 (default rule) 소유 효과 (endowment effect)	사회 전 분야에 걸쳐 윤리적인 '디폴트 옵션'을 설계할 수 있게끔 사람들의 관심을 제고하고, 기업들의 '체험 마케팅'을 원용해 재미가 가미된 공익 활동 체험 기회를 제공하는 기획을 민관 차원의 상례적 업무로 삼는다.

인지적 효율성: 인간은 '인지적 구두쇠'다

우리 인간의 의사 결정은 의사 결정 행위자의 정보 수집·처리 능력의 한계, 시간적 한계, 향후의 불확실성 등 다양한 제약 하에서 이루어지기 때문에 그 행위자의 목표에 비추어 완전하게 합리적인 것은 될 수 없다. 이를 '한정적 합리성bounded rationality'으로 부른 허버트 사이먼 Herbert A. Simon, 1916~2001은 만족satisfy과 희생sacrifice을 합해 satisfice란 말을 만들었는데, 이는 인간이 주어진 조건의 제약에서 적당히 희생할 것은 희생하고 취할 것은 취하는 것을 뜻한다. 인간은 신고전주의 학파의 주장처럼 최선의 선택이 아니라 '최소한의 필요를 충족시키는 선택satisfice', 즉 '그만하면 괜찮은good enough' 선택을 하게 된다는 게 사이면의 주장이다. 비슷한 용어인 '인지적 구두쇠cognitive miser'는 인간이 인지적으로 많은 자원을 소비하면서 어떤 생각을 깊게 하는 것 자체를 싫어하는 경향이 있음을 뜻한다. 고정관념stereotypes이야말로 인지적 구두쇠 행위cognitive miserliness의 대표적인 예라고 할 수 있다.⁴

이렇듯 최소한의 합리성을 추구하는 인간의 인지적 효율성cognitive efficiency 성향은 어떤 문제나 이슈에 직면해 무언가를 찾아서 알아보려고 하기보다는 당장 머릿속에 잘 떠오르는 것에 의존하거나 그것을 중요하다고 생각하는 '가용성 휴리스틱availability heuristic'을 낳게 했다. 이처럼 자신의 경험 혹은 자주 들어서 익숙하고 쉽게 떠올릴 수 있는 것들을 가지고 세계에 대한 이미지를 만드는 것을 '가용성 편향availability bias'이라고 한다. 간단하게 입수할 수 있는 데이터나 처방들을 의사 결정의 가장 중요한 근거로 이용하는 것이나 가공되지 않은 통계 정보보다는 그럴듯한 이야기에 더 많이 반응하게끔 만드는 게 가용성 편향의 좋은 예다.⁵

가용성 편향의 문제가 많이 드러났는데도 사람들이 가용성 휴리스틱을 계속 쓰는 이유는 무엇일까? 그것이 틀린 답보다 맞는 답을 많이 내며, 득실을 따져보면 시간과 에너지를 아껴주기 때문이다. 또 오류가 난다 해도 별 문제가 되지 않기 때문이다. 예컨대, 단지 한 번 만나는 사람에 대해 틀린 인상을 형성하는 것에서처럼 편향된 인상이 장래의 일에 아무런 영향을 주지 않는다면, 편향은 별로 문제가 되지 않는다고 보는 것이다.⁶

구체적인 넛지의 세계로 들어가자면, "넛지는 명령이나 지시가 아니다. 과일을 눈에 잘 띄는 위치에 놓는 것은 넛지다. 그러나 정크 푸드를 금지하는 것은 넛지가 아니다"는 말은 넛지의 주요 방법 중 하나가 눈에 잘 띄게 하는 가용성의 증대임을 잘 말해준다.[7] 그런데 이런 가용성 증대는 주로 기업들에 의해 실천되고 있다. 대형 마트의 식품 매장 코너에 식품 재료와 함께 요리책을 두는 것, 백화점 여성복 매장 층에 어린이를 위한 키즈 카페가 있는 것, 자동차 용품 매장의 한 켠에 졸음 방지용 껌을 두는 것 등은 모두 가용성을 증대시키려는 시도다.[8] 커뮤니케이션학은 '가용성 편향'은 물론 사회 전반의 공공 영역에서 눈에 잘 띄지 않거나 쉽게 머리에 떠올릴 수 없기 때문에 빚어지는 '불가용성 편향unavailability bias'의 사례들을 수집 · 축적하는 일에서부터 시작해 그 개선 · 증진 방안을 모색하는 데에까지 나아가는 연구 · 교육 활동을 할 수 있다.[9]

인지적 효율성 성향이 초래할 수 있는 '생존 편향survivorship bias'도 우리의 주목을 요한다. '생존 편향'은 생존에 실패한 사람들의 가시성 결여lack of visibility로 인해 비교적 가시성이 두드러지는 생존자들의 사례에 집중함으로써 생기는 편향을 말한다. 생존 편향은 넛지의 방법론으로 거의 거론되지 않고 있는데, 이는 아마도 넛지를 미시적인 차원에서만 이해하고 적용하려는 성향 때문인 것으로 보인다. 넓은 사회적 차원에서 보자면, 생존 편향이야말로 사회 환경을 옳게 이해하는 데에 큰 장애가 되고 있다.

예컨대, 치킨 가게를 비롯한 일부 자영업이 '자영업자들의 무덤'이라는 사실이 널리 알려진 이후에도,[10] 계속 증가 추세를 보이는 것은 왜일까? 직장을 잃은 후 단지 할 일이 없다는 이유만으로 성패 여부에 관계없이 치킨 가게를 여는 것일까? 그렇지는 않을 것이다. 다 나름대로 시장조사를 해보기 마련이다. 그런데 이 시장조사에 함정이 있다. 실패자는 찾기 어렵다. 실패 사례를 애써 찾아낸다 해도 성공 사례를 더 많이 접할 가능성이 훨씬 높다. 즉, 자신의 접촉에 의한 생존 편향으로 인해 자신은 예외일 수 있다는 생각으로 '자영업자들의 무덤'이라는 경고를 외면할 가능성이 높다는 것이다.[11]

가시성은 바로 커뮤니케이션의 문제인 바, 커뮤니케이션학은 가시성의 과잉이나 과소로 인해 벌어지는 생존 편향 문제를 직시하면서 그것을 넛지 방식으로 극복케 하는 연구 · 교육에 착수할 필요가 있다고 생각한다. 기존의 의제 설정 연구에서 한 걸음 더 나아가 뉴스가 비용 절감 차원에서 가시성 · 가용성의 지배를 받고 있는 현실에 좀더 적극적인 문제 제기를 하는 것도 필요하다. 뉴스 유형별 원가 계산이라든지 취재 비용으로 인해 뉴스가 되지 못하는 이슈들의 목록 작성 등의 방법으로 언론의 변화에 자극을 줄 수 있을 것이다.

유도성: 디자인이 세상을 바꾼다

사과의 빨간색은 따 먹고자 하는 행동을 유도하며, 적당한 높이의 받침대는 앉는 행동을 지원한다. 이처럼 '어떤 형태나 이미지가 행위를 유도하는 힘' 또는 '대상의 어떤 속성이 유기체에게 특정한 행동을 하게끔 유도하거나 특정 행동을 쉽게 하게 하는 성질'을 가리켜 '어포던스affordance'라고 한다.

어포던스는 우리말로 보통 '행동 유도'이나 '행위 지원성'으로 번

역되지만, 외래어로 쓰는 경우가 더 많아 여기서는 어포던스로 부르기로 한다. 우리가 새로운 미디어를 볼 때 "이것을 가지고 무엇을 할 수 있을까?"라고 스스로 묻는다면, 이것이 그 미디어의 어포던스를 의미하는 것이다. 예컨대, 휴대전화는 이동 중인 사람들에게 행동할 수 있게 하는 새로운 어포던스를 유발하며, 이것이 갖는 정치사회적 의미는 매우 크다.[12]

우리는 디자인을 그저 눈에 보기 좋게끔 하려는 것으로 생각하는 경향이 있지만, 디자인의 힘은 그 이상이다. 디자인이 세상을 바꾼다! 어포던스 개념을 인간과 컴퓨터 상호작용 분야의 관점에서 처음 사용한 미국 인지과학자 도널드 노먼Donald A. Norman, 1935~은 "디자이너는 눈에 보이는 조형이나 그래픽 요소를 디자인하는 것이 아니라 어포던스를 디자인해야 한다"고 주장한다.[13]

노먼이 고안한 어포던스 가운데 하나는 '기능 강제forcing function' 방식이다. 이는 원하는 것을 얻기 위해 먼저 다른 무언가를 하게 만드는 것이다. 예컨대, 차에 기름을 넣고 주유구 뚜껑을 잊어버리고 가거나 현금인출기로 현금을 인출한 후에 카드를 그대로 꽂아두고 가거나 복사를 끝마친 후에 복사기에 원본을 남겨두는 경우를 들 수 있다. 심리학자들은 이를 '완성 후 오류postcompletion error'라고 한다. 이런 오류를 막기 위한 장치가 바로 '기능 강제' 방식이다. 즉, 카드를 먼저 뽑아야만 현금을 인출할 수 있게 함으로써 카드를 잊고 가는 일이 없게끔 하는 것이다.[14]

넛지는 바로 이런 디자인의 원리를 활용한다. 흥미롭게도 ING생명이 2015년 대학생을 대상으로 실시한 넛지 마케팅 아이디어 공모전

본선 진출에 성공한 4개 팀의 아이디어는 모두 어포던스 넛지에 집중되어 있다.[15]

어포던스 개념을 확장하면, '정치적 어포던스'도 가능하다. 한국의 극단적인 정치 혐오도 그런 관점에서 생각해볼 필요가 있다. 우리는 유권자의 광범위한 정치 참여를 진작시키기 위해 그런 행동을 유도할 수 있는 인터페이스 구축에는 전혀 신경 쓰지 않으면서, 정치에 대해 일방적으로 도덕과 당위 일변도로 비판과 비난만 하고 있다. 언론과 지식인에게는 정치 비판이 좋은 상품이 되는 반면, 참여를 진작시키기 위한 담론은 상품화가 어렵다. 즉, 비판의 어포던스는 지나치게 발달한 반면, 참여를 위한 어포던스는 사실상 없는 셈이다. 유권자가 참여를 거부하면서 기껏해야 야유나 퍼붓는 구경꾼으로만 머무르는 '관객민주주의spectator democracy'는 곧 어포던스 넛지의 문제기도 하다.[16]

예컨대, 낮은 투표율을 끌어올리기 위해 계몽과 훈계를 하는 대신 투표소를 전철 역사나 대형 쇼핑센터 등에 설치함으로써 유권자들의 접근을 용이하게 해주는 발상의 전환을 해보는 것은 어떨까? 이는 일서는 2016년 7월 참의원 선거부터 적용키로 한 구상이지만, 영국에선 이미 투표율을 제고시킨 성과를 거둔 바 있다.[17]

'정치적 어포던스'의 연장선상에서 '소통의 어포던스'도 얼마든지 가능하며, 이게 바로 커뮤니케이션학이 중점적으로 다루는 분야가 될 수 있다. 우리는 어포던스는 무시한 채 무조건 소통의 필요성만을 당위적으로 역설하는 경향이 있는데, 소통의 내용 분석에 치중하는 연구도 그런 경향의 반영이라고 볼 수 있다. 소통의 텍스트를 분석하는 일도 중요하지만, 소통의 콘텍스트를 어포던스와 연결시켜 살펴보려는 시도도 해야 하지 않을까?[18]

우리의 눈은 물체를 응시하고 있으나 뇌는 그렇지 않은 현상, 즉 '무주의 맹시inattentional blindness'는 어포던스 넛지의 필요성을 부각시킨다. '무주의 맹시'로 인해 생기는 문제 가운데 대표적인 것이 바로 '터널 비전tunnel vision'이다. 터널 속으로 들어갔을 때 터널 안만 보이고 터널 밖은 보이지 않는 것처럼 주변을 보지 못한 채 시야가 극도로 좁아지는 현상을 뜻한다. '무주의 맹시'는 우리가 스스로의 지각력에 대해 터무니없는 자신감을 가지고 있는 것에 대한 경고인 셈인데, 바로 그렇기 때문에 넛지를 활용할 수 있는 좋은 토양이 된다.[19]

비단 무주의 맹시뿐만 아니라 지각력의 한계로 인해 발생하는 모든 문제들이 넛지의 적용 대상이 될 수 있다. 안전사고 예방 설계가 그 대표적 분야다. 우리의 일상적 삶에는 지각력의 본원적 한계로 인해 빚어지는 문제가 무수히 많다. 조금만 고민해 넛지 방식의 해결책을 도입할 수 있는데도 그런 문제의식의 결여로 인해 그대로 방치된 것들이 많은 것이다. 보이지 않는 것들을 볼 수 있도록 만드는 것, 이 또한 커뮤니케이션학이 다룰 수 있는 영역이다. 작게는 공공적 표지, 안내문, 비상시 행동 요령처럼 실생활에 중요하면서도 학자들의 탐구 대상이 거의 되지 않고 있는 것들을 다루는 것에서부터 시작할 수 있다.

흥미성: 재미를 느끼면 어떠한 일이든 기꺼이 한다

머리말에 소개한, 소변기의 파리와 "텍사스를 더럽히지 마!" 사례를 상기하기 바란다. 넛지의 대표적 사례로 자주 거론되는 이 두 에피소드는 "사람들이 재미를 느끼면 어떠한 활동이든 기꺼이 한다"는 래프 코스터Raph Koster, 1971~의 '재미 이론fun theory'을 입증하는 것으로 볼 수 있다.[20] 이와 같은 재미 이론에 근거한 넛지는 전 세계에 걸쳐 광범위하게 이용되고 있다. 스웨덴 스톡홀름의 오덴플랜 지하철역에서는 밟으면 피아노 건반처럼 소리 나는 계단을 설치해 에스컬레이터의 사용을 현저히 줄이면서 계단 이용률을 평상시보다 66퍼센트나 늘게 하는 성과를 거두었다. 서울시도 이 사례를 원용해 지하철 을지로입구역과 시청역을 잇는 지하보도 안에 발을 디디면 소리가 나는 피아노 계단을 설치해 계단을 싫어하고 엘리베이터만 찾는 시민을 끌어들이기 위한 넛지 유인책을 활용하고 있다.[21]

기업들은 재미를 즐기려는 인간의 원초적 본능을 이용해 "재미는 더 나은 행동 변화를 가져온다"는 구호 하에 마케팅·광고 활동이나 사회 공헌 활동에 게임의 원리를 적용하는 '게임화gamification'를 맹렬히 추진하고 있다.[22] 반면 공공 담론은 재미가 없을 뿐만 아니라 사람들의 분노나 짜증을 유발하곤 한다. 그럼에도 기존 학문 분업 체계에선 공공 담론에 재미 이론을 적용하는 일이 거의 외면 받고 있다. 사회 개혁과 캠페인 등을 위해 재미있는 넛지를 구상하고 실천하는 데에는 커뮤니케이션학이 가장 적합하지 않을까?

개인 컴퓨터용 공개 운영체제인 리눅스Linux 개발의 주인공인 리누스 토르발스Linus Torvalds, 1969~는 사람들의 주요 동기 부여 요인으로 '재미'와 '인정'을 강조한다. 재미를 즐기는 방편으로서 오픈 소스를 생각했지만, 동시에 "오픈 소스를 보다 나은 세상을 만들기 위한 방편으로 생각했다"는 것이다.[23] 사실 사회 각 분야에서 재능 기부를 하는 사람들에게 '재미'와 '인정'은 불가분의 것이다. 이는 사람의 흥미를 겨냥한 넛지는 그들의 인정 욕구를 고려할 때에 더 큰 효과를 볼 수 있다는 것을 시사한다. 우리 인간의 삶은 남들의 인정을 받기 위한 투쟁, 즉 '인정 투쟁struggle for recognition'의 연속이라고 해도 과언이 아니다. SNS가 젊은 층에게 압도적 인기를 누린 이유도 바로 그것이다. 자신의 정체성 만들기에 집중할 때인 젊은 층은 크게 달라진 환경에서 이전 세대와는 비교할 수 없을 정도로 자기표현에 적극적인데, 바로 이런 정서가 SNS의 폭발적 성공을 견인했다.[24]

우리 인간이 하는 일은 스스로 내켜서 하는 경우와 외부의 보상이나 처벌 때문에 하는 경우로 나눌 수 있다. 스스로 내켜서 하는 것은 '내적 동기intrinsic motivation', 외부의 보상이나 처벌 때문에 하는 것은 '외적 동기extrinsic motivation'라고 한다. 내적 동기로 인해 하던 일에 보상이 주어지면 내적 동기가 약화되면서 흥미를 잃게 된다. 자기 행동의 원인을 보상으로 정당화하는 것인데, 이를 그 정당화가 지나쳐 역효과를 낸다는 의미에서 '과잉정당화 효과overjustification effect'라고 한다. 즉, 자신이 어떤 행위를 한 이유를 내적인 욕구나 성격 등에서 찾는 것이 아니라, 눈에 확 띄는 보상 등 외적인 동기에서 찾는 현상이다.[25]

이를 잘 보여준 것이 미국과 영국의 헌혈 비교 연구다. 1970년대 초까지 미국의 헌혈자 대다수는 비영리단체와 영리단체가 연합해 제공하는 현금 보상을 받은 반면 영국의 헌혈자들은 전적으로 자발적이었고 국민보건서비스National Health Service에 의해 체계적으로 관리되었다. 두 시스템을 비교한 결과, 잉국 시스템의 혈액이 더욱 우수하고 혈액 낭비도 적고 병원의 혈액 부족 현상도 더 적다는 것이 밝혀졌다. 그래서 미국은 1970년대에 자발적인 시스템으로 전환했고, 그 결과 질적으로나 양적으로 헌혈이 증가했다. 이는 '과잉정당화 효과'를 말해주는 좋은 사례인데, 그 밖에도 물질적인 보상이 협력을 축소시킬 수 있다는 증거들이 많이 있다.[26]

'과잉정당화 효과'는 기업에서 많이 사용되는 인센티브 제도가 사회 전반에 걸쳐 활용되는 현실에 비추어 중요한 의미가 있다. 인센티브는 동기 부여의 수단으로 작용하기보다는 개개인의 이익을 앞세우기 때문에 의도하지 않게 동료 관계를 해치는 부작용을 낳을 뿐만 아니라 사람들이 평가 기준에 부합하는 '안전하고 만만한' 일만 하게 될 가능성이 높아져 결과적으로는 집단 생산성을 떨어뜨리는 결과를 초래하고 있다. 그래서 현금을 지급하는 것보다는 새로운 지식이나 기술을 습득하려는 욕구를 자극하는 편이 낫다는 것이다.[27]

그런데 문제는 재미와 인정 욕구를 자극하는 방법을 찾아내는 게 쉽지 않다는 데에 있다. 그래서 기업은 물론 공공 조직들까지 금전적 보상이라는 비교적 손쉬운 방법에 의존하게 되는 것인데, 바로 이 지점에 커뮤니케이션학이 개입할 수 있지 않을까? 재미와 인정, 그리고 최소한의 보상을 결합시킨 사회적 디자인 개발을 커뮤니케이션학의 연구·교육 대상으로 삼아보자는 것이다. 그런 관점에서 공공 캠페인이나 공익광고를 전면적인 분석과 평가의 대상으로 삼을 수도 있고, 계도와 예방 위주의 네거티브형 청소년 정책을 '임파워먼트empowerment' 위주의 포지티브형 청소년 정책으로 전환해야 할 필요성을 뒷받침하는 이론적 근거를 제시할 수도 있다.

우리말로 "힘 실어주기, 권리 강화, 권한 위임, 권한 위양" 등으로 번

역되는 임파워먼트는 자기 자신의 판단에 의해 행동을 취하거나 통제를 할 수 있게 만들어주는 것을 말한다. 비록 기업을 대상으로 한 조언일망정, 미국 노스웨스턴대학 마케팅 교수 필립 코틀러Philip Kotler, 1931~가 임파워먼트의 핵심으로 제시한 경구는 유념할 만하다. "내게 말해보라. 그러면 잊어버릴 것이다. 내게 보여주라. 그러면 기억할지도 모른다. 나를 참여시켜라. 그러면 이해할 것이다."[28] 이런 참여를 유도하기 위해 '게임화gamification'가 많이 활용되고 있다.

긍정성: 긍정적으로 느끼게 만들어라

'아' 다르고 '어' 다르다는 말이 있다. 우리는 똑같은 내용의 말에 대해서도 그것이 어떻게 묘사되느냐에 따라 다르게 반응한다. 예컨대, '99퍼센트 무지방 고기'와 '1퍼센트 지방 포함 고기'는 같은 것임에도, 사람들은 선호도 질문을 받으면 첫 번째 고기가 더 좋을 것이라고 대답한다. 심지어 '98퍼센트 무지방'과 '1퍼센트 지방 포함' 중에서도 전자를 택한다.[29]

수술 성공률도 마찬가지다. 의사가 환자나 보호자에게 "수술 한 달 후 생존율은 90퍼센트입니다"라고 말하는 것과 "수술 후 한 달 내 사망률은 10퍼센트입니다"라고 말하는 것은 같은 내용이지만, 환자나 보호자는 전혀 다르게 받아들인다. 수술을 받은 600명 중 200명이 살아남은 수술에 대해 200명이 살았다고 말하는 것과 400명이 죽었다고 말한 것을 비교했더니, 진자의 경우 72퍼센트가 수술을 선택했지만, 후자는 22퍼센트만이 수술을 선택했다.[30]

미국의 어느 백화점은 '고객 불만 처리팀'을 '품질 보증팀'으로 이름을 바꾼 후 직원들의 업무 실적이나 사기가 눈에 띄게 달라지는 성과를 거두었다. 이런 변화를 추진한 간부는 그 이유에 대해 이렇게 말한다. "그전에는 문제 해결이 자기 업무라고 생각해 스트레스를 받았다면, 이제는 최고 수준을 유지시키는 업무라는 자부심을 느끼게 된 거지요. 팀으로 들어오는 모든 제언은 우리 제품과 서비스의 질을 높여주는 기회가 됩니다. 우리 업무가 회사의 명성에 기여한다는 느낌이 사기를 높이고 있습니다."[31]

이처럼 큰 차이를 낼 수 있는, 어떤 일에 대한 묘사 방식을 가리켜 '프레임frame'이라고 한다. frame은 '틀', framing은 '틀에 넣는다'는 뜻인데, 사진을 찍을 때 자신이 선택하는 프레임을 떠올리면 되겠다. 똑같은 풍경이지만 사진을 찍는 사람이 어떤 프레임으로 접근하느냐에 따라 사진이 갖는 의미는 각기 달라질 수 있는 것처럼, 똑같은 내용이라도 어떻게 말하느냐에 따라 전혀 다른 반응을 유발할 수 있다는 것이다. 앞서 제시한 사례들은 담론의 제시에 있어서 '프레임frame'의 중요성을 말해주는 동시에 '긍정성positivity'의 힘을 말해준다.

긍정적 프레임이 가장 필요한 곳은 지방이 아닐까? 그 이유는 지방 신문들을 보면 잘 알 수 있다. 전국 대부분의 지역들이 앞다투어 자기 지역이 가장 못살고, 가장 차별받고, 가장 억울하다고 하소연하고 있는 게 우리의 현실이다. 중앙에서 더 많은 예산 지원을 해달라는 취지에서 비롯된 이른바 '우는 아이 젖 더 주기 신드롬'이다. '예산 결정론'이라고 해도 좋을 정도로 예산 문제가 한국 정치와 지방자치의 내용을 결정한다. 지방 자치단체장들과 국회의원들이 유권자들에게 내미는 연말 실적 보고를 보면 거의 대부분 자신이 무슨 예산을 따왔다는 자랑 일색이다. 즉, 정치가 '예산 따오기'로 환원되고 있는 것이다.[32]

그런 세월이 반세기 넘게 지속되면서 지방민은 어느덧 중앙의 지원 이외에 스스로 할 수 있는 게 없다고 생각하는 '학습된 무력감learned helplessness'에 빠져들었다. 학습된 무력감은 좌절이 반복되면 나중에는 어떤 시도도 필요 없음을 배운 나머지 자신들의 운명을 통제하는 데 무력해진다는 사회심리학적 개념인데, 이 개념을 제시한 미국 펜실베이니아대학의 긍정심리학자 마틴 셀리그먼Martin E. P. Seligman, 1942~은 '학습된 무력감'과 '설명 양식explanatory style'은 밀접하게 관련되어 있다며 다음과 같이 말한다.

"설명 양식이란 왜 이러저러한 일들이 일어났는지 스스로에게 설명하는 습관적인 방식이다. 이것은 학습된 무기력을 크게 좌우하는 역할을 한다. 낙관적인 설명 양식은 무기력을 없애고 비관적인 설명 양식은 무기력을 퍼뜨린다. 일상 속에서 실패나 중대한 패배에 직면할 때, 과연 얼마나 무기력에 빠져들지 또는 다시 기운을 차릴지는 본인 스스로가 사태를 설명하는 방식에 달렸다. 설명 양식이란 '마음속 세상'을 비추는 거울과도 같은 것이다."[33]

지방을 지배하는 부정적 프레임은 '자기이행적 예언self-fulfilling prophesy'의 형식으로 현실화되고 있다. 자기이행적 예언은 미래에 관한 개인의 기대가 그 미래에 영향을 주는 경향성을 의미하는 것인데, "우리는 기대한 대로 보게 된다"는 말이 바로 그런 경향성을 말해주는 것이다.[34] "지역 문제에 대한 책임을 지역 주민들에게 맡기지 않는다면, 그들을 무책임한 사람으로 만들게 된다"는 말이 있는데,[35] 이게 바로 지방이 처해 있는 현실이라고 해도 과언이 아니다.

물론 긍정성이 필요한 곳은 지방에 국한되지 않는다. 프레임 연구는 그간 커뮤니케이션학에서 충분하다 싶을 정도로 많이 다루어져왔지만, 주로 정치적 담론 연구에 치중되어왔으며, 공익적 목적을 위해 프레이밍하는 일은 커뮤니케이션학의 영역을 넘어서는 일로 간주되어왔다. 학생들에게 우리의 일상적 삶의 전반에 걸쳐 존재하는 각종 공공·계몽 담론의 프레임을 분석케 하면서 더 나은 대안적 프레임을 창출해내도록 하는 과제를 부과해보는 게 어떨까? 특히 지방의 공공적 담론 프레임은 부정적일 뿐만 아니라 '촌스러운' 면이 없지 않은데, 지방대 커뮤니케이션 연구자와 학생들이 적극 참여해 지방자치의 발전과 성숙에 기여해보는 건 어떨까? 더 나아가 사회적 약자나 소수자들에 관한 공공적 담론, 공공 기관들의 슬로건이나 캐치프레이즈 등의 긍정성을 분석·평가하는 일도 커뮤니케이션학의 상례적 과제로 삼을 수 있을 것이다.

비교성: 인간은 늘 '비교하는 동물'이다

인간에게는 자신을 다른 사람과 비교하는 본성이 있다고 보는 '사회비교 이론social comparison theory'은 그간 '동조conformity'나 '집단 극화group polarization'처럼 집단 내에서 벌어지는 현상을 설명하는 기제로 사용되어왔다. 우리 인간은 '비교하는 동물'이지만, 무턱대고 자신을 아무하고나 비교하는 것은 아니다. 이른바 '유사성에 대한 욕구the need for similarity'에 따라 자신과 유사한 측면을 많이 공유하는 사람들과 자기 자신을 비교하려고 한다.

비교에는 '상향 비교upward comparison'와 '하향 비교downward comparison'가 있다. 상향 비교는 사람들이 스스로를 엘리트 집단이나 혹은 더 우월한 집단의 일원으로 생각하고자 하는 경향성과 더불어 스스로 자신에게 동기 부여를 하려는 욕구 때문에 발생하며, 하향 비교는 불행하거나 불만스럽거나 불안정할 때, 즉 자긍심이나 자존감이 위협받을 때에 자기 만족을 찾기 위해 이루어지는 경향이 있다.[36]

비교의 동기가 그러한 만큼 사람들은 자신이 비교를 한다는 걸 인정하지 않으려고 한다. 하지만 설사 자기 자신이 그렇게 믿는다 해도 비교는 무의식적으로 이루어지기도 하니 너무 그렇게 펄펄 뛸 일은 아니다.[37] 대니얼 J. 레비틴Daniel J. Levitin, 1957~은 비교를 통해 자신의 생각과 행동을 조절하는 것은 진화의 산물로 우리 뇌에 선천적으로 새겨져 있는 형평성과 공정성의 감각 때문이라고 주장하는데,[38] 이 주장을 믿어보는 것도 좋겠다. 기업들이 광고를 통해 소비자들이 끊임없이 상향 비교를 하게끔 부추기는 것은 인간의 그런 비교 본능을 이용하는 것으로 볼 수 있다.[39]

그런 비교 본능은 공익적 캠페인에도 활용될 수 있다. 호주의 뉴사우스웨일스주는 에너지 사용량을 줄이는 데 넛지 방식을 활용했다. 에너지를 절약하자는 상투적 구호 대신 각 가정의 에너지 사용량을 이웃집이나 마을 전체의 사용량과 비교해서 보여주는 그래프로 그리고 세금 고지서도 비슷한 방식으로 각 가정에 발송해 효과를 거두었다.[40] 이렇듯 사회 비교 이론에 근거한 넛지는 한국에서 큰 효과를 발휘할 수 있다는 점에 주목할 필요가 있다. 한국인은 '비교 중독증'을 앓고 있다고 해도 과언이 아닐 만큼 비교를 일상적 삶의 주된 행동 준거로 삼는 경향이 강하기 때문이다.

그런 비교를 함에 있어서 기준선은 의미가 크다. 예컨대, "간디가 세상을 떠났을 때 나이가 114세 이상이었는가?"라는 질문을 받으면 "간디가 세상을 떠났을 때 나이가 35세였는가?"라는 질문을 받았을 때보다 간디의 사망 나이를 더 높게 추정할 가능성이 높다. 114라는 숫자가 기준선의 역할을 하는 것이다.[41] 이런 '정박 효과anchoring effect', 즉 처음에 제시된 하나의 이미지나 기억에 박혀버려 어떤 판단도 그 영향을 받아 새로운 정보를 수용하지 않거나, 이를 부분적으로만 수정하는 인간의 행동 특성은 기준선 제시가 넛지의 기능을 수행할 수 있다는 걸 시사해준다.[42]

많은 사람이 하는 행동이나 믿음은 진실일 것이라고 생각하는 경향을 가리키는 '사회적 증거social proof' 역시 우리 인간의 비교 성향에서 비롯된 것으로 넛지를 시도할 때에 반드시 고려해야 할 점이다. 예컨대, 호텔에서 고객들을 대상으로 수건 재사용 권유를 하는 방법론도 사회적 증거의 법칙을 따를 때에 성공할 수 있다.

미국 애리조나대학 심리학자 로버트 치알디니Robert Cialdini, 1945~ 연구팀은 2가지 종류의 카드를 만든 다음, 호텔 지배인의 도움을 받아 객실에 카드를 비치했다. 하나는 환경보호와 관련된 것으로, "수건 재사용 프로그램에 참여해서 환경을 보호하는 데 힘을 보태고 자연보전에 대한 의지를 보여달라"는 내용이었다. 다른 하나는 사회적 증거의 법칙에 따른 것으로, "호텔을 이용하는 손님들 대다수가 숙박기간 동안 적어도 한 번 이상 수건을 재사용한다"는 단순한 사실만 적었다. 손님들의 참여율은 두 번째 카드가 첫 번째 카드에 비해 26퍼센트 더 높은 것으로 나타났다.

세 번째 카드는 "자신과 같은 방에 묵었던 대다수가 수건을 다시 사용한다"는 내용이었다. 어떻게 달라졌을까? 호텔 투숙객 전체의 행동에 대한 정보를 얻은 손님들에 비해 참여율이 더 높았으며, 기본적인 환경보호 메시지만으로 실험한 경우에 비하면 참여율이 33퍼센트 더 증가한 것으로 나타났다. 왜 그런 걸까? 우리는 자신과 같은 처지나 상황에 있는 사람들의 행동 규범을 따르기 때문이다.[43]

언론이 좋은 뜻으로 한 사회 비판·고발이 역효과를 낳을 수 있는 것도 바로 이런 부정적 사회적 증거의 법칙 때문이다. 그렇다고 사회비판·고발을 하지 않을 수도 없으니, 이 일을 어찌할 것인가? '아' 다르고 '어' 다르다는 원리에 따라, 부정적인 사회적 증거의 역효과를 염두에 두고 사회 비판·고발을 신중하게 하는 지혜를 발휘할 필요가 있겠지만, 커뮤니케이션학은 언론이 신봉하는 기존 네거티브 저널리즘 모델을 의심하면서 사회적 증거가 가급적 긍정적으로 나타날 수 있는 새로운 저널리즘 모델의 개발에도 나서야 하는 게 아닐까? 그런 문제의식이 있을 때에 비로소 사회적 증거를 활용하는 넛지의 개발도 활성화될 수 있을 것이다.

한국에서 비교성을 이용한 넛지를 시도할 때에 가장 주의해야 할 점은 한국인이 개인적 성취 중심으로 이웃과의 상향 비교를 통해 자신을 평가하는 경향이 매우 강하다는 점이다. 이는 한국인의 자부심과 행복감이 낮은 주요 이유다. 커뮤니케이션학이 그런 비교 성향을 공공 영역에서 발휘할 수 있게끔 유도하기 위한 아이디어를 찾는 일에 나

서보는 것은 어떨까? 즉, 체면을 중시하는 한국 특유의 '수치의 문화shame culture'가 공공 영역에서 발휘될 수 있게끔 연구해보자는 것이다. 이를 각 지역·조직 단위별 비교 평가로 연장할 경우 선의의 경쟁에 의한 사회적 변화를 기대할 수 있다. 예컨대, 각급 단위의 교육기관이 졸업생들의 세속적인 출세 위주로 학교의 명예를 추구하는 기존 풍토도 선행·봉사·이타주의라는 새로운 비교 평가 기준으로 유도하는 것으로 바뀔 수 있는 가능성에 주목할 필요가 있다.

일관성: 인간은 늘 '합리화하는 동물'이다

인간은 합리적rational 존재가 아니라 합리화하는rationalizing 존재라는 것을 증명해 보인 '인지부조화 이론theory of cognitive dissonance'은 사람의 의견 형성과 태도 변용에 영향을 미치는 심리적 메커니즘이 조화를 이루기 위한 것이 아니라 부조화를 줄이기 위한 것이라고 본다. 똑같은 말인 것 같지만 행복을 추구하기 위해 사는 것과 불행하지 않으려고 사는 것은 분명히 다르다.

이 이론을 제시한 미국 심리학자 리언 페스팅어Leon Festinger, 1919~1989는 불일치inconsistency를 부조화dissonance, 일치consistency를 조화consonance로 대체해 사용하면서 2개의 가설을 제시했다. 첫째, 불일치는 심리적 불편psychological discomfort을 초래하기 때문에 사람들은 이를 줄이기 위해 애를 쓴다. 둘째, 사람들은 불일치를 줄이기 위해 애를 쓸 뿐만 아니라 부조화를 낳거나 증가시키는 상황이나 정보를 적극 피하려고 한다.[44]

사람들의 그런 일관성 성향을 이용하는 대표적 기법이 바로 '단계적 순응 기법sequential compliance tactics'이다. 상대에게 처음에는 부담감이 적은 부탁을 해 허락을 받으면 그다음에는 점차 큰 부탁도 들어주기 쉽게 된다는 것인데, 이 기법의 하나인 '문전 걸치기 전략foot-in-the-door technique'은 이 책에서 다루는 넛지의 여러 방법론적 유형 가운데 커뮤니케이션학 분야에서 가장 많이 다뤄온 주제다.[45]

문전 걸치기 전략과 비슷한 기법으로 '로 볼 테크닉lowball technique'이 있다. 너무 높아 잡을 수 없는 공을 잡기 쉬운 낮은 공처럼 보이게 한다는 의미에서 나온 로 볼 테크닉은 문전 걸치기 전략처럼 사람들의 '커미트먼트commitment'와 '일관성consistency 유지 성향'을 이용한 것이다.

로버트 치알디니는 대학생들을 상대로 로 볼 테크닉의 효과를 검증하기 위한 실험에서 오전 7시부터 진행하는 '사고 과정' 연구에 참석할 학생을 모집하면서 두 가지 방법을 사용했다. 하나는 학생들에게 시간을 미리 알려주고 의사를 묻는 방식, 다른 하나는 참여 의사를 먼저 물은 후에 시간을 알려주는 방식이었다. 첫 번째 방식에 동의를 표한 학생은 전체의 24퍼센트에 불과했던 반면, 두 번째 방식에서는 처음에 56퍼센트가 동의했고 오전 7시라는 시간을 알려주면서 "참여 신청을 철회해도 좋다"고 밝혔지만 철회한 학생은 아무도 없었다(실제로 약속 장소에 나타난 학생은 95퍼센트였다).[46]

로 볼 테크닉은 먼저 사람들에게 불완전한 정보에 기초해 어떤 일에 동의하도록 한 후에 전체 요구 조건을 알려주는 방법이라는 점에서 문전 걸치기 전략과는 좀 다르며, 그래서 윤리성 시비가 일곤 한다. 윤리성 시비에서 비교적 자유로운 문전 걸치기 전략은 그 적용 범위가 매우 넓으며, 특히 시민사회운동 단체들의 회원 모집이나 서명 요청 등에서 큰 효과를 발휘할 수 있다. '시민 없는 민주주의'라고 해도 좋을 정도로 공공 분야의 참여가 극히 저조한 한국 사회에서는 문전걸치기 전략을 적극 활용할 필요가 있으며, 이런 일에 커뮤니케이션학이 적극 기여할 필요가 있지 않을까?

사람들의 의도를 측정하는 동안에 사람들의 행동에 영향을 미치게 되는 '설문 조사 효과'도 일관성 성향 때문에 일어난다. 이처럼 질문을 받았을 때 자신의 답변에 행동을 일치시킬 가능성이 높아지는 현상을 '단순 측정 효과mere-measurement effect'라고 부른다. 특정 음식을 먹을 의향이 있는지, 다이어트를 할 의향이 있는지 혹은 운동할 의향이 있는지에 대한 질문을 받고 그에 답했을 때, 이러한 답변은 당사자의 행동에 영향을 미치게 된다. 단순 측정 효과는 일종의 넛지로서 민간 부문이나 공공 부문에서 이용될 수 있다.

예컨대, 사람들에게 선거일 바로 전날에 투표할 의향이 있는지 물었을 경우, 투표율은 25퍼센트 높아진다. "향후 6개월 안에 새 차를 구매할 의사가 있습니까?"라는 간단한 질문만으로도 구매율을 35퍼센트나 높일 수 있다. 이는 사람들을 특정한 방향으로 밀어붙이기보다는 모종의 작은 장애물을 제거함으로써 보다 수월하게 바람직한 행동을 독려할 수 있다는 것을 의미한다.[47]

단순 측정 효과는 매우 심각한 수준인 '예약 부도no-show'를 줄이는 데에도 기여할 수 있다. 『조선일보』가 2005년 전국의 식당, 미용실, 병원, 고속버스, 소규모 공연장 등 5개 서비스 부문 100개 업체를 조사한 결과 예약 부도 비율은 평균 15퍼센트로 나타났다. 『조선일보』

와 현대경제연구원이 예약 부도율을 바탕으로 조사한 결과 예약 부도로 발생하는 5개 서비스 부문의 매출 손실은 매년 4조 5,000억 원에 달할 것으로 추산되었다.[48] 공공 부문도 마찬가지다. 예컨대, 2013년부터 2014년 10월 말까지 정보공개가 결정되어 관공서에서 작성한 자료 90만 8,266건 중 청구인이 찾아가지 않은 자료는 15만 3,780건 (17퍼센트)으로 63억 원의 세금이 낭비된 것으로 나타났다.[49]

로버트 치알디니 연구팀은 의료 기관의 예약 부도를 줄이기 위해 예약일과 시간을 환자가 소리 내어 확인하도록 요청하는 것만으로도 예약 불이행률을 3퍼센트 줄이는 성과를 거두었다. 예약일과 시간을 직접 기입하도록 하는 등 환자를 진료 예약 과정에 개입시키는 방식을 썼을 때는 예약 불이행률이 18퍼센트나 감소했다.[50]

단순 구두 약속만으로도 사람의 행동에 긍정적 영향을 미칠 수 있다는 것은 공공 부문의 넛지를 수행하는 사람들이 일관성을 유지하려는 사람의 성향에 깊은 관심을 가져야 할 이유를 말해준다 하겠다. 우리는 사회 개혁을 내세우면서 사람들에게 처음부터 너무 많은 것을 요구하는 것은 아닐까? 참여에 필요한 '정치 효능감political efficacy'이 없거나 약한 사람들에게 '작은 성공의 경험'을 누리게 해줄 때에 비로소 큰 성공도 가능한 게 아닐까?

시민들이 공공 영역에 참여하면 뭔가를 성취할 수 있다는 믿음을 대중에게 주기 위해서는 작은 승리나 성공이 절대적으로 필요하다. 이런 이치 때문이다. "작은 성공의 경험은 무게감을 줄이고('별거 아니군') 노력의 요구량을 감소시키며('이만큼만 하면 되네') 스스로 생각하는 능력 수준을 높인다('난 이것도 할 수 있잖아!')."[51]

즉, 사람들의 일관성 성향을 선용하기 위해선 넛지의 수행자들부터 '작은 성공'을 이루어놓고 단계별로 나아가는, 신뢰 확보를 위한 일관성이 필요하다는 것이다. 일관성 성향을 이용한 넛지는 참여·봉사·기부 등을 활성화시키는 데에 폭넓게 활용할 수 있으며, 특히 참여 진작이 성과를 거두면 기존 '관객 민주주의'를 바꾸는 데에도 큰 기여를 할 수 있다.

타성: '귀차니즘'은 인간의 본능이다

'100퍼센트 환불 보장' 마케팅을 구사하는 기업이 많다. 이런저런 조건을 붙여 '100퍼센트 환불 보장'을 외치는 게 아니라 소비자가 구입을 한 후에 마음에 안 들면 아무 조건 없이 환불해주겠다는 '무조건 100퍼센트 환불 보장'이다. 물론 무료 사용 기간에 제한을 두긴 하지만, 3개월까지 허용하는 제품들도 있는 바, 이 정도면 '무조건'이라고 보아야 하지 않겠는가.

기업들은 도대체 무얼 믿고 그러는 걸까? 상습적으로 상품을 구입한 후 좀 사용하다가 되돌려 보내는 소비자들이 있을 텐데 말이다. 맞다. 그런 소비자들이 있다. 그러나 그들은 극소수다. 실제 반품률은 1~2퍼센트 수준에 불과하다. 그 짧은 시간에 이미 정情이 들었기 때문일까? 대다수 소비자는 일단 자기 것이 된 물건을 다시 내놓으려 하지 않는다.[52]

소비자들의 그런 성향을 가리켜 미국의 행동경제학자 리처드 탈러 Richard Thaler, 1945~는 '소유 효과endowment effect'라는 이름을 붙였다. 우리말로 '보유 효과', '부존 효과', '초기 부존 효과'로 번역해 쓰기도 하며, '관성 효과inertia effect', '박탈 회피divestiture aversion'라고도 한다. 탈러는 한 병에 5달러에 구매한 와인을 50달러가 넘는 데도 팔려고 하지 않는 심리를 통해 소유 효과를 설명했는데, 이는 자신과 관련이 있는 것에 가치를 더 부여하는 자기중심성 때문에 발생하는 것이다.[53]

소비자들의 그런 성향을 이용한 대표적 사례가 체험 마케팅이다. 예컨대, 김치냉장고 딤채는 제품 출시 초기인 1996년 약 200명의 품질 평가단을 모집하고 이들에게 3개월간 무료로 김치냉장고 제품을 사용해본 후 구매 여부를 결정하게 했는데, 결과는 놀랍게도 100퍼센트 구매로 이어졌다. 이는 딤채의 좋은 품질만으로는 설명할 수 없는 것으로, 일단 체험하게 되면 소비자 자신도 모르게 발생하는 소유 효과가 큰 영향을 미쳤다고 보아야 할 것이다.[54]

소유 효과는 사람들이 현재의 상태에 그대로 머물고자 하는 강한 바람, 즉 '현상 유지 편향status quo bias'을 갖고 있기 때문에 발생한다. 행동경제학은 사람들의 현상 유지 편향을 활용하기 위해 디폴트 옵션 default option(기본 선택)에 큰 관심을 갖는다. 디폴트로 취할 수 있는 값을 어떤 일정한 규칙에 따라 정하는 것을 '디폴트 규칙default rule'이라고 한다. 일반적으로 가장 사용 빈도가 높은 것, 혹은 가장 사용 효율이 높은 것이 디폴트 규칙으로 선정되지만, 넛지를 시도하는 이들은 이 규칙 제정에 개입하려고 애를 쓴다.

예컨대, 지리적으로 인접한 독일과 오스트리아 국민들이 장기 기증에 동의한 비율은 각각 12퍼센트와 거의 100퍼센트로 큰 차이가 난다. 이 차이는 국민성과는 아무런 관련이 없다. 독일에서는 장기 기증을 원하는 사람들은 동의서를 작성하도록 해 기본 선택이 장기 기증을 안 하는 것으로 되어 있는 '선택 가입 방식' 또는 '옵트인opt-in 방식'을 쓰는 반면, 오스트리아는 장기 기증에 동의하는 것을 기본 선택으로 삼고, 원하지 않는 국민은 전화 한 통화로 거부 의사를 밝히도록 하는 '선택 탈퇴 방식' 또는 '옵트아웃opt-out 방식'을 쓰고 있다. 기본 선택의 차이가 그런 결과를 낳은 것이다. 물론 그렇기 때문에 좋은 목적을 가진 일에는 '선택 탈퇴 방식'을 쓰는 게 바람직하다고 말할 수는 없다. 특히 장기 기증과 같은 일에는 심각한 윤리적 문제가 뒤따르기 때문이다.[55]

장기 기증 문제에 대해선 논란이 있을망정, 학생들의 학자금 지원이라든가 사회적 약자의 복지 신청 서식을 매우 복잡하게 만들어 그들에게 돌아가야 할 혜택이 돌아가지 않게끔 하는 것은 다시 생각해볼 일이다. 공공 기관들은 광범위한 옵션을 나열하기만 하고 구조화하지 않기 때문에, 즉 단순하고 의미 있는 디폴트 규칙을 선택하지 않기 때문에 실패하는 경우가 많다.[56]

반대로 미국의 퇴직연금 제도인 401k는 의미 있는 디폴트 규칙을 선택해 성공한 경우다. 세금 공제 등 혜택에도 2000년대 중반까지 미국 근로자의 401k 가입률은 30퍼센트 수준에 머물렀는데, 대책을 모색하던 정부는 근로자들이 퇴직연금 가입에 필요한 복잡한 서류 작성을 부담스러워 한다는 사실을 발견했다. 그래서 2006년부터는 근로자가 회사에 입사하면 자동으로 401k에 가입하도록 정책을 바꿨으며, 이후 근로자들의 가입률은 점차 증가해 2012년 70퍼센트를 기록했다.[57]

공공 정책과 관련해 디폴트 문제를 다루는 것을 '선택 설계choice architecture'라고 하는데, 넛지는 구체적으로 선택 설계에 적용될 수 있다. 이 일을 하는 '선택 설계자choice architect'는 사람들이 결정을 내리는 배경이 되는 '정황이나 맥락'을 만드는 사람이다. 투표용지를 디자인하는 사람, 환자에게 선택 가능한 다양한 치료법을 설명해주어야 하는 의사, 직원들이 회사의 의료보험 플랜에 등록할 때 서류 양식을 만드는 사람, 자녀에게 선택 가능한 교육 방식들을 설명해주는 부모, 물건이나 서비스를 판매하는 세일즈맨 등이 바로 선택 설계자다. 겉으로 보기에는 사소하고 작은 요소라 해도 사람들의 행동 방식에 커다란 영향을 끼칠 수 있다.[58]

커뮤니케이션 연구자들은 직접 선택 설계를 하진 않는다 하더라도 다양한 분야의 선택 설계를 비교 평가하는 일을 할 수 있다. 각 세부 전공별로 학생들에게 해당 분야의 선택 설계를 조사해서 비교 평가하는 리포트를 작성하게 할 수도 있으며, 수용자(이용자) 반응을 연구 대상으로 삼을 수도 있다. 이른바 '귀차니즘'은 인간의 본능이라는 말이 나올 정도로 타성이 현대인의 일상을 지배하고 있기에 타성을 이용한 넛지는 강력한 힘을 발휘할 수 있고, 그래서 윤리적 논란이 일어날 가능성도 가장 크다. 선택 설계를 비롯해 이런 유형의 넛지에서 나타날 수 있는 윤리적 문제를 검증하고 평가하는 일도 좋은 커뮤니케이션학의 좋은 과제가 될 수 있다.

'위에서 아래로'의 연역적 접근을 의심하자

이상 살펴본 바와 같이 넛지 커뮤니케이션의 방법론적 유형은 인간적 추구 성향 중심으로 ① 인지적 효율성, ② 유도성, ③ 흥미성, ④ 긍정성, ⑤ 비교성, ⑥ 일관성, ⑦ 타성 등 7개로 나누어볼 수 있다. 나는 이러한 유형 분류가 커뮤니케이션학의 입장에서 넛지의 무한한 잠재력을 인식하는 동시에 그 적용을 생각해내는 데에 기여할 수 있을 것으로 기대한다. 대학생을 대상으로 실시한 넛지 마케팅 아이디어 공모전 본선 진출에 성공한 4개 팀의 아이디어가 모두 어포던스 넛지에 집중되어 있다는 건 우리의 넛지에 대한 이해가 아직 일부 분야에만 머물러 있음을 말해주는 것으로 볼 수 있다.

과거 대학에서 '신문방송학과'라는 이름으로 조직적 정체성을 표방해온 커뮤니케이션학은 '신문의 몰락'으로 대변되어온 디지털 혁명의 와중에서 생존과 성장의 길을 모색하는 데에 큰 혼란을 겪고 있다. 그간 많은 대학이 학과 이름을 변경하면서 취한 노선은 디지털 지향이었지만, 그런 외향적 접근 못지않게 필요한 것은 커뮤니케이션의 범위를 재정립해보려는 시도가 아닐까? 연구와 교육 대상으로서의 커뮤니케이션을 미디어에만 국한시키지 말고 사회 전반의 일상적 삶이라고 하는 새로운 지평에서 재인식해보는 것은 어떻겠느냐는 것이다.

예컨대, 커뮤니케이션학은 '넛지 커뮤니케이션'이라는 독립 과목을 신설하거나 각 유형에 맞는 관련 과목을 통해 넛지 커뮤니케이션을 가르치고 연구할 수 있다. 넛지를 둘러싼 논란은 '커뮤니케이션 윤리' 과목을 통해 소화할 수 있을 것이다. 우리가 '다양한 학제적 · 이론적 실험을 통한 영역 확대'와 '다른 학문 영역 간의 경계를 넘나드는 대화와 경쟁'을 추구하고자 한다면, 사실 넛지 커뮤니케이션 이상 좋은 연구 주제는 찾기 어려울 것이다. 넛지 커뮤니케이션 연구의 장점은 한국 사회 전반에 결여된 구체적 각론의 필요성에 부응할 수 있다는 점이다.

한국 언론과 커뮤니케이션의 위기는 상당 부분 '초집중화hyper-centralization' 문제임에도 우리는 초집중화된 언론·커뮤니케이션 환경을 주어진 조건으로 간주한 채 현실을 진단하고 대안을 모색하는 데에 익숙해 있다. 모든 분야에 걸쳐 우리가 중독되어온 '위에서 아래로'의 연역적 접근을 의심하면서, '아래에서 위로' 올라가는 귀납적 접근을 시도해야 할 필요성을 역설하는 목소리는 좀처럼 듣기 어렵다. 연역적 접근과 귀납적 접근은 둘 다 일장일단—長—短이 있지만, 대중이 정치를 혐오하면서 각자도생各圖生을 택한 상황에서 귀납적 접근은 선택의 문제가 아니라 당위가 아닐까? 무엇보다도 정치로부터 소외당하고 스스로 소외한 대중이 관심과 더불어 참여 의욕을 보이는 동력은 오직 '피부에 와닿는 실감'이기 때문에 더욱 그렇다.

넛지는 기존의 상식이나 속설을 의심해볼 것을 요구한다. 예컨대, 한국의 부동산 문제를 보자. 전셋값 급등에 대한 대안으로 거론되는 '임대소득 과세'는 제대로 검증되지 않은 속설, 즉 주택 임대소득에 과세하면 집세가 오를 것이라는 걱정에 대한 의심에서 출발한 것임은 두말할 나위가 없다. 정대영은 지금까지 주택 임대소득에 대해 집세 안정 등을 이유로 과세하지 않고 있지만 집세는 폭등한 반면 상가·사무실은 임대소득에 대해 어느 정도 과세가 되고 있어도 집세와 날리 임대료가 안정되어 있다는 점에 주목해 '투명성 효과'의 장점을 역설한다. 주택 임대소득에 대한 과세는 잘 설계하면 집주인의 탐욕을 줄이고 시장의 투명성을 높여 집세를 안정시킬 수 있다는 것이다. 집주인은 정부 기관이 집세 변동을 볼 수 있다는 것만으로도 집세를 마음대로 올리기 쉽지 않으며, 주택 투자의 기대 수익이 낮아져 장기적으로 집값은 안정되고 결국 집세도 안정될 수 있다는 이야기다.[59] 문제는 각 이해 당사자의 심리까지 고려한 정교한 설계인데, 바로 이게 넛지 사고방식이자 실천이다.

물론 이런 주장은 언론학 또는 커뮤니케이션의 정체성에 더 큰 혼란을 초래할 수도 있다. 극단적으로 말하자면, 이 세상 모든 일이 다 커뮤니케이션이기 때문에 그것을 다 다뤄야 한다는 논리로 흐르거나 그렇게 인식될 수 있기 때문이다. 하지만 학계 일각에서 외치고 있는 '융합'이나 '통섭'의 필요성과 가치를 인정한다면, 커뮤니케이션학이 '가로지르기' 형식으로 인접 학문들과 소통과 협력을 강화해야 한다는 요청으로 이해할 수도 있다. 같은 사회과학 내에서도 인접 학문 간 소통은 거의 없으며 과도한 분업으로 인한 칸막이 현상이 심화되어 있는 것이 우리의 현실이다.

물론 분과 학문의 전문화라고 하는 점에서 불가피한 면이 있으나, 연구 공동체가 대학 내외의 상황에 적응하는 과정에서 굳어진 타성의 결과일 수도 있다. 넛지 연구는 그 자체의 성과를 넘어서 사회적 문제를 문제로 바라볼 수 있게 만드는 '문제의 문제화'와 암묵지의 영역에 머무르던 것을 명시지로 바꾸려는 동기부여에도 기여할 수 있다. 홍훈이 "행동경제학의 주장들에 한국의 사회적인 특징이 결합될 필요가

있다"고 잘 지적했듯이,[60] 넛지는 한국 문화의 특수성에 대한 연구를
하는 데에도 좋은 자극이 될 수 있다.

Nudge

*

제 2 장

교통안전 넛지

***

Nudge

자동차 과속을 예방하기 위한 넛지

(1) 속도감을 더 느끼는 착각 유도: 미국 시카고 레이크 쇼어 도로Lake Shore Drive는 세계에서 가장 경치 좋은 도로로 감탄스러운 곳이지만 S 자 커브가 많아 사고 다발 지역으로 악명도 높았다. 궁리 끝에 당국은 커브 시작 지점부터 가로로 흰색 선을 그었다. 선과 선 간격은 커브에 가까워질수록 좁아지며 속도감이 커진다. 아름다움에 넋 놓은 운전자라도 질주 본능에 무의식적으로 제동을 걸 수밖에 없다.[1]

(2) 부산의 광안대로에 적용: 부산의 대표적 해상 고가도로인 광안대로에서 2009년 발생한 23건의 교통사고 가운데 절반이 넘는 12건

이 곡선 구간에서 일어났다. 고가도로에서 교통사고가 자주 발생하는 것은 과속 단속 카메라가 없어 운전자들이 과속을 일삼기 때문이다. 과속 단속 카메라는 도로 바닥의 검지기檢知器가 바퀴의 속도를 감지해 카메라로 신호를 보내면 위반 차량을 찍는 구조다. 그러나 대형 트럭들의 운행으로 진동이 많은 고가도로 위에는 오작동 가능성 때문에 과속 카메라를 설치하지 않고 있다. 철 구조물인 다리가 흔들리면서 발생하는 자기장도 오작동의 원인이 될 수 있다. 이에 부산지방경찰청은 2010년 과속 단속 카메라를 설치할 수 없는 현실을 고려해 넛지 효과를 이용한 교통사고 방지 시설물을 부산 지역 고가도로 4곳에 시범 설치했다. 구간별로 길이 300~400미터 구간에 흰색 가로 선을 긋되, 곡선이 심해질수록 가로선 간격을 좁힌 것으로, 운전자가 같은 속도로 달리더라도 곡선이 심한 구간일수록 속도감을 더 느끼는 착각을 유도해 속도를 줄이게 하는 방식이다. 최고 제한속도가 시속 80킬로미터인 광안대교의 경우 400미터 구간에 가로 선을 그리되 곡선 구간 시작 지점에서는 가로선 간격을 30미터로 했다가 점차 20미터, 10미터로 간격을 줄였다.[2]

(3) 도로에 빨간 굵은 선 긋기: 그런데도 광안대교 곡선부에서 2011년에 18건의 사고가 발생하자 광안대교를 관리하는 부산시설공단에서 추가 아이디어를 냈다. 2012년 8~9월 감속 운전을 유도하기 위해 차로 가운데에 빨간 도료로 굵은 선을 그었다. 붉은 선을 따라가는 심리를 이용하면 차선 변경을 줄일 수 있다는 판단을 한 것이다. 실제 2012년 10~12월 사이에 해당 구간의 교통사고가 1건에 그쳤고, 2013년에도 13건에 머물렀다. 2011년에 비해 약 30퍼센트(5건)

줄어든 것이다.[3]

(4) 음악으로 운전 속도 줄이기: 내셔널 지오그래픽 채널에서 실행한 '음악으로 운전 속도 줄이기' 실험의 내용은 이렇다. 빠른 속도의 음악을 들으면 과속 난폭 운전을 하게 되고, 심장의 박동 수와 같은 속도의 음악을 들었을 땐 난폭 운전을 하지 않고 사고의 위험도 줄게 될 것이라고 하는데, 실제로 음악으로 운전 속도를 줄이는 것이 가능한지에 대한 물음에서 시작되었다. 규정 속도로 운전할 때에만 음악이 나오게 만들어, 사전 지식 없이 그 도로를 운전하는 운전자들의 속도를 측정해본 결과 놀랄 만큼 효과적이었다. 이전에 그 도로에서 과속 차량이 88퍼센트였으나 음악이 나오는 도로를 설치하자 15퍼센트로 줄어든 것이다. 실험 대상자들에게 음악이 나오는 도로에 대한 의견을 물었을 때, "음악을 들으려 속도를 줄이게 되었다", "감속하게 하는 좋은 방법이다" 등 긍정적인 반응을 보였다. 이 노래하는 도로는 대성공을 이루었고, 이 실험이 진행되었던 뉴멕시코주는 이 도로를 영구적으로 설치하기로 결정했다.[4] (유현승)

(5) 노래하는 고속도로 슬그머니 '백지화': 2007년 국내에서도 졸음과 과속 운전을 방지하기 위해 '노래하는 고속도로'라는 기발한 아이디어가 실행된 적이 있었는데, 언제부턴가 슬그머니 백지화되고 말았다. 노면에 가로 방향으로 홈을 파 타이어 마찰음이 나도록 했는데, 홈 간격이 좁을수록 음이 높아지는 원리를 이용한 것이다. 효과는 즉각 나타났다. 사고 위험 구간이었던 2곳 모두 노래가 시작된 이후론 단 한 건의 사고도 없었다. 이렇게 반응도 좋고 효과도 만점이었지만 서울외곽순환고속도로 시흥 구간은 반년 만에 상주 구간은 1년 반 만

에 슬그머니 폐쇄되었다. 밤에 들으면 귀신 소리나 안 좋은 소리로 들린다는 주변 주민들의 민원 때문이었다. 이에 대해 강승필 서울대학교 건설환경공학부 교수는 "효과도 있고 아이디어도 좋았고 시민 반응도 좋았다고 하면 거기서 발생하는 사소한 문제점은 적극적으로 해결해가는 행정이 필요하지 않나 생각을 한다"고 말했다. 방음벽을 설치하거나 홈 깊이를 조절해서라도 빛나는 아이디어를 살리려는 적극적인 노력이 아쉽다는 것이다.[5]

(6) 경고음을 내는 도로: 사고 다발 구역 도로에 홈을 설치하여 진동수를 발생시켜 경보음이 나도록 하는 것이다. 물론 도로에 설치되어 있는 교통안전 표지판이나 운전자 옆에서 "사고 다발 구역입니다"라고 안내해주는 친절한 내비게이션이 있기야 하지만, 도로 자체에서 경보음이 흘러나와 운전자에게 주의를 요하는 것이 운전자에게 더 강력히 메시지 전달이 되지 않을까 생각된다. 이러한 넛지는 사고 다발 구역에서 발생하는 많은 사고들을 줄여줄 수 있는 방안이 될 것이다.(이소민)

(7) 아이들 혹은 가족 입간판 설치: 차량 운전자들이 자주 과속하는 장소에 아이들 혹은 가족 입간판과 사진을 제한속도 표지판과 함께 세워둔다. 과속을 하다가도 사랑하는 가족의 사진을 본다면 주저 없이 브레이크를 밟을 것이다.(권남형 · 이호선)

음주운전과 졸음운전을 막기 위한 넛지

(1) 대중교통 이용 유도: 세계의 축제로 불리는 브라질 리우데자네이

루의 카니발 당일이면 사람들이 음주 후 그대로 차를 몰아 음주 사고의 비율이 증가했다고 한다. 하지만 이런 불상사를 막기 위한 방책으로 맥주 브랜드 안타르티카 비어Antarctica beer는 넛지 효과를 사용함으로써 사고를 방지했다. 축제 때 마신 맥주 캔의 바코드를 지하철 출입구에 찍어 티켓이나 카드 대신 사용할 수 있게 한 것이다. 시행 결과 축제의 사고 비율은 감소했고 안정적인 축제 진행에 기여했다고 한다. 사람들의 대중교통 이용을 촉진하고 일석이조의 넛지 효과로 음주 문제를 해결한 좋은 예로 볼 수 있다.(임경택)

(2) 주류 판매 업소에서의 홍보: 술집이나 주점 등 술을 판매하는 업소의 화장실 소변기와 세면대에 포스터를 부착한다. 포스터에는 음주운전으로 징역을 선고받은 죄수가 죄수 번호판을 들고 있고, 번호판에는 죄수 번호 대신 자신이 마신 주량과 음주운전의 피해자 정보가 적혀 있다. 또한 죄수의 얼굴 부분은 거울로 처리해 포스터를 보고 있는 사람의 얼굴이 보이도록 만든다. 술을 마실 가능성이 있는 사람을 대상으로 충격적이고 공감 갈 만한 문구가 쓰인 포스터를 보게 함으로써 경각심을 일깨우고, 나아가 죄책감을 유발해 음주운전을 방지하도록 한다. 다시 말해, 보는 이에게 우회적으로 강경한 메시지를 전달한다고 볼 수 있다.(장자원 · 김빈 · 홍지수) *(이건 공포감을 조성하는 것이어서 넛지 특유의 우회적 방법이라고 할 수 있을지는 의문이다.)

(3) 식당의 텔레비전에서 음주운전 사고 동영상 틀기: 가족과 외식을 하러 식당에 갔을 때의 일이다. 식당 안 텔레비전에서 〈맨 인 블랙박스〉라는 차량 내에 설치된 블랙박스로 실제 교통사고 상황을 보여주는 프로그램이 틀어져 있었다. 평소 좋아하지 않는 프로그램이었으

나 적막 속에서 모두가 무의식적으로 집중해 보고 있었다. 옆에서는 40, 50대로 보이는 남성들이 술을 마시면서 텔레비전을 보고 있었다. 자연스레 그들의 대화 주제는 음주운전의 심각성과 자신의 경험담이 되었다. 정적이 흐를 때마다 그들의 시선이 향한 곳은 텔레비전이었으며, 나중에 모두 대리운전 기사를 불러서 집으로 돌아가는 것을 목격했다. 이것을 보고 식당의 텔레비전에서 음주운전 사고 동영상이나 프로그램을 연속으로 방영하는 게 어떨지 생각하게 되었다.(서민지·정지산·주제현)

(4) 술 용기를 이용한 홍보: 맥주병이나 소주병에 넛지 디자인을 새겨 간접적으로 음주운전의 위험성을 각인시키는 것은 어떨까? 우선 일상에서 쉽게 사람들이 간편히 마실 수 있는 맥주 캔을 활용한 방식이다. 캔에 대각선으로 얇게 자동차 도로의 스티커(무늬)를 부착한다. 이 도로 스티커는 캔을 개봉하는 부분까지 이어진다. 마지막으로 캔의 마시는 부분에는 자동차 모양의 무늬를 설치하는 것이다. 사람들이 맥주를 마실 때 캔을 개봉하면 캔 뚜껑 위에 있던 자동차 모양의 입구 부분이 아래로 내려가게 된다. 이는 술을 마시고 음주운전을 했을 경우 사고 발생을 간접적으로 암시하는 의미다. 즉, 맥주 캔에 붙은 대각선 도로를 따라 이어진 자동차 무늬가 맥주 캔을 개봉함으로써 하향하게 된다. 음주운전을 하게 될 경우 사고 가능성을 깨닫게 할 수 있다.(임경택)

(5) 졸음운전 경보 장치: 최근 교통안전공단이 연구 개발을 끝내고 시험 운행을 추진 중인 졸음운전 경보 장치는 운전석 핸들 주변에 설치된 각종 기계가 운전자의 눈꺼풀과 안면 근육의 움직임, 머리의 흔

들림, 자세의 흐트러짐 등을 종합 판단해 졸음이라는 기준에 부합하면 진동(손목 밴드)과 소리(경보음)로 운전자에게 졸음 메시지를 전달하는 방식이다. 또한 졸음운전 등으로 차로 이탈 시 경보음을 작동시켜 운전자가 차로 이탈을 수정할 수 있도록 안내하는 시스템, 전방에서 달리거나 고정된 자동차와 사물을 인식해 일정 속도로 일정한 거리 이내에 자동차가 접근할 때 추돌 가능성을 계산해 미리 운전자에게 경보음을 발동시켜 제동을 유도하는 시스템 등이 현재로써는 유력한 졸음운전 예방 장치로 꼽히고 있다.[6]

(6) 졸음 쉼터 안내 개선: 한국도로공사에 따르면, 최근 5년(2012~2016년)간 도로공사가 운영하는 고속도로에서 총 2,241건의 졸음운전 사고가 발생해 414명이 사망했는데, 졸음운전 교통사고 치사율(사고 1건당 사망자 발생 비율)은 18.5퍼센트로, 과속 사고 치사율(7.8퍼센트)의 2.4배, 전체 교통사고 치사율(12.2퍼센트)의 1.5배에 달했다. 졸음운전 사고와 사망자 수는 날씨가 따뜻해지는 봄부터 큰 폭으로 증가했다. 한국도로공사 관계자는 "운전 중 1~2시간 간격으로 휴게소나 졸음 쉼터에 들러 휴식을 취하고, 창문을 열어 차량 내부를 자주 환기시키면 졸음운전을 예방할 수 있다"고 조언했다.[7] 그런데 졸음 쉼터 179곳을 조사해본 결과 128곳(71.5퍼센트)에서 변속 차로가 버스 정류장 기준(감속 200미터, 가속 220미터)에 못 미친 것으로 나타났다. 이에 대해 국토부 관계자는 "부지 확보가 어려워 버스 정류장 기준보다 변속 차로가 짧은 졸음 쉼터가 있는 반면 신설 도로의 졸음 쉼터는 가·감속 차로를 과하게 설치하는 등 들쭉날쭉하다"고 말했다.[8] 졸음 쉼터는 진출입로가 짧은 만큼 규정 속도는 시속 30킬로미

터지만, 대부분 60킬로미터를 넘기 때문에 졸음 쉼터 이용자들의 감속이 필요하다.[9] 고속도로는 도로 특성상 차들이 과속하게 되어 있으며 어디 구간을 달리고 있는지 대략적으로만 파악할 수 있다. 짧은 진출입로 때문에 속도를 줄여야 하지만 어디쯤에서 속도를 줄여야 하는지도 파악하기 힘들다. 따라서 쉼터 구간이 나오기 전부터 몇 백 미터 앞 졸음 쉼터 구간이라는 표지를 순차적으로 설치하고 운전자들이 차선 변경과 감속 준비를 하게끔 할 필요가 있다. 이때 기존의 단순 표지판이 아닌 침대와 동물 그림을 그려 쉼터까지의 거리가 어느 정도 남았는지 보여준다면 인식과 인지에 도움이 될 수 있다. 단조로운 풍경 속에서 동물이 한 발짝 한 발짝 침대에 가까워지는 모습들로 졸음 쉼터가 얼마나 남았는지 시각적으로 확인하게 하고 도착해서는 침대에 점프하는 동물을 그린 표지판을 세워 감속 구간임을 나타내는 식으로 재치 있게 표현한다면 긴 내용을 함축적·효과적으로 전달하는 효과를 볼 수 있을 것이다.(황서이)

무단 횡단 예방과 횡단보도 안전을 위한 넛지

(1) 무단 횡단 다발 지역에 경고용 빨간 선: 무단 횡단이 많이 일어나는 장소에 사람들에게 경각심을 일깨워줄 수 있도록 도로에 있는 흰색 실선 옆에 빨간색 실선을 더 한다. 빨간색이 상징하는 의미는 다양하지만 부정적 의미로는 위험, 피, 금지, 경고 등이다. 따라서 도로 흰색 실선 옆에 빨간색 실선을 칠하면 사람들은 긍정적인 생각보다 다소 부정적인 생각을 할 것이다. 따라서 무단 횡단하는 사람이 조금이

라도 줄어들지 않을까?(권남형 · 이호선)

(2) 흰색 스프레이로 사고 현장 표시: 도로 위에서 충돌 사고가 나면, 아스팔트 도로 위에 흰색 스프레이로 'X' 모양이나 자동차 모양을 표시한다. 이것에서 착안한 아이디어인데, 무단 횡단 사고 빈도가 높은 도로 아스팔트에 마치 사람이 차에 치여 쓰러진 모양을 흰색 스프레이로 영구적으로 그려 두는 것이다. 이는 다소 무섭지만, 무단 횡단을 시도하려는 보행자로 하여금 '방금 전에 사고가 났었나?'와 같은 경각심을 심어줄 수가 있다. 실제 사람이 쓰러진 것과 같은 그림을 아스팔트에 새긴다면 도로 위를 달리는 운전자들에게 혼란을 줄 수가 있고, 오히려 계몽 의식을 건드리는 듯한 효과를 주어 넛지 성공률을 떨어뜨릴 것이라고 생각했다. 또, '아스팔트 도로 위 흰색 스프레이=교통사고'라는 보행자들의 인식 속에서 리얼리티를 부각시킬 수 있을 것 같아 이러한 넛지 디자인을 제안한다.(신가영 · 김태원)

(3) 횡단보도에 깃발 비치: 2000년 미국 솔트레이크시티 보행자 안전위원회PSC는 6곳의 사고 다발 지역 횡단보도에 보행자용 깃발 crosswalk flag을 설치했다. 횡단보도 양쪽에 깃발 꽂이를 설치해놓고 보행자는 길을 건널 때 깃발 하나를 들고 건너 반대편에 도착해 들고 온 깃발을 꽂아두고 가면 된다. 보행자에게는 안전 의식을, 운전자에게는 보행자를 쉽게 인지하도록 하는 효과가 있다. 이 깃발은 시범 실시와 자발적 후원을 통해 솔트레이크시티에서만 2013년 기준 203개 지역 (62개 스쿨존과 141개 주거 · 상업 지역)에 적용되었다. 유타주 외에도 워싱턴 · 텍사스 · 뉴욕주 · 뉴저지주 등의 횡단보도에서 유사한 실천이 이어졌다.[10]

(4) 장애인을 위한 음향 신호기 이용: 시각장애인용 음향 신호기에는 횡단보도의 위치를 알려주는 위치 안내 기능과 보행 신호의 상태를 알려주는 신호 안내 기능이 있다. 신호 안내 음향은 보행 신호등의 상태를 음성으로 알려주는데 빨간불일 때 설치된 버튼을 누르면 "잠시만 기다려 주십시오"라는 음성이 나오고, 파란불로 바뀌었을 때에는 "파란불이 켜졌습니다. 건너가도 좋습니다"라는 음성과 함께, 귀뚜라미 음향을 발생시켜 시각장애인의 안전한 횡단을 유도하고 있다. 우리는 무단 횡단을 방지하기 위한 방안으로 이 시각장애인을 위한 음향 신호기를 이용해야겠다고 생각했다. 버튼을 눌렀을 때 상황을 설명해주는 메시지가 나오게 하는 것이 아니라 버튼이 없어도 상황 설명이 되도록 하는 것이다. 대신 "파란불이니 건너가도 됩니다"와 같은 메시지가 아니라 노래가 흘러나오게 하는 식이다. 파란불일 때 노래가 흘러나오면 일반 사람들은 무의식적으로 횡단을 하고, 시각장애인들은 노래가 흘러나올 때는 건너가도 된다는 것을 깨달을 수 있기 때문이다. 노래는 시작과 끝을 명확하게 만들어 파란불이 빨간불로 바뀌기까지 얼마나 남았는지 알 수 있게 만든다. 그리고 누군가가 적절하지 않은 신호에 횡단보도를 건너려고 하면 "무단횡단으로 인한 사망률은 39퍼센트입니다"라거나 혹은 "무단 횡단은 위험합니다"와 같은 문구가 흘러나오게 만드는 것이다. 그러면 주위에 있던 모든 사람이 무단 횡단하는 사람을 쳐다보게 될 것이다. 우리나라는 특히나 체면을 중시하는 '수치의 문화'가 발달되어 있다. 바로 이러한 체면을 이용해 사람들이 무단 횡단을 하지 못하게 만들고 사회의 질서를 바로 세우는 것이다.(박예빈 · 김다희)

(5) "제가 해봐서 알아요. 지금 뛰어도 못 건너요.": 우리는 당산역의 레터링 월을 활용한 아이디어를 생각해냈다. "뛰지 마세요"라는 직접적이고 상투적인 문구보다 "여기서 뛰어도 못 건너요"라는 누군가가 경험해봤다는 어투의 문구를 사용함으로써 공감을 불러일으키고자 한 것이다. 기대되는 효과로는 당산역의 레터링 월의 목적처럼 사람들의 시선을 끌어냄으로써 신호등이 빨간불로 바뀌도록 시간을 끌어서 무단 횡단을 하지 못하도록 하는 것이 있다. 그리고 "무단 횡단을 하지 마세요"와 같은 직접적인 권유나 설득의 문구가 아닌 구어체를 사용한 친근하고 공감을 불러일으키는 문구이기에 사람들이 더욱 거부감을 갖지 않고 받아들여서 자발적으로 무단 횡단을 하지 않도록 만드는 것이 있다.(서민지 · 정지산 · 주제현)

(6) 횡단보도 정지선을 노란색으로 바꾼다면?: 길을 건널 때 정지선을 지키지 않는 차로 인해 불편함을 겪어야 했던 일이 굉장히 많았다. 자칫 잘못하다간 사고가 날 뻔한 상황도 꽤나 많았다. 때문에 정지선을 지킬 수 있게끔 하는 방법이 무엇이 있을까 생각해보았다. 실제로 횡단보도에서의 교통사고 비율 중 정지선을 지키지 않아 발생하는 사고의 비율이 굉장히 높다고 한다. 2016년 인천경찰청이 정지선을 넘어 보행자의 보행을 방해하는 차량을 적극 단속한 결과 횡단보도 보행 사고 사망자가 60퍼센트 감소한 것으로 나타났다.[11] 정지선을 잘 지킬 수 있도록 하는 방법에는 무엇이 있을지 고민하다 선의 '색깔'에 집중해보았다. 차선의 방향을 나누는 선의 색이 노란색이기 때문에 사람들은 의식하고 그 선을 넘지 않으려 노력한다. 그러던 것이 습관이 되고 일반적으로 통용되는 상식으로 굳어져 이제는 굳이 의식하지 않

더라도 노란 선을 넘지 않는다. 그런 점에서 정지선이 노란색으로 바뀐다면 무의식적으로 그 선에 맞게 정지하지 않을까라는 생각이 들었다.(남주선)

(7) 횡단보도 정지선을 빨간색으로 바꾼다면?: 정지선을 지키지 않는 차량에 범칙금 6만 원과 벌점 30점을 부과하는 등의 법안이 있긴 하지만 단속도 그때뿐이고 경찰이 일일이 단속하는 데도 한계가 있어 효과가 미미하다고 한다. 흰색으로 된 자동차 정지선 색깔을 빨간색으로 바꾸어 운전자들의 시선을 집중시키고, 횡단보도를 향하는 쪽에 사람의 머리를 그려 넣고 밑쪽에 사람의 몸을 그려 넣어 운전자들의 경각심을 일깨워주면 어떨까? 이 아이디어는 실제로 담뱃갑에 담배를 피움으로써 발생되는 여러 질병들에 대한 혐오스러운 그림을 의무적으로 삽입하는 법안에서 착안했다.(이서희 · 윤주혜 · 정은영) *(혐오감을 주는 걸 넛지라고 보기는 어렵다. 강한 경각심을 주는 수준으로 바꿔보는 게 좋을 것 같다.)

어린이 보호구역 안전을 위한 넛지

(1) 멈춤 발자국과 양옆을 살피는 눈동자 그림: 2015년 1월 '작은 외침 LOUD'는 어린이 보호구역(스쿨존)에서 발생하는 교통사고를 예방하기 위한 프로젝트를 진행했다. 초등학교 주변 횡단보도에 "양옆을 살펴요"라는 문구를 적고 어린이들이 친근하게 느낄 수 있도록 일단 멈춤 발자국과 양옆을 살피는 눈동자를 그리자는 아이디어였다. 서울시 금천구청과 금천경찰서의 도움으로 신흥초등학교 스쿨존 횡단보

도에 처음으로 발자국과 눈동자 그림을 그려 넣었고 효과는 기대 이상이었다. LOUD와 양해각서MOU를 체결한 서울시는 3월 '2015년 교통사고 줄이기 대책'을 발표하고 종로 등 시내 횡단보도 100여 곳에 눈동자 그림을 적용하기로 했다. 경기·충북·경북 등 전국 곳곳의 학교에서도 '양옆을 살펴요' 캠페인에 참여하기 위해 디자인 시안을 요청했다.[12]

(2) 옐로카드 프로젝트: 국민안전처는 『중앙선데이』와 함께 2015년 9월부터 10월까지 두 달간 어린이 안전사고를 줄이기 위한 대국민 아이디어 제안 공모를 실시했다. 27건의 의견이 접수된 가운데 실현 가능성과 적합성 등에서 가장 높은 점수를 받은 '옐로카드 프로젝트'가 실천 아이디어로 선정되었다. 옐로카드 프로젝트는 반사광 재료가 포함된 노란색 카드를 어린이 책가방에 부착하자는 제안으로 늦은 밤이나 흐린 날씨에도 운전자들이 어린이들을 잘 볼 수 있도록 해 등·하굣길 교통사고를 예방하자는 취지다. 이 아이디어를 제안한 염지홍은 2013년 자체적으로 옐로카드를 제작해 서울, 인천 등의 초등학생 1만여 명의 책가방에 달아주고 안전 교육을 진행하는 봉사 활동을 했는데, "어린이들이 친근감을 느낄 수 있도록 축구 경기의 옐로카드를 본떠 만들게 됐다"고 설명했다. 국민안전처는 가로 4센티미터, 세로 5센티미터에 열쇠고리가 달린 옐로카드를 제작해 서울 상지초등학교 전교생 1,200명의 책가방에 달아주었다.[13]

(3) 옐로 카펫과 노란 발자국: 현재 전국적으로 널리 시행되고 있는 안전 방안은 옐로 카펫과 노란 발자국이다. 옐로 카펫은 횡단보도 진입부에 노란색으로 카펫처럼 칠하거나 시트를 시공해 어린이들이 잘

보일 수 있도록 도와주며, 노란 발자국은 횡단보도가 있는 차도에서 1미터 이상 떨어져 노란색 정지선과 발자국을 그려 아이들이 놀이를 하듯 신호를 대기할 수 있도록 유도하는 것이다.[14]

(4) '웃고, 찡그리는' 노란색 과속 경보 시스템: 2017년 7월 경남 창원시 마산합포구는 과속하는 차량이 많아 사고 위험이 큰 산호초등학교 통학로에 과속 여부를 표정으로 알려 주는 '웃고, 찡그리는' 과속 경보 시스템을 설치했다. 과속 경보 시스템은 고성능 레이더를 활용, 어린이 보호구역을 지나는 차량 속도를 실시간으로 측정해 전광판에 표출하는 교통안전 시설물이다. 과속(제한속도 시간당 30킬로미터)하면 현재 주행속도를 표출한 전광판 숫자를 점멸해, 운전자에게 경고하고 감속을 유도한다. 산호초등학교 통학로에 설치한 과속 경보 시스템은 외관을 검은색에서 노란색으로 바꿔, 멀리서도 운전자의 눈에 잘 띄도록 했으며, 표정으로 주행속도를 알려주는 기능을 추가했다. 과속하면 '찡그린' 표정이, 규정 속도로 주행하면 '웃는' 표정이 표출되는 대화형 알림 기능이 추가로 탑재되었다. 박주호 마산합포구 경제교통과장은 "이번에 설치한 대화형 경보 시스템은 운전자에게 경각심과 친근감을 동시에 주고 운전자 스스로 감속하는 데 도움을 줄 것으로 기대한다"고 말했다.[15]

(5) 초등학교 근처에 입체 횡단보도: 2017년 6월 경기도 시흥시 장현초등학교 근처에 국내 최초의 입체 횡단보도가 설치되었다. 횡단보도를 일반 평면이 아닌 3D 형태로 그린 것이다. 운전자 시점에서 봤을 때 횡난보도가 마치 막대기를 세워놓은 것처럼 보여 감속을 유도하기 위한 장치다. "자녀를 둔 부모 입장에서는 환영할 만한 일"이라

는 등 시민들 반응은 호의적이었다. 문제는 비용이다. 시흥시는 예산이 부족한 탓에 횡단보도 설치를 발주하지는 못했으며, 먼저 시공업체 측이 시에 접촉해 설치 의사를 내비치고 여러 후보 지역 검토를 거쳐 최종적으로 이곳에 설치한 것이다. 해당 업체 관계자는 "융착식으로 그리는 일반 횡단보도와 달리 입체 횡단보도를 설치하는 데 필요한 자재 내구성이 더 뛰어나다"며 "멀리서도 잘 보이고, 붕 뜨거나 서 있는 느낌을 줘서 운전자들 주의를 환기할 수 있다"고 설명했다.[16]

(6) 바람개비 설치: 보행자와 운전자 두 사람이 어린이 보호구역임을 제대로 알 수 있도록 평화의 상징인 바람개비를 사용해 입구부터 출구까지 안전 울타리를 설치하고 울타리 위에 바람개비를 꽂아 어린이 보호구역임을 한번에 알아볼 수 있도록 확실히 주의를 준다. 키가 작은 아이들이 갑자기 길목 사이사이에서 튀어나올 수 있다는 점을 감안하면 학교 주위를 둘러싼 울타리 설치는 필수적이다. 여기에 시선을 끌고 동심을 상징하는 바람개비까지 추가한다면 어린이 보호구역에서 운전자들의 자체적인 저속 운행을 유도할 수 있다.(박정민·이채연·장하은)

(7) 알록달록 색동 보호구역: 바람개비가 시작되고 끝나는 곳까지의 도로, 어린이 보호구역에 해당하는 도로를 눈에 잘 띄는 무지개색으로 칠할 것이다. 현재의 도로 색은 자국이 잘 남지 않는 적갈색으로 칠해져 있다. 그마저도 지방 곳곳에는 아직도 평범한 도로 그 자체로 놓아두기 때문에 어린이 보호구역임을 인지하지 못하고 지정 속도를 넘어선 과속을 하는 사람들의 비중이 높다. 이를 보완하기 위해서 눈에 잘 띄는 알록달록한 무지개색으로 도로를 칠하자는 것이다. 그리하여 운

전자에게는 자연스럽게 여기가 어린이 보호구역임을 인식하게 해서 아이들이 어디서 튀어나올지 주의하며 운행해야 한다는 경각심을 주고 보행자에게는 미관상의 즐거움과 휴식을, 학교를 다니는 어린이들에게는 보다 밝고 건강하고 안전한 학습 환경을 제공해 어린이의 안전에 도움을 제공할 수 있다고 생각한다.(박정민 · 이채연 · 장하은)

'스몸비족'의 위험을 예방하기 위한 넛지

(1) 휴대전화에 '보행 중 차단' 기능 설치: 스마트폰에 빠져 주변의 위험 상황을 의식하지 않고 걷는 사람을 좀비zombie(살아 있는 시체)에 빗대 '스몸비smombie'라고 부른다. '스몸비족'의 위험을 예방하기 위해 일본 통신업체 NTT 도코모는 2013년 출시한 휴대전화에 '보행 중 차단' 기능을 설치했다. 휴대전화가 사용자 이동을 인지하면 '보행 중 스마트폰 사용'이라는 경고 문구가 뜨면서 바로 작동이 중단된다.[17]

　(2) '보행 중 휴대폰? 잠시 멈춤!': 미국 뉴저지주 포트리시는 2012년부터 걸으면서 휴대전화 문자 메시지를 보내는 사람에게 과태료 85달러(약 9만 6,000원)를 부과한다. 유타주 역시 50달러의 과태료를 매긴다. 한국의 LOUD는 2016년 그림과 기호를 활용한 픽토그램 넛지를 제시했다. 가로 20센티미터, 세로 20센티미터 크기의 스티커 형태의 픽토그램을 주요 횡단보도 바닥에 설치해 시민의 경각심을 높이자는 아이디어다. 스마트폰을 쥔 손 모양에는 '보행 중에는 손에서 휴대전화를 살짝 놓아보세요. 사랑이 보입니다'라는 문구를, 휴대전화와 발자국 모양을 결합한 그림에는 '보행 중 휴대폰? 잠시 멈춤!'이라

는 문구를 넣었다.[18]

(3) LED를 삽입한 바닥 신호등: 바닥에 설치한 픽토그램은 설치한 지 몇 개월 만에 대부분 훼손되어 눈에 잘 띄지 않았고 일부는 보도블록 교체 공사 등으로 아예 사라지기도 했다.[19] 때문에 훼손의 위험 없이 눈에 잘 띄는 '스몸비'를 위한 신호등이 필요하다. 횡단보도나 골목길, 교차로 등 교통사고가 빈번한 구역 초입 지면에 스몸비들이 인지할 수 있는 시각적 효과 장치를 설치하는 것이다. 예를 들어 스마트폰에 열중하느라 스몸비들이 인지하지 못하고 지나치기 십상인 건널목 바닥에 LED를 삽입해 불빛을 깜박이게 하거나 인지하기 쉬운 형광색으로 일정 부분을 칠해놓아 고개를 숙여 시야가 제한된 스몸비의 주목을 끄는 것이다.(배동현 · 이주연)

(4) 운전자 스몸비족을 위한 도로의 목소리: 얼마 전 친구들과 부안에서 여행을 즐긴 후 전주로 돌아오는 길이었다. 차가 많지 않은 한적한 커브 길을 시원하게 달리던 중, 클랙슨 소리가 들려왔다. "뛰-뛰-뛰-뛰-뛰-". 그 소리에 순간 우리 차가 잘못 운전하고 있는 줄 알고 정신을 번쩍 차렸다. 하지만 우리의 운전에는 문제가 없었고 누가 왜 클랙슨을 누른 것인지 궁금해졌다. 추리 끝에 친구와 나는 그 클랙슨 소리가 '도로의 홈과 바퀴가 마찰을 일으킬 때 난 소리'인 것 같다고 결론 내렸다. 그리고 그것이 교통안전을 위해 의도적으로 제작된 것이라면 굉장히 좋은 아이디어라고 생각했다. 찾아본 결과, 고속도로를 달릴 때 멜로디(또는 특정한 소리)가 나오게 만든 '그루빙grooving'이라는 것이었다. 원래는 과속을 막기 위해 달리는 방향에 수직으로 홈을 파놓은 것인데 그루빙 위를 달리면 '드르륵' 하는 소음이 났다고 한

다. 이것을 어떻게 기분 좋게 만들 수 없나 고민하다가 그루빙의 깊이와 간격을 조절해서 예쁜 소리를 낼 수 있다는 것을 알아냈다고 한다. 음정이 다른 소리가 나오는 원리는 악기의 원리와 비슷한데 그루빙은 줄, 차바퀴는 피아노 건반과 같다.[20](김유진)

(5) 목소리 내는 도로 확대: 스몸비족은 기본적으로 시각이 빼앗겨 있는 상태다. 그들의 주의를 끌 수 있는 가장 효과적인 수단은 바로 청각이다. 그중에서도 클랙슨 소리만큼 주의를 끌 수 있는 또 다른 소리는 바로 사람의 목소리다. 그래서 생각해낸 '스마트폰을 사용하는 운전자를 위한 넛지 아이디어'는 교통사고가 많이 나는 구간 또는 운전 도중 한눈팔기 좋은 구간의 도로를 달릴 때 사람의 목소리와 비슷한 소리가 나도록 그루빙을 만드는 것이다. 운전자가 운전을 잘못하면 조수석에서 "어어어……"하고 지적해 주는 것처럼 특정 구간에서 차가 빠른 속도로 달리면 도로가 운전자에게 지적하는 목소리를 내게 만든다. 그 목소리를 듣고 스마트폰에 정신이 팔린 운전자의 주의를 환기하고 운전 상태를 재정비하게 만드는 것이 목표다. 현재 기술로는 그루빙의 음정과 박자 정도만 조절할 수 있는 것으로 안다. 하지만 현대 과학은 끊임없이 발전하고 있으니 더 연구한다면 음색도 조절할 수 있지 않을까?(김유진)

(6) 스몸비족 제때 버스 태워주는 미러 스크린: 버스를 기다리는 스몸비족들 중 스마트폰 화면을 들여다보다가 버스가 출발할 때 뒤늦게 차로로 뛰어들어 문을 열어달라고 요구하는 경우, 스마트폰 때문에 버스를 놓치고도 오히려 버스 기사를 무정차 통과로 신고하는 경우가 종종 있다. 이는 보행자도 위험할 뿐만 아니라 죄 없는 버스 기사까지

피해를 보게 되는 민폐 행동이다. 이런 문제를 해결하기 위해 버스 정류장에 '미러 스크린'을 설치하는 것은 어떨까. 기대 효과는 3가지다. 첫째, 거울을 보고 있으면 버스 기다리는 시간이 짧게 느껴질 것이다. 사람은 거울이 앞에 있으면 자연스럽게 거울을 쳐다보게 된다. 엘리베이터 거울의 원리처럼 거울 속 내 모습을 보다 보면 대기 시간이 짧게 느껴져서 지루함을 해소하기 위해 스마트폰을 만질 확률이 줄어들 것이다. 둘째, 버스가 오는 쪽을 바라보는 방향에 거울을 설치하면 멀리서부터 버스가 오는 것을 볼 수가 있다. 버스가 오는 쪽을 보지 않고 다른 행동을 하다가도 거울로 버스가 오는 것을 볼 수 있어 제때 버스를 탈 수 있게 되는 것이다. 셋째, 거울이 스크린 역할까지 해서 곧 도착하는 버스의 번호를 알려준다. 거울 안에 내장된 스크린에서 앞 정류장을 통과한, 곧 도착할 버스 번호를 띄워주는 것이다. 그러면 사람들은 거울에 집중하면서도 자신이 탈 버스 접근 정보를 바로 받을 수 있어 놓치지 않고 제때 버스를 탈 수 있을 것이다.(김유진)

(7) 거북 목 스몸비족의 고개를 들게 만드는 표지판: 한때 즐겨 찾던 인터넷 카페에서 잊을 만하면 한 번씩 올라오는 사진이 있었는데 구부정한 자세로 컴퓨터를 하고 있는 사람들에게 허리를 펴라는 의도가 담긴 것이었다. 사람들은 이 사진에 댓글로 "나도 모르게 굽히고 있던 허리를 이 사진을 보고 곧게 펴고 간다"고 남기기도 했다. 그래서 생각하게 된 넛지 아이디어는, 그냥 '보행 중에 스마트폰 보지 마라'고 하는 것보다 '고개를 곧게 세워라'라는 메시지를 전달한다면 어떨까 하는 것이다. 보기만 해도 고개가 세워지는 사진을 이용해서 말이다. '스마트폰을 보는 사람의 구부러진 목뼈 엑스레이 사진 이미지'를 이

용하면 어떨까? 아마 자신이 저 이미지와 같이 목뼈를 구부리고 있었다는 사실을 인식하고는 곧장 고개를 들게 될 것이다. 고개를 곧게 세우기 위해 스마트폰을 내리고 앞을 보면 넓은 시야를 되찾게 되어 다른 보행자와 부딪히거나 오고 있는 차를 보지 못하는 일이 줄어든다. 교통 위험에서 스몸비족을 보호할 수 있는 동시에 거북목을 예방할 수 있는 일타이피 넛지인 셈이다.(김유진)

제 3 장

*

교통질서 넛지

***

Nudge

대중교통 승하차 질서를 위한 넛지

(1) 괄호 라인이 있는 줄서기: 2015년 1월 서울의 한 버스 정류소가 화제를 모았다. 서울시와 라우드LOUD는 한 버스 정류소에 괄호 라인을 그려 넣었다. 일명 줄서기 프로젝트. 정류장에 일렬로 길게 늘어선 줄이 시민들의 통행에 지장을 주자, 바닥 포장에 괄호 라인을 그려놓아 줄 사이로 보행 길을 열어준 것이다. 이 프로젝트는 별도 시설물 설치 없이, 선 하나로 긍정적 행위를 유도했다는 점에서 화제가 되었다. 서울시 페이스북에 업로드된 LOUD의 실험 영상은 조회 수 240만 건, '좋아요' 12만 건을 기록했다.[1]

(2) 버스 정류장 '모니터 존': 버스 정류장에는 버스 도착 예정 시간이 나오는 모니터가 설치되어 있다. 우리는 이것으로 버스가 정류장까지 오는 데 걸리는 예상 시간뿐만 아니라, 잠시 후 도착하는 버스의 정보, 노선이 등 다양한 정보를 얻을 수 있다. 그래서인지 모니터 주변에는 사람들이 가득 몰려 있는 것을 종종 볼 수 있는데, 이 때문에 버스 도착 예정 시간을 보기가 여간 힘든 게 아니다. 사람들은 자신이 탈 버스의 도착 예정 시간이나 정류장 정보 등을 보고 다른 사람들을 위해 비켜주는 것이 아니라 대부분 그 자리에 서 있기 때문이다. 나는 이 문제점을 보고 모니터를 확인한 후에는 다른 사람들을 위해서 모니터에서 한 발짝 멀어지도록 유도할 수 있는 방안을 고민했다. 문제점을 해결하기 위해 내가 고안해 낸 방법은 버스 정류장의 모니터 앞쪽 바닥에 '모니터 존'을 그려 넣는 것이다. '모니터 존'은 2~3명이 서 있을 만한 정도의 사각형으로 그려진 구역이다. 이 구역은 모니터를 확인하는 구역으로, 모니터를 확인한 후에는 다른 사람들이 모니터를 확인할 수 있도록 자리를 비켜주도록 유도하는 것이다.(김지윤·안하은)

(3) 무정차 통과 해결 방법: 새벽이나 늦은 밤, 사람이 드문 정류장 또는 평상시에 어쩌다 한 번씩 타야하는 버스가 정류장에서 멈추지 않은 채 지나쳤던 경우가 있을 것이다. 실제로 나는 학교에 일찍 가기 위해 새벽 첫차를 타려고 했는데 버스가 지나쳐버려서 20분을 더 기다린 적이 있다(일찍 일어난 보람이 없었다). 그리고 종점까지 2개 정류장 앞에서 막차를 타는 내 친구는 기사들이 아예 불을 끄고 오는 경우가 허다하다고 한다. 이런 사례를 통해 나는 "버스를 탈 거예요"라고 표현할 수 있는 탑승 라인을 버스 정류장에 만드는 것을 생각해보

았다. 버스 정류장 바닥에 큰 네모를 그려놓고 '탑승'이라는 글씨를 표시하기만 하면 된다. 버스 기사들이 멀리서도 볼 수 있게 색깔은 빨간색이 좋겠다. 이것은 스몸비의 대책 방안도 될 수 있다. 스몸비란 스마트폰과 좀비를 결합한 단어로 스마트폰을 보느라 앞을 바라보지 않은 채 고개를 숙이고 다니는 사람들을 뜻한다. 이러한 스몸비로 인해 버스 기사들에게 큰 문제점이 생겼는데 그것은 바로 버스 정류장에서 스마트폰을 보느라 버스가 왔는데도 탑승하지 않는다는 것이다. 버스 기사들은 정류장에 있는 사람들 중 누가 버스에 탈 사람인지 모른다. 그래서 버스 기사들끼리 도착을 알리기 위한 경적 울리기라는 대안책을 만들었을 정도다. 하지만 경적을 울려도 이어폰을 끼고 있는 경우 탑승하지 못하는 승객도 많다고 한다. 자신의 과실로 버스를 놓치기만 하면 다행이지만 버스 도착을 뒤늦게 알고 타기 위해 버스가 출발했는데 쫓아오는 경우가 있다고 한다. 버스 기사는 당연히 안전 문제로 문을 열어주지 않는데 일부 승객들이 오히려 '무정차 통과'로 신고한 적도 있다고 한다. 탑승 라인이 생긴다면 탈 사람을 알 수 있기 때문에 기사들이 한 번 더 신경 쓸 수 있고 또 사람들의 눈높이에 맞게 땅에 그려져 있기 때문에 사람들도 스마트폰을 만지다가도 버스 시간을 한 번 더 볼 수 있을 것이다.(김서연)

(4) 지하철 '먼저 내리고 타기' 줄 표시: 거리를 걷다 마주 오는 사람을 어깨로 치는 일이 잦아지면서 '어깨빵'이라는 신조어가 생겼다. 외국인들은 어깨빵을 '코리안 범프Korean bump'라고 부른다. '부딪치다'는 의미의 범프bump와 한국인을 합성한 것이다.[2] 지하철을 이용하는 사람들에게 '어깨빵'은 일상이다. 서로 먼저 내리고 타려는 사람들의 밀

고 밀침으로 승하차 시 지하철은 가히 아비규환을 방불케 한다. 이 때문에 출퇴근 시간대 환승역처럼 승객이 붐비는 곳에는 병목 현상으로 인해 시간도 지체되고 안전상의 문제 역시 야기될 수 있다. 이에 서울교통공사에서는 수년 전부터 지하철 캠페인 일환으로 '먼저 내리고 나중에 타기'를 시행하고 있지만 별 효과가 없다고 한다. 그래서 단순한 의식 차원의 캠페인을 넘어 지하철 내 승객들의 행동을 직접적으로 움직일 수 있는 대안의 필요성을 절감했다. 지하철 내 '쩍벌남', '다꼬녀' 등 민폐 승객들의 문제를 해결하기 위해 제안된 '오렌지 하트 스티커',[3] 버스가 오면 먼저 타려고 버스에 달려들던 학생들로 인해 혼잡했던 버스 정류장 바닥에 노선별 도색 작업으로 버스 이용 문화 개선 캠페인을 실시해 한 줄 서기를 정착시킨 대구대학교의 사례[4] 등을 활용해 '먼저 내리고 타기' 행동을 유도하는 방안을 생각했다. 열차를 타려는 승객들은 흔히 스크린도어 바로 앞에 줄을 서서 기다리기 때문에 문이 열리면 열차에서 하차하는 승객들과 뒤엉키게 된다. 해서 스크린도어 바로 앞에서 몇 보 옆으로 떨어진 곳 바닥에 '오렌지 하트 스티커'와 같은 시각적 효과를 부착하고 그 옆으로 일련의 줄과 승하차 순서를 표시해 두면 자연스레 사람들은 스크린 도어의 문 앞 공간을 비워두고 그 옆으로 줄을 서게 될 것이다. 이렇게 승하차 시 승객들 간 불필요한 접촉을 차단함으로써 안전사고의 위험을 낮추며 소요되는 시간 역시 줄일 수 있다.(배동현 · 이주연)

(5) '노란 발자국'을 따라 버스 타기: 버스를 빨리 타고 싶은 마음에 들어오는 버스를 기다리지 않고 달려가서 타는 경우가 많다. 버스를 기다리는 답답한 마음이야 이해하지만, 아무리 인도에 가깝더라도

차가 다니는 도로를 달려가는 것은 너무 위험한 행동이다. 이는 시민들의 안전 문제에 영향을 주며 버스 기사들 또한 시민들이 멀리서부터 달려오기 때문에 버스 정류장 앞에 버스를 세우지 않는 경우가 생기는 등 전체적인 질서에도 문제가 생긴다. 이런 문제를 해결하는 방법은 당연하게도 대중교통을 처음부터 다시 설계하는 것이겠지만 현실적으로 힘든 방법이다. 하지만 여기에 넛지를 활용한다면 어느 정도 해소할 수는 있다. 바로 버스 베이(버스가 정차하기 쉽도록 보도 측으로 들어간 스페이스)에 노란색 발자국을 그려 놓는 것이다. 이 '노란 발자국'을 활용한다면 전주 시내버스의 문제점이 어느 정도 해소될 것이라고 기대한다. 일단 승객들은 발자국을 따라 버스를 버스 정류장에서 기다리게 되기 때문에 뒤에 있는 버스를 향해 달려 나가지 않게 될 것이다. 한두 사람이 발자국을 따라 멈춰서 버스를 기다리게 된다면 동조 효과에 따라 버스를 기다리는 승객들이 함께 정류장에서 버스를 기다리게 될 것이다. 그렇게 된다면 우선 시민들의 안전 문제가 해결된다. 두 번째로 버스 기사들이 발자국 안에서 기다리는 사람들을 위해 차로를 건너뛰고 버스를 세워주는 등의 질서를 해치는 문제도 완화될 것이라고 볼 수 있다.(손준영 · 류창선)

(6) 버스 정류장 바닥에 선 그리기: 우리 학교는 전주 외에서 등하교를 하는 학생이 많다. 익산, 군산, 김제 등 다양한 지역에서 학교 통학버스를 타기 때문에 버스 시간마다 정류장에는 학생들이 꽤 붐빈다. 혼잡한 줄에 서서 버스를 기다릴 때 불편함을 느끼는 것은 당연하다. 등교 버스는 각 지역마다 임의로 정해놓은 정류장에서 타기에 전북대학교 전용 공간이 아니라 이 아이디어를 적용할 수는 없다. 하지만 하

교 버스를 타는 곳, 즉 전북대학교 동아리 건물 옆 버스 정류장에는 바닥에 선을 그릴 수 있다. 버스가 정차하는 곳마다 버스 문 부분부터 바닥에 쭉 선을 긋는 것이다. 선은 1줄로 또는 사람이 서 있기에 적당한 넓이로 2줄을 긋는다. 이때 서로 다른 입구와 겹치지 않게 일정한 간격을 두고 평행하게 그린다. 그 안에 '질서를 지키는 올바른 전북대학교', '익산으로 가는 매너의 줄' 등의 긍정적인 문구를 넣는다. 또는 발자국 모양을 간격에 맞춰 그린다. 통학생들이 선에 맞춰 질서 있게 줄을 선다면 버스를 기다리는 학생들이 새치기를 하는 일도 줄어들 것이고, 어느 버스를 기다리는 줄인지 헷갈리는 일도 감소할 것이다. 실제로 버스를 기다리는 공간이 좁아서 줄을 반듯하게 설 수 없기 때문에 사람이 많을수록 다른 줄과 섞여서 뒤쪽에 서 있는 학생들은 어느 줄이 자신이 타는 버스인지 알지 못할 때가 있다. 줄이 확실히 그어져 있다면 질서 있게 기다릴 수 있을 것이다. 일찍 와서 버스를 기다렸지만 줄을 오해해 버스에 늦게 타는 경우도 방지할 수 있다.(조인성 · 이하자)

(7) 승차장에 안전봉 설치: 버스 안에도 탑승객이 많지만 질서 없이 밀치며 좁은 입구로 먼저 버스를 타려는 사람들 때문에 난감했던 경험이 많다. 간혹 어떤 사람들은 버스가 아직 정류장에 도착을 하지도 않았는데 미리 도로로 버스를 마중 나가는 경우도 있다. '버스를 기다릴 때는 한 줄로 서서'라는 표어도 있지만 바쁜 아침 버스 이용객에게 표어가 보일 리 만무하다. 또한 몇 해 전 겨울에는 한 승객이 정류장에서 버스를 기다니다가 빙판길에 넘어져서 막 도착한 버스에 깔리는 바람에 사망하는 사고가 일어나기도 했다. 정류장이 차선 바로 옆에

있기 때문에 손쓸 수 없이 일어난 사고다. 이런 복잡한 정류장 문제를 해결하기 위해 정류장을 조금 바꿔보는 것은 어떨까? 한 번쯤 놀이공원에서 롤러코스터 앞에 서봤던 경험이 있을 것이다. 롤러코스터가 오기 전에는 안전봉이 자동으로 출입을 차단했다가 롤러코스터에 탑승해야 할 때는 안전봉이 자동으로 열리게 된다. 이 원리를 이용하여 정류장에 변화를 주는 것이다. 버스 도착 시간 단축을 위해 자동으로 폐쇄되는 장치는 생략하고 롤러코스터 안전봉처럼 정류장 앞으로, 차선 바깥쪽으로 길게 안전봉을 설치하는 것이 어떨까? 버스가 한꺼번에 여러 대가 도착할 수 있으니 살짝 밀어서 나갈 수 있는 출구는 버스 크기의 간격에 맞추어 한 명씩 나갈 수 있게 여러 개 만들어 놓으면, 버스가 한꺼번에 도착하는 혼잡한 상황에서도 질서 있게 탑승이 가능할 것이다. 한 줄 서기라는 말은 없지만 승객들 스스로 자신이 이용할 버스에 한 줄로 기다린 후 차례로 탑승할 수 있을 것이다.(엄하진)

(8) 출퇴근·등하교 시 셔틀버스는 안 되나?: 일주일 중 1교시가 있는 날은 일찍 버스를 타도 늦게 버스를 타도 지옥 버스다. 아마 7~9시에 등교, 출근하는 우리나라 사람은 모두 아침의 대중교통에 질려버렸을 것이다. 출근길 버스는 버스 입구 계단까지도 사람들로 꽉 차 있어서 위험하기도 하다. 또 하루의 시작부터 고되게 만든다. 그리고 사람이 많다 보니 버스 안의 공기는 탁하다. 만일 눈이 오거나 비가 온다면 습기까지 더해져 참을 수 없다. 사람들 사이에서 "아침의 대중교통은 사람의 성격을 버린다"는 말이 많은 공감을 얻고 있을 정도다. 나도 출근길 버스를 타고 가면서 마음속으로 욕을 많이 곱씹고 예민해지게 되어서 내 성격이 원래 이렇게 다혈질이었나 생각한 적도 있다. 이 시

간대에 목적지가 같은 사람끼리만 탈 수 있게끔 셔틀버스를 운행하면 어떨까? 목적지가 제각각인 사람들과 부딪히지 않고 편히 앉아서 갈 수 있으며 또 무엇보다도 목적지까지 가는 시간을 줄일 수 있는 장점도 가진 셔틀버스가 생긴다면 전주 시민들의 삶의 질이 향상되지 않을까? 내가 생각하는 셔틀버스는 25분 간격으로 아침 7~9시 동안(7시 25분, 7시 50분, 8시 15분, 8시40분) 총 4번 운행하는 것이다. 이를 위해선 전주시와 버스 회사 사이의 협상이 필요할 것이다. 현재 학교의 셔틀버스가 운행되고 있지만 교통 버스를 이용하는 사람들은 넘치기 때문에 자신의 기호에 맞게 셔틀버스를 이용하거나 셔틀버스화된 교통 버스를 이용하면 된다.(김서연)

(9) 항공 여행 캐리어에 스티커 부착: 비행 후 수화물을 찾을 때 남의 캐리어를 가져가거나 본인 캐리어가 맞는지 혼란을 겪은 경험이 있을 것이다. 이런 문제를 해결할 수는 없을까? 캐리어를 비행기에 실을 때 스티커를 부착하는데 거기에 이벤트성 '행운의 번호'를 추가하는 것은 어떨까. 컨베이어 벨트에서 되찾고 난 후 전광판에서 오늘의 행운의 번호를 발표한다. 승객들은 캐리어에 부착되어 있는 스티커를 확인하면서 자신의 캐리어인지 아닌지를 확인하게 되는 것이다. 이런 방법으로 남의 캐리어를 잘못 가져가는 실수를 방지할 수 있을 것이다.(곽상아 · 오상원)

대중교통 차량 내 안전과 질서를 위한 넛지

(1) 안전벨트를 매면 무료 와이파이가 터진다: 브라질의 안전벨트 미

착용률은 92퍼센트였다. 안전벨트 착용을 권고하는 각종 경고 문구와 끔찍한 광고에도 아랑곳하지 않던 사람들이 택시를 타자마자 일사불란하게 안전벨트를 착용하기 시작했다. 안전벨트를 매면 택시 내에서 무료 와이파이가 터지기 때문이다. 이는 자동차 회사 피아트와 광고대행사 리오 버넷의 협업에서 시작된 기발한 공익 캠페인이었다. 2015년 캠페인 기간 동안 이 택시에 탄 승객은 4,500명 이상이었는데 놀랍게도 모든 승객이 안전벨트를 맨 것으로 나타났다.[5]

(2) 안전벨트를 눈에 잘 띄는 색으로: 안전벨트 미착용은 대부분 안전벨트 착용을 잊거나 너무 서둘러서 발생한다고 한다.[6] 안전벨트 착용을 잊는 경우는 승객 과실이 크지만, 안전벨트 자체의 문제도 간과할 수 없다. 버스 내의 안전벨트가 눈에 잘 띄지 않는 위치에 있기 때문이다. 버스는 좌석 사이의 간격이 협소하다. 그래서 좌석 사이에 끼어 시야에 들어오지 않는 경우가 많다. 게다가 안전벨트의 색이 보통 검정색, 갈색 등 짙은 색이기 때문에 승객들이 안전벨트의 유무를 인식하지 못하는 문제가 있다. 우리는 이러한 인식의 문제에 초점을 맞추어 해결 방법을 연구해보려 한다. 안전벨트를 시각적으로 강렬하게 만들면 중요한 정보로 인식하고 놓치지 않을 수 있다. 기존의 무채색 대신 눈에 잘 띄는 색으로 만들어 시각적 인식을 강화하는 방법이 어떨까?(박정민 · 이채연 · 장하은)

(3) 창가부터 앉도록 유도하는 스티커: ING생명보험이 주최한 대학생 넛지 마케팅 아이디어 공모전 본선 진출에 성공한 사공이팀은 버스 좌석 이용 시 통로 쪽부터 앉는 경우, 나중에 앉는 승객의 불편함 개선 방안을 제안했다. 이 팀은 창가 쪽부터 앉도록 행동을 유발하는

스티커를 버스 좌석에 부착했다. '시원한 자연의 바람, 이 자리가 아니면 즐길 수 없습니다', '창문 속 세상이 스마트폰 세상보다 고화질입니다'가 스티커 문구다.[7]

(4) 버스 공간 바닥에 화살표 그리기: 대중교통 중 버스는 아침 출근과 등교, 저녁 퇴근과 하교 시간에 이용하는 사람들이 제일 많고 이용하는 사람에 비해 좌석은 적기 때문에 늦게 타 자리가 없는 사람들은 서서 간다. 나 역시도 오전 수업일 경우에는 서서 가는 경우가 매우 많다. 그런데 사람들은 버스에 자리가 없으면 대부분 타자마자 앞부분에 선다. 뒤까지 들어가지 않고 중간쯤에서 통로를 막고 있어 그 이후 타는 사람들은 선택의 여지가 없이 계속 앞에 서 있게 된다. 계속해서 사람들은 버스에 타고 서 있는 사람들은 앞부분에 몰려 있다. 반면에 뒤쪽은 사람이 거의 서 있지 않다. 이 때문에 계속해서 타는 사람들은 앞문, 버스 기사 옆쪽까지 차게 되고 누군가 "안으로 좀 들어가 주세요!"라고 외치거나 버스 기사가 "앞문이 복잡하오니 승객 여러분께서는 안으로 들어가 주시기 바랍니다"라는 안내 방송을 틀어야 그때야 두세 명 정도가 안으로 들어간다. 들어가 달라는 말에도 모든 사람이 움직이지 않는 이유는 귀찮아서, 나 한 명쯤이야 하는 생각도 있겠지만, 안쪽으로 들어가길 '요구'했기 때문인지도 모른다. 버스 앞쪽의 바닥에 뒤쪽을 가리키는 화살표 스티커를 부착하면 사람들은 버스에 타 먼저 빈자리를 확인한 후 이 화살표를 보고 자연스럽게 뒤로 갈 가능성이 높아질 것이다.(이회연 · 이정철)

(5) 창가 좌석엔 좀더 편안한 쿠션: 시내버스를 타게 되면 가끔씩 안쪽 창가에 앉지 않고 통로 쪽에 앉아 있는 사람들을 볼 수 있다. 이는

창가 쪽에 앉으면 자신의 목적지에 도착했을 때, 비집고 나갈 불편함을 예상하기 때문일 수도 있고 옆자리에 누군가가 앉는 걸 꺼려해서 일부러 통로 쪽에 자리 잡은 것일 수도 있다. 하지만 이는 다른 승객들을 배려하지 않는 행동이고 남들이 보기에 눈살이 찌푸려지는 행동일 수밖에 없다. 시내버스를 타다 보면 정말 많이 발견할 수 있는 현상이기 때문에 넛지의 유도성을 이용해 개선해보려 한다. 우선 창가에 앉으면 훨씬 좋을 것이라고 생각하게끔 만드는 것이 중요하다. 그래서 더 좋은 것을 좇는 사람들의 심리를 이용해야 한다. 그러기 위해서는 창가 좌석에 사람들을 끌어올 수 있는 장치를 고안해야 하는데 이를 위해 생각한 것이 좀더 편안한 쿠션을 창가 좌석에 설치하는 것이다. 사람들은 대개 그냥 좌석보다는 당연히 편안해 보이고 아늑해 보이는 좌석에 먼저 앉으려 할 것이기 때문에 이 방법은 사람들이 창가 좌석에 먼저 앉을 수 유도할 것이다. 그러면 통로 쪽에만 앉아 자리를 막고 있는 행동이 줄어들게 될 것이고, 다른 사람들이 자리에 앉을 때 서로 눈치를 보거나 불쾌감을 주고받는 일도 줄어들 것으로 예상할 수 있다.(신찬호 · 한장희)

(6) 창가 좌석에 USB 단자 설치: 출 · 퇴근길 또는 주말에 시내버스를 이용해봤다면 지역을 불문하고 만석으로 불편함을 겪어본 적이 있을 것이다. 이때마다 심심치 않게 발견할 수 있는 장면이 '좌석 독차지'다. 안쪽, 즉 창가 좌석에 본인의 물품이나 가방을 놓고 본인은 바깥 좌석에 앉는 이러한 행위는 내가 사는 지역뿐만 아니라 타 지역에서도 마찬가지다. 특히 만석의 경우 서 있을 수 있는 공간이 비좁아 좌석을 비켜주는 과정에서 소소한 마찰이 일어날 수 있다. 전주시에서

현재 운행하고 있는 현대자동차의 그린시티와 (뉴)슈퍼에어로시티 차종의 경우 상당수의 버스(저상버스 제외)가 38+1석의 시내 좌석형 모델을 채택하고 있기 때문에 차체가 동일한 신형 25~27+1석과 비교했을 때 여유 공간이 압도적으로 좁다. 신속하게 좌석 순환이 이루어져야 하는 상황에서 어떻게 해야 자발적으로 버스 안쪽 좌석부터 순차적으로 채우도록 유도할 수 있을까? 내가 생각해낸 방안은 '스마트폰'을 이용한 어포던스 넛지다. 어포던스 개념과 '체화된 인지'를 토대로 했을 때, 만약 버스 안쪽 좌석에 충전할 수 있는 USB 단자가 구비되어 있다면 스마트폰 소유자가 해당 장치가 충전 장치라는 것을 인지했다는 전제 하에 안쪽 좌석으로 들어갈 확률이 높다. 실제로 우리는 생활 속에서, 또는 가정에서 방치된 USB 충전기를 사용할 수 있는 기회가 있는 경우 배터리 잔량이 충분해도 별다른 생각 없이 무의식적으로 스마트폰을 꽂는 경우를 볼 수 있다. 스마트폰 충전은 기본적으로 적어도 하루에 한 번, 많으면 여러 번 하는 습관화된 반복적 행위기 때문이다. 그 때문에 시설이 갖춰졌을 경우 앞에서 언급했듯 케이블을 꽂으려는 행위가(그 과정에서 자연스럽게 안쪽 좌석으로 들어가는 것도 포함된다) 무의식적으로 일어날 확률이 높다. 현재 관광용 일부우등 버스에서는 USB 2.0 단자를 지원하고 있는데, 기종별로 상이할 뿐만 아니라 분실, 파손으로 인해 금전상 부담이 될 수 있는 케이블은 제외하고 단순히 USB를 꽂을 수 있는 단자만 시내버스에 기본적으로 탑재해 출고해도 충분한 효과가 있을 것으로 생각한다. 초기 단계에서는 케이블 미세공으로 이느 정도 불협화음이 있을 수 있으나, 데이터 입출력뿐만 아니라 보조 배터리를 통한 충전 용도로 스마트폰용 USB

케이블을 소지하고 있는 학생·직장인들의 선행 사용을 시작으로 시간이 경과함에 따라 시민들이 보고 학습하면서 익숙해진다면 자연스럽게 케이블을 휴대하여 해당 애로 사항이 해결될 것으로 보인다.(황희원)

(7) '쩍벌남'·'다꼬녀' 예방법: 2015년 영국 『옥스퍼드 영어사전』에 새롭게 등재된 '맨스프레딩manspreading'이라는 단어는 '대중교통에서 다리를 넓게 벌리고 앉아 옆 사람을 불편하게 하는 행위'라는 뜻의 신조어다. 미국과 유럽 일부 국가에서는 대중교통 승객의 맨스프레딩이 사회적 이슈가 되고 있는데, 2015년 5월 미국 뉴욕 경찰은 지하철 좌석에서 다리를 벌리고 앉았다는 이유로 승객 2명을 체포해 적절성 여부를 놓고 논란을 빚기도 했다. 한국에서 맨스프레딩과 같은 뜻의 속어는 '다리를 쩍 벌리고 앉는 남자'라는 뜻의 '쩍벌남'과 '다리를 꼬고 앉은 여자'라는 뜻의 '다꼬녀'다. ING생명보험이 주최한 대학생 넛지 마케팅 아이디어 공모전 본선 진출에 성공한 드림웍스팀은 지하철 착석 매너에 대한 개선책을 내놓았다. 이 팀은 지하철 착석 시 자연스럽게 다리를 모을 수 있는 스티커를 부착해 행동을 유도했다. 다리를 모은 모양을 하트 모양으로 디자인해 객차 안 좌석 바닥에 부착한 점이 창의적으로 인정받았다. 이 아이디어를 높이 평가한 LOUD는 서울메트로의 협조를 받아 2015년 12월 3호선 객차 두 칸에 오렌지 하트 스티커를 시범 부착해 호평을 받았다.[8]

(8) 백허그 캠페인: 부산시는 2017년 4월 10일부터 '행복한 대중교통 만들기'를 위한 새로운 교통문화 운동의 하나로 대중교통 이용 시 메고 있는 가방을 안는 백허그Bag hug 캠페인을 대대적으로 벌이고 있

다. 이 캠페인은 대중교통 안에서 상대방에 대한 양보와 배려를 통해 서로 불필요한 감정 소모를 줄이고 웃으며 이용할 수 있는 대중교통을 만들기 위해 마련되었다. 출퇴근 시간 붐비는 대중교통을 이용할 때 승객들이 멘 백팩이 버스나 도시철도 내 통로를 가로막아 뒷사람에게 피해를 주는 경우가 많고, 방향 전환이나 이동을 할 때 타인에게 해를 입힐 수도 있으며, 등산 가방에 꽂힌 스틱에 상해를 입는 경우가 빈번하다는 점에 착안해 시작한 캠페인이다.[9]

(9) 백허그 캠페인 홍보 방안: 백허그 캠페인이 필요한 대부분의 대중교통인 버스나 지하철이 두 개의 문인 것을 이용한 넛지를 생각해 보았다. 두 개의 문 중 한쪽에는 가방을 앞으로 멘 사진 혹은 그림을 붙인다. 또는 실루엣을 이용해도 좋을 것 같다. 그리고 다른 한쪽에는 가방을 뒤로 멘 것을 붙이고 그 차이를 눈으로 확인하게끔 하는 것이다. 승차하는 승객의 경우는 보통 문을 쳐다보지 않고 버스 번호나 버스가 정차하는 순간을 확인하려 하기 때문에 하차하는 문에 사용하는 것이 좋을 것 같다. 승차하는 문에 그림이나 사진을 사용하는 경우, 버스 기사의 시야를 가릴 수도 있기 때문에 위험할 수도 있다. 또는 소매치기와 연관시키는 방법도 있다. 원리는 같다. 두 개의 문에 하나는 등 쪽에, 다른 쪽은 배 쪽에 가방을 위치시킨다. 그리고 가방을 의인화해 등 쪽에 있을 때는 두려운 표정을, 배 쪽에 있을 때는 따뜻한 표정을 통해 안전하다는 것을 전달하는 방법으로 사람들의 참여를 유도할 수도 있다.(김준희·최유진)

(10) 버스 창가 쪽에 긴 거울 설치: 대중교통 이용 시 백팩 앞으로 매기에 관한 이야기가 각종 커뮤니티에서 나오고 있는데, '해도 그만

안 해도 그만인 매너일 뿐이다 vs. 다른 사람들을 위해 해줘야 한다'
등의 반응으로 갈리고 있다. 하지만 주위에 실제로 통학 버스를 타고
등하교하는 친구들의 의견을 들어보면 가방을 뒤로 메는 사람들 때문
에 불편하다는 의견이 압도적이다. 이런 아이디어는 어떨까? 버스 창
가 쪽에 긴 거울을 설치해서 본인 가방 때문에 불편해하는 사람들을
볼 수 있도록 하는 것이다. 이렇게 하면 뒤로 메고 있던 백팩을 자연스
럽게 앞쪽으로 고쳐 메게 될 것이다.(이서희·윤주혜·정은영)

　(11) 고속버스 의자 눕히기는 어디까지?: 고속버스를 타면 승객들
간의 암묵적인 룰이 있는데 바로 의자를 젖히는 것에 대한 배려다. 버
스에서 자신의 좌석 의자를 젖히는 것은 자유지만, 그렇다고 끝까지
뒤로 눕히게 된다면 뒷사람이 불편해질 수밖에 없다. 그렇기 때문에
고속버스를 타본 사람이라면 이 암묵적인 룰에 동의하고 서로를 배려
해 좌석을 끝까지 눕히지 않을 것이다. 하지만 가끔씩 뒤에 탄 승객을
생각하지 않고 의자를 완전히 눕히는 사람들도 있는데 이는 뒷사람에
게 굉장한 불쾌감을 준다. 그렇지만 법으로 어느 정도까지 의자를 젖
혀야 된다고 제정된 것도 아닐뿐더러 공공장소에서의 승객들 간 배려
문제기 때문에 앞사람에게 뭐라고 하기도 난처한 상황에 봉착하게 된
다. 이를 넛지의 유도성을 통해 해결해보려 한다. 정말 간단한 방법으
로, 각 좌석의 의자 앞에 조그만 거울을 설치하면 된다. 의자를 눕히다
가 뒷사람과 눈이 마주치게 될 때, 자연스레 뒷사람의 눈치를 보게 만
드는 방법을 활용하는 것이다. 생각 없이 좌석 의자를 눕히다가도 앞
에 설치해놓은 거울로 뒷사람이 불쾌한 반응을 보이는지 알 수 있기
때문에 자연스럽게 서로를 배려할 수 있는 기회로 삼을 수 있을 것이

다.(신찬호 · 한장희)

(12) 고속버스 의자 매너 선 스티커: 고속버스 좌석 팔걸이나 앞좌석 뒷부분에 매너 선 스티커를 부착한다. 보통 기본 의자 각도가 90도라고 하면 120도 정도까지를 매너 선으로 정하고 120도 이상 뒤로 젖히는 경우는 뒤에 사람이 안 탔을 때라고 가정한다. 그리고 스티커에 매너 선이였을 때 의자 그림(120도), 사람 없을 때 의자 그림(120도 이상)을 넣는다. 사람들이 의자를 뒤로 젖힐 때 스티커를 보고 적절하게 뒤로 젖히게 만드는 것이다. 정확하게 매너 선을 지킬 순 없지만 스티커를 보면 뒤에 사람과 매너 선을 의식하여 서로에게 피해가 안 가게끔 한 번 더 생각하고 의자를 젖힐 것이라고 생각했다. 엄청난 효과를 기대할 순 없겠지만 사람들이 매너 선에 대해 인식하게 된다는 것에 의의를 가지면 될 것 같다.(김도하 · 이도언)

(13) 비행기 승객들의 민폐 행위 예방법: 과거 비행기에 탑승했을 때 옆자리에 앉았던 민폐 승객으로 인해 고생했던 경험이 있다. 저가 항공사의 비행기는 가격은 저렴하지만 기내 서비스나 시설이 고가 항공사에 비해 부족한 측면이 있다. 저가 비행기에서 가장 불편함을 느끼는 점은 비행기 규모가 작기 때문에 승객 좌석 간 공간이 작다는 것이다. 옆 승객과 굉장히 밀착되어 있기 때문에 몸을 크게 움직이거나 신발을 벗는 등의 행위를 웬만해서는 할 수가 없다. 지난 여행 때 내 옆 좌석에 몸집이 큰 중년의 남성이 탑승했다. 그런데 신발을 벗고 그 좁은 공간에서 다리를 꼬고 올리면서 옆자리 승객을 불편하게 했다. 심지어 벗은 신발과 발에서는 심한 악취가 나서 굉장히 고생했던 기억이 있다. 비행기를 적지 않게 타본 나로서는 실제 비행기 안에서 다

른 승객들에게 피해를 주는 민폐 승객이 굉장히 많다는 것을 느꼈다. 상대적으로 비용이 저렴한 저가 비행기에서 특히 이러한 모습들이 많이 나타난다. 이러한 민폐 승객이 많아지면 비용은 저렴하지만 서비스가 너무 좋지 않다는 평이 나오기도 하기 때문에 항공사의 이미지에도 좋지 않은 영향을 미칠 수 있다. 따라서 이와 같은 몇몇 승객들의 민폐 행위를 줄이고 항공사의 이미지도 제고할 수 있는 방법들을 고안해보았다. 저가 항공사 비행기 내부의 특징을 생각해보면 몇 가지로 추려낼 수 있다. 먼저 좌석 사방으로 공간이 넉넉지 않기 때문에 몸을 마음대로 움직인다면 주변 사람들에게 피해를 주게 된다. 또한 비디오, 라디오 서비스 등을 제공하지 않는다. 이런 이유 때문에 저가 비행기를 타면 그 자리에 그대로 앉아서 쉬거나 책을 읽거나 하는 경향이 많다. 이런 점을 고려해 역으로 저가 비행기를 이용하는 것은 '휴식'이라는 점을 강조하는 게 필요하다. 즉, 승객 스스로를 편안하고 조용한 상태로 이끌고 더 나아가 다른 승객들에게 피해를 주지 않도록 유도하는 것이다. 승객들에게 '발 피로 회복 제품'과 '신발 속에 넣어 두는 방향제'를 제공하는 게 그런 방법 가운데 하나라고 생각한다. 요즘에는 발에 테이프처럼 붙여서 피로를 풀어주는 제품들이 많이 출시되고 있는데 그러한 제품들을 적용하면 괜찮을 것이다. 또한 신발을 벗어두는 동안 신발 속에 넣어둘 수 있는 방향제를 제공하는 것도 발 악취가 심한 승객에게 직접적으로 말을 하지 않으면서도 그들 스스로가 문제해결에 나설 수 있도록 유도하는 좋은 방법이 될 것이다.(임수빈)

노약자석 갈등을 해소하기 위한 넛지

(1) "노약자석, 노인 전용석은 아니다": "며칠 전 수도권 지하철 4호선에서 있었던 일이다. 30대 여성이 노약자석에 앉아 있었는데, 60대 아주머니가 '여긴 나이 든 사람들이 앉는 자리'라고 했다. 여성은 얼굴이 창백하고 몸이 아파 보였다. 그녀가 '몸이 많이 불편해서 앉았어요'라고 하는데도 '젊은 것들이 노약자석에 왜 앉느냐'며 다그쳤다. 주변의 일부 할머니·할아버지도 '요즘 젊은 것들은 위아래가 없다'고 했다. 젊은 여성은 '항암 치료를 받고 오는 길인데 속이 너무 울렁거려서 앉았다'면서 눈물을 흘리며 일어났다. 그 모습을 보자니 안쓰럽고 화가 났다. 지하철 노약자석은 말 그대로 '노인'과 '약자'를 위한 자리다. 노인과 장애인의 전용석은 아니다. 젊은 사람도 사정이 생기면 이용할 수 있다. 멀쩡한 젊은이가 태연하게 앉는 것은 문제지만, 혹시 무슨 사정이 있는지 살피고 배려하자."『조선일보』2017년 6월 9일자 '독자마당'에 서울 강북구에 사는 박은선이 기고한 글이다. 이 기사엔 이런 댓글이 달렸다. "노인 전용 칸을 만들면 어떨지! 내 돈 내고 타는 지하철에서 죄지은 심정으로 자리에 앉아 있는 게 너무 힘드네요."[10]

(2) "임산부에게 자리를 양보하겠습니다" 배지 달기 운동:『한겨레』2017년 6월 19일자에 따르면, 서울 관악구에 사는 32세 직장인 정지은 씨는 지난해 여름께 한 임산부가 할머니 한 분과 전철을 타는 장면이 잊히지 않는다고 했다. 한 청년이 자리를 양보하자 임산부는 할머니를 사리에 있게 했니. 정 씨는 인산부에게 자리를 양보하려고 그를 불렀지만 듣지 못한 임산부는 자리를 찾아 다른 차량으로 사라졌다.

'만화처럼 내 머리 위에 '양보하겠다'는 말풍선이 떠 있었다면 맘 편히 내게 도움을 청했을 텐데.' 몇 개월이 지나도 그 일을 잊을 수 없었던 정 씨는 지난 3월 '도움을 줄 수 있는 사람이 먼저 말을 걸면 어떨까'라는 생각으로 작은 배지를 만들기로 했다. 정 씨가 기획하고 그래픽 디자이너 맹미호 씨가 디자인한 지름 5.8센티미터 파란색 배지 위엔 '나는 임산부에게 자리를 양보하겠습니다'라는 문구가 적혀 있다. 4월 4일부터 5월 23일까지 50일 동안 진행된 스토리 펀딩에 549명이 참여해 440만 5,000원이 모였는데, 후원에 참여한 대학생 김유진 씨는 "임산부 배려석에 앉아 있는 사람에게 '내가 임신했으니 자리 좀 비켜달라'고 말할 수 있을까. 해코지 당할까봐 말하지 못하겠다는 생각이 들었다"며 "임산부들이 '안전하게' 배려 받을 수 있는 권리를 누렸으면 한다"고 말했다.[11]

(3) 노약자 개념을 알리는 일러스트: 대중교통의 노약자석을 둘러싼 다툼은 뉴스와 SNS를 통해 자주 알려지고 있다. 노약자석과 관련해 목격할 수 있는 가장 흔한 논란거리는 노약자석에 앉은 남녀 청장년층과 그것을 비난하는 세력을 다룬 각종 영상과 글이다. 이와 같은 논란이 아무리 시간이 지나도 끊이지 않는 것은 노약자석이 양심을 기반으로 자유의지에 맡긴 자리일 뿐 그것을 규정하는 '법'이 존재하지 않기 때문인데, 당장 우리가 법을 만들 수는 없는 노릇이다. 그런데, 노약자석에 대해 시민 대부분이 간과하고 있는 점이 있다. 노약자석 하면 무엇이 떠오르는가? 바로 노인이다. 그러나 '노약자'라는 단어가 드러내듯 약자 또한 노약자석에 앉을 수 있는 대상에 해당한다. 장애인, 신체가 선천적 · 후천적 · 일시적으로 쇠약한 사람, 임산부 등 다양

한 계층이 이에 해당한다. 이런 내용을 대중에게 인식시킬 수 있도록 축약한 일러스트를 부착하는 방법을 제안하고자 한다. 단순하게 "노약자는 노인뿐만 아니라 장애인, 신체 쇠약자, 임산부 등 약자도 이용할 수 있는 좌석입니다"라는 문구를 다는 방법 대신 노약자석에 앉아 있는 멀쩡한 청장년과 그 옆에서 무릎을 어루만지며 힘든 표정으로 서 있는 어르신, 허리를 짚고 땀을 흘리며 서 있는 임산부, 좋지 못한 안색으로 서 있는 청소년, 다리에 붕대를 감고 불편한 자세로 서 있는 직장인 등을 그려넣는 것이다. 한·영문 텍스트 대신 일러스트를 이용하면 어린아이와 문맹인, 그리고 영어를 읽을 줄 모르는 외국인까지도 노약자 층에 해당하는 대상을 확실하게 알게 될 뿐만 아니라 해당 좌석이 존재하는 목적까지도 쉽게 인지하도록 하는 부가적 효과도 가져올 수 있다. 일러스트는 버스의 경우엔 복도에서 노약자석을 바라보는 방향의 창문과 노약자석에 앉았을 경우 보게 되는 앞좌석 공간을 활용해 부착하는데, 기존의 광고란을 제외하고 비는 중·하단 공간을 이용하면 될 것이다. 지하철의 경우엔 노약자석의 뒷 공간 벽과 맞은편 벽에 일러스트를 붙이면 된다. 타인에게 비치는 모습을 중요히 여기는 동양권 정서상 '수치의 문화'가 발동하면서 효과가 곱절로 작용할 것으로 예상한다. 유명 카툰 작가를 섭외하는 방식 등으로 호감도를 높이되 픽토그램보다는 정교하게 메시지를 담아내면 대중에게서 긍정적인 반응을 도출할 수 있을 것으로 예상한다.(황희원)

(4) 지하철 핑크 카펫 홍보 방안: 우리나라에는 지하철 핑크 카펫이라고 하는 임신부들을 위한 배려석이 있다. 정부가 임산부들에게 임산부 가방 고리를 제공해 시민들이 자리를 양보해주게끔 하는 방안이

있었지만 이 효과가 미미하자 눈에 띄게 핑크 카펫을 지정한 것이다. 그러나 임산부의 83퍼센트가 배려를 받지 못했다고 한다. 또한 많은 사람이 잘 알지 못하는 부분이 있다. 임산부는 임부와 산부를 합친 말로 임신한 여성뿐만 아니라 어린아이를 데리고 있는 여성 또한 포함된다는 것이다. 시민들은 "지하철이 꽉 찼는 데도 그 자리를 비워 둬야 되냐, 임산부가 오면 비켜줄 것"이라며 배려해주지 않는 경우가 허다하다고 한다. 또한 노약자석도 어느 순간 '노인석'으로 변해 임신 초기 여성이 앉을 경우 "젊은 여자가 앉아 있냐, 비키지 않고 뭐하느냐"는 핀잔을 듣기도 한다. 현재 지하철 핑크 카펫의 문구는 "핑크 카펫 내일의 주인공을 위한 자리입니다"이다. 이 문구는 정확히 무엇을 말하는지 모호하여 사람들이 그냥 지나칠 수 있지 않을까 하는 생각이 들었다. 이보다 "당신의 어머니 자리입니다"라는 문구와 함께 어머니와 아이 사진을 넣는 것은 어떨까? 이러한 문구는 좌석에 앉으려고 하는 사람에게 한 번 더 생각할 여지를 줄 것이다. 그럼으로 선택을 하는데 있어서 좀더 합리적인 선택을 할 수 있을 것이라는 생각이 들었다.(박지수 · 이수현)

(5) 차라리 노인석을 폐지하라: 버스나 지하철 등 대중교통에서 젊은 사람들이 노인들에게 자리를 양보하는 것을 본 적이 많을 것이다. 자리 양보는 법의 영역이 아니라 사람들의 배려에 의해 좌우되는, 즉 도덕의 영역이다. 하지만 몇몇 노인이 자리 양보를 하지 않았다는 이유로 욕설을 하거나 심지어는 폭행을 하는 동영상이 인터넷에 자주 올라오고 있다. 어떻게 할 것인가? 차라리 버스나 지하철 등 대중교통에 노인석을 없애는 게 해법일 수 있다. 대중교통에 노인석이 없다면

노인들은 자리를 비키라고 강요는 하지 못할 것이다. 어차피 노인석이 있어도 노인석에 앉을 사람은 앉는다. 노인석이 없어진다고 해서 자리를 양보하는 사람이 없어지진 않을 것이다. 자리 양보는 사람들의 양심에 달려 있는 것이다.(권남형·이호선) *(이걸 넛지 해법으로 보긴 어렵다. 그만큼 노약자석과 관련된 일부 노인들의 횡포에 대한 반감이 크다는 걸 말해주는 증언으로 여겨 좀더 좋은 아이디어를 생각해내야 할 필요성을 말해주는 것으로 이해하면 어떨까?)

불법 주차 예방과 주차 질서를 위한 넛지

(1) 새로운 불법 주차 단속 장치 '바너클': 미국의 일부 지역에선 '바너클Barnacle'이란 이름의 새로운 단속 장치를 사용하고 있다. '따개비'라는 뜻을 가진 바너클은 기존 차량 뒷바퀴를 고정하는 쇠쇠보다 훨씬 더 강력한 단속 장치다. 2개의 노란색 직사각형 플라스틱을 접이식 앨범처럼 펼쳤다가 접을 수 있다. 주차 단속 직원은 이 바너클을 불법 주차된 차량 앞 유리창에 부착하면 된다. 바너클에는 압착력이 750파운드(340.2킬로그램)에 달하는 자석 장치가 달려 있어 웬만해서는 이를 떼어낼 수 없다. 주차 위반자는 주차 당국에 전화를 걸어 벌금을 내고 패스워드를 받아 바너클에 장착된 번호 상자에 입력하면 바너클을 해체할 수 있다. 이어 24시간 내 정해진 장소에 바너클을 반납하면 된다. 2016년 이 장치를 도입한 펜실베이니아주 앨런타운 주차 단속 책임자는 "몇 달 전부터 주차 단속 현장에서 바너클을 사용하고 있는데 효과가 크다"면서 "불법 주차 위반자의 주의를 끄는데 이만한 장비가

없다"고 말했다.[12]

(2) 장애인 전용 주차 구역 내 차량 진입을 감지·촬영·전송하는 시스템: 2017년 7월 경기도 남양주시 노인장애인과는 남양주4.0 장애인 전용 주차 구역 스마트-통합 시스템 구축 관련 간담회를 개최했다. 이미 시범 실시한 G15스마트 디바이스 단말기는 장애인 전용 주차 구역 내 차량 진입을 감지·촬영하여 서버로 사진·영상을 전송, 등록된 장애인 차량이 아닐 경우 경광등·경고 방송을 알려주는 시스템이다. 이 간담회에선 안내 방송 시 강제성 아닌 계도(양해) 내용을 입력하고 야간에는 방송 볼륨을 조절해 그로 인한 또 다른 민원을 최소화하고 부득이한 경우 주차 시간을 설정하는 등의 탄력적인 운영이 필요하다는 의견이 나왔으며, 비용 대비 안전 지킴이를 활용한 설치 시범 구역 모니터링 등 일자리 창출과의 효과에 대해서도 논의가 이루어졌다.[13]

(3) '주차 헬퍼' 제도 도입: 2017 6월 인천시 남구는 지역 내 불법 주·정차 위반 차량 계도 활동을 펴는 노인 중심의 '주차 헬퍼' 제도를 도입했다. 구 관계자는 "주차 헬퍼는 주차 질서 전담 관리를 통한 교통 문화 선진화 유도가 주목적"이라며 "불법 주·정차 계도에 노인 인력을 적극 활용해 주차 문제를 해소하고 노인 일자리 창출 효과를 거둘 것으로 기대하고 있다"고 말했다.[14]

(4) 바른 주차 안내 문자 서비스: 2017년 6월 대구시는 교통 혼잡 지역의 주정차 단속을 강화하기 위해 불법 주정차 단속 카메라를 추가로 설치해 교통 혼잡 지역의 단속을 강화함과 동시에 광역 지자체 최초로 대구 전역에 바른 주차 안내 문자 알림 서비스를 제공해 불법

주정차 차량 자진 이동을 유도하기로 했다. 바른 주차 안내 문자 알림 서비스에 가입하면 단속 카메라가 있는 주정차 단속 구간에 주차할 경우 '바른 주차 문화를 유도'하는 문자 메시지를 받을 수 있다. 서비스 대상은 거주지와 상관없이 대구시 전역에서 운행하는 차량 중 서비스 제공에 동의하고 신청한 차량 운전자며, 이는 단속보다는 운전자 스스로 차량을 이동하도록 해 교통 소통을 원활하게 하자는 취지다.[15]

(5) 벽화를 이용하는 방법: 벽화는 우리가 길거리를 지나가거나 차로 이동하면서 한눈에 볼 수 있어 사람들의 이목을 끌기 쉽다고 생각해 선택하게 되었다. 벽에는 카메라를 들고 플래시를 터뜨리며 사진을 찍는 많은 기자의 모습을 멋있게 그려내고 다음과 같은 문구로 불법 주차에 대한 경고를 재치 있게 표현한다. "이곳은 당신의 포토 존입니다! 과태료는 6만 원!" 카메라를 들고 플래시를 터뜨리며 사진을 찍는 기자들이 들어가 있는 그림과 재치 있는 경고 문구가 그곳에 불법 주정차를 하려는 사람들에게 자신이 포토 존 앞의 유명 인사들과 같이 주목 받는 기분을 들게 해 불법 주정차에 부담스러움을 느끼게 만드는 것이다.(노수은)

(6) 주차 선을 두껍게 그리자: 아파트 주차장을 보면, 한 차량이 공간을 너무 많이 차지한 나머지 옆 주차 선을 넘어 다른 차량이 주차할 수 없게 하는 경우가 굉장히 많다. 속된 말로 '얌체족'이라고 불리는 사람들이 다른 사람을 생각하지 못하고 이기적으로 행동한 결과라고 할 수 있다. 주차 미숙도 공간 차지의 이유라고 볼 수 있지만, 충분히 시간을 들이면 다른 사람에게 피해를 주지 않고 주차 선 안으로 바르게 들어갈 수 있다. 그런데도 주차 선을 밟으면서까지 주차하거나, 비

스듬히 주차하는 행동은 이기적인 행동으로밖에 설명할 수 없다. 그러나 이러한 행동이 법적으로 문제가 되거나 공론화가 되어 있는 것이 아니기 때문에 문제 인식이 안 되어 있는 경우가 많다. 불필요한 공간 소모는 반드시 해결이 필요한 문제고 방법을 연구해야 할 필요가 있다. 이와 같은 문제를 해결할 방법 중 하나는 바로 주차 선을 더 두껍게 그리는 것이다. 보통 주차 선은 10~15센티미터 정도로 그리는데, 얇은 주차 선의 경우 주차 시 그림자에 가려 시야에 잘 들어오지 않을 뿐더러 옆 차와 가깝게 차를 댈 수밖에 없다는 단점이 있다. 옆 차와 너무 가깝게 주차하면 내리고 타기도 쉽지 않고, 옆 차 역시 주차에 불편함이 생긴다. 이를 해결하기 위해 주차 선을 안쪽으로 더 두껍게 그리는 것이다. 운전자는 상대적으로 주차할 공간이 좁아 보이기 때문에 차선 안쪽으로 주차하려고 노력하게 되고, 이는 곧 주차 선 가운데에 바르게 들어가게 되는 효과를 얻게 된다. 또한 주차 선이 두껍기 때문에 주차 선을 밟는다고 해서 문제가 되지 않고, 옆 차의 문이 열리면서 차가 흠집 날 이른바 '문콕' 위험도 적어진다. 그 외에도 주차 선이 시야에 잘 들어오기 때문에 시야 문제도 해결이 가능하다.(박정민·이채연·장하은)

(7) 인포그래픽의 이용: 인포그래픽을 이용하는 해결 방법도 고려할 만하다. 운전자가 주차 선 안에 바르게 들어오는 것을 유도하기 위해 화살표 등의 가이드라인을 주차 선 중앙에 그려 넣는 방법인데, 이는 운전자가 화살표를 눈으로 인식하고 화살표가 가리키는 방향대로 들어가게 되는 효과를 낼 수 있다. 화살표는 유도의 성격이 강한 표식이다. 그런 화살표가 중앙에 그려져 있으니 운전자는 정 가운데로 들어

가야 된다는 심적인 끌림을 느끼게 될 것이다. 이는 곧 주차 선 안쪽으로 바르게 주차하는 효과를 낸다는 것을 의미한다.(박정민 · 이채연 · 장하은)

우측통행과 보행 안전을 위한 넛지

(1) '중앙 분리 스티커' 부착: 우측통행의 미준수가 평지에서 일어난 것이라면 단순한 사람 사이의 물리적 충돌로 인해 머리끼리 부딪쳐 일어나는 타박상 정도로 끝났겠지만, 계단의 경우 단순한 개인의 충돌 사고를 넘어 도미노처럼 밀려나거나 미끄러지면서 대규모 실족 사고로 이어질 수 있다.[16] 내가 제안하는 개선안은 '중앙 분리 스티커' 의무 부착이다. 중앙을 관통하는 두꺼운 노란색 스티커를 계단 전체에 걸쳐 부착하는 것이다. 실제로 존재하는 차단벽은 아니지만, 일종의 심리적 벽으로서 좌 · 우 경계를 확연하게 분리하는 수단이 될 것이다. 일반적으로 계단에서 앞으로 끼어드는 것은 뚫고 들어갈 수 있는 '여유 공간'이 존재하는 것인데, 중앙 분리선을 설정해 올라가는 계단 공간과 내려가는 계단 공간을 확실하게 분리하면 끼어들기를 하더라도 반드시 우측으로 끼어들기를 해야 하기 때문에 스마트폰 사용자라도 역방향 보행자와 맞부딪히게 되는 경우는 발생하지 않는다. 중앙 분리 스티커라는 넛지 아이디어와 더불어 계단의 바닥마다 진행 방향을 표시한 스티커를 붙인다면 금상첨화다. 계단에 붙어 있는 대부분의 우측통행 스티커는 '↓우측통행↑'의 형식으로 통일되어 계단의 정면에만 붙어 있는데, 이는 별로 바람직하지 않다고 생각한다. 이미 우측통행

에 대한 인식이 정착된 상황에서 해당 스티커는 큰 의미가 없다. '무의식적으로' 계단을 올라가는 보행자(특히 스마트폰 사용자)가 사고의 주요 원인이기 때문이다. 앞서 밝혔듯 스마트폰 사용자는 시각이 아래로 향하기 때문에 계단의 진행 방향을 확인하지 않고 무의식적으로 계단을 올라갈 수 있는데, 이때 스마트폰을 사용하는 보행자의 시선이 닿는 아래 방향에 진행 방향을 표시한 스티커를 붙이면 화살표가 정방향인지 역방향인지 눈에 띌 것이고, 특별한 문구를 적지 않아도 인지적 효율성에 의해 별 어려움 없이 '화살표 쪽 방향으로 가라는 것'을 깨달을 것이다. 단순한 스티커기 때문에 중앙 분리대에 비해 단가 또한 저렴하다는 이점이 있다.(황희원)

(2) 발자국 스티커 부착: 발자국 스티커는 이미 대중화가 많이 되어 있기 때문에 활용의 범위를 넓혀보고자 한다. 지하철 이용 시 기본적인 규범 중 하나는 하차하는 사람이 먼저 내린 다음에 승차하는 사람이 타는 것이다. 그러나 이 규칙을 모르는 사람들을 흔히 볼 수 있다. 바로 그 사람들을 위한 넛지다. 특히 모두가 예민한 만원 지하철일 때 이런 규칙이 지켜지지 않으면 언쟁이 일어나기도 한다. 상처만 남는 싸움이다. 이 스티커는 그런 불상사를 막아줄 것이다. 이 발자국 스티커는 인지적 효율성과 유도성을 이용한 것이다. 발자국과 유사한 그림을 이용하여 가시성을 높였고, 숫자로 쓰여 있기 때문에 한눈에 봐도 누구나 의미를 알 수 있다. 아이들이나 외국인도 무리 없이 이해할 수 있다. 규칙을 몰랐던 사람들에게 알려줄 뿐만 아니라 무의식적으로 먼저 타려는 사람들에게도 질서를 상기시키는 역할을 하여 규범을 지키도록 유도한다. 또한 횡단보도나 계단 등에 우측통행을 하도록 유도하

는 발자국 스티커가 보편적으로 활용될 필요가 있다. 특히 횡단보도는 보행자의 안전을 위해서라도 우측통행이 요구된다. 우리나라에서 차량은 보행자의 왼쪽에서 들이닥치기 때문에 우측통행을 유도하는 발자국 스티커는 교통사고의 위험을 줄일 수 있을 것이다. 이외에도 화장실에서 한 줄로 서는 행동을 이끌어내는 발자국 스티커도 생각해볼 수 있다. 성인들 사이에선 비교적 잘 지켜지는 약속이나, 아이들은 지키지 않을 때가 많다. 스티커를 일렬로 붙여놓으면 아이들도 이것을 통해 규범을 인식하고, 행동하도록 도와줄 것이다.(김다운)

(3) 빨간색 발자국, 파란색 발자국: 이미 많은 나라에서 우측통행을 유도하기 위해 많은 노력을 하고 있다. 우측통행을 함으로써 많은 유동 인구가 부딪혀서 다치는 일 없도록 횡단보도에선 화살표로 표시하는 등 우측통행을 권장하고 있다. 그러나 계단의 경우에는 우측통행을 화살표로 표시하긴 하지만 많은 사람이 무시하고 지나가는 것이 비일비재하다. 그래서 우리는 위층으로 올라가는 사람들의 방향에서 오른쪽 계단의 벽면에 빨간색 줄을 그려넣어 우측으로 이동할 수 있도록 유도하고, 내려오는 사람들의 오른쪽 방향에서는 파란색의 발자국을 계단 바닥에 그려넣어 사람들이 오른쪽으로 통행하도록 유도하는 방향을 생각했다.(서재원·김재욱)

(4) "지금 들어오는 저 열차! 여기서 뛰어도 못 탑니다. 제가 해봤어요": 출근 시간대 '지옥철'이라 불릴 정도로 혼잡한 서울 지하철 당산역 환승 구간의 에스컬레이터 옆 벽에 등장한 안내문이다. 지하철 9호선 직원들의 소모임 역사驛舍 연구회 팀원들이 아이디어를 낸 것인데, 역사 연구회 임성훈 그룹 장은 이렇게 말한다. "역사에서 가장 피를

많이 보는 장소가 에스컬레이터다. 그만큼 안전사고가 자주 발생한다. 소모임을 시작하며 어떻게 하면 고객들의 발걸음을 잠시라도 잡을 수 있을지 고민을 많이 했다.……그러다 레터링 월Lettering wall이라는 아이디어를 떠올렸다. 바쁜 고객들에게 '하지 마세요, 위험합니다'라는 문구는 더는 마음을 움직이지 못한다고 생각했다. 그래서 감성적 문구를 사용해 안전한 에스컬레이터 이용 문화 캠페인을 시도해보고자 했다.……SNS 댓글 중 '오기로라도 뛰어 가겠다'는 분을 봤다. 그분께 '에스컬레이터는 언제든 멈출 수 있고, 뛰다 넘어지면 많이 아프다'는 말을 전해드리고 싶다."[17]

(5) 에스컬레이터 두 줄 서기 유도: ING생명보험이 주최한 대학생 넛지 마케팅 아이디어 공모전 본선 진출에 성공한 영덕시대팀은 에스컬레이터 한 줄 서기가 안전에도 문제가 있거니와 기계 고장의 원인이 되는 것을 개선하기 위해 두 줄 서기 캠페인을 홍보하고 있지만 실행에 어려움이 있다고 봤다. 이 팀은 에스컬레이터 입구에 '짜장면 vs. 짬뽕'과 같이 사람들의 선택을 유도하는 스티커를 부착해 자연스럽게 두 줄 서기를 유도했다.[18] 에스컬레이터 두 줄 서기 운동의 가장 큰 장애는 문화시민운동중앙협의회가 1998년부터 벌인 에스컬레이터 한 줄 서기 운동으로 인한 시민들의 혼동이다. 바쁜 사람들을 위한 '배려'라는 메시지와 함께 '질서'를 내세웠던 한 줄 서기 운동은 에스컬레이터에서 걸어도 된다는 인식을 심어주어 사고를 유발하는 요인이 되었다. 이에 대해 이종혁은 "잘못된 정보를 전달한 주체가 정확히 문제점을 수정하는 책임 있는 사후 홍보 활동이 있어야 한다"고 말한다. "'수년 전에 전개한 활동인데 지금 무슨 책임을 지라는 것인가'라고 하면

서 뒤에 빠져 있기보다 만약 자신들의 주장이 옳은 것이었다면 지금이라도 두 줄 서기를 주장하는 측에 토론을 제기해야 한다. 무책임하게 단체나 조직의 홍보만을 위해 캠페인을 전개한 이후 방치하는 것은 시민들의 혼란을 방조하는 것이다. 그들이 시민들에게 에스컬레이터에서 걸어도 된다는 생각을 심어 놓았기에 수용자들은 잘 바꾸려 들지 않는 것이다."[19]

(6) 클래식 음악으로 안정시키기: 계단에서의 낙상은 자칫 잘못하면 정말 나쁜 결과로도 이어질 수 있다. 그리고 계단에서 뛰어다니다가 실수로라도 사람들을 치거나 밀면 더 큰 사고로도 발전할 수 있다. 계단에서 뛰는 이유는 무엇일까? 아마 급하기 때문일 것이다. 하지만 마음의 여유를 가지게 된다면 계단에서 뛰어다니는 사람은 줄어들 것이다. 그렇다면 계단이 많은 지하철 입구나 지하보도에 클래식 음악을 모든 사람이 들을 수 있을 정도로 꽤 크게 틀어 주는 건 어떨까? 클래식 음악은 마음을 차분하게 만들어 주는 효과가 있는데 이로 인해 사람들은 마음의 여유를 가지게 될 것이다.(권남형 · 이호선)

(7) 골목길 교통사고 예방법: 국가통계포털KOSIS가 제공한 전라북도 전주시 보행 만족도 통계에 의하면, 골목길 통행 상황에서 보행자의 안전 만족도 중 '매우 불만'에서 '보통 이하'로 응답한 비율이 60.3퍼센트에 이를 정도로 좁은 골목길에서 보행자들은 무방비하게 위험에 노출되어 있다. 나 역시 전북대학교 구정문 골목을 자주 걸어 다니는 입장에서, 넛지를 활용해 골목길에서 보행자들의 안전을 확보하고자 했다. 좁은 골목길에서 접촉 사고가 자주 일어날 만한 위험한 골목들을 조사하여 꺾이는 구간마다 넛지를 활용한 문구를 적어서 운전자들

의 주의를 환기하고 갑자기 나타날 수 있는 보행자를 조심하게 만드는 캠페인을 진행한다. 주위를 살피면서 서행해야 하는 골목길 주행의 특성상 간단한 문구만으로도 운전자들의 주의를 환기시키기엔 충분하다. 오히려 눈에 확 띄는 자극적인 그림이나 사진 같은 경우 사고를 유발해 2차 피해가 생길 수 있으므로 한눈에 봐도 캠페인이라는 것을 알 수 있게끔 큰 글씨의 폰트를 이용하여 진행하도록 한다. 문구는 기존의 '보행자 조심'이나 '보행자가 다가오는지 확인합시다' 등의 상투적인 문구보다는, '혹시 우리 아이가?' 등 운전자의 감성을 직접적으로 건드릴 만한 우회적인 표현을 사용한다. 이는 자신의 가족이나 스스로의 피해와 연관되어 있을 때에 더욱 조심하게 되는 우리나라 운전자들의 독특한 방어기제를 유도하기 위함이다. 이를 통해서 단순한 주의 문구로 조심을 요하는 것보다 훨씬 효과적으로 운전자들의 주의하는 습관을 이끌어 내는 것을 기대할 수 있다.(장자원 · 김빈 · 홍지수)

(8) 겨울철 낙상 사고 예방법: 한겨울 길이 얼어 미끄러울 때가 많이 있다. 얼어붙은 길을 지날 때 염화칼슘을 뿌려서 미끄러움을 방지하는 방법도 있지만 본인이 조심해서 길을 지나가는 경우가 대부분이다. 하지만 미끄러움을 몰랐을 경우 낙상 사고를 당하기 쉽다. 이러한 경우를 방지하기 위하여 제시하는 아이디어는 바나나 껍질 모양의 표지판을 만들어 주의를 환기시키는 방법이다. 아시다시피 바나나 껍질은 미끄러움을 대표한다고 알려져 있다. 카트라이더라는 게임에서도 바나나 껍질이라는 아이템을 사용하면 뒷사람이 미끄러지는 효과가 나타난다. 막연하게 미끄럼 주의라는 표지판보다는 바나나 껍질이라는 사람들의 인식을 사용하여 그 길이 미끄러운 길임을 다시 한 번 알려주

는 역할을 할 수 있다고 본다.(우승진)

(9) 아파트 계단과 복도의 적재물에 형광 스티커 부착: 최근에 아파트 경비실에서 소방법에 위배되니 계단 난간에 놓아둔 자전거를 치워 달라는 연락을 받았다. 아파트 복도나 계단 내에 자전거 등 적재물을 놓아두는 경우, 복도나 계단이 비상구로서 제 역할을 하지 못해 문제점으로 지적되고 있는 추세다. 소방법 제 30조의 2(피난 방화 시설의 유지 관리), 소방법시행규칙 제94조(과태료 부과 기준-소방법시행규칙 별표 15)에 따르면, 계단, 복도와 비상구 등에 물건을 적치하거나 장애물을 설치해 피난 및 소방 활동에 지장을 주는 행위는 30만 원에서 최고 200만 원의 과태료가 부과될 수 있다. 내가 살고 있는 전북 전주시 완산구 서신동 D아파트 역시 주민들의 관련 의식이 미흡해 이러한 규칙들이 제대로 지켜지지 않고 있다. 우리는 주민들이 아파트 계단 등의 공간을 공적인 공간이 아니라, 개인에게 할당된 사적인 공간으로 간주하기 때문에 이러한 문제가 발생한다고 분석했다. 이로 인해, 본 상황과 관련해 넛지 아이디어를 생각하게 되었다. 아파트의 계단과 계단 사이 공간, 혹은 복도 바닥에 형광색 스티커를 부착하여 물건들을 적재해 둘 경우 자연스럽게 타 세대 주민들의 시선이 몰리게 만드는 건 어떨까. 형광색은 멀리서나, 어두운 환경에서도 눈에 쉽게 띄기 때문에 형광색으로 표시해 둔 구역은 무의식적으로 시선이 가게 된다. 아파트에 사는 주민들은 남에게 지적당하지 않기를 바라는 심리를 가지고 있다. 여태껏 사적인 공간으로 인식하던 비상구와 계단 등을 형광색으로 표시함으로써 공적인 공간으로 인식하기 시작한다면, 공공장소에 개인적인 물건을 놔두는 꼴이 되어 타인에게 지적당할 여지를

남기게 된다. 우리는 사람들의 이런 심리를 넛지 커뮤니케이션 형식으로 건드릴 수 있다고 본다. '사회 비교 이론'을 통해 이에 대한 이론적 근거를 제시할 수 있는데, 한국인 특유의 수치의 문화, 즉 지적당하는 것을 부끄러운 것으로 여기고 기피하는 성향이 잘 맞물린다면 통행에 불편한 적재물을 방치하는 것을 막는 긍정적인 효과를 기대할 수 있다.(장자원 · 김빈 · 홍지수)

Nudge

제 4 장

*

쓰레기 넛지

***

Nudge

쓰레기 무단 투기를 줄이는 넛지

(1) '쓰레기 투기 금지' 대신 '바로 당신?': 단속만으로 해결되지 않는 무단 투기 문제를 해결하기 위해 LOUD팀은 2016년 10월 3일 서울 마포구 연남로와 서대문구 연희로 인근 주택가 골목에 '대화형 공지 문'을 도입해봤다. 금지 대신 설득의 문구와 픽토그램으로 문제를 해결해보자는 취지였다. 가로 20센티미터, 세로 120센티미터 크기의 스티커에는 '이웃 사랑!', '작은 다짐!', '제발 그만!', '바로 당신?', '무단 투기?', '쓰레기봉투?'라는 문구를 적고 '빨간색 하트', '주먹 쥔 손', '검정 쓰레기봉투' 등의 픽토그램을 나란히 배치했다. 보름 후 이곳을

다시 찾아 주민에게 효과가 어떤지 물었다. 서점을 운영하는 구영환 씨는 "최근 2주간 지켜본 결과 확실히 가로등 주변이 깨끗해졌다"고 말했다. 학생 김 모 씨도 "별 기대를 하지 않았는데 쓰레기가 없어졌다"며 "쓰레기를 버리려던 사람들이 이 문구를 보고 자제한 것 같다"고 얘기했다.[1]

(2) "예술 쓰레기봉투를 아시나요?": 2011년 매일 아침 등교하는 학생들로 분주한 제주시 아라 1동 제주여중·고 앞 인도에 언제부턴가 일주일 단위로 '이상한' 비닐 봉투가 등장했다. 어떤 날은 톡톡 튀는 일러스트, 어떤 날은 멋진 시, 또 어떤 날은 좋은 글귀가 새겨져 있었다. 겉모양은 쓰레기봉투여서 누구나 담배꽁초에서부터 우유팩, 과자 껍질 등을 버렸지만 때로는 차마 쓰레기를 버리기 아까울 정도로 예쁜 모양을 하고 있기도 했다. 주인공은 평범한 주부 김영애 씨. 김 씨는 "예술 쓰레기 봉투"를 제작해 일주일 주기로 교체해온 지도 벌써 4년이나 됐다며 이렇게 말했다. "처음에는 길가에 버려진 쓰레기를 줄이기 위해 시작한 일이지만 지금은 이 길을 지나가는 사람들에게 좋은 에너지를 주고자 더 열심히 꾸미고 있어요. 그걸 알아주는지 동네 사람들도 쓰레기봉투 때문에 쓰레기가 많이 줄었다고 얘기해주고 동사무소 직원도 쓰레기가 꽉 차면 알아서 버려주고 계세요."[2] 이 사연이 『노컷뉴스』에 「넛지 효과의 기적, "예술 쓰레기봉투를 아시나요?"」라는 제목의 기사로 보도되자, 조회 수가 수만 건을 넘으면서 각종 포털 사이트 톱을 차지했으며. 김영애 씨는 방송 출연을 하게 되면서 제주도 스타가 되었다.[3]

(3) 초록색 발자국으로 유도: 덴마크 코펜하겐에서 이색적인 실험을

했다. 사탕 1,000개를 사람들에게 나누어주었다. 바닥에는 쓰레기통으로 향하는 초록색 발자국을 미리 그려놓았다. 초록색 발자국은 단순하지만 발걸음을 유도했다. 발자국이 없을 때보다 버려지는 사탕 껍질의 46퍼센트가 감소했다.[4]

(4) 기분 좋은 '퐁' 소리가 나는 쓰레기통: 스웨덴의 한 공원에 쓰레기를 집어넣으면 기본 좋은 '퐁' 소리를 내며 바닥에 떨어지게 만든 쓰레기통이 등장했다. 소리를 들으면 '세계에서 가장 깊은 휴지통'인 셈인데, 이는 폭스바겐이 "쓰레기를 쓰레기통에 넣는 게 재미있다면 사람들이 더 많은 쓰레기를 휴지통에 넣게 될까?"라는 의문을 실험하기 위해 평범한 쓰레기통 뚜껑 밑에 간단한 동작 감지기와 스피커 시스템을 설치해 만든 것이었다. 사람들은 쓰레기를 버리면서 유쾌한 웃음을 터뜨렸을 뿐만 아니라 휴지통에 넣을 쓰레기를 찾으러 공원을 돌아다니는 사람들까지 있었다.[5]

(5) 쓰레기봉투용 돗자리: ING생명보험이 주최한 대학생 넛지 마케팅 아이디어 공모전 본선 진출에 성공한 PS열광팀은 한강공원 등 피크닉 후 방치되는 쓰레기 처리에 대한 환경 문제를 개선하기 위해 돗자리로 사용한 후 이를 쓰레기봉투로까지 사용할 수 있는 제작물(오렌지 돗자리)을 배포해 시민들의 자발적인 행동을 유도했다. 양옆의 줄을 잡아당겨 내용물을 한꺼번에 감싸는 간편한 오렌지 모양의 돗자리가 인상적이었다.[6]

(6) 나이키의 농구 골대 쓰레기통: 미국의 스포츠 브랜드 나이키는 미국 내 쓰레기 문제가 심각한 일부 지역의 휴지통에 자사의 로고가 새겨진 농구 골대를 설치했다. 이 휴지통이 설치된 미국의 한 지역에

서는 쓰레기 무단 투기율이 눈에 띄게 줄어들며 쓰레기를 버리지 말라는 금지 문구보다 훨씬 좋은 효과를 나타냈다.[7]

(7) 전통놀이인 투호를 활용한 쓰레기 던져 넣기: 원통형 쓰레기통 주변을 흰색이나 노란색으로 원형이나 사각형의 선을 그려놓는다. 누구든지 쓰레기를 버릴 때, 쓰레기를 골대라고 생각하고 버려본 적이 있을 것이다. 이런 경험을 이용해 쓰레기통에 농구 골대처럼 백보드를 설치한 사례는 이미 많이 존재한다. 우리도 이런 생각을 이용해서 우리나라의 전통놀이인 투호를 활용해보는 것이다. 농구 골대로 생각하고 쓰레기를 던져 넣는 것은 농구 특유의 슛 폼을 유도하게 만들지만, 별다른 장치 없이 선을 그려, 선을 넘으면 안 된다는 규칙 정도만 제시해준다면 사람들이 쓰레기를 한 번에 쓰레기통에 넣기 위해 최적의 자세를 취하게 될 것이다. 또한 대다수의 사람들은 농구 슛 폼을 했을 때보다 자신이 편한 자세를 했을 때 명중률(?)이 올라갈 테니 쓰레기가 바닥에 떨어질 확률 또한 줄어들지 않을까.(유현승)

(8) 쓰레기 투기 장소의 환경 미화: 서울 영등포구 대림2동의 골목은 수많은 쓰레기로 더러워진 상황이었다. 사람들이 쓰레기를 골목길 한 구석에 무단으로 유기한 것이다. 처음엔 조금만 버려져 있던 쓰레기들이 계속 늘어만 갔다. 쓰레기가 그곳에 있으니 군중 심리의 일환으로 쓰레기들이 쌓인 것이다. 이것을 해결하려고 영등포구에서는 쓰레기를 버리는 장소를 아름답게 꾸몄다. 꽃을 수놓았고 담장을 장식했다. 그러자 사람들이 그렇게 아름다워진 장소를 더럽히지 않기 위해서 쓰레기를 버리는 일이 줄어들었다.(김연민)

(9) 눈동자 스티커 부착: 쓰레기를 내놓도록 한 장소에 사람들이 무

단으로 쓰레기를 투기하는 문제를 해결하기 위해 그 장소의 적당한 곳의 사람 눈높이 정도에 눈동자 스티커를 붙인다. 그래서 사람들이 손에 들고 있던 쓰레기를 무의식적으로 버리려 할 때 그 스티커를 보게 만들어 순간적으로 누군가 쓰레기를 버리는 자신을 보고 있다는 느낌을 주게 만드는 것이다. 그 스티커를 보고 분명 구체적으로 어떤 메시지가 전달되지는 않겠지만 누군가가 주시하는 듯한 느낌을 받게 할 수는 있다. 눈동자 스티커는 쓰레기를 버리려 한 사람을 약간 흠칫 하도록 만들어 아주 조금이나마 쓰레기 버리는 자신을 다시 한 번 돌아보도록 유도할 것이다.(김연민)

쓰레기 분리수거를 유도하는 넛지

(1) 휴지통에 '탄소 발자국' 그리기: 덴마크는 휴지통에 '탄소 발자국'을 그려넣는 방법으로 쓰레기 양을 줄이고 분리수거 비율을 높였다. '탄소 배출을 줄입시다'라는 문구와 함께 새겨진 발자국만으로 주민의 환경 의식을 더욱 높인 것이다.[8]

(2) 쓰레기 수거 점수제: 폭스바겐이 벌인 친환경 캠페인으로 분리수거를 하면 점수가 올라가는 보틀 뱅크 아케이드_bottle bank arcade가 있다. 보틀 뱅크 아케이드는 플라스틱이나 유리 등 쓰레기를 알맞게 분리수거를 하면 점수가 올라가는, 마치 쓰레기를 버리는 것이 게임처럼 느껴지게 만드는 쓰레기통이라고 할 수 있다. 분리수거를 하는 사람들에게 양심은 물론 즐거움도 제공하자는 생각으로 만들어진 보틀 뱅크 아케이드_bottle bank arcade를 보여주는 영상 속에서 사람들은 처음에 다

소 경계하는 모습을 보이나, 이후에 쓰레기를 버릴 때 올라가는 점수를 보며 재미를 느끼고 많은 사람들이 저녁까지 보틀 뱅크 아케이드 앞에서 분리수거를 하는 모습을 보여준다.[9] (유현승)

(3) 쓰레기로 투표하기: 2014년 로테르담에서 열린 한 축제에서 처음으로 선보인 위컵Wecup은 투표를 유도하는 쓰레기통으로, 두 개의 투명 원통 위에 투표 주제를 제시해 사람들로 하여금 열성적으로 쓰레기를 버리도록 유도한다. 처음으로 선보인 날, 약 3만 명 이상이 투표에 참여한 것이라고 하니 길거리를 돌아다녔을지도 모를 정말 어마어마한 양의 쓰레기가 자신이 들어가야 할 곳으로 들어간 셈이다. 이쯤 되면 도대체 어떤 투표이길래 이렇게 많은 사람들이 열광했는지 궁금해지는데, 투표 주제를 살펴보면 그렇게 특별하지도 않다. "엘비스 프레슬리가 돌아왔으면 좋겠다 vs. 마이클 잭슨이 돌아왔으면 좋겠다", "뉴욕이여 영원하라 vs. 로테르담이여 영원하라" 등 특별하다기보다 오히려 유치한 느낌을 준다. 그렇지만 이 유치한 주제들이 축제 속에서 사람들의 승부욕을 자극하기엔 충분했던 것 같다. 자신이 응원하는 쪽이 이기도록 주변의 쓰레기까지 챙겨와 버리는 사람까지 있었다고 하니 말이다.[10] (유현승)

(4) 쓰레기통 분류 마크: 대한민국은 OECD 전체 국가 중 쓰레기 재활용 수치 부분에서 59퍼센트로 2위를 기록했다. 이러한 수치는 다른 나라들에 비해선 우리나라가 분리수거만큼은 선진국임을 보여주지만 여전히 원룸 촌이나 주택가에서는 음식물 쓰레기까지 쓰레기봉투에 우겨 넣는 것이 현실이다. 우리는 사람들이 알지 못하기 때문에 실수하는 일이 생기지 않도록 하는 최소한의 장치가 필요하지 않나 생각

했다. 사람들이 헷갈려하는 분리수거 쓰레기들을 스티커로 기호화해 쓰레기통의 각 분리함에 붙여 사람들이 보고 배울 수 있는 선도의 역할을 하게끔 하는 방법이다. 어떤 쓰레기는 어디에 버려야 하는지 각각 분리수거통에 배출되는 쓰레기를 예쁜 스티커로 기호화해 붙여준다면 사람들이 좀더 쉽게, 또 자연스럽게 분리수거를 할 수 있을 것이다. 플라스틱과 페트, 유리, 캔 등을 분리하는 분리수거통은 보통 모양도 같아 이름만으로는 구분이 힘들기도 하다. 그러한 점을 고려해 쓰레기통마다 각각의 분류 마크를 붙이는 것은 어떨까? 이 마크들은 모두 분리수거가 가능한 제품 구석 어딘가에는 반드시 있는 마크다. 분리수거통에 각각 이 마크들을 붙여 놓고 상단에 '제품 뒷면에 마크를 확인해주세요'라는 문구를 적어놓는다면 사람들이 자연스럽게 제품 뒷면을 보게 되고 그럼으로써 분리수거율이 좀더 높아질 것이다. 마크와 문구를 이용해 사람들이 제품에 있는 설명에 관심을 갖는다면 분리수거는 더 쉬워질 것이다.(박예빈·김다희)

(5) 쓰레기와 쓰레기통의 색 맞추기: 쓰레기의 종류와 쓰레기통의 색을 맞추고 쓰레기통의 일정 부분을 속이 비치도록 만드는 것이다. 예를 들어 플라스틱 병에 들어 있는 음료의 병뚜껑을 보라색, 유리병의 뚜껑은 파란색, 스티로폼 상자의 한쪽 면은 분홍색, 종이 상자의 한쪽 면은 노란색으로 만들고 각 쓰레기통 역시 같은 색으로 만든다. 그때 쓰레기통의 4면에서 사람들이 볼 수 있는 쪽의 면을 투명하게 만든다. 그렇게 된다면 쓰레기통과 쓰레기의 색으로 1차적인 구별이 가능하고, 쓰레기통 안으로 보이는 쓰레기들의 색으로 2차적 구별이 가능하다. 또한 알록달록한 쓰레기통과 쓰레기로 쓰레기의 지저분한 이

미지의 반전을 꾀할 수 있다. 그렇게 된다면 지저분하다고 해서 피하기만 했던 쓰레기통에 대한 접근성이 높아질 뿐 아니라 쓰레기통으로 인해 미관을 해치는 것 아니라 긍정적인 효과를 낼 수도 있을 가능성이 생길 것이다.(남주선)

(6) 쓰레기통의 용도별 디자인: 분리수거함을 용도별로 디자인 하는 건 어떨까? 캔 전용 수거함은 캔 모양으로, 우유팩 전용 수거함은 우유팩 모양으로 말이다. 사람들은 형형색색 다른 모양을 하고 있는 분리수거함에 흥미를 느낄 것이고, 자연스레 그 모양에 따라 쓰레기를 분리해서 버리게 될 것이다. 단순히 플라스틱, 캔, 종이, 일반 쓰레기 등의 표지를 쓰레기통마다 붙여놓는 것은 사람들에게 경각심을 줄 수 없다. 그러나 아예 디자인을 달리하면 수거함의 용도를 구별하기도 훨씬 쉽고, 이용자들에게 분리수거에 대한 흥미를 자연스레 유발시킬 뿐만 아니라 구별해서 버려야 한다는 하나의 행위 규범을 제공하는 효과가 있을 것으로 기대된다. 일단, 사람들은 분리수거함의 디자인에 한번 매료될 것이고, 한눈에 봐도 분리수거를 해야 한다는 사실을 인지할 수 있어서 무의식적으로 분리수거를 하게 될 것이다. 본래 같은 모양끼리 짝을 맞추고 싶어 하는 것이 사람의 심리이므로 이를 이용한 넛지 효과를 기대할 수 있다.(이건우 · 전병호)

(7) 아이들을 그린 팻말 설치: 아이들이 그려진 팻말에 "엄마! 아빠! 쓰레기는 이렇게 버리면 되는 거예요?"라는 문구를 넣어 두는 것이다. 아이들은 어른의 거울이라는 말이 있듯이 어른의 행동을 그대로 배우고 따른다. 그 영향에 대해 사람들은 어느 정도 파악하고 있다. 이를 이용해 아이가 "쓰레기는 이렇게 버리면 되는 서예요?"라고 물었

을 때, "응, 이렇게 분리수거를 잘해야 한다"고 대답할 수 있는지에 대해 생각해보게 하는 것이다. 또한, 같은 문제에 대해서 아이들을 대입시켰을 때 더욱 심각하게 받아들이는 사람들의 심리를 자극하는 것이다. 특히, 아파트 단지 내에는 어린아이를 둔 부모가 많기 때문에 아이의 질문이 좋은 자극으로 작용할 것이라 판단된다.(최예지)

(8) 허수아비형 조형물 설치: 논을 지키는 허수아비처럼 쓰레기장에도 조형물을 만드는 것이다. 조형물을 제작할 때 눈을 강조하여 그것을 시선으로 이용한다. 혼자 있을 때보다 남이 보고 있다는 생각을 하면 더 도덕적으로 행동하게 되는 사람들의 본능을 이용해 올바르게 분리수거를 하는 행동을 이끌어낸다.(곽상아 · 오상원)

(9) 종량제 쓰레기봉투의 개선: 현재 종량제 쓰레기봉투의 배출 정보 및 사용법에 대한 정보는 1차적으로 봉투의 인쇄면에 기재되어 배부되고 있다. 그러나 문자 위주의 나열로 인해 정보 전달력이 부족하다.[11] 사람들은 자신의 시간과 노력을 통해 어떤 생각을 깊게 하는 것 자체를 싫어한다. 익숙하고 편하게 떠올릴 수 있는 것들로 판단을 내리는 경향이 있다. 이러한 성향을 이용해 문자의 크기를 달리 해 주목성을 향상시키고, 문자 나열보다는 그림을 이용해 사용자의 흥미를 유도하면 어떨까? 왜 우리가 종량제 쓰레기봉투를 사용하여야 하는지 본질적이고 기본적인 이유를 눈에 잘 들어오게 하고, 이 봉투에는 어떤 쓰레기들이 들어가야 하는지 그림으로 표현해 쉽고 편하게 사용할 수 있게 하는 것이다. 그리고 계산대 앞에 잘 보이게 해서 계산을 하면서 한 번씩 다시 쓰레기 종량제 봉투를 생각할 수 있게 한다.(최혜정)

(10) 쓰레기 부피 줄이기: 우유팩처럼 부피가 큰 종이류를 버릴 때

적은 양을 버려도 휴지통이 금세 가득 차버리기 마련이다. 그럴 때엔 우유팩을 접는 선을 따라 접어줘야 하는데, 보통은 귀찮다는 이유로 또는 손에 묻는다는 이유로 하지 않게 된다. 그래서 사람들에게 우유 팩을 접어서 버리는 행동을 유도하기 위한 방법으로 우유팩의 대칭되는 부분에 남자와 여자의 모습을 그려 넣고 우유갑을 접었을 때 손을 잡는 것처럼 보이게 만드는 방법을 생각했다. 물론 하트 반쪽이나 사람의 얼굴 등 다양한 그림을 이용할 수도 있다. 이는 우유팩이 아니더라도 반쪽 대칭이 되는 종이류에는 모두 적용이 가능하다.(박예빈 · 김다희)

(11) 압축 물병: 다들 초등학생 시절 그림을 그릴 때 물감 물통을 사용한 경험이 있을 것이다. 물을 넣고, 붓에 흥건하게 묻은 물감을 다른 색깔로 교체해야 할 때 쓰던 그 물통이다. 그 물감 물통과 먹는 물통을 결합한 압축 물병을 만들자. 물감 물통같이 쉽게 구겨지는 재질과 위에서 누르기 쉽게 설계된 디자인은 사람들이 물통을 버릴 때 압축하게끔 행동을 유도한다. 물통 부피가 작아지므로 쓰레기 부피가 줄어드는 효과가 있다. 이면적으로 보면 재활용률이 높아지는 효과가 있다. 물건이 작아지면 휴대하기가 편리하다. 여성들의 작은 핸드백에도 들어갈 수 있다. 그러므로 사람들은 빈 물병을 버리기보단 압축해서 가방에 보관했다가 다시 사용할 것이다. 근본적인 쓰레기양을 감소시키는 이점이 있을 것으로 기대된다.(김다운)

(12) 해수욕장 샤워실 이용과 분리수거의 연계: 2015년 각 지자체가 해수욕장 쓰레기 처리 비용으로 쓴 예산을 조사해본 결과 경포대 해수욕장은 개장 기간 동안 약 2억 5,000만 원을 사용했고, 해운대 해

수욕장은 약 4억 9,800만 원에 달하는 예산을 썼다.[12] 피서객이 많이 찾는 만큼 쓰레기가 많이 나올 수밖에 없는 것이 당연한 일이긴 하지만, 무분별한 쓰레기 투기와 제대로 되지 않는 분리수거로 인력과 비용이 배로 드는 것은 분명 문제가 있다. 어떻게 하면 효율적으로 또, 피서객의 입장에서도 능동적이고 자발적으로 쓰레기 분리수거에 동참할 수 있을까? 해수욕장에서 한바탕 놀고 나면 옷 속과 머리카락은 모래와 소금기로 가득해진다. 샤워를 하기 위해 많은 사람이 해수욕장에 비치된 간이 샤워실을 찾는다. 대부분의 해수욕장은 이 샤워실 이용료로 1,000원 남짓의 금액을 지불하게 하는데, 이 샤워실 이용과 분리수거를 합해보는 것은 어떨까? 해수욕장 곳곳에 샤워실 이용 쿠폰 기계를 설치하는 것이다. 이 기계의 사용 방법은 일정량 이상(빈 페트병 5개와 같은)의 페트병을 투입구에 넣으면 자동으로 샤워실 이용 쿠폰이 발급되는 것이다. 쓰레기를 분리수거 한다는 양심적 행위와 그에 따른 '샤워실 이용 쿠폰'이라는 실질적인 혜택이 피서객들에게 메리트로 다가가지 않을까?(조인성 · 이하자)

(13) 영화관에서의 분리수거: 영화관의 쓰레기 분리수거통은 분리수거라는 말이 무색하게 팝콘과 다른 일반 쓰레기들이 한데 버려져 있는 것을 볼 수 있다. 영화관의 분리수거통은 대부분 쓰레기를 분리해 버리기에는 디자인이 한눈에 들어오지 않는다. 그러므로 영화를 본 후 빠르게 이동하는 관객들이 일일이 분리를 하기에 번거로울 것이다. 분리수거를 하지 않는 또 다른 이유는 몇몇 영화관에서는 직원들이 분리수거를 해주기 때문에 굳이 하는 사람이 많지 않다. 이것도 이것 나름대로 번거로운 일이 아닐 수 없다.[13] 그렇기 때문에 쓰레기통의

디자인을 바꿔야 한다고 생각했고, 그 아이디어가 바로 '입이 있는 팝콘 쓰레기통'이다. 이 쓰레기통은 기본적으로 캐릭터 모양을 하고 있다. 캐릭터의 입 부분이 남은 팝콘을 버리는 입구가 되는 것이다. 그리고 몸통 쪽에 팔을 달고 그 위에 팝콘 상자 모양의 통을 붙여 놓고 여기에 팝콘 상자를 넣도록 한다. 대부분의 사람들은 입을 보면 음식을 넣어야 한다고 느낄 것이다. 그러한 심리를 이용해, 남은 음식인 팝콘을 자연스레 캐릭터의 입에 넣도록 유도하는 것이다. 또한, 팝콘을 버리고 남은 상자는 옆의 팔에 달린 다른 통에 넣으면 된다.(이자현)

(14) 카페에서의 분리수거: 나는 카페 아르바이트를 1년째 하고 있다. 일을 하면서 많이 느끼는 점은, 꽤 많은 사람들이 음료를 버릴 때 남은 음료를 수거하는 부분이 따로 있는데도 음료가 들어 있는 채로 컵을 버린다는 점이다. 이는 위생상으로도 꽤 심각한 문제기 때문에, 카페 근무자들은 영업이 끝나면 내용물이 있는 컵을 따로 걸러내고 액체류를 제거한 뒤에 재활용 쓰레기로 내놓아야 한다. 이러한 경험을 토대로, 어떻게 하면 사람들이 음료와 컵을 잘 분리하여 버릴 수 있을까 생각해보았다. 나는 종종 손님의 입장에서 "음료를 버리는 칸의 입구를 입을 벌리고 있는 형상으로 만들어놓으면 어떨까?"라는 생각을 하곤 했다. 일반적으로 카페에 설치되어 있는 서비스 테이블(음료와 일반 쓰레기, 재활용 쓰레기를 버릴 수 있는 공간)은, 음료를 수거하는 부분이 좁게 설계된 경우가 많다. 넓게 만들었다가는 남은 음료가 서비스 테이블 여기저기로 튈 수 있기 때문이다. 이처럼 좁은 입구 옆에 캐릭터가 입을 벌리고 있는 모양을 해놓으면 버리는 사람의 흥미도 유발할 수 있는 방안이 될 것 같다. 가령 돼지 캐릭터를 음료 칸 옆에 붙

여 놓으면, 돼지에게 음료를 먹인다는 느낌을 받으면서 음료를 버리는 과정이 하나의 재미 요소로 변형되는 것이다. 또한, 똑같은 모양은 지루할 수도 있고 손님이 음료를 버리다가 더럽혀질 수도 있으니 쉽게 뺐다 끼웠다 할 수 있는 구조로 설계하면 더욱 좋을 것이다.(엄승현 · 김다혜)

음식물 쓰레기 줄이고 잘 버리게 하는 넛지

(1) 음식물 쓰레기 배출량의 지역별 비교: 나는 우리나라 음식물 쓰레기의 처리 방법인 거점 수거 방식의 음식물 쓰레기통, 개별 전용 용기, 종량제 봉투에 처리 방식이 이행되는 시, 군, 구 등의 평균 배출량을 임의로 지정하여 음식물 쓰레기 처리 방식에 이용되는 물품에 새겨 넣는 방식을 생각해보았다. 예를 들어 개별 전용 용기 방식이라면, '○○시 가정별 평균 배출량입니다' 라는 문구와 함께 용기의 겉면에 65퍼센트를 남기고 선을 긋는 것이다. 또한 용기를 반투명으로 제작해 음식물 쓰레기를 버릴 때 그 선을 넘기는지 확인할 수 있도록 하는 방식이다. 이는 한국인들의 비교 성향을 이용한 비교 넛지다.(양서윤)

　(2) 나를 가꾸는 '가꿈 식판' 디자인: '가꿈 식판'은 말 그대로 "본인의 몸에 필요한 영양소를 스스로 인지하고 섭취함으로써 자신을 가꿀 수 있다"는 취지의 식판 디자인 넛지다. '가꿈 식판'은 음식을 담을 때 자신에게 필요한 영양소를 고루 담아 남기지 않고 먹게 하여 음식물 쓰레기 배출량을 감소시키는 데 목표를 두고 있다. '가꿈 식판'에는 일반 식판에 글자만 들어가는 형태로 제작된다. 예를 들어 밥 담는 칸에

는 '포도당-집중력 강화'라는 글자가 들어가고 나물 담는 칸에는 '비타민-피부 미백', 주로 고기나 생선 반찬이 들어가는 자리에는 '단백질-근육 강화, 무기질-피로 회복' 그리고 '김치-비만 방지' 등의 메시지를 새기는 것이다. '가꿈 식판'은 학교 급식실뿐만 아니라 사내 식당이나 구내식당 등 집단 급식이 이행되는 곳이면 어디든지 사용될 수 있다. 또한 놓는 장소에 따라 유동적으로 디자인이 바뀔 수 있는데 놓는 장소가 청장년층이 이용하는 직장의 구내식당이라면 '비타민-노화 방지' 등으로 내용을 바꾸어 제작할 수 있다. 또한 음식 담는 부분의 색깔을 각각 달리하면 글자가 눈에 띌 수 있을 것이다. 이러한 '가꿈 식판'의 효과는 집단 급식의 특성상 원하지 않은 음식을 소비해야 하는 상황이 오더라도 영양소와 효능이 적힌 식판을 보고, 자신에게 필요한 영양소라는 사실을 인지한 후 한 번이라도 더 집어먹게 하는 데 있다. 자신이 수업 시간에 집중을 하지 못한다면 밥 한술 더 뜨게 될 것이고, 요즘 들어 피부가 칙칙하다고 느낀다면 푸른 채소 나물을 한 번 더 집어먹게 되는 효과를 노리는 것이다. 또한, 학교 급식실은 배식 형태로 음식이 제공되는 곳이 많지만 사내 식당은 뷔페형인 경우가 많다. 소비자는 음식을 담을 때 식판을 보고 자신에게 필요한 영양소를 고려해 음식의 양을 조절할 수 있을 것이며 혹시나 필요 이상으로 음식을 담게 되더라도 몸에 좋은 영양소임을 인지하여 한 번 더 돌아보고, 입으로 가져갈 수 있을 것이다. 나는 '가꿈 식판'을 통한 식습관 개선으로 음식물 쓰레기 배출량을 줄이고, 개개인의 더욱 건강한 식습관 만들기를 실현할 수 있을 것이라 기대한다.(양서윤)

(3) "자주 가져다 드시는 게 좋습니다": 한 호텔 뷔페 레스토랑은 눈

에 잘 띄게끔 다음과 같은 표지를 내걸었다. "자꾸 와서 가져가세요. 자꾸요. 여러 번 가져가시는 것이 한꺼번에 다 드시는 것보다 더 좋답니다Welcome back! Again! And again! Visit out buffet many times. That's better than taking a lot once." 이 표지가 효과를 발휘한 덕분에 레스토랑은 음식물 쓰레기를 20퍼센트 줄일 수 있었다.[14]

(4) 뷔페에 칼로리 표와 기초대사량 계산기 설치: 2016년 5월 7일 『TV조선』 뉴스에 따르면, 250여 석 규모의 한 뷔페 음식점에서만 하루에 100킬로그램, 한 달에 3톤 넘는 음식물 쓰레기가 나오는 것으로 나타났다. 대부분 손님들이 남긴 음식이었다. 음식물을 남기면 '벌금'을 내야 한다는 공지를 내 건 일부 뷔페 음식점도 있긴 하지만 실제로 돈을 받는 곳은 드물다고 한다. 자칫 손님과 싸움으로 번질 수도 있기 때문이다.[15] 뷔페 이용자들은 "낸 만큼 본전 뽑고 가겠다"라는 식의 마인드로, "돈 드는 게 아니니까"라는 생각으로 생각 없이 음식을 담아오고, 손도 대지 않은 채 버리곤 한다. 이러한 소비자의 심리에 "음식물 쓰레기가 많이 나와 환경이 오염되니 음식을 조금씩 먹을 만큼만 가져가시기 바랍니다" 같은 문구로 다가가는 것은 소비자의 개인 신상 문제에 호소하는 것보다 큰 성과를 이루지 못할 것이다. 소비자는 기본적으로 이기적이고, 지구의 건강보다 자신의 안위를 더 걱정하기 때문이다. 나는 뷔페에 기초대사량 계산기를 설치하고 뷔페에 즐비한 고칼로리 음식에 영양성분 표시, 즉 칼로리 표를 배치하는 넛지를 생각해보았다. 손님의 동선을 고려해 뷔페 음식을 모아 놓은 푸드 바에 가기 전, "내 몸에 맞는 하루 칼로리는? 자신의 기초대사량을 확인해보세요!"와 같은 문구와 기초 대사량 계산 방법(여자: 자신의 체중 ×

22/kg, 남자: 자신의 체중 × 24/kg)에 대한 설명, 그리고 계산기 한 대를 놓는 것이다. 기초대사량 계산을 위해서는 자신의 체중을 알아야 하기 때문에 한 켠에 체중계를 함께 놓는 것도 좋은 방법이다. 뷔페 이용객이 눈에 띄게 설치되어 있는 기초 대사량 계산에 참여하고 푸드바로 돌아와 접시에 음식을 담을 때, 음식 앞에 놓인 칼로리 표에 적힌 칼로리를 보고 조금 전에 계산한 자신의 기초대사량을 떠올린다면 필요 이상으로 음식을 담는 데에 순간적으로나마 고민을 하지 않을까? 음식을 남기면 벌금을 물어야 한다는 협박은 이제 소비자에게 통하지 않는다. 더러는 이러한 강경한 대응을 불쾌해 하기도 한다. '손님은 왕' 풍조 때문이다. 하지만 인간이 자신의 몸을 챙기는 본능에 기대어 소비자의 불필요한 음식 소비를 막을 수 있다면 좀더 효과적으로 뷔페 등의 대형 음식점에서 발생하는 음식물 쓰레기를 줄일 수 있을 거라고 생각한다.(양서윤)

(5) 뷔페엔 파란색이 좋다: 파란색은 다이어트에도 효과적인 것으로 알려졌으며, 식욕 감퇴 효과가 있다. 색채 생리학적인 관점에서 보면 파란색 계열은 식욕이 증가되는 붉은색 계열의 색과는 달리 심리적으로 쓴맛을 느끼게 해 식욕을 억제해준다는 연구 결과가 있다.[16] 뷔페를 운영하는 외식 사업자가 업소의 벽지와 더불어 접시, 그릇, 식탁보, 소품 등을 푸른색 계열로 꾸민다면 소비자의 식욕을 감소시켜 소식小食을 유도하면서 음식물 쓰레기도 줄일 수 있을 것이다.(이소민)

(6) "동식물도 비닐봉지를 먹지 못해요": 음식물 쓰레기 배출에서 가장 큰 문제가 되는 부분은 음식물 쓰레기를 담은 비닐봉지가 그대로 음식물에 섞인다는 것이다. 지난 4월 3일, 전주의 한 아파트 엘리

베이터에는 음식물 쓰레기를 버릴 때 비닐봉지를 분리해달라는 공고가 붙기도 했다. 음식물 쓰레기는 주로 동물 사료나 식물 비료로 이용된다. "동식물도 비닐봉지를 먹지 못해요" 등과 같은 간단한 표어로 음식물 쓰레기가 어떻게 사용되는가를 생각해볼 수도 있고, 비닐봉지뿐만 아니라 뼈나 껍질 같은 경우도 동물이 먹지 못하는 것임으로 음식물 쓰레기로 버릴 수 없다는 생각으로까지 발전할 수 있다. 그리고 가장 큰 문제인 비닐봉지를 같이 버리는 일도 줄어들 것이다. 또 직접적으로 "이곳은 비닐봉지를 버리는 곳이 아닙니다"로 표기할 수도 있다. 다른 방법으로는 음식물 쓰레기라는 관심 없는 분야에 동식물 사랑이라는 내용을 결합시켜 사람들의 관심이 옮겨 오게 하는 효과도 기대할 수 있다. 이러한 표어는 "손에 묻은 냄새는 동식물 사랑 냄새입니다" 등 다양하게 발전시킬 수 있다. 또한 위치는 눈에 잘 띄는 곳에 부착한다.(김준희 · 최유진)

(7) 깔끔하게 음식물 쓰레기 버리는 법: 음식물 쓰레기 수거함을 열기 전 바라보는 정 방향에 "깔끔하게 음식물 쓰레기 버리는 법"이 적힌 표지판을 달거나 세운다. 그 표지판에는 '봉투의 경우'와 '음식물 쓰레기통'의 경우로 나누어 구체적인 그림과 함께 설명한다. 가장 중요한 것은 '봉투의 경우'. 그 내용은 다음과 같다. ① 음식물 쓰레기봉투의 뒷부분을 잡아주세요. ② 봉투의 뒷부분을 잡고 음식물만 버려주세요. ③ 빈 봉투는 바로 밑 봉투함에 넣어주세요. ④ 그대로 수거함 뚜껑을 닫아 주면 끝! 항상 봉투를 분리해 음식물 쓰레기를 버려왔던 사람이라면 새삼스러울 만큼 당연한 방법이다. "사람들이 몰라서 그렇게 안 하겠냐"고 반문할 수도 있다. 그러나 내 의도는 방법을 모

르던 사람에게 알려주는 '설명'이 아닌, 이미 알고 있는 사람에게 다시 한 번 상기시켜(인지적 효율성) 행동과 인지를 일치시키도록 하는 '심리적 일관성'이다. 이 표지판을 읽으면서 가볍게 따라해 보도록 유도하는 것이다. "100만 원 이하의 과태료 부과……" 따위의 표지판을 세우는 것 대신에 다시 한 번 방법을 상기시켜주는 게 훨씬 나을 것이다.(김시원)

일회용 컵 줄이고 잘 버리게 하는 넛지

(1) 머그컵 사용하기 운동: 미국의 종합 엔터테인먼트 그룹인 NBC 유니버설은 2011년 사회 공헌 캠페인의 일환으로 "머그컵이 나무를 구한다Mugs save trees"라는 머그컵 사용하기 운동을 전개했다. 이런 운동은 세계 각지에서 다양한 방식으로 벌어지고 있는데, 캐나다 밴쿠버 에밀리 칼 디자인 대학교Emily Carr Institute of Art and Design는 공용 머그를 벽에 걸어 두는 '머그 월mug wall' 방식을 도입했다. 머그컵을 계속 들고 다니기 어려운 점을 포착해 공용으로 관리하면서 사용하자는 것이다.[17]

(2) 머그컵과 텀블러 주문 시 할인 혜택: 환경부 조사 결과 2013년 커피 전문점(환경부와 자발적 협약을 체결한 업체 기준)에서 사용한 1회용 종이컵은 무려 2억 8,642만 개다. 커피 전문점들은 카페 내에서 일회용품 사용을 줄이기 위해 다양한 프로모션을 진행 중이다. 예컨대, 할리스 매장에서 머그잔으로 아메리카노를 주문했을 경우, 리필 서비스를 받을 수 있으며, 개인 텀블러를 사용 시 300원이 할인된다. 폴바셋도 텀블러로 음료 구매 시 300원 할인 혜택을 제공하고 있다.[18]

(3) 일회용 컵 버릴 수 있는 '환경 지킴 가게' 지정: 2016년 10월 환경부는 서울시, 종로구 등과 함께 '자원이 순환되는 깨끗한 거리' 만들기 시범 사업의 일환으로 대학로 인근의 커피 전문점과 편의점 14곳을 일회용 컵 등의 쓰레기를 시민들이 들어가서 버릴 수 있는 '환경 지킴 가게'로 운영토록 했다. 시민들은 '환경 지킴 가게' 로고가 새겨진 커피 전문점과 편의점에 들어가 일회용 컵 등의 쓰레기를 버릴 수 있고 이들 상점은 지자체에서 제공하는 공공용 쓰레기봉투에 담아 버리면 된다.[19]

(4) 컵을 가져오는 사람에게 쿠폰 지급: 어떻게 하면 일회용 컵들이 마구 버려지는 상황을 막을 수 있을까? 우리는 단속과 처벌에 익숙한 법 문화에서 살고 있다. 그래서 가장 먼저 떠올리는 방법은 무단 투기를 단속하는 벌금과 과태료 부과일 것이다. 하지만 공익의 분야에서는 부정적인 프레임보다는 긍정적인 프레임이 더욱 효과적일 때가 있다. 못한 사람을 처벌하기보다는 잘한 사람을 칭찬해 목표를 이루는 것이 좋다는 뜻이다. 일회용 컵을 사용하고 무단으로 투기하는 사람들을 벌하기보다는 자신의 개인 컵을 이용하는 사람들을 칭찬하는 방법을 제시한다. 일회용 컵이 아닌 자신이 쓰던, 개인 컵을 가져오는 사람들에게 쿠폰을 지급해 가게에서 정한 수 이상으로 개인 컵을 쓰면 서비스로 음료나 디저트를 제공하는 방법은 어떨까.(최혜정)

(5) 아코디언 디스펜서: 강의실 밖의 쓰레기통에는 항상 카페 테이크 아웃 컵이 포화 상태다. 크기도 작은 편이 아니어서 꽤나 많은 부피를 차지하며, 간혹 어떤 학생들은 마시고 난 뒤 그 자리에 그대로 두고 가기도 한다. 또한 음료가 들어 있던 컵인지라 때로는 쓰레기통 주변

에 음료가 잔뜩 흘려져 있기도 한데, 이는 쓰레기통과 그 주변을 끈적끈적하게 만들뿐더러 비위생적으로 보이게 만든다. 그렇다면 테이크아웃 컵을 더 효율적으로 버릴 수 있는 방법에는 무엇이 있을까? 테이크아웃 컵이 많이 버려지는 강의실 앞에 테이크아웃 컵 전용 디스펜서가 설치된다면 어떨까? 종이컵 디스펜서에서 아이디어를 얻은 테이크아웃 컵 전용 디스펜서는 단순히 디스펜서가 아니라 아코디언 모양으로 되어있다. 컵을 넣는 입구와 바닥 쪽에 아코디언 그림을 그려 넣고, 그 가운데를 투명하게 해놓아 테이크아웃 컵을 넣을 때마다 아코디언이 쫙 펼쳐진 모양으로 보일 수 있도록 만든다. 컵이 점점 채워질수록 아코디언의 모양이 완성되는 것이다. 컵을 차곡차곡 넣는 형태기 때문에 많은 부피를 차지하지도 않아 자주 쓰레기통을 비워줘야 하는 수고도 들일 필요도 없다. 이런 재치 있는 디스펜서가 있다면 누구나 다 마신 컵을 넣고 싶어하지 않을까?(손유경·이수완)

(6) 영화관 분리수거를 위한 '강아지 쓰레기통': 서울시 중구에 위치한 국내 대표 영화관 3사인 CGV, 롯데시네마, 메가박스를 대상으로 분리 배출 현황과 안내 사인 현황을 분석하고 영화관 이용자 남녀 110명을 대상으로 영화관 내 쓰레기 분리 배출의 인식 조사 및 안내 사인 관련 조사를 실시했다. 그 결과 영화관 내 이용자를 통한 분리 배출이 용이하지 않았으며, 안내 사인 구축의 미흡과 방법 안내가 부족함이 그 이유로 도출되었다. 또한, 최대 문제점인 쓰레기 분류 항목으로는 음식물 쓰레기가 꼽혔으며 해결 방안 모색이 필요한 것으로 나타났다.[20] 우리는 이러한 문제점을 개선하기 위해 쓰레기통만 두는 것이 아니라 벽면에 귀여운 강아지 그림을 그리고 그 강아지 그림 앞에

팝콘 쓰레기통과 음료수 쓰레기통을 따로 배치하되, 팝콘 쓰레기통은 강아지 밥그릇 모양으로, 음료수 쓰레기통은 강아지 물그릇 모양으로 만드는 것을 제안한다. 강아지 그림은 벽면에 그리고 강아지 귀만 움직일 수 있게 입체적으로 만들어서 사람들이 팝콘과 음료수를 각각의 쓰레기통에 알맞게 버리면 강아지가 접고 있던 귀를 쫑긋하게 세울 수 있게 만드는 것이다. 쓰레기를 버리는 사람들이 강아지에게 밥과 물을 주는 것이라고 생각하게 하면서 팝콘과 음료수를 따로 분리해서 버릴 수 있게 하는 식이다. 팝콘과 음료수를 각각의 쓰레기통에 알맞게 버렸을 때 강아지가 보이는 반응에 재미를 느끼게 함으로써 음식물 쓰레기를 따로 버릴 수 있도록 유도하는 것이다.(김지윤·안하은)

담배꽁초 쓰레기를 줄이기 위한 넛지

(1) 꽃·나비 등 형형색색 벽화 작업으로 '담배 골목' 재탄생: 일명 '담배 골목'으로 불리는 인천시 남구 제물포역 북부역 골목은 청소년 우범지대였지만, 남부경찰서와 인근 중·고등학교 학생들의 노력으로 꽃과 나비 등 형형색색의 벽화가 그려진 깨끗한 장소로 재탄생했다. 인근 주민들은 "골목이 어두운 데다 담배 피우는 학생들로 인해 담배꽁초 등 쓰레기로 몸살을 앓았는데 최근 골목이 화사해져서인지 담배 피는 학생이 현저히 줄었다"며 반겼다.[21]

　(2) "웃는 얼굴에 꽁초를 버리시겠습니까?……네": 빗물받이는 도로 위로 내리는 빗물을 하수관로로 흘러가게 하는 소형 배수시설로 폭우가 쏟아질 때 침수 피해를 막는 역할을 한다. 담배꽁초 등 쓰레기

로 막힌 빗물받이는 제 기능을 못한 채 폭우 시 침수를 부추길 수 있다. 그래서 서울시는 2016년 4월 광운대학교 공공소통연구소와 중구 일대 20개 빗물받이를 대상으로 노란색 스마일 스티커 사업을 시행했다. 빗물받이 위에 노란색 캐릭터를 붙인 후 빗물받이가 활짝 웃는 입으로 보이게끔 꾸민 사업이다. '웃는 얼굴에 침 못 뱉는다'는 속담에 따라 빗물받이에 쓰레기를 버리지 않게 하려는 의도에서였다. 그러나 예측은 빗나갔다. 온갖 쓰레기 앞에 스티커는 무색했다. 시 관계자는 "효과가 좋으면 전 자치구 적용 등 확대도 검토했으나, 1년을 지켜본 결과 실효성이 없다고 판단했다"며 "현재는 (사업을) 진행할 계획이 없다"고 했다. 이어 "현재로는 청소 예산을 늘리는 것 외엔 속수무책"이라고 설명했다.[22] 이는 실패 사례긴 하지만, 포기할 게 아니라 좀더 나은 방안을 찾아내야 할 숙제로 삼는 게 좋겠다.

(3) 담배꽁초 청소 비용을 담배 회사에 물려라: '쓰레기 수거를 재미있게 하도록 하는 앱'인 리터라티Litterati를 만든 제프 커슈너Jeff Kirschner는 처음에 쓰레기 없는 깨끗한 세상을 만들어야겠다는 생각으로 인스타그램에 버려진 담배꽁초 사진을 계속 찍어 올렸다. 이후 마치 하나의 캠페인처럼 너도나도 쓰레기 사진을 찍어 올리기 시작했고, 어느 순간부터 인스타그램 속 하나의 해시태그는 쓰레기 사진을 데이터처럼 모아놓는 곳이 되어버렸다. 그 쓰레기를 수집한 장소는 어디인지, 언제 그 쓰레기를 주웠는지 표시함으로써 쓰레기에 대한 정보를 알 수 있었고, 점차 그 규모가 커지면서 영향력을 행사하기 시작했다. 대표적으로 담배에 대한 세금을 부과하기 위해 시 전체의 쓰레기 가운데 담배꽁초가 몇 퍼센트를 차지하는지 알고 싶어 했던 샌프란시스코

시 당국은 시민들이 나흘 동안 찍어 올린 5,000개의 사진을 증거 자료로 활용해 법정 변호는 물론 세금을 부과하는 데에 유용하게 사용했다.[23]

(4) 담배 연기로 괴로워하는 아이들 그림: 흡연 구역으로 정해지지 않았지만 애연가들이 즐겨 찾는 곳의 벽에 담배 연기로 괴로워하는 아이들을 그려넣고, 그것조차 신경 쓰지 않고 흡연을 하는 사람들을 대비해 불연성 용기를 하나 가져다 놓는 것이다. 물론 처음부터 재떨이처럼 보이도록 만들어서는 안 된다. 그렇게 된다면 흡연자들이 흡연 구역으로 착각하고 더 많이 흡연할 우려가 있다. 이렇게 실행한다면 일단 해당 장소의 흡연이 줄어들 것이다. 그리고 흡연을 한다고 해도 그 위치에 놓인 통을 보고 그간 재떨이나 쓰레기통에 넣어왔던 경험을 바탕으로 되도록 그 용기에 담배꽁초를 버리게 될 것이다.(유의건)

(5) 꽁초를 넣어둘 수 있는 담뱃갑: 처음부터 꽁초를 길가에 버려야겠다고 마음먹은 흡연자는 거의 없을 것이다. 다 피우고 나니 주변에 쓰레기통이 없어서 그냥 주변에 버리는 경우가 거의 대부분이다. 그중에 양심이 있는 사람들은 주머니에 넣을 생각도 잠시 하지만 이내 옷에 냄새가 밸 것을 걱정해 그냥 땅에 버리곤 한다. 이런 사람들을 위해 애초에 담뱃갑을 꽁초를 넣어 둘 수 있게 제조하면 길거리에 버려지는 꽁초가 일정 부분 줄어들 수 있다. 현재 20개비가 들어 있는 담뱃갑 내부를 20등분해 한 개비 한 개비 꽂을 수 있게 만드는 것이다. 그렇다면 한 개비를 피우고 그 자리에 꽁초를 다시 넣을 수 있다. 어차피 담뱃갑이니 냄새가 밸 걱정도 별로 없기 때문에, 양심은 있지만 옷에 냄새가 밸 것을 걱정하는 사람, 또는 쓰레기통이 없어 그냥 길가에 버

리는 사람들에게 양심을 지킬 수 있는 기회를 줄 수 있다.(김은중)

(6) 흡연 부스 개선: 소위 '길빵'이라고 불리는 행위가 있다. 흡연자가 길을 걸어 다니며 담배를 피우는 행위를 이르는 일종의 속어다. 흡연 부스 자체에도 문제가 있다. SNS를 통해 게시된 흡연 부스 바로 옆에서 '길빵'을 하는 사진의 댓글 중에서 그 문제를 찾아 볼 수 있다. 네티즌은 "저건 흡연 부스가 아니라 우리"라며 "국가가 판매하는 담배에 세금까지 덕지덕지 붙였다면 50미터 간격으로 부스를 설치하고 환기 시스템을 갖춰야 하지 않나"라고 비판했다.[24] '보행 중 흡연'을 줄일 수 있는 방법은 무엇일까? 무엇보다 중요한 것은 이 네티즌의 이야기처럼 흡연 부스를 설치하고 시설을 개선하는 것이 우선 되어야 할 것이다. 하지만 근본적인 문제는 흡연 부스가 '부스'가 아닌 '우리'로 느껴진다는 것이다. 과연 어떤 사람이 '우리'로 느껴지는 곳에 스스로 들어가고 싶겠는가? 그렇다면 흡연 부스를 조금 긍정적인 이미지로 바꿔보는 것은 어떨까? '우리'가 아닌 소소한 재미가 있는 공간으로 디자인하는 것이다. 흡연을 하는 것이 건강에 나쁜 것이라고는 하지만, 국가에서 세금까지 받아가며 파는 제품이기 때문에 자신이 낸 세금만큼 일명 '흡연권'이 보장되어야 하는 것이 상식이다. 하지만 공익 광고에서도, 담뱃갑에도 끔찍한 그림들과 상황들만 연출되고 있다. 흡연자들이 자신이 산 담배를 '제대로' 필 수 있게끔 해주는 것이 흡연자들이 내는 세금이 쓰일 가장 중요한 부분일 것이다.(손준영 · 류창선)

Nudge

*

제 5 장

자원 절약·환경보호 넛지

***

Nudge

물 낭비를 줄이기 위한 넛지

(1) 샤워용 물시계 설치: 2007년 호주에 큰 가뭄이 왔을 때, 호주 당국은 물 사용 절약을 위해서 샤워는 3분 안에 마치자고 각 가정마다 3분짜리 모래시계를 부착케 했다. 이로 인해 호주 국민들은 샤워 시간을 3분으로 인식하게 되었고, 많은 호주 국민들이 아직까지도 3분 샤워를 잘 지키고 있다. 하지만 이 모래시계는 2퍼센트 부족하다는 생각이 들었다. 몇몇 사람은 3분이라는 시간을 무시할 수 있기 때문이다. 그래서 모래시계에 모래 대신에 물을 넣고 모래시계 유리 사이 배경에는 아이 그림을 그려넣어 3분이 다 차거나 지나면 물이 아이의 코

를 넘게 해 사람들에게 그 전에 샤워를 마칠 수 있게 하는 것이다. 일반 모래시계보단 이 물시계를 통해 사람들의 동정심이나 '내가 너는 살린다'라는 정의감을 유발해 샤워 시간을 더 효과적으로 단축시킬 수 있을 것이다.(이연미 · 홍영표)

(2) 샤워실에 실시간 수도 계량기 설치: 미국 수자원효율성연합에 따르면 샤워를 할 때 쓰는 물의 양은 평균 65리터다. 샤워 시간을 5분으로 줄이면 개인당 절약할 수 있는 연간 물의 양은 7,570리터나 된다. 하루에 20리터의 물을 절약하는 셈이다. 이처럼, 샤워를 짧게 하면 물이 절약된다는 사실은 너무나도 당연하고 타당하다. 그럼에도 불구하고 아직 우리의 인식 속에는 '빨리 씻는 것은 대충 씻는 것이다'라는 생각이 박혀 있어, 용무를 다 마치고도 일부러 물을 낭비하곤 한다. 가끔씩 샤워를 빨리 끝내고 나오면 "거품을 묻히긴 한 거냐?" 라는 핀잔을 피하기 어려웠다. 청결을 유지하는 것도 중요하지만, 오래 씻으면서 물을 많이 쓰는 것이 청결의 비법은 아니다. 그렇다면, 어떤 방법으로 물을 절약할 수 있을까? 가장 원초적이면서도 효과적인 방법은 물이 얼마나 소모되고 있는지를 육안으로 보여주는 실시간 수도 계량기를 설치하는 것이라고 생각한다. 상대적으로 상승값이 낮은 '물의 단가'보다는 '실제 사용된 물의 양'을 리터 단위로 지속적으로 확인할 수 있다면, 최소한 부주의하게 물을 낭비하는 행위는 막을 수 있다고 생각한다. 원리는 간단하다. 화장실 전등에 불이 들어오는 순간, 계량기의 전원이 켜지며 '0'으로 설정된다. 수도 계량기와 시스템을 연동하여 소모되고 있는 물의 양을 시각화하여 제공하는 것이다.(엄승현 · 김다혜)

(3) 물을 쓰는 모든 곳에 계량 리터기 설치: 도시가스 보일러에는 도시가스 사용량을 알려주는 계량기가 있다. 가스레인지를 틀면 숫자가 점점 올라가는 게 보여서 마구 쓸 수가 없다. 이처럼 물도 사용량을 시시각각 파악할 수 있다면, 내가 소비하고 있는 물의 양을 리터기를 통해서 알 수 있다면, 체감할 수 있으므로 물의 소비 또한 줄어들 것으로 기대한다. 예를 들어 수도꼭지 뒤에 있는 거울이나 세면대 옆에 리터기를 다는 것이다. 리터기 옆에는 물의 양을 파악할 수 있도록 1.5리터 생수병과 정수기 생수통을 그려 넣는다. 이렇게 가시적으로 확인할 수 있게 한다면 확연히 비교가 되기 때문에 절로 물을 절약할 수 있게 되지 않을까?(곽정현)

(4) 아쿠아닉스 섬유를 이용한 스티커: 우리는 세면대에 있는 팝업 pop-up(물막이 장치)을 이용해 물을 받아서 사용할 수 있다는 것을 알지만, 실제로 받아서 사용하는 사람들은 별로 없다. 때문에 나는 아쿠아닉스 섬유를 이용한 스티커를 만들어서 세면대의 팝업에 부착하자고 제안한다. 아쿠아닉스 섬유는 물에 닿으면 무늬가 나타나는 특수 섬유인데, 물이 마르면 무늬가 보이지 않는다. 우비나 수영복 등의 재질에 쓰이는 섬유기에, 세면대에 부착해도 무난할 거라고 생각한다. 물에 닿으면 나타나는 무늬를 '눌러주세요push' 같은 글씨로 해서, 사람들이 물을 틀었을 때, 글씨가 나타나는 것을 보고 호기심에 누른 다음 물을 받아 사용할 수 있도록 유도하는 방식이다.(이연미 · 홍영표)

(5) 수도꼭지 옆에 조그마한 알림 표시등 설치: 물 절약의 방법으로 수도꼭지 옆에 손톱만한 알림 표시등을 달아두면 어떨까. 수도 사용자들은 때론 의식하지 못하거나 귀찮아서 양치를 하거나 샤워를 할 때

물을 계속해서 틀어놓는다. 짧은 시간이라고 생각할 수 있지만 대다수의 국민이 그렇게 물을 낭비할 경우에 낭비되는 물의 양은 어마어마하다. 수도꼭지 옆에 조그마한 알림 표시등을 달아 물을 틀어둔 지 1분 이상이 지나면 빨갛게 변하도록 하면 어떨까. 물론 이용자가 조바심이 나도록 경고음이 울린다던지 하는 방법이 아닌 단순하게 초록색이었던 등이 빨갛게 변하도록 하는 방식이다. 수도 이용자들이 무심결에 빨갛게 변한 알림 표시를 보고 나도 모르게 물을 계속 틀어놓았다는 것을 자각하게 해줄 수 있지 않을까?(엄하진)

(6) 수도꼭지 작동 방식의 개선: 보통 사람들은 화장실에 가서 세면대에서 물을 틀을 때 최대한 꼭지를 젖히기 마련이다. 그렇게 하면 당연히 물은 최대한 많이 나온다. 대개는 이렇게 물이 나오는 상태로 손을 씻고 양치를 한다. 필요한 양보다 많은 물을 소비하게 되는 것이다. 물론 사람들이 물을 낭비하고 싶어서 이렇게 사용하는 것은 아닐 것이다. 그저 습관적으로 수도꼭지를 완전히 젖히고 사용하다보니 발생하는 현상일 뿐이다. 그래서 수도꼭지의 구조에 변화를 주자는 제안을 하고 싶다. 내가 제안하는 수도꼭지는 중간으로 열었을 때 물이 최대한 많이 나오게 하고 완전히 열었을 때는 물이 그보다는 조금 적게 나오는 구조다. 수도를 이용할 때 사람들은 주로 끝까지 열어서 사용하는 경향이 많기 때문에 이런 수도꼭지를 활용한다면 적정량의 물을 사용하도록 할 수 있을 것이다.(김연민)

(7) 수도꼭지에 록 기능 설치: 사람들은 평소에 자신에게 익숙한 것을 선호하는 경향이 있다. 우리는 화장실에서 수도를 사용할 때 손으로 가볍게 수도꼭지를 들어 올린다. 물을 틀기 위해 복잡한 메커니즘

을 거칠 필요는 없다. 단순히 손으로 수도꼭지를 위로 들어 올리기만 하면 된다. 이 일련의 과정이 쉽고 단순하기 때문에 자신에게 필요한 물의 양보다 더 많은 양의 물을 사용하게 되고 이에 어떤 의문도 품지 못한다. 늘 그렇게 손을 들어 물을 틀어왔기 때문이다. 그래서 수도꼭지에 록lock 기능을 거는 것을 제안해본다. 물을 틀지 않은 상태에서 다시 한 번 일련의 과정을 반복한다면 딱 중간 위치에서 수도꼭지는 록이 걸린다. 힘을 얼마큼 주느냐는 중요하지 않고 중간 위치에서 멈추고 중간 양의 물이 나온다. 보통 우리가 손을 씻을 때는 많은 양의 물을 필요로 하지 않고 오히려 거센 수압에 물이 사방으로 튀어 지저분해지는 경우도 많다. 수도꼭지를 꼭 가장 위까지 올릴 필요는 없다는 것이다. 가끔 물을 많이 사용해야 할 때에는 록이 걸린 지점에서 다시 한 번 수도꼭지를 위로 올리면 된다. 아주 간단하다. 지금까지의 행동을 계속하면 된다. 수도꼭지에 록 기능 하나만 추가하면 되기 때문이다.(권다은)

에너지 낭비를 줄이기 위한 넛지

(1) 각 가정의 에너지 사용량 비교: 호주의 뉴사우스웨일스주는 에너지를 절약하자는 상투적 구호 대신 각 가정의 에너지 사용량을 이웃집이나 마을 전체의 사용량과 비교해서 보여주는 그래프로 그려 각 가정에 보내 효과를 거두었다. 이 방식은 세계 곳곳에서 사용되었는데, 일부 지역에선 평균 이하를 소비하던 가구들이 소비량을 크게 늘리는 이른바 '부메랑 효과boomerang effect'가 나타났다. 하지만 평균 이상

을 소비한 가정에는 찡그린 표정의 이모티콘을, 평균 이하를 소비한 가정에게는 행복한 표정의 이모티콘을 보내자 부메랑 효과가 완전히 사라졌다.[1]

(2) 에너지 사용량을 눈에 보이게 만들어라: 전기회사인 서던 캘리포니아 에디슨은 에너지 절약을 장려하기 위해 고객이 에너지를 많이 사용하면 붉은 빛이 들어오고 적절할 때는 녹색 빛이 들어오는 작은 구체인 '앰비언트 오브Ambient Orb'를 고객들에게 지급했다. 이걸 사용한 사람들은 몇 주 만에 에너지 사용량을 최대 40퍼센트까지 줄인 것으로 나타났다. 이에 대해 리처드 탈러와 캐스 선스타인은 이렇게 말한다. "근본적인 문제는 에너지가 눈에 보이지 않기 때문에 사람들이 에너지를 많이 사용할 때에도 그것을 인식하지 못한다는 것이다. 앰비언트 오브의 천재성은 에너지 사용량을 가시적으로 만들어준다는 데 있다."[2]

(3) 연료 절약을 눈으로 보여주는 '에코 페달': 일본 자동차회사 닛산이 개발한 '에코ECO 페달' 시스템은 가속 페달에 일정 수준 이상의 압력이 가해지면 이를 감지하여 좀더 약하게 밟을 경우 연료를 절약할 수 있음을 보여준다. 사내 테스트 결과, 이 페달은 연비를 5~10퍼센트까지 높여줄 수 있는 것으로 입증되었다. 물론 운전자에게는 에코 페달에서 발을 떼는 옵션이 주어지며, 외면해야 할 때에는 당연히 페달을 세게 밟을 수도 있다.[3]

(4) '다락방 단열 보조금'을 '다락방 청소 보조금'으로: 영국에서 에너지 절약 정책의 걸림돌 중 하나는 단열 시공이 되지 않은 다락방인데, 주민들은 정부가 단열 보조금을 준다고 해도 다락방에 쌓인 잡동

사니를 청소하는 게 귀찮아 단열 공사를 미뤘다. 그래서 정부는 '다락방 단열 보조금'을 '다락방 청소 보조금'으로 바꿔 단열 공사를 하면 시공업체가 청소 서비스까지 제공하도록 했다. 주민이 부담해야 하는 비용은 조금 더 들었지만, 단열 공사 시공률은 무려 3배로 늘어났다.[4]

(5) 전기 절약 구호를 스위치 바로 옆에: 덴마크의 한 대학은 전기 절약 구호를 스위치 바로 옆에 붙이는 간단한 방식으로 에너지 소비를 25퍼센트가량 줄였다.[5]

(6) 냉난방 기구에 빙하 위의 펭귄 홀로그램 설치: 각종 냉난방 기구에 빙하 위의 펭귄 홀로그램을 설치하자. 냉난방 기구를 작동하는 시간이 길어질수록 빙하가 녹고 펭귄이 한두 마리씩 사라지는 것을 드러내는 것이다. 백번 듣는 것보다 직접 보는 것이 확실한 효과를 준다. 한두 마리씩 사라지는 펭귄을 보게 되면 자신의 행동으로 파괴되는 생태계를 보며 죄책감을 가지게 될 것이다.(권남형 · 이호선)

(7) 냉난방 절약 위한 '북극곰 스티커': 2000년부터 2007년까지 대학이 소비한 에너지양은 7년 만에 무려 84.9퍼센트나 상승했다. 같은 기간 우리나라 총 에너지 소비량이 22.5퍼센트 증가한 것에 비해 월등히 높은 증가율이라 할 수 있다.[6] 나는 대학의 에너지 사용량 증가에 큰 영향을 미친 것들 중 하나는 냉 · 난방 기기의 무분별한 사용이라고 경험을 통해 느꼈다. 이 같은 문제를 해결하기 위해서는 먼저 강의실이 냉난방 중인데도 학생들이 강의실에 들어오고 나가며 문을 닫지 않는 현상을 해결해야 한다고 생각했다. 강의실 문 한 쪽에 좁은 빙하 조각 위에 위태롭게 서 있는 북극곰을 그려놓고, 반대쪽 문에는 넓은 빙하를 그려놓는 방법이다. 문이 열려 있으면 좁은 공간에서 힘들

어 하는 북극곰이 되지만, 문을 닫으면 넓은 빙하에서 살고 있는 북극
곰이 될 수 있는 것이다. 그렇게 함으로써 학생들로 하여금 강의실에
서 낭비되는 에너지가 북극곰의 집을 잃게 할 수도 있다는 것을 인지
하게 해주는 것이다.(김지윤 · 안하은)

(8) 북극곰 어미 곰과 새끼 곰 디자인: "냉난방 중, 문을 닫아주세
요"라는 흔한 문구는 큰 효과를 발휘하지 못하고 있다. 문에 새로운
디자인을 추가해보자. 문에 얼음덩어리 위의 북극곰 어미 곰과 새끼
곰을 그려 놓는다. 문이 열리면 어미곰과 새끼 곰은 멀어지게 되고 문
이 닫히면 두 곰은 다시 만나게 된다. 지구온난화로 얼음덩어리가 녹
아 설 자리를 잃게 되는 북극곰들을 통해 감성을 자극하자는 것이
다.(곽상아 · 오상원)

(9) 전등 스위치를 눈에 잘 띄게 하는 법: 스터디를 하느라 늦게 집
에 간 적이 있는데, 복도를 지나면서 놀랐다. 그 층에 있는 대부분 강
의실에 불이 켜져 있었기 때문이다. 모두 열심히 하는구나 싶었다. 사
람이 어느 정도 있는지 궁금해졌다. 이게 웬걸? 강의실에는 아무도 없
었다. 아무도 없는 강의실에 불이 켜져 있었던 것이었다. 이런 식으로
에너지가 낭비되는구나 싶었다. 사람들이 왜 텅 빈 강의실에 불을 켜
둔 채 나갈까 궁금했다. 그냥 귀찮거나, 자신이 있는 곳에서 스위치까
지 거리가 멀거나, 어차피 나중에 누군가는 끌 테니깐 그냥 나간다거
나 등의 이유가 있을 것이다. 스위치가 문 바로 옆에 있는 데도 말이
다. 문과 가까이 있는 데도 그냥 지나치는 이유를 생각해봤다. 눈에는
질 띄지 않는다. 흰 스위치는 명암이 확실히 대조되지 않는 벽에서는
잘 보이지 않는다. 따라서 나는 형광색으로 칠하든지 커다란 그림을

그려넣든지 해서 스위치가 눈에 잘 띄게 한다면 사람이 없는 강의실에서 불을 켜 둔 채 나가는 사람의 수는 줄어들 것으로 생각한다.(곽정현)

(10) 단과대학별 전기 사용량 고지서: 단과대학별로 비교한 전기 사용량 고지서를 강의실 앞문과 뒷문, 학생들이 많이 방문하는 게시판이나 화장실 등에 붙이면 넛지의 효과가 나타날 것이라 생각한다. 단과대학별로 인원이 다르므로 사용한 전기량을 퍼센트로 환산하여 비교한 뒤, 사용량이 낮은 순서로 랭킹을 매긴다. 전기 사용량으로 비교하는 건 공정하지 않은 경우가 있을 수도 있다. 예를 들면 기계 장비를 많이 사용하는 단과대학은 고정적인 전기세가 많이 나올 가능성이 크기 때문이다. 이걸 고려해서 비교하는 게 필요하겠다. 그런 공정성이 확보된 랭킹은 큼지막하게 써놓는다. 순위가 뒤일수록 뭔가 부끄러워질 것이다. 왠지 모르게 나의 과거를 반성하게 된다. 자연스럽게 전기를 아껴서 써야겠다는 생각이 들지 않을까? 정기적으로 게시한다면, 올라간 랭킹에 기뻐하는 자신을 발견할지도 모른다.(김다운)

(11) 전등 스위치 조명 구역별 스티커 부착: 집, 학교, 사무실 등 실내에서 일정 구역의 불을 켜고 끄기 위해 모든 전등 스위치를 눌러본 경험은 누구에게나 있을 것이다. 이런 수고를 덜기 위해서 박근혜 전 대통령은 어디를 가든 '점등', '소등' 글자를 출력해 전등 스위치에 붙여놨다고 하니 그 불편함은 비단 우리 같은 범인에게만 해당하는 건 아닌 듯하다.[7] 이 불편을 해소하기 위해 '전등 스위치 조명 구역별 스티커 부착'을 고안했다. 실내 조명 구역을 도면화해 각 구역별로 표시를 하고 해당 구역의 전등 스위치에 부착해둔다면 필요한 전등만 켜

고 끔으로써 전기세를 절감하고 에너지 절약에도 기여할 수 있을 것이다.(배동현·이주연)

(12) 코가 막힌 콘센트: '전기를 아끼려면 쓰지 않는 콘센트에서 플러그를 뽑아야 한다.' 이 문장은 '전기를 아낄 수 있는 방법은?'이라는 질문을 하면 무조건 나오는 공식 같은 답변이다. 무조건 뽑아야지 이런 마음이 아니라 재밌기도 하면서 플러그 뽑는 것을 잊지 않게 하기 위해서 이 아이템을 선택하게 되었다. 전기를 쓰지 않는 플러그를 뽑기 위해 플러그에 그림과 문구를 새긴다. 플러그의 동그란 부분에 귀여운 캐릭터나 동물, 사람 등을 그리고 "코가 너무 막혀요 누가 코 좀 파주세요!"라는 멘트를 넣는 것이다. 사람들은 이 플러그를 보고 피식 웃으면서 안 쓰는 플러그를 빼게 될 것이다. 이 방법은 쉽게 잊히지 않아 다른 전기 기구를 사용할 때도 전기 절약이 생각나서 연쇄적인 절약 작용을 할 것이다. 이 아이디어는 밋밋한 플러그에 위트를 더해 주면 좋을 것 같다는 생각에서 착안했다.(이서희·윤주혜·정은영)

(13) 멀티탭 버튼을 오락실 게임기 버튼으로 교체: 사람들이 전기 플러그 뽑기를 습관화하지 않는 이유를 살펴볼 때, 플러그를 뺄 때마다 어느 정도의 힘이 드는 불편함을 가장 먼저 떠올릴 수 있었다. 그 모양을 불문하고, 세게 당겨야만 하는 플러그는 매번 꼽고 빼기가 번거로워서 그냥 끼워둔 채 방치하기 쉽다. 더불어 자주 플러그를 잡아당기면 플러그가 꺾이거나 콘센트가 들려 고장 나는 경우도 발생한다. 이런 문제를 해결하기 위해 사람들이 전기를 아낀다는 책임감이나 의무감 없이도 손쉽게 사용할 수 있는 멀티탭을 도입하면 좋을 거 같다. 기존의 멀티탭 버튼은 사용할 때마다 달칵하는 소음과 함께 일성

한 힘을 가해야 한다는 점에서 재미 요소를 찾을 수는 없기에 버튼 모양의 변화를 제안한다. 보기만 해도 누르고 싶은 충동을 자극하는 모양의 오락실 게임기 버튼을 멀티탭 버튼에 사용한다면 누구라도 전기를 사용하지 않을 때 누르고 싶은 충동이 들 것 같다. 매일 오락실 게임을 하듯 버튼을 쉽게 누르면서 사용하지 않는 전자 제품의 대기 전력을 자연스럽게 줄일 수 있다. 또 요즘 최신 스마트폰은 일체형 배터리 형이 흔한데, 보통 하루에 한두 번 이상의 충전이 필요하다. 잦은 충전에 대한 번거로움 때문에 콘센트에 충전기를 방치해두는 경우가 흔하다. 하지만 이렇게 흥미를 자극하는 전원 버튼을 활용한다면, 대기 전력을 줄이는 좋은 습관을 갖게 될 것이다.(유명선)

종이 낭비를 줄이기 위한 넛지

(1) "종이를 쓸수록 숲이 줄어든다": 국제야생동물기금은 화장지 통에 아프리카 대륙 모양의 구멍을 뚫은 후 초록색 휴지를 채웠다. 사람들이 휴지를 쓸수록 초록색 휴지의 양이 줄어 마치 아마존의 초록 숲이 줄어드는 것 같은 시각 효과를 준다.[8]

  (2) 화장지 케이스에 북극곰 그림 넣기: 화장지 케이스에 북극곰 그림을 넣는다. 이때 북극곰 그림은 투명으로 해, 북극곰 모양으로 케이스 안이 보이도록 디자인한다. 그렇다면 북극곰 모양을 따라 휴지가 보이게 된다. 화장지는 대부분 하얀색이므로, 휴지가 가득 차 있을 때에는 북극곰이 흰색으로 보인다. 하지만 화장지를 쓰면 쓸수록 화장지는 줄어들게 되고, 자연스럽게 북극곰의 몸에서 흰색은 사라질 것

이다. 여기에 문구를 하나 집어넣어도 좋다. "북극곰을 지켜주세요!" 휴지를 낭비하는 사람은 자연스럽게 자신의 낭비 습관을 자책하게 될 것이다.(손준영·류창선)

(3) 나무 그림이 그려져 있는 화장지: 보통의 휴지들은 흰 바탕에 희미하게 무늬가 있는 정도의 모양이다. 이 휴지에 나무 그림을 넣는다면 사람들이 관심을 가질 것 같다는 생각이 들었다. 뽑는 휴지의 경우 뽑아서 쓸 때마다 나무가 잘려 없어지는 그림을 그려 넣거나 나무가 사라져 우리 후손들이 힘들어 하는 그림을 휴지에 넣는 것이다. 사람들은 '이게 뭐지?' 하면서 그림을 살펴볼 것이고 막 뽑아 쓰다가도 나무를 베는 느낌이 있어 휴지를 아껴 써야겠다는 생각을 하게 될 것이다. 이렇게 조금씩 아껴 쓰는 휴지들이 결국엔 많은 나무들을 살릴 것이다.(이서희·윤주혜·정은영)

(4) 피자 박스를 그린 박스로: 뉴욕에 있는 에코벤션의 윌리엄 월시 William Walsh가 개발한 그린 박스green box는 포장 기능 외에 피자를 먹을 때 필요한 접시 네 개, 먹다 남은 피자를 보관할 수 있는 절반 크기의 보관 박스로 분리되어 쓰임새가 다양하다.[9]

(5) 종이 영수증 대신 전자 영수증 발급 서비스: 한국인터넷진흥원 KISA 조사에 따르면 종이 영수증 발급을 위해 연간 3만 3,000그루의 원목이 소모되며, 영수증의 생산과 폐기 과정에서 소요되는 온실가스 배출량도 5만 5,000톤에 달한다. 이에 스타벅스는 2016년 말부터 종이 영수증 대신 전자 영수증 발급 서비스를 시행하고 있다. 스타벅스는 선사 영수증 시비스로 영수증 용지 약 1만 7,000롤을 절약할 수 있었다고 밝혔다. 이는 약 1,200킬로미터에 달하는 길이로 서울에서

부산까지 거리의 3배에 해당된다.[10]

(6) 휴대폰 앱에서의 '디폴트 옵션' 변경: 2017년 1월부터 시작된 환경부의 '종이 영수증 없애기' 캠페인은 휴대폰 앱을 다운받아 종이 영수증 '미출력'을 선택한 고객에게 종이 영수증이 아닌 앱으로 전송되는 모바일 영수증을 자동으로 발행하는 방법으로 추진되고 있다. 이러한 부분에서 디폴트 옵션을 다르게 설정하는 방식을 제안하고자 한다. 현재 캠페인에서 사용하는 앱은 한계가 있다. 사람들은 하루에 "영수증 버려주세요"라는 말을 수없이 하면서도 모바일 영수증 앱을 설치하지는 않는다. 물론 앱의 존재를 몰라서 그렇기도 하겠지만 사람들의 타성을 감안한다면, 앱을 설치하여 모바일 영수증을 신청하게 하는 방식은 그다지 효과적이지 않다. 그래서 디폴트 옵션의 새로운 설정이 필요하다고 생각한다. 현재 앱의 기본 값은 '종이 영수증 출력'으로 설정되어 있다. 이 기본 값을 '종이 영수증 미출력', 혹은 '모바일 영수증 출력'으로 설정하고, 종이 영수증을 원하는 사람들이 '종이 영수증 출력'이라는 옵션을 선택하게 만든다. 또한 앱을 사용하지 않아도 기본적으로 전자 영수증을 받아볼 수 있게 해야 한다. 개인 정보로 등록한 휴대폰이나 메일로 전자 영수증을 전송받고 전자 기기 사용이 여의치 않은 사람들은 그 자리에서 종이 영수증 출력을 요구하면 된다.(김준희 · 최유진)

화장실 화장지 낭비를 줄이기 위한 넛지

(1) 화장지를 바깥쪽으로 걸기: 화장실 휴지는 끝이 '바깥쪽'으로 오

도록 거는 것이 좋다. 실험 결과 휴지 끝이 바깥쪽에 있을 경우 휴지 끝을 안쪽으로 건 것보다 한 번에 휴지를 6칸씩 절약할 수 있었다. 실제로 2010년 환경부에서 주관한 넛지 공모전에서는 '화장실 두루마리 화장지 삽입 방향 개선'이 우수 아이디어로 선정된 바 있다. 환경부에 따르면 휴지 끝이 안쪽으로 되어 있으면 확인할 수 없는 부분이 생겨서(얼마나 뜯는지 시야에 들어오지 않아) 그만큼 휴지 사용량이 증가한다고 한다. 또 휴지 끝이 바깥쪽으로 오게 두루마리 휴지를 거는 것은 실용적인 이유도 있다. 습기가 잘 없어지지 않는 화장실의 경우 휴지를 안쪽으로 걸게 되면 벽의 습기가 휴지를 눅눅하게 만들어 사용자에게 불쾌감을 준다. 따라서 휴지가 벽에 닿지 않도록 휴지 끝을 바깥쪽으로 오게 거는 것이 좋다.[11]

(2) 회전 손잡이로 화장지 풀기: 공공장소의 화장실에는 언제나 휴지가 있는 것이 일반적인 상식이다. 급한 순간 화장실에 갔는데 막상 화장지가 없어서 볼일을 보지 못하는 경우가 발생한다면 누구에게나 끔찍할 테니까 말이다. 때문에 공공기관의 경우 이런 불상사를 막기 위해 대부분 대용량의 점보 화장지를 이용한다. 저렴한 가격으로 많은 곳에서 쓰이고 있지만, 그만큼 사람들이 무분별하게 낭비하는 경우가 많다. 대용량 화장지의 얇고 잘 당겨지는 특징상 우리는 한 번 사용할 때 1회 사용량보다 많은 양의 휴지를 사용하게 된다. 비록 우리 세금으로 제공되는 물품이지만 너무 대수롭지 않게 낭비하고 있는 것이다. 화장지를 사용할 때 낭비를 하게 되는 가장 큰 이유 중 하나가 앞서 잠시 인급했던 잘 당겨지는 특성 때문이다. 그렇다면 당연하게도 화장지가 잘 당겨지지 않으면 낭비에 대한 일차적인 대비가 된다. 바

로 휴지의 끝을 당겨 화장지를 푸는 것이 아니라, 화장지 심지 쪽 가운데에 돌리는 회전 손잡이를 두는 것이다. 휴지 끝을 당기는 것보다 손잡이를 돌리는 쪽이 훨씬 불편하다. 또한 손잡이를 돌릴 때마다 딸깍딸깍 소리가 나도록 한다면, 자신이 휴지를 어느 정도 뽑아 쓰고 있다는 것을 자각하게 되므로 자신이 필요한 양만 뽑게 될 것이다.(손준영·류창선)

(3) "너만 쓰지 말고 나도 쓰자!": 나는 전북대학교 인문대학 학부생으로서, 당연히 인문대학 안에 있는 화장실을 주로 이용한다. 다른 단과대학의 사정은 어떠한지 잘 모르겠으나, 인문대학 화장실에는 공용 화장지가 구비되어 있다. 그런데 화장지를 아무리 구비해놓아도, 금방 떨어지는 일이 부지기수다. 각자가 개인용 화장지를 챙겨 다닌다면 큰 문제가 되지 않겠지만, 나를 포함한 대부분의 사람들은 따로 화장지를 가지고 다니지 않는 경우가 많기 때문에 자주 불편함을 겪는다. 그래서 '단 1명의 사람이라도 더 화장지를 쓸 수 있게 만들자'라는 입장과 좀더 나아가 화장지를 아껴 씀으로써 환경보호에 조금이라도 일조하게 된다면 좋을 것 같다는 생각으로 해결 방안을 생각해보았다. 첫 번째 방안은 화장지 케이스를 투명한 케이스로 바꾸는 것이다. 일반적인 화장지 케이스는 화장지가 얼마만큼 남았는지를 작은 칸으로만 확인할 수 있다. 이를 한눈에 알아볼 수 있게 투명 케이스로 교체하는 것이다. 화장지가 얼마나 남았는지 더 노골적으로, 직접적으로 확인할 수 있다면 무조건적인 낭비를 하지는 않을 것이다. 두 번째 방안은 심리적 작용을 이용한 방법이다. 눈 모양 사진을 붙여 놓으면 일종의 '감시 카메라'와 비슷한 기능을 한다는 실험 결과를 본 적이 있다. 이를 화

장지 케이스에도 차용하여 케이스에 눈 모양의 사진을 부착하는 것이다. 더불어 그 사진 밑에 "너만 쓰지 말고 나도 쓰자!"라는 문구를 부착하면 "다른 사람을 위해 배려해주세요"라는 상투적인 제안보다 더 흥미롭게 여길 것이다. 더불어 내가 화장지를 많이 사용하는 행위가 이기적이라는 것을 한 번 깨닫게 해주는 역할을 할 수 있지 않을까 한다.(엄승현 · 김다혜)

(4) 4칸 분량에 초록 점선이 박힌 화장지: 전북대학교 중앙 도서관에서 근무하는 미화원 아주머니께 여쭈어본 결과, 교내 화장실에 비치해 둔 공용 화장지를 대개 2시간에 한 개꼴로 교체하는 것으로 나타났다. 학생들을 위해 비치해 둔 것이라고 해도 자신의 것이 아니니까 아껴 쓰지 않고 바닥에 새 휴지를 버리는 등 낭비도 심각한 수준이었다. 그렇다면 뜯어 쓸 화장지의 양을 정해 놓으면 어떨까? 화장지에 꽃 모양을 그려 넣는 것보다, 화장지 4칸 면적마다(또는 4칸 분량 정도씩) 점선을 초록색으로 박아 놓는다면 본능적으로 그 4칸까지만 자르게 될 것이다.(이회연 · 이정철)

(5) 3칸 분량에 그림 디자인이 들어간 화장지: 비록 작은 것이지만 "공공의 물건"이라는 의식 때문에 자신의 것보다 아끼지 않고 화장지를 손으로 글러브처럼 둘둘 말아 떼어내 낭비하는 사람들이 많다. 화장지의 낭비를 무의식중에 아낄 수 있는 방법으로 공중화장실 화장지의 3칸 면적을 차지하는 크기의 그림 디자인이 들어간 화장지를 비치하는 것이다. 어른들뿐 아니라 "절약"에 특히나 무관심한 아이들은 그림을 보며 호기심을 갖고, 그림이 들어간 만큼 맞춰서 화장지를 끊을 것이며 이전처럼 아무런 생각 없이 화장지를 돌돌 말아 끊어 낭비하

는 현상은 줄어들 것이란 기대를 해본다.(이다솔)

일상에서의 환경보호를 위한 넛지

(1) 제품의 과대 포장을 없애라: 영국의 핸드메이드 화장품 브랜드인 러쉬LUSH는 코스메틱 브랜드들이 제품을 과대 포장하는 것에 반대하고, 과대 포장으로 인한 쓰레기를 줄이기 위한 노력의 일환으로 '고 네이키드Go Naked'라는 글로벌 환경 캠페인을 전개하고 있다. 포장재 없는 상품들은 소비자 입장에서는 제품의 향을 바로바로 맡고 확인할 수 있어서 좋다는 평가를 받았다.[12]

(2) 페트병 생수 대신 개인 물병: 캐나다 학생연합Canadian Federation of Students은 매년 20억 리터의 페트병 생수가 캐나다에서 소비되고, 페트병의 생산과 운송에는 300만 배럴의 석유가 쓰인다는 문제의식을 갖고 2010년부터 '수돗물 마시기 운동back the tap(수도꼭지로 돌아가기)'을 전개했다. 이 운동의 1단계bottled water free day는 페트병 물 소비하지 않는 날을 정하고 하루라도 실천해보는 것, 2단계bottled water free zone는 구역 내 식수대, 식수 보충 장치를 알려주고 개인 물병 갖기를 권장하는 것, 3단계Say No to bottled water는 한시적 페트병 생수 판매 금지를 추진하는 것이다. LOUD는 한국의 대학들이 신입생 오리엔테이션 때 식수대 위치가 표기된 캠퍼스 지도가 그려진 물병을 나누어주자고 제안했다.[13]

(3) 기본 타이어의 옵션을 '에코 타이어'로 설정: 일정한 배출구 없이 대기 중에 직접 배출되는 먼지를 '비산먼지'라 일컬으며 비산먼지

배출량의 절반 정도는 포장도로와 비포장도로에서 자동차가 주행할 때 발생하는 재비산再飛散 먼지로 추정된다. 마모된 타이어에서 발생하는 비산먼지는 입자가 커서 인체에 치명적일 정도로 해롭다. 따라서 대기오염에서 승용차 사용 유무만큼이나 타이어의 선택도 중요하다. 국내외 타이어 제조사들은 여러 가지 에코 타이어 제품을 내놓고 있지만 실제로 사용자들이 에코 타이어를 사용하는 비중은 그리 높지 않다. 무엇보다 기존의 사용하던 타이어보다 10~15퍼센트가량 높은 비용이 원인으로 지적된다. 이런 문제를 해결하기 위해 새 차량 구매 시 선택하는 옵션에서 에코 타이어를 기본으로 설정할 필요가 있다. 그동안 홍보조차 미비해 소비자들이 제대로 알지 못했던 에코 타이어를 기본 옵션으로 설정하는 방식으로, 즉 디폴트 설정을 다르게 만들자는 제안이다. 이를 통해 소비자가 따로 고민하지 않더라도, 오염을 줄이는 방향으로 타이어가 기본 세팅될 것이다. 물론 구매자가 타이어 교체를 원할 경우 변경이 가능한 대신, 인터넷이나 전화를 통해 직접 변경 의사를 표현하는 추가 과정을 거치도록 한다. 또 옵션 선택 시 선택 설계자는 소비자가 타이어 옵션에는 크게 신경 쓰지 않도록 설정하는 것이 중요하다. 타이어 제조업체가 담합으로 가격을 인상하는 등 예기치 못한 부작용이 발생할 수도 있는 바, 이를 방지하기 위해 사전에 꼼꼼한 법규를 마련해, 제도가 오용될 가능성을 제거해야 한다. 또 계속 에코 타이어를 이용할 경우 추가 할인 혜택을 제공하여 지속성을 강화할 필요가 있다.(유명선)

(4) 비닐봉지 사용 억제 캠페인: 홈플러스의 마케팅 PR부서라는 설정하에 '너와 나의 플러스 연결고리' 이벤트를 넛지로 계획해봤다(홈

플러스는 지역사회 환원에 인색하다는 인식이 강해 홈플러스를 선택했다).
'너와 나의 플러스 연결고리'는 장바구니 이용 캠페인으로 홈플러스
에서 장바구니를 자체 제작해 판매하는 것으로, 장바구니 판매 금액
의 5퍼센트는 국제구호개발 NGO 플랜인터내셔널 한국지부인 플랜
코리아에 환원하며, 홈플러스 장바구니 이용자들 구매 액의 1퍼센트
를 동일 기관에 환원하는 것으로 구상했다. 마트에서는 물건을 적게는
한 봉지, 많게는 박스 단위로 구매한다. 박스는 마트 측에서 사용하고
남은 것을 재활용한다는 취지에서 보면 문제가 되지 않지만, 비닐봉
지 이용은 환경 파괴라는 측면에서 환경 문제를 유발한다. 그래서 현
재 환경 보호 기금용으로 비닐봉지를 50원, 100원에 받고 판매하고
있지만 이는 근본적인 해결책은 되지 않는다. 하지만 장바구니를 이용
하면 비닐봉투에 의한 환경 문제를 줄일 수 있다. 그리고 이러한 공익
연계 마케팅은 사람들로 하여금 대단한 기부는 아니지만, 생활 속에서
소소한 기부를 함으로써 나 역시도 누군가의 생활수준 향상을 위해
도움을 주었다고 생각하게 한다. 동시에 홈플러스를 이용하는 사람들
이라면, 이벤트 장바구니를 알아보게 될 것이기에 이 장바구니를 사용
하는 사람들은 사회적 윤리 의식이 있는 사람이라는 인정을 받을 수
있게 될 것이다. 하지만 장바구니는 투박하다는 인식 때문에, 귀찮다
는 인식 때문에 많이 사용하지 않는다. 이를 감안해 '너와 나의 플러스
연결고리' 이벤트에서는 장바구니를 홈플러스의 + 로고를 살린 모던
하고 세련된 디자인으로 제작해 들고 다니기 창피하지 않게 만들어야
한다. 또한 종류를 다양화해 소비자가 구매하는 선택지를 높여 참여
율을 높여야 한다. 단순히 들고 다니는 핸드백 모양뿐만 아니라 끌고

다니는 캐리어 모양 등 다양하게 제작하는 것이다. 네이버 쇼핑에 총 5만 6,266건의 장바구니가 등록되어 있을 정도로 최근 '예쁜 장바구니'에 대한 관심이 증가하고 있는 바, 이 이벤트는 소비자의 관심, 흥미, 그리고 인정 욕구와 잘 맞물릴 수 있을 것으로 예상된다.(김대은)

(5) 자전거 보관소를 명당자리에 설치: 미세먼지를 증가시키는 주요 원인 중 하나는 바로 개인 승용차 사용의 남용이다. 개인 승용차 운전자라면 한 번쯤 주차하는 데 어려움을 겪어본 적이 있을 것이다. 하지만 자전거는 보관이 간편할 뿐 아니라 차지하는 공간도 좁다. 자전거 라이더들을 위한 혜택의 일환으로 자전거 보관소를 승용차 운전자들의 눈에 띄는 곳에 배치해, 자전거를 자주 접할 뿐 아니라 긍정적인 인식을 가지도록 하는 것이 좋다. 같은 용무를 끝내고 나왔을 때, 자전거 이용자가 바로 옆 보관소에서 자전거를 손쉽게 꺼내는 모습은 자전거에 무관심했던 사람들의 관심을 끌 수 있다. 보관소의 위치를 좋은 곳에 둠으로써 승용차 운전자들의 인식에 영향을 줄 뿐만 아니라, 자전거에 대한 긍정적인 인식을 심어줄 수도 있다. 자전거 보관소가 건물 뒤쪽이나 구석에 있는 상황과 견주면 그 차이점은 더욱 분명하게 드러난다. 첫 번째로 그늘진 곳에 있는 보관소는 자동차 이용자들의 시야에 잘 띄지 못해 자전거 이용의 효율성에 대한 인식 자체가 쉽게 이루어지지 않을 수 있다. 두 번째로 기존의 자전거 이용자들이 이용하는 편의성을 감소시켜 지속적인 이용을 유도하지 못한다. 건물의 입구처럼 사람들이 많이 다니면서 분위기가 밝은, 입지가 좋은 곳에 위치한 보관소는 그 자체로 홍보 효과를 낸다. 단순한 주차 공간인 것 같지만, 자전거 보관소를 이용하기 편한 공간에 배치하면 자동차 이용자들

에게 적지 않은 자극을 줄 것이다.(유명선)

(6) 음성 기능 서비스를 장착한 만보기: 만보기 또는 만보기 기능을 가지고 있는 기기에 자신이 운동해서 걸은 걸음 숫자나, 태운 칼로리를 수치로 나타내는 것을 넘어, 걷기를 통해 자신이 소모한 칼로리에 해당하는 음식 그림을 넣는 등 운동 효과를 더 체감할 수 있는 기능을 추가했으면 좋겠다. 이런 식으로 하면 걷기를 유도할 수 있을 것이고, 가까운 거리는 차 대신 걸어가기를 택해 탄소 배출을 감소시킬 수 있기 때문이다. 실제로 나는 동생과 관광지를 돌아다닐 때, 동생에게서 "형 나 오늘 1만 걸음 걸었다"라는 이야기를 들었지만 1만 걸음이 어느 정도 칼로리를 태우는지 감이 잘 안 왔다. 그저 막연히 '동생이 오늘 많이 걸었구나'라는 생각만 했을 뿐이다. 만보기의 운동 효과를 나타내기 위해 단순한 수치를 제공하기보다는 음식 등의 그림으로 표현한다면 운동에 대한 동기 유발을 더 할 수 있을 것이라고 생각한다. 아니면 만보기에 음성 서비스를 추가해 자신이 좋아하는 사람의 목소리를 넣어, 목표 달성 시 칭찬 문구를 듣는 것도 좋은 방법이 될 것 같다. 자신이 좋아하는 연예인 목소리나 남자친구, 여자친구의 목소리를 넣는 식으로 말이다.(이연미·홍영표)

Nudge

제 6 장

*

건강 넛지

***

Nudge

금연을 유도하기 위한 넛지

(1) 폐 모양의 재떨이: 담배 흡연량을 줄이기 위해선 흡연자들에 대한 지속적인 금연 홍보가 중요하다. 흡연자들이 담배를 필 때 가장 자주 사용하는 것, 바로 재떨이를 사용하여 꾸준한 경고를 하는 것은 어떨까. 재떨이의 모양을 사람의 폐 모양으로 설치해 놓는 것이다. 흡연자들이 폐 모양의 재떨이에 담뱃재를 털 때, 자신의 폐에 재를 터는 것처럼 느낄 수 있고, 이는 담배에 대한 부정적인 인식으로 이어질 가능성이 크다. 또한 단순히 담뱃갑 같은 곳에 붙어 있는 사진들보다 조금 더 직관적으로 흡연이 자신의 폐를 혹사시키고 있다는 사실을 느낄

수 있기 때문에 큰 효과를 얻을 수 있을 것이라 생각한다. 폐 모양의 재떨이가 조금 추상적으로 느껴진다면 아예 수치를 보여주는 것 또한 나쁘지 않다. 예컨대 흡연자들이 흡연 부스에서 담배를 필 때 흡연 부스 안의 공기 오염도를 알 수 있도록 흡연 부스마다 공기 오염 측정 센서를 부착하는 것을 생각해볼 수 있다. 그 옆에 오늘의 미세먼지량을 표시해주는 것 또한 좋은 아이디어라고 볼 수 있다. 흡연자들은 그것을 보면서 자신의 폐 건강에 대해 경각심을 얻을 수 있을 것이다.(손준영·류창선) *(혐오감을 주는 것은 엄밀히 말해서 넛지 방식이라고 보기 어렵지만, 그만큼 흡연자들의 건강을 염려하는 애정의 표현으로 이해할 수 있겠다.)

(2) 장기 모양의 재떨이: 현재 공공 재떨이는 스테인리스로 만들어진 둥글고 납작한 그릇 모양이다. 이 재떨이 모양을 장기 모양으로 바꾸자. 모양뿐만 아니라 피를 머금고 있는 장기의 붉은 핏줄, 장기가 가지고 있는 근육 모양이나 주름, 장기 특유의 물컹한 촉감을 그대로 재현해내 마치 흡연자가 실제 사람의 장기에 담배를 비벼 끄는 것 같은 느낌이 들도록 하는 것이다. 청각적으로는, 마지막에 흡연자가 담배를 비벼 끌 때 타들어가는 소리가 나게 한다. 일명 '장기 재떨이'는 그 모양도 장기 한 종류로 일정하지 않도록 해야 한다. 흡연이 원인이 되는 각종 질병에 고통 받는 장기의 종류를 되도록 다양하게 재현했으면 한다. 예를 들어 흡연으로 인한 인후두암에서 착안하여 인체의 인후두 모양을 그대로 재현해 재떨이로 만들어내는 것이다. 그리하여 일명 '장기 재떨이'에 담배꽁초가 다 차게 되면 해당 장기 모양이 마치 암 등의 질병에 걸린 것 같은 모습으로 재떨이의 역할을 다하는 것이다.

다소 기괴하지만 이 '장기 재떨이'의 목적은 흡연자 본인이 피는 담배가 암, 성 기능 약화를 비롯한 각종 질병의 원인이 된다는 것을 직접적으로 인식시키는 것이다.(신가영·김태원)

(3) 흡연실에 거울 설치: 흡연실에 변화를 주자. 흡연 피해를 입은 남의 질병 사례를 보는 것이 아니라 직접 자신의 얼굴에 대입해보게끔 하자. 탈모가 오고 피부색은 창백해지고 얼굴과 목에 구멍이 뚫린 그림이 그려진 거울 아래 환자복 그림, 가슴 위치에 폐 모양 재떨이를 설치한다. 흡연자들은 흡연실에서 거울 속 자신의 모습을 보게 된다. 거울을 보는 일이 많은 노력을 요구하는 일도 아닐 뿐더러 흡연자 대부분에게 금연 의지가 있다는 걸 생각하면 흡연실에 갈 때마다 거울을 보는 일이 지속될 수 있을 것이다. 담배를 피울 때 습관적으로 병든 자신의 모습을 바라보면 이제 더 이상 남의 일이 아니라 자신에게도 일어날 수 있는 일이라는 경각심이 들어 금연에 직접적인 도움이 될 것이다.(김어진)

(4) 흡연실에 아이 그림 설치: 보는 위치에 따라 어린아이의 표정이 바뀌는 사진을 흡연 장소에 부착해보는 것은 어떨까? 공공장소에 설치되어 있는 실내 흡연실에는 담뱃재를 털 수 있는 재떨이와 쓰레기통이 비치되어 있다. 그 주변에 이 사진을 부착해 놓는 것이다. 분명 흡연실 밖에서 바라보고 있을 때 아이의 얼굴은 환하게 웃는 얼굴이었다. 그러나 이제 담배를 다 피우고 나서 담배꽁초를 버리려고 재떨이로 다가가면 아이의 얼굴이 서서히 울상으로 변할 것이다. 이 방법은 흡연자에게 금연을 강조하지 않는다. 그저 아이들의 순진무구한 웃음을 보여줄 뿐이다. 담배 연기가 보이지 않을 때에는 아이들이 웃고,

담배 연기가 자욱할 때에는 아이들이 눈물을 보일 뿐이다. 가볍게 지나칠 수 있지만 언젠가 순간의 깨달음을 전해줄 수 있지 않을까?(강무진)

(5) 담배 구입 시 바코드 소리로 경고하기: 담배를 구입할 때 바코드를 찍게 되어 있는데 바코드를 찍을 때 금연을 유도하는 음성을 내보내는 것이다.(김도하 · 이도언)

(6) "담뱃값 재테크로 목돈을 마련했어요": SNS에 흔히 올라오는 게시글 중 하나는 지폐가 수북한 사진과 함께 '담뱃값을 모아 만든 목돈'이라는 글이다. 그리고 그 글에는 흡연자 친구를 태그하며 '너도 돈 모아!' 하는 식의 댓글이 이어진다. 담배 가격이 비싸진 만큼 그것을 모아 목돈을 마련하고 싶은 흡연자들의 욕구는 더욱 강해진다. 따라서 저축과 관련해 금연의 필요성을 느낄 수 있는 문구 배너를 이용하는 게 좋겠다. 예를 들어 "담뱃값 재테크로 목돈을 마련했어요" 식의 문구를 은행 어플리케이션이나 은행 내부, 은행 ATM 등에 배치하는 것이다. 돈의 절실함을 느끼는 공간에서 흡연자들은 금연의 필요성을 느낄 수 있다. 이때 중요한 것은 증언형 금연 광고처럼 구성해 인간의 비교성을 자극하는 것이다.(최유선)

(7) 긍정 프레임을 통한 금연 넛지: 흡연자들의 금연을 돕는 금연지원센터나 보건소 등에서 금연의 긍정적 사례와 금연율 같은 구체적 수치를 끊임없이 제시하는 것이다. 자세한 예로, 금연지원센터를 방문한 사람들에게 방문 때마다 '금연카드'를 쥐어 주는 것이다. 이 카드에는 '이 센터를 이용한 몇 명의 사람이 금연에 성공했고, 이번 주의 미션은 무엇이다'라는 내용을 담는다. 흡연자들은 센터를 이용할 때마

다 금연에 성공할 수 있다는 긍정적 메시지를 받을 것이고, 미션을 수행하는 과정에서 흥미성과 성취감도 느낄 수 있을 것이다. 금연카드는 이러한 방식을 적용한 하나의 예시일 뿐 다양한 방식과 형태로 응용이 가능하다.(최유선)

건강한 식생활을 위한 넛지

(1) 마트의 과일 코너까지 녹색 발자국 표시: 영국의 한 마트에서 소비자를 유도하기 위해 과일을 파는 곳까지 녹색 발자국을 표시했더니, 6주 후 과일 판매량은 99.6퍼센트나 급증한 것으로 나타났다.[1]

(2) 식당에서 음식 배열 바꾸기: 급식을 하는 식당에서 몸에 좋은 채소와 과일을 눈에 잘 띄는 위치에, 그리고 여러 곳에 놓는다. 미국의 한 학생 식당 관리자는 어떻게 하면 학생들이 정크 푸드 섭취를 줄이고 건강에 좋은 음식을 먹을 수 있을지 고민한 끝에 음식의 배열을 바꾸어보기로 했다. 건강식을 앞쪽에 배치해 눈에 잘 띄게 하고 더욱 쉽게 집을 수 있도록 한 것이다. 이렇게 음식의 배열 순서를 바꾼 결과 특정 음식의 소비량이 25퍼센트씩 줄거나 늘어나는 흥미로운 결론이 도출되었다.[2]

(3) 급식판의 디자인을 바꾼다: '건강한 식습관을 갖자'는 구호 대신 학생들이 한 끼에 평균적으로 먹어야 하는 과일, 채소, 곡물, 단백질, 유제품의 양을 한눈에 알 수 있도록 급식판의 디자인을 바꾼다.[3]

(4) 다이어트를 원하면 작은 그릇으로 먹어라: 지난 백 년 동안 미국의 음식 접시는 40퍼센트 커졌고, 사람들은 뷔페에 가서 더 큰 접시에

더 많은 음식을 담았다. 이로 인한 과식 문제를 해결하기 위해 소비자 행동을 연구하는 코넬대학 교수 브라이언 완싱크Brian Wansink는 '작은 접시 운동Small Plate Movement'을 벌였다. 이 운동은 한 실험 결과에 따른 것이었다. 완싱크는 영화 관람객들에게 5일 전에 튀겨 눅눅해진 팝콘을 무료로 한 통씩 제공했는데, 절반에게는 큰 통으로, 나머지 절반에게는 중간 크기의 통으로 나누어주었다. 맛이 전혀 없었음에도 큰 통을 받은 사람들은 중간 통을 받은 사람들에 비해 평균 53퍼센트나 더 먹은 것으로 밝혀졌다. 영화가 끝난 후 완싱크는 큰 통을 받은 사람들에게 자신들이 더 많이 먹은 것이 통의 크기 때문일 수도 있다고 생각하는지 물었다. 그러자 대부분은 "그런 술수에는 안 넘어갑니다"라며 그 가능성을 부인했지만, 이후 수많은 실험에서 사람들은 음식물 그릇의 크기에 따라 더 많이 먹거나 적게 먹는다는 사실이 입증되었다.[4] 이와 관련해서 니컬러스 에플리Nicholas Epley는 이렇게 말한다. "더 적게 먹고자 한다면, 자신의 의지를 과대평가하지 말고 당장 집에 쌓여 있는 인스턴트 음식과 현대적인 초대형 접시들을 정리하고 더 작은 샐러드 접시에 음식을 담아 먹는 것이 좋은 출발점이 될 것이다. 접시의 크기가 작아졌다고 걱정하지 말라. 크기의 변화를 알아차리는 건 당신의 허리둘레뿐일 것이다."[5]

(5) 식당의 접시 크기를 줄여라: 구글은 직원의 건강 상태를 높이고 뷔페 식당인 카페테리아의 음식물 쓰레기를 줄이기 위해 접시 크기를 줄이고 접시에 담긴 시각적인 모습이 포만감에도 영향을 준다는 포스터를 부착했다. 그 결과 직원의 유식 섭취량은 5퍼센트가 줄었고, 음식물 쓰레기는 18퍼센트 줄어들었다.[6]

(6) "작은 사이즈로 드릴까요?"라고 물어라: "슈퍼 사이즈로 주문하시겠어요?"라고 묻는 맥도널드의 방식과는 정반대로, 미국의 중국 음식점에서 "사이드 디시side dish를 작은 사이즈로 드릴까요?"라고 고객에게 물은 3번의 실험에서 14~33퍼센트의 고객이 이를 수용했는데 이들은 다른 사이드 디시를 추가로 주문하지 않음으로써 평균 200칼로리 적게 식사를 할 수 있었다.[7]

(7) 다이어트를 원하면 마른 사람과 먹어라: 비만에도 전염성이 있다. 우리는 식사를 함께하는 사람들의 식습관에 영향을 받는데, 주변에 과체중인 친구들이 많은 사람은 그 자신도 과체중이 될 확률이 높다. 평균적으로 사람들은 누군가와 함께 식사를 할 경우, 혼자 먹을 때보다 약 35퍼센트, 4명이 함께 식사할 경우에는 75퍼센트, 7명 이상이 함께 식사할 때에는 96퍼센트를 더 먹는다는 연구 결과가 있다. 따라서 살을 빼고 싶다면 마른 동료를 찾아서 점심을 함께 먹는 게 좋다.[8]

(8) 학생과 함께하는 급식: 치열하게 공부했던 날들, 고등학생들의 스트레스 해소 방법은 고작 자극적인 음식 먹기였다. 잘 풀리지 않는 문제에 낙담하고 고심할 때 위로해준 것은 선생님의 조언이나 선배들의 경험담이 아닌 달콤 짭짤한 간식이었다. 이렇게 입에 간식을 물고 살다보니 입맛도 사라지고 점심·저녁 시간에는 밖에 나가 짜고 단 음식을 먹는 것이 예사였다. 살은 살대로 찌고 건강은 건강대로 해치는 악순환을 깨준 것은 바로 학생들이 직접 짜는 급식이었다. 우리학교(논산여고) 영양사 선생님은 학생들의 건강을 지키고 잔반의 양을 줄이기 위해 새로운 넛지를 강구해냈다. 1·2·3학년 학생들이 각각

한 주씩 맡아서 그 주의 식단을 짰다. 반응은 매우 좋았다. 학생들은 직접 짠 식단에 만족을 얻는 것과 동시에 예산과 영양, 맛을 고려한 식단 편성의 어려움을 몸소 느꼈다. 이를 통해 밖에서 음식을 사 먹는 학생 수가 감소했으며, 잔반의 양도 감소했다. 이후로도 영양사 선생님은 학생들과의 꾸준한 소통으로 학생들의 만족도를 높여나갔다. 돌이켜보니 고등학교 시절 영양사 선생님의 방법은 최고의 넛지였다. 여기에서 착안한 것이 바로 분기별 학생 셀프 식단표다. 일회성에 그치지 않고 4분기별로 학생들은 직접 식단표를 짠다. 꾸준한 '직접 참여'를 통해 급식에 대한 '인지'를 새롭게 하면서 직접 참여를 통해 급식 시스템에 대한 '이해'를 하도록 돕고 '호감'을 얻게 하는 것이다. 이렇게 생겨난 호감은 자연스럽게 급식 만족도를 올린다. 여기에 그치지 않고 급식 어플을 이용한 식단표 공유를 통해 좀더 다양한 급식 메뉴를 즐길 수 있도록 한다. 대학교에 입학하고 고등학교 급식에 대해 이야기를 나눌 때 각 학교마다, 혹은 지역마다 자주 나오는 음식이 있다는 사실을 알게 되었다. 한 학교마다 한 명의 영양사 선생님이 관리를 하며, 공유를 하더라도 좁은 지역 내에서 그치는 경우가 많았기 때문이다. 이와 같은 문제를 급식 어플을 이용해 해결하고자 한다. 학생들은 어플을 통해 전 지역에 있는 학교와 메뉴를 공유하면서 먹고 싶은 메뉴를 건의하고, 더 다양한 급식 메뉴를 즐길 수 있다. 그냥 먹는 급식이 아니라 정말 먹고 싶은 급식을 자신에게 선물하는 것이다.(박이주)

(9) 정성이 담긴 급식 메뉴 이름: 대학교 1학년 때 신문방송학과 동아리 '꾕고피알학회'의 전상민 선배의 강연에서 들었던 이야기 중 아직까지 기억에 남는 것이 있다. 생선 가게가 즐비하게 늘어선 수산 시

장에서 유난히 잘 팔리는 곳이 있었다. 그곳과 다른 집의 차이는 바로 문구 하나였다. '우리 남편이 새벽바람을 헤치며 잡아온 갈치'. 이 문구 하나만으로 다른 가게와 똑같은 갈치는 모두 팔렸다. 생선 가게 사장님의 넛지는 사람의 마음을 움직이는 넛지였다. 바로 이것을 급식 문화에 도입해보고자 했다. '우리 학생들 시험 잘 보라고 만든 제육볶음', '우리 ○○이 생일을 축하하는 쇠고기 미역국', '조리사가 새벽같이 일어나 만든 콩나물무침' 등. 이렇게 생일인 학생의 신청을 받아서 그날의 세 끼 가운데 한 끼는 미역국을 끓여 주고 학생의 이름을 넣어 급식 메뉴의 이름을 정한다. 혹은 급식 메뉴에 음식을 만든 사람의 정성이 드러나는 문구를 담는다. 작은 관심이 들어간 사소한 멘트 하나에 만든 사람의 정성과 상대에 대한 애정이 고스란히 담기는 것이다. 이를 통해 학생들은 급식에 전보다 애정을 느끼고, 지친 일상에 하나의 이벤트를 선물 받는다. 이제 학생들에게 급식은 단순히 끼니를 해결하는 수단이 아니다. 먹는 즐거움과 참여하는 즐거움을 느끼는 일상의 이벤트가 되는 것이다.(박이주)

(10) '오마이셰프' 활용하기: 집이나 기숙사에서 생활을 했을 때는 그 중요성을 몰랐던 것이 있다. 바로 '끼니'다. 목구멍이 포도청이란 말이 괜히 있겠는가. 자취 초보에겐 삼시 세끼는 고사하고 하루 두 끼를 챙겨 먹는 것도 번거롭고 힘든 일이었다. 조미료가 가득 들어간 인스턴트 식품, 그도 아니면 굶기. 이 굴레 속에서 사회에 던져진 반쪽짜리 독립생들은 가장 기본적인 끼니 문제에서 건강을 잃고 챙겨주는 이가 없는 서러움을 느낀다. 현대인의 질병 중 하나인 장염과 위염은 스트레스뿐만 아니라 망가진 식습관에서 비롯된다. 이때 많은 도움을

받은 것 가운데 하나가 '오마이셰프'란 어플이었다. 냉장고에 있는 재료를 입력하면 그 재료를 가지고 만들 수 있는 요리 레시피를 추천해 주기 때문에 쉽고 간편하게 직접 요리를 만들어 먹을 수 있었다. 여기서 착안한 것이 바로 '나만의 영양사' 어플이다. 나만의 영양사 어플에 나이, 성별, 체중, 평소 생활 패턴을 입력하면 가상의 '나'가 어플 속에 만들어진다. '가상의 나'는 '실재하는 나'와 같은 음식을 먹는다. 즉, 나만의 영양사 어플은 냉장고에 있는 재료와 클릭해서 만들어 먹은 음식 레시피를 검토해 하루, 일주일, 한 달간 섭취한 채소량과 육류량 등을 분석한다. 이 분석한 데이터를 바탕으로 가상의 내가 기간별 섭취한 영양 성분 표를 제시하고 부족한 영양소가 들어간 재료와 음식 레시피를 추천해 준다. 가상의 나는 육류를 과다 섭취했을 때 '배가 조금 나온 것 같아', '몸이 무거워' 등 한 영양소만 편향되게 섭취했을 때 발생하는 문제를 말해준다. 이를 통해 실재의 나는 구체적이고 분석적인 자료에 기반한 정보를 전달받고 가상의 나를 실재의 나로 인식해 더 큰 자극을 받는다. 이 어플은 장보기 어플과도 연동해 사용할 수 있다. 기초적으로 필요한 영양소가 함유된 재료가 장을 볼 목록에 추가되고 내가 필요한 재료를 추가해 장을 볼 때 목록을 하나씩 지워나갈 수 있다. 어플을 종료할 때는 혹시 잊은 것은 없는지 '모두 담으셨습니까?'란 창이 떠서 목록을 다시 한 번 상기시켜준다. 그야말로 챙겨주는 이 없는 서러운 자취생들에게 비서 같은 역할을 해주는 어플이다. 나만의 영양사 어플은 끼니를 제때 챙겨 먹지 못하는 자취생이 요리와 가까워지고 균형 잡힌 식사를 할 수 있도록 도와준다. 단순한 레시피 어플이 아니라 생활을 돕는 넛지 어플로, '정보 알림'과 '가상의 나'

를 통해 '실재'의 내가 행동을 하도록 도울 것이다.(박이주)

(11) 음료 라벨지에 각설탕의 개수 표시하기: 설탕세는 기업의 반발에 따른 소비자 가격의 상승과 설탕 대신 합성 첨가물로 대체하는 등의 역효과가 발생하는 단점이 있다. 그래서 나는 각설탕의 개수를 음료 라벨지에 나타냄으로써 설탕의 소비를 소비자가 직접 통제 가능하도록 하는 방법을 제시해본다. 물론 현재 가공식품에는 열량과 당류, 지방 등의 영양 성분이 표시되어 있다. 하지만 이는 숫자와 퍼센티지(1회 제공량당 함량)로 나타나고 있어서 감이 잘 오지 않는다. 질병관리본부는 대한민국 성인 중 가공식품에 표시된 영양 표시를 읽을 수 있는 사람은 남성 19.6퍼센트, 여성 37.5퍼센트에 불과하며, 50세 이상 남성과 65세 이상 여성에서는 그 수치가 10퍼센트 이하로 떨어진다고 발표했다.[9] 이러한 결과는 가공식품에 들어가는 첨가물을 시각화한다면 달라질 것이라 생각한다. 예를 들어 당류를 각설탕의 개수로 라벨지에 나타낸다면 소비자는 설탕의 섭취량을 확실히 인지할 수 있게 된다. 눈에 확연히 드러나는 정보 공시를 통해 기업이 설탕의 첨가량을 자발적으로 줄이게 하는 효과도 얻을 수 있다. 과당은 2차 에너지원이 되므로 소비자가 스스로 조절해서 섭취하는 등의 긍정적인 효과를 기대할 수도 있다.(곽정현)

위생과 청결을 위한 넛지

(1) 희망 비누: 위생에 대한 교육이나 개념이 전혀 없는 남아프리카공화국 빈민촌의 아이들은 콜레라와 장티푸스 같은 질병에 고스란히 노

출되어 있다. 간단한 손 씻기로 예방할 수 있는 질병들이 대다수임에
도 불구하고 아이들에게 손 씻는 습관을 기르도록 하는 것은 매우 어
려운 일이었다. 이와 같은 상황에서, 남아공의 비영리단체 '블리키스
도르프포호프Blikkiesdorp4hope'는 아이들이 손을 씻는 것에 흥미를 느낄
수 있도록 하기 위해 고민 끝에 '희망 비누Hope Soap'를 만들었다. 이 비
누를 다 사용하면 비누 속에 있는 장난감을 얻을 수 있다. 장난감도 귀
한 빈민촌 아이들은 장난감을 얻기 위해 꼬박꼬박 손을 씻기 시작했
고, 그 결과 콜레라나 장티푸스 같은 질병 발생률이 70퍼센트나 감소
하는 효과를 거두었다.[10] 누군가가 강요하지 않아도, "손을 씻으라"고
말해 주지 않아도 아이들은 스스로 손을 씻게 되었고, 그 결과 질병 발
생률이 현저히 감소한 것이다. 아이들이 좋아하는 장난감을 비누 속에
넣어 둠으로써 아이들의 행동을 유도하는 '희망 비누'는 흥미성 넛지
의 사례로 볼 수 있다.(서지석 · 김유리 · 최민애)

(2) 세균 스탬프: 필리핀의 한 향균 비누 제조회사에서 '세균 스탬
프THE GERM STAMP'라는 캠페인을 열었다. 여러 질병에 노출된 아이들에
게 손 씻는 습관을 길러줌으로써 위생 수준을 높이는 게 목표였다. 아
침마다 선생님들이 등교하는 학생들의 손에 세균 모양의 스탬프를 찍
어 주고, 아이들은 수업이 끝나기 전까지 손에 찍힌 세균 스탬프를 지
워야 했다. 놀랍게도 캠페인이 시작된 지 한 달 만에 아이들의 손 씻는
횟수가 평균 71퍼센트 늘었다.[11]

(3) 손을 씻어야만 문이 열리는 화장실: 올해 초 뉴질랜드에 여행을
다녀왔다. 공원에 있는 화장실을 이용했는데, 용변을 본 후 문이 열리
지 않는 상황에 처했다. 알고 보니 손을 씻어야만 문을 열 수 있는 구

조였는데, 다음과 같은 4단계 프로세스로 운영되고 있는 것 같았다. ① 화장실에 들어와서 문을 잠근 후 용변을 본다, ② 변기의 물을 내린다, ③ 세면대에서 손을 씻는다, ④ 문이 열린다. ATM에서 카드를 먼저 뽑아야 돈이 나오는 것을 넛지라 할 수 있다면 이 사례도 넛지로 볼 수 있을 듯하다.(엄승현 · 김다혜)

(4) 손 씻기를 유도하는 노란 발자국: 화장실에서 볼일을 보고 손을 씻지 않을 경우 기하급수적으로 세균의 수가 증가하며, 3시간 후에는 무려 26만 마리의 세균이 우리 손을 오염시킨다고 한다. 우리가 손만 잘 씻어도 무려 70퍼센트나 질병 예방이 가능한 것이다. 그럼에도 모 대학의 실험에서는, 남자 대학생의 17퍼센트만 화장실 이용 후 손을 씻는다는 가히 충격적인 연구 결과가 나왔다. 어떻게 하면 사람들이 화장실을 이용한 후 손을 씻도록 유도할 수 있을까. 흔히 행동을 유도하는 방안 중 하나인 화살표를 화장실과 손 씻기라는 상황에 대입해보았다. 상황을 가정해보도록 하자. 화장실에서 볼일을 보고 나온 당신이 만약 눈앞에 노란 발자국을 발견한다면? 호기심에 의해 무의식적으로 당신은 노란 발자국을 따라가게 될 것이다. 화장실 칸에서 나온 당신은 노란 발자국에 의해 세면대 앞에 도착할 것이고, 세면대에 도착한 당신은 거울과 세면대를 보고 손을 씻게 된다. 이제는 노란 발자국으로 자연스러운 손 씻기를 유도하도록 하자.(손유경 · 이수완)

(5) 손 씻기 4컷 만화 '세균은 놓고 가세요': 2016년 공중화장실 이용자를 대상으로 한 관찰 조사에서 용변 후 손을 씻은 사람의 비율은 73퍼센트를 차지했지만 비누로 손을 씻는 사람은 33퍼센트에 불과한 것으로 나타났다. 4컷 만화 형식으로 '세균은 놓고 가세요'라는 문구

를 나가는 입구나 소변기 위쪽에 배치하는 건 어떨까. 이미 많이 시행되고 있는 방법이기에 그런 문구와 함께 손을 씻기 전과 후의 세균 수 차이를 보여주는 사진도 함께 배치한다. 남성은 소변을 볼 때 자신의 눈높이인 소변기 위쪽을 본다. 이 점을 이용하여 만화를 소변기 위쪽에 위치시킨다. 일단 만화로 흥미를 유발해 손 씻기의 중요성을 상기하도록 해보자는 것이다.(김준희 · 최유진)

(6) 음성으로 손 씻기 유도하기: 현재 비누가 나오는 기계를 이용하면 기계음밖에 나오지 않는다. 만약 여기에 음성을 입히면 어떨까? "오~ 깨끗한데"나 "오~ 깔끔한데", "너는 왜 안 씻어~" 등을 통해 손 씻기를 유도하는 식이다. 주변에 손을 씻지 않고 나가려던 누군가가 있다면 그 사람과 자연스럽게 비교의 대상이 된다. 자신을 다른 사람과 비교하는 인간의 본성이 긍정적인 방향으로 나타날 수 있게끔 함으로써 좋은 결과를 기대할 수 있다.(김준희 · 최유진)

(7) 여자 친구 "똥" 먹일 셈이야?: 한 실험 카메라에 따르면, 입식 변기에서 소변을 본 남성들의 태반이 손을 씻지 않는 것으로 나타났다. 또 대변을 보고도 손에 배설물이 묻지 않으면 손 씻기를 가볍게 생략한 후 씻지 않은 손으로 과자를 나눠 주고, 연인의 손을 잡고, 대중교통 손잡이를 잡고, 타인과 스스럼없이 악수를 하는 것으로 나타났다. 이에 넛지 효과를 줄 수 있는 손 씻기 캠페인 지면 광고를 생각해보았다. 남자가 여자에게 다정하게 먹여주는 음식을 "똥"으로 표현한 그림, 혹은 손 하트를 날리는 여자의 양 손에 똥을 얹어 똥을 날리는 듯한 그림은 자칫 망각할 수 있는 불청결함을 떠올리게 하고, "여자친구 똥 먹일 셈이야? 손 씻자" 같은 우스꽝스러운 멘트는 기분 좋은 경각

심을 줄 수 있을 것이다. 세면대에 혹은 용변 보는 곳에 이 포스터를 붙임으로서 더 많은 사람들이 손을 씻게 될 것이고, 모두를 위한 에티켓인 "손 씻기"가 잘 실천됨으로써 더욱 청결하고 건강한 생활을 해 나갈 수 있을 것이다.(이다솔)

(8) 스마트폰 액정 클리너: 미국 애리조나대학의 2012년 연구에 따르면 화장실 변기에서 지우개 한 개 크기인 6.25제곱센티미터당 1,000마리 이상의 세균이 발견되었지만 휴대폰 표면에서는 그보다 10배 큰 세균이 검출되었다. 영국 일간 『데일리메일』에 따르면 51개 표본 휴대폰에서 7,000가지 종류의 세균이 발견되었다. 이러한 휴대폰의 위생 상태는 스마트폰 사용자의 건강을 위협할 확률이 높다. 서울대병원 연구팀은 중고등학생 700여 명을 조사한 결과, 하루 2시간 넘게 스마트폰을 쓴 경우, 하루 2시간 미만 사용자보다 시야 흐림과 충혈, 안구 건조증 등의 증상이 2배 이상 높게 나타났다고 밝혔다. 즉 하루 3시간씩 4년 이상 스마트폰을 사용한 청소년들은, 1년 동안 사용한 경우보다 안과 질환 발병이 3배 높았던 것이다. 스마트폰 위생 문제가 건강에 직결됨에도 불구하고 사람들은 이를 해결하려는 노력을 기울이지 않고 있다. 왜냐하면 아직까지 사람들은 스마트폰 위생 문제의 심각성을 인지하지 못하고 있고 또한 이를 해결할 만한 방법을 완벽하게 숙지하지 못하고 있는 상태기 때문이다. 따라서 기업들이 스마트폰 이용자, 곧 소비자들에게 스마트폰 위생 문제를 해결할 제품 홍보를 적극적으로 할 필요가 있다. 그중에서도 스마트폰 액정 클리너가 대표적인 제품이다. 나는 넛지를 활용해 스마트폰 이용자들이 스마트폰 위생 관리를 자주 할 수 있도록 하는 방안을 마련했다. 화장실에

얼룩진 더러운 큰 거울을 놓고 그 옆에 작은 휴지를 배치한 후 '이것은 거울이 아닙니다, 이것은 당신의 휴대폰입니다!'라는 문구를 적어 놓는다. 여기서 얼룩진 거울은 스마트폰 액정을 나타낸 것으로, 스마트폰 액정에 서식하는 세균을 직접 눈으로 볼 수 없기 때문에 세균을 거울 속 얼룩으로 가시화한 것이다. 그리고 비치된 휴지는 휴대폰 액정을 닦는 클리너를 의미한다.(황채연)

운동과 건강 증진을 위한 넛지

(1) 피아노 소리가 나는 계단: 자동차 회사 폴크스바겐은 캠페인의 일환으로 스웨덴 스톡홀름시 지하 계단 한 곳을 건반처럼 만들었다. 밟으면 재미있게도 피아노 소리가 났다. 계단 이용률은 평상시보다 66퍼센트나 늘었다. 계단의 흥미가 에스컬레이터의 일시적 편안함을 앞질렀다. 서울 지하철 을지로입구역과 시청역을 잇는 지하보도 안에도 발을 디디면 소리가 나는 피아노 계단이 있다. 2014년 고려대학교 수시모집 면접 문제 중 하나는 "넛지 효과를 활용해 에스컬레이터 사용자를 계단으로 유인할 방안을 제시하라"였다.[12]

(2) 서울시의 '가야금 계단': 서울시청 시민청 입구엔 '가야금 계단'이 있다. 한국의 느낌이 물씬 나는 동양화가 그려진 계단을 올라가면, 맑은 가야금 소리가 울려 퍼진다. 이 계단을 설치한 후 계단 이용자 비율이 6.5퍼센트에서 22퍼센트로 3배나 증가했다. 계단 이용을 장려하는 그 어떤 문구나 안내문보다 훨씬 효과적이었다. 게다가 계단을 끝까지 오르면 10원씩 기부금도 적립된다. 걷기 힘든 아이들의 보행 보

조기구에 지원되는 기부금이기에 의미도 깊다.[13]

(3) 비교 평가가 가능한 무선 만보기: 나이키 플러스는 무선 만보기를 사용해 착용자의 운동 기록을 온라인 서비스로 저장시켜 주는 시스템이다. 달리는 사람들은 자신의 진전도를 시각적으로 추적하고, 다른 사람들의 기록과 비교해보며, 실시간으로 친구들의 격려를 받는 한편, 누가 더 멀리까지 혹은 더 빠르게 달리나 서로 경쟁할 수도 있다. 이 시스템은 운동화를 빨리 닳게 하려는 목적으로 개발된 것이긴 하지만, 걷기와 달리기에 재미 요소를 가미함으로써 지속적인 운동을 하는 데에 도움을 줄 수 있다.[14]

(4) 체중 감량 목표 설정법: 체중 감량을 하려고 할 때 목표 달성을 촉진하는 목표 설정법을 어떻게 하는 게 좋을까? 미국 심리학자 로버트 치알디니는 이런 방법을 제시했다. "5Kg을 감량하겠다는 목표보다는 4~6Kg을 빼겠다는 목표를 세우면 감량에 성공할 가능성이 커진다. 정확한 수치를 정해 놓은 목표와 달리, 최소·최대 범위를 정해 놓았기 때문에 달성 가능성이 커 보이는 효과가 있다. 시험에선 100점 만점에 90점이 아니라 85~95점을 맞겠다고 목표를 세워보라."[15]

(5) 계단 다이어트 거울: 전북대학교 사회과학대학 건물에도 엘리베이터 대신 계단 이용을 장려하기 위한 넛지 사례가 있다. 계단을 올라가면 몇 킬로칼로리[kcal]가 소모되는지 종이에 써 붙여서 계단을 걸어 올라갈 수 있도록 한 것이다. 하지만 숫자로 봐서는 그게 건강에 얼마나 도움이 되는지 감이 잡히질 않고 생각보다 적게 소비되는 킬로칼로리 때문인지 귀찮음을 감수할 만큼 동기부여도 되지 않는다. 종이에 적혀 있는 킬로칼로리 수치에 자극을 받아 계단을 사용해도 즉각적인

효과는 나타나지 않는다. 장기적으로 계단 사용을 장려하기 위해 층마다 중간에 거울을 설치할 것을 생각했다. 거울은 엘리베이터를 타면 지나치는 층의 중간 계단에 위치한다. 1층의 거울은 볼록거울을 사용해서 원래 몸보다 뚱뚱하게 보이게 한다. 그리고 층이 높아질수록 오목거울을 사용해서 원래 몸보다 날씬하게 보이게 한다. 각 거울의 옆에 격려가 되는 문구를 달아 자극을 주는 식으로 꾸준하게 운동을 할 계기도 함께 제공한다. 과학적 현상을 이용해서 거울에 비치는 모습이 진짜가 아니라는 것은 알지만 앞서 제시한 흡연 거울처럼 자신의 모습을 직접적으로 보고 느낄 수 있게 돕는 것이다. 문구를 일정한 주기로 바꾼다면 어떤 새로운 문구가 등장할지 기대감을 가지며 계단을 오르는 흥미성도 유발할 수 있을 것이다.(김어진)

(6) 도서관에 지압판이나 지압로 설치: 공부하는 사람들에게 스트레스는 필연적이다. 많은 이들이 이야기하듯 무조건 엉덩이를 의자에 붙인 채, 오랜 시간 책상 앞에 앉아 있기만 한다고 해서 성적이 오르는 것은 아니다. 쉴 때는 쉬어 주고, 좋아하는 것은 즐기면서 평소 압박감을 덜 느끼는 상태로 지내야 정작 필요한 순간에 효과적인 집중력을 발휘할 수 있다. 이와 관련해 도서관 자리 아래에 지압판을 두든지, 한쪽 공간에 1미터 정도의 지압로를 설치해 놓는 것은 어떨까? 자연스럽게 지압을 할 수밖에 없고 이용객들은 공부를 하면서 사이사이 스트레스를 풀 수 있을 것이다. 이런 자연스러운 지압을 통해 이용객들은 공부에 대한 스트레스를 풀 수 있을 것이고 자연스럽게 공부하는 시간과 집중력 또한 늘어나게 될 것이다.(손준영·류창선)

(7) 게임 로딩 화면에 스트레칭 영상: 새벽이 지나 동이 틀 때까지

게임을 하는 동기들을 본 적이 있다. 이들은 화장실에 가거나 담배를 피우기 위해 일어서는 경우가 아니라면 몇 시간 동안이나 가만히 앉아 구부정한 허리와 거북목을 유지한 채 손끝만 겨우 움직이며 게임에 몰입했다. 몇 시간 동안 지속되는 잘못된 자세는 우리 건강에 심각한 문제를 가져오기도 한다. 예를 들면 '척추 측만증', '허리 디스크' 등이다. 그래서 우리는 게임을 즐기는 것을 방해하지 않으면서도 최소한의 사용자 건강을 지키기 위한 방법으로, 대략 2시간마다 PC방 자체에서 스트레칭 프로그램을 실행시키는 넛지 아이디어를 생각했다. 이 프로그램의 특징을 소개하자면, 게임 로딩 화면에 반투명한 사람 형태의 점선이 나타난다는 것이다. 이 점선은 서서히 목부터 좌우로 움직이며 사용자가 스트레칭을 하도록 유도한다. 만약에 게임 로딩 화면을 갑자기 가리고 스트레칭 영상이 직접적으로 나타나면서 사용자에게 스트레칭을 요구한다면 사용자는 거부감을 갖고 따라하지 않을 수 있겠지만, 이 점선은 게임 화면을 다 가리지 않는다. 그렇기에 점선을 따라 사용자가 자연스럽게 움직이게 한다는 것에 의미가 있다.(서민지 · 정지산 · 주제현)

(8) 건강 검진 자동 예약제: 지난 2016년 11월 '사람인'이 직장인 736명을 대상으로 '현재 질병을 앓고 있는지 여부'에 대해 조사한 결과 89.6퍼센트가 '질병을 앓고 있다'고 답한 것으로 나타났다. 게다가 이들은 평균 5개의 질병을 가지고 있다고 답했다.[16] 그러나 이런 복합적인 질병에도 불구하고 '주기적인 병원 방문 및 건강 검진'을 하고 있다고 답한 비율은 10.9퍼센트에 불과했다. 개인적인 스케줄에서부터 단순한 귀찮음까지 여러 가지 이유로 건강 검진을 소홀히 하는 경

우가 상당히 많다. 과연 이런 부분을 해결할 방법이 없을까? 사람들이 현상을 유지하려고 하는 현상 유지 편향status quo bias을 이용해보는 건 어떨까? 물론 국민건강보험공단에서 실시하는 건강 검진이 있긴 하지만 그것은 현상 유지 편향을 활용한 방식이라고 보기는 힘들다. 건강 검진을 실시할 때, 서류를 작성하는 과정에서 자연스럽게 다음 건강 검진 자동 예약에 동의를 하도록 하는 것이다. 건강 검진을 받고 나면 자동으로 다음 날짜가 예약되기 때문에 예약된 날짜에는 건강 검진을 받으러 가게 될 것이다.(손준영 · 류창선)

각종 중독에서 벗어나게 돕는 넛지

(1) 스마트폰 중독 '시간 경과 알림 문구': '넌 얼마나 쓰니?'라는 스마트폰 중독 방지 앱은 스마트폰 사용 시간과 데이터 사용량, 앱 사용량을 확인할 수 있도록 해주고 하루 목표 사용량만큼만 스마트폰을 사용한 뒤 스마트폰과 설정 앱을 잠글 수 있도록 도와준다. 하지만 이러한 앱은 본인 스스로 설치해야 한다는 한계가 있다. 즉, 스마트폰 사용을 제한하고자 하는 자발적 행동이 필요한 것이다. 그러나 중독은 자기 절제가 없다는 것을 의미한다. 스마트폰 중독 방지 앱은 대부분 학생이나 아이를 대상으로 한 경우가 많은데, 부모의 강요에 의해 어쩔 수 없이 내려받아야 하기 때문에 반항심이 발생할 수도 있다. 게다가 제약을 받던 아이가 성인이 되었을 때, 얼마든지 다시 스마트폰 중독에 빠질 수 있는 위험성이 존재한다. 따라서 이는 궁극적인 해결 방법이 아닌 '눈 가리고 아웅 하기' 식의 대처법밖에 되지 않는다. 대부분

의 스마트폰 중독자들이 하는 이야기가 있다. "시간 가는 줄 몰랐다"는 것이다. 중독이 되거나 집중을 하게 되면 시간이 얼마나 경과했는지 모른다. 그렇다면 자신이 지금 얼마나 많은 시간을 스마트폰에 할애하고 있는지 알려준다면 어떨까? 이는 현재 온라인 게임에서 이미 사용하고 있는 방법이다. 대부분의 온라인 게임은 1시간 간격으로 사용 시간과 '과도한 게임은 건강을 해칠 수 있다'는 알림문을 띄운다. 이를 통해 사람들은 자신이 몇 시간 동안 게임을 했는지 쉽게 파악할 수 있으며, 실제로 경고문을 보고 게임 시간을 절제했다고 말하는 사람들이 많다. 하지만 온라인 게임 못지않게 심각한 중독 문제를 가져온 스마트폰에는 현재 이러한 경고문이 전혀 뜨지 않는다. 스마트폰에도 온라인 게임과 같이 과도한 사용을 절제해야 한다는 경고문이 필요하다. 하루를 기준으로 했을 때, 1시간 간격으로 알림을 통해 스마트폰을 사용 시간을 제공하는 것이다. 스마트폰을 연속해서 사용하는 경우, 20분 간격으로 알림을 받게 하는 것도 생각해볼 수 있다. 그러면 게임과 똑같이 중독과 시간 경과에 대한 경각심을 갖게 될 것이다. 여기서 중요한 점은 앞으로 출시될 휴대폰 기기 자체나 권장 앱 등을 통해서 누구나 사용하게 하는 것으로, 이를 위해선 알림 기능을 기본 값으로 설정해야 한다. 옵션을 해제하거나 앱을 삭제하지 않는 이상 누구나 다 알림을 받아볼 수 있도록 하기 위해서다. 또 평균 기상 시간을 8시로 정해 놓고 저녁 시간 때는 알림과 함께 '지금 자면 ○○시 ○○분밖에 못 잡니다' 등의 문구를 같이 띄우도록 한다. 물론 평균 기상 시간도 설정이나 해제를 가능하게 한다.(김준희 · 최유진)

(2) 스마트폰 보관함 설치: 친구와 단 둘이 밥을 먹는 상황에서도 스

마트폰을 손에서 놓지 않는 경우가 많다. 사람과 마주해도 스마트폰 속 여러 오락거리에서 헤어 나오지 못하는 것이다. 이렇게 스마트폰 속 세상에 빠져서 현실의 커뮤니케이션을 등한시하는 사람들을 바꿀 수는 없을까? 이와 같은 생각에서 착안한 게 바로 음식점, 카페 등 여럿이 앉아서 만남을 갖는 장소에 스마트폰 보관함을 만들자는 아이디어다. 테이블 옆 혹은 아래에 서랍 형식으로 달린 수저통처럼 간단하게 스마트폰을 보관할 수 있는 공간을 만든다. 그리고 그 옆에 문구까지 하나 넣는다. '휴대전화는 항상 곁에 둘 수 있지만 지금 당신 앞에 있는 사람은 그렇지 않습니다.' 이렇게 보관함과 문구를 설치한다. 이렇게 하면 여러 음식이나 음료가 놓이는 테이블 위에 스마트폰을 두기보다는 스마트폰 보관함에 편하게 넣으려는 사람들이 생길 것이다. 보관함을 열어서 스마트폰을 넣어 놓게 되면 화면의 반짝거리는 알림을 신경 쓰지 않게 될 것이고 스마트폰 이용 시간도 조금이나마 줄어들 것이다. 또, 스마트폰을 보려면 다시 보관함을 열어 꺼내야 하는 불편함을 감수해야 하기 때문에 스마트폰 사용 시간은 더욱 줄어들 것이다. 결과적으로 스마트폰 보는 시간을 줄이고 내 앞의 상대를 좀더 바라보고 대화할 수 있게 된다.(유의건)

(3) PC방에 거울 설치: 내 또래 친구들은 PC방에서 시간을 보내는 것에 익숙하다. PC방의 장점은 사이버 게임이나 SNS 등을 자유롭게 이용할 수 있고 칸막이가 설치되어 있어 개인 공간이 생긴다는 점이다. 하지만 자유로운 만큼 서로 욕설이 난무하며 게임이 잘 풀리지 않으면 주변 사물에 화를 표출하는 모습도 많이 볼 수 있다. PC 이용 시간이 길어질수록 자세가 비뚤어져 건강에도 좋지 않다. 여가를 좀더

좋은 환경에서 건전하게 즐길 수 있는 방법이 있지 않을까 하는 생각에서 다음과 같은 아이디어를 떠올려봤다. PC방 칸막이 옆면에 자신의 모습을 볼 수 있는 거울을 설치한다. 거울을 통해 PC를 이용하는 도중 화를 내거나 욕을 내뱉는 자신의 모습을 보게 한다면 자연히 부정적인 감정을 줄이려고 노력할 것이다. 또 가상세계에 몰입하는 것을 방지하는 효과도 줘 게임 속의 캐릭터와 현실의 자신을 구분할 수 있게 도와줄 것이다. 이렇게 된다면 조금 더 건전한 PC방 환경이 될 것이다. PC 이용 시간이 길어질 때도 자신이 어떤 자세로 컴퓨터를 이용하고 있는지 볼 수 있기 때문에 자연스럽게 더 바른 자세로 컴퓨터를 이용하려고 할 것이다.(이서희 · 윤주혜 · 정은영)

(4) 불법 도박의 구조에 대한 가시성 확대 방안: 현재 우리나라 국민들은 인터넷의 빠른 발달과 대중화로 많은 정보를 받아들이고 있다. 불법 스포츠 도박 사이트 정보 또한 무분별하게 인터넷 이용자들에게 전달되고 있어 어른들뿐만 아니라 청소년들까지 불법 스포츠 토토에 빠져들고 있는 상황이다. 불법 스포츠 토토가 배당률이 높을 뿐만 아니라 한도액이 10만 원인 공식 스포츠 토토에 비해 한도액이 없어 많은 사람들이 불법 스포츠 토토를 찾고 있다. 이를 막기 위해 매년 스포츠 토토 공익 캠페인 광고를 스포츠경기 중간중간에 내보내고 있지만 효과는 미비해 이 문제 해결에 '넛지'를 활용해보고자 한다. 불법 스포츠 토토 문제는 다른 사람들에 비해 자신은 성공할 거라는 생존 편향과 비현실적 낙관주의에서 기인하는 것으로 보인다. 따라서 도박의 부당한 구조에 대한 가시성을 확대해 불법 스포츠 토토에 대한 사람들의 생각을 바꾸게 하는 것이 필요하다. 도박판에는 돈을 잃을 수밖

에 없는 수학적 구조가 존재하는데, 그게 바로 '환급률'이다. '환급률'이란 매 게임이 끝난 후에 세금과 운영비를 제외하고 도박을 한 당사자에게 배당금으로 돌아가는 돈의 비율을 말한다. 일반적으로 카지노는 82~83퍼센트, 경마는 73퍼센트, 스포츠 토토는 50~70퍼센트를 고객에게 돌려준다. "10만 원을 배팅해 5~7만 원을 되돌려 받는 불법 스포츠 토토?" 같은 느낌의 공익광고 문구를 앞세운 공익 캠페인을 통해 이것을 대중들에게 알려야 한다. 기본적으로 손실을 기피하는 성향을 가진 대중들에게 기존의 효과가 미비했던 계몽적 설득보다는 '환급률'이라는 정보의 전달을 통해 우회적으로 불법 도박을 하지 않도록 설득한다면 효과를 볼 것으로 기대한다.(김상인)

(5) 쇼핑 욕구를 약화시키는 법: 구매 충동은 슬프고 외로운 감정이 들 때, 화가 날 때, 그리고 좌절감을 느낄 때 주로 일어나므로, 쇼핑 중독을 예방하기 위해서는 먼저 정신적, 육체적 스트레스를 줄이는 것이 필요하다.[17] 쇼핑할 때 느끼는 만족감은 행복을 느끼게 해주는 뇌 속 신경전달물질인 도파민과 세로토닌의 영향 때문에 발생하는데, 몸이 이를 기억해 자꾸 유사한 방법인 쇼핑으로 분비시키도록 부추기는 것이다. 과도한 쇼핑 욕구를 단칼에 제어하는 것은 힘들 수 있다. 그렇다면 충동구매 욕구가 치솟는 바로 그때, 잠시 '유예 기간'을 둔다고 가정하고 구매 여부를 일정 기간 생각해보는 것도 좋은 방법이다. 세로토닌 '응급 처치'를 위해서는 손바닥으로 몸 곳곳을 두드려 혈액 순환을 시키거나 심호흡을 하거나 운동을 하는 것만큼 좋은 방법은 없다. 이때 운동을 제대로 해보겠다는 욕심으로 고난도 무용학원 등을 끊는 경우가 있는데, 오히려 정해진 동작을 외우고 소화해야 한다는 것이

또 다른 스트레스로 작용할 수 있다. 그러니 집에서 간편하게, 어렵지 않게 반복할 수 있는 것부터 찾는 게 우선이다.(하나현 브레인 트레이닝 심리상담센터 원장/정신과 전문의)[18]

제 7 장

*

매너 넛지

***

Nudge

공공장소의 소음을 줄이기 위한 넛지

(1) '베개 퍼포먼스'로 소음 줄이기: 서울 연남동의 한 공원은 늦은 밤에도 거리 공연과 술 취한 사람들의 고성방가로 인근 주민들이 고통받던 곳이었다. 하지만 지금은 조금씩 평화로운 일상을 되찾고 있다고 한다. 한 공공 문제 예술가가 2016년 여름부터 '잠들고 싶다'는 주민들의 마음이 담긴 베개를 공원 곳곳에 매달아 놓은 뒤 변화가 생긴 것이다. 공공소통 아티스트인 젤리 장은 이렇게 말했다. "주민들이 살고 있다는 걸 모르고 있더라구요. 베개 퍼포먼스를 통해서 늦은 밤에는 조용히 해 달라는 메시지를……."[1]

(2) "300개의 입, 600개의 귀"라는 표어: 버스, 지하철, 기차 안에서 크게 통화하는 사람들이나 큰 소리로 대화를 나누는 사람들 때문에 고통스러웠던 적은 누구나 있을 것이다. 대중교통뿐만 아니라 도서관 등의 공공시설에도 이러는 사람들이 정말 많다. 지하철이나 기차의 좌석이 300석이라면 "300개의 입, 600개의 귀"라는 표어를 창가 쪽 잘 보이는 곳에 붙여놓아서 내 사생활을 담은 이야기를 모든 사람이 듣고 있다는 경각심을 들게 하는 건 어떨까.(이서희 · 윤주혜 · 정은영)

(3) 도서관에 소음 측정기 설치: 요즘 도서관은 시험 기간만 되면 중 · 고등학생, 대학생 할 것 없이 꽉꽉 들어차서 빈자리를 찾기 힘들 정도다. 이렇게 많은 사람들이 모인 도서관에서 자신은 조용히 한다고 생각을 할지 몰라도 집중을 방해하는 소음은 예상외로 많다. 물론 공공연하게 떠드는 소리나 아주 시끄러운 소음들은 '정숙해주세요' 같은 문구와 관습으로 제지되지만 사소하지만 짜증나고 신경 쓰이는 소리들은 어떻게 해야 할까. 나는 이와 관련해서 인문대학 어느 강의실 앞의 문구 때문에 아주 기분이 나빴던 경험이 있다. '그거 알아? 너만 떠들고 있어'라는 문구였다. 어떤 의도로 붙였는지는 바로 알 수 있었지만 전혀 의도대로 해주고 싶지 않은 그런 생각이 들었다. 오히려 반항심만 생겨서 더욱 떠들고 싶게 만드는 그런 이상한 문구였다. 이것을 보고 도서관이나 강의실 등 조용해야 하는 곳에서 사소한 소음을 줄이도록 부드럽게 활용할 수 있는 넛지는 어떤 것이 있을까 생각해보았다. 의자 움직이는 소리, 책장 넘기는 소리, 속삭이는 소리, 가방 여닫는 소리, 어떠한 움직임인지 알 수 없는 바스락거리는 소리 등 집중력이 잠시라도 흐트러지면 이러한 소리들로 머릿속이 가득 채워

진다. "이유야 어찌 됐건 각자 필요한 행동을 하느라 그런 것이겠지만 이러한 소리들을 좀더 줄일 수는 없을까?"라는 생각에서 출발한 아이디어다. 그것은 바로 몇 자리씩 구역을 정해 소음 측정기를 설치하는 것이다. 굳이 몇 데시벨 이하로 유지해달라는 문구라든지, 비행기 소리, 큰소리로 떠드는 소리 같은 것들이 몇 데시벨인지 비교표를 붙일 필요도 없다. 사람들은 자신의 행동이 내는 소리가 앞에 놓인 측정기에 수치로 표시되는 것을 보고 데시벨을 최소한으로 낮추려고 애쓸 것이다.(유의건)

(4) 도서관에 정숙을 유도하는 그림 붙이기: 도서관 벽에 그림을 그려 놓는 것도 좋은 방법이다. 예를 들어 아기가 곤히 잠자고 있는 그림이나, 불쾌한 표정으로 귀를 막고 있는 사람 사진 등. 즉, 봤을 때 자연스럽게 소리를 줄이게 되는 그림이나 사진을 걸어 놓는다면 도서관 이용자들은 자연스럽게 소음을 줄일 것이라고 기대할 수 있다.(손준영 · 류창선)

(5) 강의실 문 앞에 신호등 설치: 강의실에서 강의를 듣는 도중 복도에서 시끄럽게 떠드는 사람들을 종종 볼 수 있다. 수업이 일찍 끝나 다른 강의실을 신경 쓰지 않는 사람, 강의에 지각을 한 사람, 급한 일이 있는 사람 등 다양한 이유가 있을 것이다. 이런 사람들은 대체로 수업하는 줄 알면서도 떠드는 사람과 무의식중에 떠들다 나중에 알게 되는 사람으로 나뉜다. 우리는 복도에서 떠드는 사람들의 대부분은 후자라고 생각하고, 소수의 전자는 남을 배려하지 않는 사람이라고 생각한다. 이 문제에 대해 우리가 생각한 넛지는 신호등이다. 가로로 된 빨간 불빛과 녹색 불빛의 미니 신호등을 강의실 문 앞의 벽면에 걸어 놓는

다. 이렇게 해 놓고 강의가 시작하면 신호등을 빨간 불빛으로, 강의가 끝나면 녹색 불빛으로 바꾸는 것이다. 그렇게 한다면 사람들은 복도를 지나다니면서 밝게 빛나는 신호등의 불빛을 보게 될 것이고 만약 수업 중임을 알리는 빨간 불빛을 보게 되면 자연스레 목소리를 낮출 것이라고 생각한다. 이러한 방법은 무의식중에 떠드는 사람들에게는 자신의 행동을 통제할 수 있게 해주고, 의도적으로 떠드는 사람들에게도 충분히 효과가 있을 것이라 생각한다. 또한 빨간 불빛과 녹색 불빛에 따라 사람들이 다르게 행동하는 모습은 게임을 보는 듯한 느낌을 주는 효과도 있기 때문에 사람들의 흥미를 유발해 사람들이 더 쉽게 그 행동을 취하도록 유도할 것이라고 기대한다.(김재희·윤신애)

(6) 영화관의 '관크'를 자제시키는 법: 요즘은 새로운 영화가 개봉하면, '일주일 만에 100만 관객'이라는 기사가 뜨는 게 이상한 일이 아니다. 그만큼 많은 사람이 영화관을 즐겨 찾는 것이다. 그러나 영화관을 사용하는 사람들의 에티켓 수준은 급속도로 떨어지고 있다. 영화관 민폐 관객의 유형을 나눈 게시물이 큰 공감을 모으고 있다는 게 이를 잘 시사해준다. 영화 관람 중 핸드폰을 하는 '반딧불이형', 음식물을 과한 소리를 내며 먹거나 냄새가 심한 음식을 먹는 '먹방 버스터형' 등 다른 관람객에게 피해를 주는 사람들이 영화관에 꼭 있다.[2] 이런 유형을 나누는 것을 넘어 영화 관람을 방해하는 모든 행위를 싸잡아 뜻하는 신조어 '관크'가 등장했다. 관객 크리티컬의 줄임말이다. 그래서 우리들은 영화 상영 전 관람 에티켓을 설명하는 영상을 보여주어도 에티켓을 시키지 않는 '관크'를 타깃으로 넛지 아이디어를 생각해 보았다. 관객이 바로 보이는 앞좌석 등받이 뒤에 사람 눈과 귀를 그려

넣는 것이다. 이 간단한 그림은 누군가가 자신의 행동을 보고 있다는 느낌을 주어서 무의식적으로 행동을 조절하게 만드는 역할을 할 것이다. 왜 영화관에서 에티켓을 실천하지 않는 사람들이 많을까? 자신의 몸을 감싸는 푹신한 의자와 캄캄한 어둠에서 홀로 빛나는 대형 스크린은 영화에 몰입할 수 있게 만드는 최적의 조건과 그 공간에 나 홀로 있다는 생각을 할 수 있게 만드는 최고의 환경을 제공한다. 눈과 귀가 그려진 간단한 그림은 핸드폰을 꺼내려고 할 때, 팝콘을 집기 위해 시선을 아래로 했을 때, 자신 혼자만 있는 공간이 아니라 모두가 같이 쓰는 공간이라는 것을 인식하게 해서 관크들의 행동을 멈칫하게 하고 더 나아가 멈출 수 있게 유도하지 않을까?(한상휘 · 이나라)

출입문에서의 안전과 배려를 위한 넛지

(1) 문에 종이 거울 부착: 뒷사람을 위해 출입문을 잡아주지 않는 사람들이 많다. 서울 교보문고 광화문점 유리문에 종이 거울을 부착했더니 거울에 비친 뒷사람의 모습을 본 보행자가 스스로 도어 홀더 역할을 했다고 한다.[3]

 (2) 화장실 유리문과 보행자의 충돌을 막는 방안: 1학년 때의 일이다. 학교에서 크게 다친 적이 있었는데, 다름 아닌 화장실 유리문에 부딪혀 발생한 사고였다. 나는 당시 일반적인 속도의 걸음걸이로 복도를 지나가고 있었다. 그때 화장실 안에서 누군가가 문을 세게 밀고 나왔던 것이다. 이 사고를 통해 나는 앞니 영구치 2개를 잃었지만, 도자기 재질의 새로운 치아 2개를 얻었다. 더불어 문의 앞뒤 방향을 체크

하고, 문 너머에 사람이 있는지 없는지를 반드시 확인하는 습관이 생겼다. 내가 겪은 고통을 남들도 겪게 하고 싶지 않은 마음이었다. 근본적으로 나와 상대방의 부주의로 인한 사고기도 했지만, 화장실 유리문이 열릴 때 복도의 3분의 1을 가로막는다는 점도 사고의 원인 중 하나였다. 그리고 이처럼 복도의 보행자와 충돌할 가능성이 있다면, 애초에 유리문을 화장실 안쪽에서 당겨서 열 수 있도록(복도에서는 밀어서 들어갈 수 있도록) 설계하는 것이 맞다. 하지만, 교내에 있는 대부분의 화장실은 화장실로 들어가는 입구가 따로 분리되어 있지 않은 복도식 형태의 구조로 되어 있다. 그리고 그 화장실에는 유리문이 설치되어 있으며, 밀고 당기는 방향의 구분이 없고, 똑같이 복도의 일정 부분을 침범한다. 언제든지 다시 발생할 수 있는 사고인 셈이다. 나는 이러한 사고의 재발을 방지하기 위한 방안으로 "문이 열리는 반경을 표시해주는 스티커"를 부착하는 것을 제안한다. 스티커는 화살표 방향으로 문이 열릴 수 있는 반경을 표시해주거나, 문이 열릴 수 있는 범위를 표시해주는 형식으로 부착한다. 이런 방법을 사용하면, 복도를 지나다니는 보행자들에게 '문이 열릴 수 있는 범위'를 알려줄 수 있기 때문에 자연스럽게 문을 피해가거나 조심하게 한다.(엄승현 · 김다혜)

(3) 당기시오/미시오 3D 스티커: 대부분 점포의 출입문에는 당기시오/미시오가 쓰여 있다. 보통 5~10센티미터 정도의 직사각형 스티커로 붙어 있거나 글로 쓰여 있다. 점포 밖에서 점포 안으로 들어갈 때는 당겨야 하는데 그 이유는 점포 안에서 나오려는 사람이 있기 때문이다. 그러나 사람들은 당기시오/미시오의 구분 없이 출입문을 이용한다. 당기시오/미시오의 문구를 봤다고 하더라도 이미 행동을 하고 있

으면 이를 무시하는 경우도 태반이다. 이를 어찌할 것인가. 점포를 출입하는 고객이 출입문을 열 때 매장 안쪽에 3D 스티커를 부착하면 자연스럽게 자기 쪽으로 문을 당겨서 출입을 할 것이다. 매장 바깥에서 매장으로 들어갈 때 3D 스티커을 본다면 매장 안(문 뒤)에 입체적으로 어떤 물체가 있다는 걸 인식하기 때문에 문을 당길 것이라고 생각했다. 점포마다 색다르게 3D 스티커를 부착한다면 당기시오/미시오의 효과도 올라갈 것이고 점포의 특색에 맞게 그림을 그리거나 스티커를 부착한다면 고객을 유인하는 작용도 할 수 있을 것이다. 예를 들어 술집이면 점포 안에 3D 술병 스티커를 부착하는 식이다. 3D 스티커는 출입문이 투명한 유리로 되어 있는 점포에 한해서 효과가 있으며 각각의 상황에 맞게 사용하면 된다.(김도하 · 이도언)

(4) 당기시오/미시오 유도법: 은행에서 '당기시오'라고 적힌 문을 힘차게 밀어서 당황했던 경험이 있는가? 문 밖의 사람을 보면서도 무의식적으로 문을 밀어본 경험은 누구나 한 번쯤은 있을 것이다. 은행에서는 문을 밀고자 하는 무의식을 이용해서 일부러 당길 수밖에 없는 문을 설치한다고 한다. 이처럼 무의식적인 행동에 넛지를 더해 사람들의 시선을 자극하고 쉽게 의미를 전달해 문을 당기게 만들어보자. 유리문의 경우 문 건너편 바닥에 동물이 위를 바라보고 있거나 아기의 모습을 트릭 아트 형식으로 부착한다. 작고 연약한 것을 보호하려는 무의식을 이용하는 것이다. 습관적으로 문을 밀던 사람도 동물이나 아이의 모습을 보고 그들을 위해 문을 당기지 않을까. 또는 문손잡이 부분에 활 모양의 그림을 부착해 활시위를 당기는 모션을 취하도록 하는 방법도 있다. 손잡이 부분이 팔씨름을 하는 모양이라면 어떨

까? 문을 잡아당기면서 팔을 넘기게 되어 마치 팔씨름에 이기는 것처럼 보이도록 하는 것이다. 이렇게 게임을 하듯이 문을 당기도록 유도한다면 단순히 문을 당겨 열라는 글귀가 없어도 사람들은 기분 좋게 문을 당길 수 있을 것이다.(손유경·이수완)

(5) 문손잡이를 통한 배려의 미학: 미닫이문은 잠금장치를 설치하기엔 다소 부적합하다. 그래서 인테리어 설계자들은 여닫이문을 많이 사용하게 된다. 공간 활용도 측면에서 협소한 공간에서 문을 열고 닫을 때는 무언의 규칙이 필요한 법이다. 보통 사람에게는 나가려고 문을 미려는 본능과 손잡이를 잡고 당기려는 본능이 존재한다. 당겨보고 안되니까 밀어서 나가는 경우를 살면서 한 번쯤은 겪게 된다. 사람들은 본능대로 하려다 보니 문에 붙어 있는 당기시오, 미시오를 보기 전에 당기거나 밀고 있다. 그러니 들어가는 문에만 손잡이를 붙이고, 나가려는 문에는 손잡이를 붙이지 않은 채 그냥 밋밋하게 둔다면 사람들은 자신이 받는 자극(신호)이 바람직한 행동과 일치하길 원하는 자극 반응 일치성을 겪고 별 탈 없이 문을 여닫을 수 있을 것이다. 한쪽에만 손잡이를 붙인다면 두 개 붙일 때보다 비용도 줄고, 자연스럽게 질서도 정연되는 효과까지 생기니 일석이조一石二鳥인 셈이다.(이회연·이정철)

(6) 문을 끝까지 닫게 하기: 사람들은 자신이 문을 열었지만 닫아야 한다는 생각을 종종 잊곤 한다. 강의실이나 흡연실, 화장실, 음식점 등의 공공장소나 사람들이 많이 이용하는 곳에서 문을 열어 놓고 닫지 않으면 그 장소 안에 있는 다른 사람들이 불쾌감을 느낄 수 있다. 특히 겨울에 문을 한번 열어 놓고 닫지 않게 되면 매서운 칼바람이 들어와

그 안에 있는 사람들이 고통을 받게 되는데, 이런 일은 정말 빈번하게 일어나고 있다. 이를 개선하기 위해서 문고리 위에 그림과 메시지를 도입하는 방안을 고안해보았다. 예를 들자면 〈겨울왕국〉의 안나가 혼자 쓸쓸히 외롭게 있는 그림과 "외로워……"라는 문구를 문고리 위에 부착해 놓는다. 그리고 올라프와 친구들이 안나 쪽으로 달려가는 그림을 문고리 옆 벽에 붙여 놓는다. 그렇게 하면 문을 열 때 이미 완성되어 있던 그림을 의식하게 되고, 완성된 그림을 갈라놓는 상황이 되기 때문에 자연스럽게 문을 끝까지 닫아야겠다는 생각을 유도할 수 있다. 마찬가지로 나가는 사람들도 볼 수 있도록 비슷한 유형의 그림을 문고리와 벽에 부착한다. 예를 들어 〈장화 신은 고양이〉의 그림과 함께 "뒤에 있는 친구 좀 도와주세요"라는 문구를 부착해 놓는다면 또 한 번 사람들은 그림과 문구를 의식하게 되고 문을 끝까지 닫으려는 행동을 할 것이다.(신찬호 · 한장희)

노상 방뇨 예방과 공중화장실 매너를 위한 넛지

(1) 노상 방뇨 방지 페인트: 도심 곳곳의 노상 방뇨로 골치를 앓아온 미국 샌프란시스코시가 2015년 7월 액체를 튕겨내는 특수 페인트로 건물 벽을 칠하기 시작했다. 노숙인이나 취객이 건물 벽에 소변을 보면 거울에 반사되는 빛처럼 소변이 튀도록 하기 위해서다. '누워서 침 뱉기'처럼 옷과 신발이 흠뻑 젖게 만드는 것이다. 노상 방뇨 대책으로 도입된 특수 페인트는 '울트라 에버드라이'로 불리는 것으로, 물에 젖지 않고 물을 튕겨내는 '초소수성超疏水性'을 지닌 연잎 표면에서 착안

해 개발되었다. 연잎 표면의 미세 돌기를 페인트 코팅에 도입해 물이 흡수되지 않고 튕겨 나오게 한 것이다. 그동안 주로 선박이나 자동차 표면에 쓰이던 이 페인트를 독일 함부르크시가 2015년 노상 방뇨 대책으로 벽에 칠했고, 이번에 샌프란시스코시가 도입했다. 샌프란시스코시 당국은 "벌써부터 '우리 동네 벽에도 칠해달라'는 요청이 쏟아지고 있다"고 했다.4

(2) 택시 기사를 위한 화장실을 확보하라: 2017년 4월 서울시가 택시운송사업조합 소속 3,109명을 대상으로 '화장실 이용 실태'를 조사한 결과에서 택시 운행 중 화장실 이용 불편 경험이 '많다' 또는 '매우 많다'는 응답자는 2,444명으로, 전체의 78.6퍼센트를 차지했다. 화장실 이용에 어려움을 주는 요인(복수 응답)으로는 가장 많은 75.7퍼센트가 '차량 주정차' 문제를 들었다. 이어 '인근 화장실 찾기 어려움'(34.6퍼센트), '승객 탑승, 승차 거부 오인'(25.1퍼센트), '화장실 관리자 측 이용 거부'(16.3퍼센트) 등의 이유가 꼽혔다. 경범죄에 해당하는 '노상 등 화장실 이외 장소라도 급할 때는 활용한 적이 있다'는 무려 73.8퍼센트로 높게 나타났다. 심지어 '소변 통을 차에 비치하고 유사시 사용한 적이 있다'(23.5퍼센트)도 4명 중 1명꼴로 빈번했다. 주유소 화장실과 관련해선 '주정차 문제를 해결할 수 있어 편리하다'는 긍정적 평가가 83.4퍼센트로 높았지만, '눈치가 보인다'(77.5퍼센트), '이용을 거절당한 적이 있다'(61.9퍼센트), '심야 운행 시 문 닫은 곳이 많다'(76.8퍼센트) 등 부정적 평가도 꽤 많았다. 서울시는 택시 기사의 화상실 불편을 해소하기 위해 25개 자치구에 공문을 보내, 24시간 주유소가 화장실을 개방할 때 화장지나 비누 등 물품 지원을

가능한 범위 내에서 늘리도록 협조를 요청하기로 했다. 서울시 관계자는 "주유소 설치 요건에 공중화장실을 설치하도록 돼 있지만, 개인 시설물이고 24시간 운영하는 곳이 아닌 경우 개방에 소극적일 수밖에 없다"며 "주유소 등 공중화장실 개방 의무, 사용 제한 시 과태료 부과 등 처벌 규정 신설 등 관련 법률 개정을 지속 건의하겠다"고 말했다.[5]

(3) "저에게 쓰레기를 버리지 말아주세요": 요즘 밖에서 화장실을 이용하면 화장실 벽면에 휴지나 쓰레기를 변기에 넣지 말아달라는 문구를 쉽게 찾아볼 수 있다. 하지만 이러한 벽면의 문구가 쉽게 사라지지 않고 계속 남아 있는 것을 보며 사람들이 그런 문구를 보면서도 변기에 휴지나 쓰레기를 넣는다는 것을 알 수 있고, 실제로도 그런 문구를 무시한 사람들 때문에 이물질로 막혀 있는 변기들을 많이 볼 수 있다. 사람들이 변기에 휴지나 쓰레기를 넣는 행위를 그러한 문구로만 억제시키기에는 무리가 있다는 생각이 들었고 그렇다면 어떠한 방안이 있을지에 대해 생각해보았다. 3개의 문구를 사용하는 방법이다. 처음 문구는 화장실 문 바깥쪽에 붙이고, 두 번째 문구는 화장실 문을 열고 들어갔을 때 보이는 변기 위의 벽면에 붙인다. 마지막 문구는 변기에 앉았을 때 보이는 화장실 문 안쪽 벽에 붙인다. 변기가 말하는 것처럼 해서 첫 번째는 '저에게 쓰레기를 버리지 말아주세요', 다음 두 번째는 '버리실 거예요?', 마지막에는 '안 버리실 거죠?'로 문구를 만든다면 효과가 있을 것이라 생각한다.(김재희·윤신애)

(4) 자동차 액셀 모양의 발판 설치: 요즘에는 공중화장실을 깨끗하게 이용하려는 사람들이 많이 늘어나고 있지만 공중화장실의 특성상 한 번 온 사람이 다시 또 오는 경우가 드물기 때문에 공중화장실의 변

기에서 볼일을 보고 물을 안 내리는 사람들이 존재한다. 공중화장실의 변기는 더럽기 때문에 물을 내릴 때 사용하는 부분 역시 더러울 거라고 생각하는 사람, 공중화장실에서 물 내리는 것이 귀찮아서 그냥 가는 사람 등 변기 물을 내리지 않고 가는 사람들의 유형은 다양하다. 그래서 자동차 액셀 모양의 발판을 만들어서 발판을 밟아서 물을 내리는 방법을 생각했다. 공중화장실이 더럽다고 느끼는 사람들은 손이 아니라 발을 이용하기 때문에 물을 내릴 것이며, 물 내리는 것을 귀찮아하는 사람들은 자동차 액셀 모양의 발판을 보고 밟고 싶다는 충동을 느껴서 자연스럽게 물을 내리고 갈 것이다.(서재원 · 김재욱)

(5) 멀리 뻗지 않아도 돼요: 공중화장실을 이용해본 사람이라면 한 번쯤 타인의 배설물을 본 경험이 있을 것이다. 그럴 때마다 왜 물을 내리지 않았는지에 대한 이유가 궁금해지기 마련이다. 물을 내리지 않은 이유에는 여러 가지가 있을 수 있겠지만, 내리는 것을 잊어버린 채 그냥 나간 사람도 많을 것이다. 문제 해결 방안에는 두 가지가 있다. 첫 번째로는 물을 내리지 않았을 경우에 바닥에서 빨간 불빛이 들어오게 하는 것이다. 빨간 불빛은 행여나 뒤처리가 되지 않은 화장실에 들어오는 사람에게 알림 역할을 해 불편함을 줄일 수 있을 것이다. 두 번째로는 물을 내리는 버튼을 사람들의 눈에 쉽게 띄는 공간으로 옮기는 것이다. 예를 들어, 화장지 밑이나 사람들의 눈높이 부근에 버튼을 설치한다면 뒤에 있는 손잡이를 사용하는 것보다 사람들이 물을 내려야 한다는 생각을 더 적극적으로 할 것이다.(곽상아 · 오상원)

(6) 공용화장실 변기 커버 내리기: 남자 화장실과 여자 화장실이 구분되어 있는 곳이 대부분이지만 몇몇 공원이나 음식점 혹은 카페엔

남녀 공용 화장실이 더러 존재한다. 문제가 되는 공용 화장실은 바로 남성용 소변기가 없는 화장실이다. 이 경우 남녀 공통으로 사용하는 좌변기만 있는데, 문제는 남성과 여성이 소변을 보는 자세가 다르다는 점에서 출발한다. 남성이 좌변기에 소변을 보면서 커버를 올리지 않으면 소변이 커버 위에 묻는다. 이는 이어서 화장실을 사용하는 사람에게 위생상, 미관상 좋지 않은 상황으로 이어진다. 따라서 이 공용 화장실의 변기에 남성들이 소변을 보기 앞서 커버를 의식적으로 올릴 수 있도록 하는 일종의 '장치'를 고안하고자 한다. 보통 소변을 보는 남성들의 시선이 변기 등받이에 닿으므로 이곳에 카피를 적어 놓는 것이다. 가령, "오발탄은 용납하지 않습니다"라거나 "청량한 폭포수를 제게 뿌리진 마세요" 등의 유쾌한 카피를 통해 커버를 올리는 것에 대해 의식하게 하고, 동시에 변기 안쪽에 양궁 과녁처럼 색을 입혀서 정 가운데 '10점'을 맞출 수 있도록 유도하는 것이다.(신찬호 · 한장희)

(7) 매직미러 화장실: 작년 여름방학 때의 일이다. 여행을 1박 2일로 자주 다녔다. 그러다가 서울에서 전주로 오려고 하는데 큰일이 너무 보고 싶었다. 그래서 고속버스 터미널 화장실에 갔는데, 사람이 다 차 있었다. 기다리면서 '제발 빨리 나와 주세요. 아, 진짜 급하다' 등의 생각을 했다. 한 번쯤 경험을 해 보았을 것이라고 생각을 하지만, 정말 나오기 직전의 상황이었다. 그렇게 힘들게 기다리다가 사람이 나왔다. 그래서 들어갈 때 '와 정말 감사합니다. 다행이다' 하고 들어갔다. 그런데 들어가서 힘을 한 번 주니까, 밖에서 기다릴 때 했던 생각이 다 사라졌다. '아 몰라. 이제 이 화장실은 내 거다. 천천히 보다가 나가야지'라는 생각을 하면서 페이스북을 하는 있는 나를 발견했다. 그래서

'사람이 참 간사하구나'라는 생각이 들었다. 이런 점을 어떻게 해결하면 좋을까? 그래서 생각해낸 것이 매직미러 화장실이다. 안에서는 밖이 보이고 밖에서는 거울인 매직미러를 사용해서 문을 만드는 것이다. 화장실 문 아래 부분을 매직미러로 해서 안에서는 밖의 사람 발 정도까지만 보이게 하면 안에 있는 사람은 밖에 사람이 기다리고 있다는 것을 바로 알 수 있다. 또 일을 보는 사람은 노크만 들었을 때보다 기다리는 사람의 발이 직접 보일 때, 더 빨리 일을 보는 효과가 있을 것이라고 생각했다. 매직미러는 화장실 순환을 빠르게 하는 효과를 가져올 것이다.(김도하 · 이도언)

(8) 화장실을 미소 훈련장으로: 한국인은 정말 미소가 없다. 나만 해도 사진들을 보고 있노라면 '어쩜 저렇게 입꼬리가 내려가 있나' 생각을 할 정도니 말이다. 중앙 도서관 엘리베이터에 누군가가 웃고 있는 그림과 함께 "웃자!"라고 쓴 종이를 꽂아 놓았다. 청소 아주머니가 그걸 보고 안 치운 걸 보니 전북대학교 학생들이 웃음이 없긴 없나보다. 그 그림을 본 순간 나를 포함한 친구들이 자동으로 입꼬리를 올리며 미소를 지었다. 대개 화장실 거울은 손 씻으면서 보게 되는데 쓸데없이 크다. 그렇다면 정말 필요한 부분만 남겨 놓고 그 거울을 기준으로 삼아 거울 양옆에 미소를 짓지 않은 이모티콘과 미소를 지은 이모티콘을 붙여서 시각적으로 피드백을 주는 건 어떨까? 자신의 어두운 얼굴이 옆에 붙어 있는 웃는 이모티콘과 시각적으로 비교가 될 것이다. 사람들은 자신과 남을 비교하는 것을 인정하지 않으려 하지만 비교는 무의식적으로 이루어지기도 한다. 이제는 촌스럽게 "웃읍시다! 전대인 웃으면 복이 옵니다!"라는 식의 고리타분한 표어를 붙인다고 들을

20대가 아니다. 시각적으로 "너희 얼굴을 봐. 왼쪽(찡그린 얼굴)을 고를래? 오른쪽(웃는 얼굴)을 고를래?"라는 메시지를 주면서 선택하게 하는 게 더 효과를 거둘 것이다.(이회연·이정철)

도서관 질서와 매너를 위한 넛지

(1) 공백 시간표 도입: 2017년 6월 국민대학교 법대 학생회는 1학기 기말고사 기간 중 법학관 열람실에 '공백 시간표'를 도입했다. 열람실 '사석화'를 막기 위해서다. '사석화'는 학생들이 공유하는 열람실 좌석을 마치 개인 좌석인 것처럼 장기간 짐을 두고 비우는 행태를 꼬집는 말이다. 시간표 도입 이후, 학생들은 자리를 비울 때마다 시간표에 자신의 이름과 자리를 비우는 시간을 써 넣는다. 공백 시간이 지난 뒤에도 자리가 비어 있으면 학생회가 짐을 치운다. 평소 열람실을 애용하는 법대생 김대중(20)은 "자리가 없어서 친구들한테 자리가 있는지 물어보거나 아예 이용하지 못할 때도 많았는데 공백 시간표를 도입한 뒤부터는 좌석 구하기가 쉬워졌다"고 말했다.[6]

(2) 잠수카드 도입: 고려대학교 자유전공학부 학생회도 학생들에게 학내 해송법학도서관 이용 시 '잠수카드' 작성을 요청하고 있다. 자리를 비워야 할 때 포스트잇에 이름, 공백 시간, 전화번호를 적는 방식이다. 부산의 동아대학교 생명대·자연대 등은 자리를 비우는 사람이 스티커를 부착하고 스티커를 부착하지 않은 자리는 학생회가 짐을 거두어 가는 방식을 택했다. 고려대학교 자유전공학부 김민식(20)은 "지난해 겨울 기말고사까진 아무런 제재가 없어 밤에 짐을 놓고 다음 날

아침에 차지하는 학생도 많았다"며 "잠수카드를 도입한 뒤, 가방만 둔 채 자리를 비우는 이들이 많이 줄었다"고 말했다. 김남균 국민대학교 법대 회장은 "시험기간이 되면 좌석이 많이 부족하다는 걸 체감한다"며 "좀더 체계적인 관리를 위해선 전자 좌석 발급기 설치와 1인 좌석 확대 등이 필요하다"고 말했다.[7]

(3) 좌석 배정 확인증의 문구 바꾸기: 현재 전북대학교 중앙 도서관 좌석 배정 확인증 맨 밑 부분에는 '퇴실 시 좌석 배정을 반납해 주시면 다른 사람의 이용에 도움이 됩니다'라는 문구가 쓰여 있다. 그러나 야속하게도 좌석 반납을 하지 않고 나가는 학생들이 많다. 특히 시험 기간일 때 중앙 도서관을 가보면 텅텅 비어 있는 자리가 심심찮게 보이는 데도 발권 현황을 확인해보면 만석인 경우가 많다. 이에 불만을 가진 학생들이 많아서 중앙 도서관 모바일 게시판에는 좌석 사용이 끝났을 때 반납을 꼭 하고 가라는 불만의 게시물이 꾸준히 올라온다. 학생들의 좌석 반납 실천을 높이기 위해서는 어떻게 하는 것이 좋을까? 이에 대한 내 아이디어는 다음과 같다. 좌석 배정 확인증의 문구를 바꾸는 것이다. 예를 들어 기존의 문구 대신 '전북대학교 학생의 86퍼센트는 좌석 반납 버튼을 잊지 않고 누르고 갑니다', 또는 더 자세하게 '○○○ 학생! 전북대학교 ○○대학 소속 학생들은 중앙 도서관 자리 열람 후 반납을 가장 잘하는 단대입니다' 등을 넣는 것이다. 혹은 열람실의 잘 보이는 곳에 이런 문구를 써 놓을 수도 있다.(조인성·이하자)

(4) '아 맞다 좌석 반납': '아 맞다 좌석 반납'이라는 문구를 달면 미처 생각지 못했던 사람들이 이걸 보고 조금이나마 발권과 좌석 반납

에 신경을 쓰지 않을까 싶다.(이서희 · 윤주혜 · 정은영)

(5) 도서관 책상에 노란색의 줄 스티커: 고학년이 되다보니 도서관 출입률이 높아졌다. 과제나 공부를 위해 노트북 열람실을 자주 이용했는데 자리를 발권하고 가보면 옆에 앉은 학생이 내 자리까지 침범해 자신의 외투나 짐을 두고 사용하는 일이 다반사다. 이런 문제는 도서관 자치위원회의 작은 노력이면 충분히 개선 가능하다. 경고를 의미하는 노란색의 줄 스티커를 책상에 정확히 반 나눠서 붙여 놓으면 굳이 칸막이를 설치하지 않아도 노란 선을 건너는 무례한 팔꿈치나 방대한 책들을 피한 채 집중할 수 있을 것이다.(이회연 · 이정철)

남을 배려하는 매너를 위한 넛지

(1) 예약 부도에 위약금을 물려라: 2015년 10월 『조선일보』가 전국의 식당, 미용실, 병원, 고속버스, 소규모 공연장 등 5개 서비스 부문 100개 업체를 조사한 결과 손님이 예약해놓고 나타나지 않는 '예약 부도不渡' 비율이 평균 15퍼센트로 나타났다. 업계에서 '노쇼no-show'라 부르는 예약 부도율은 식당이 20퍼센트, 개인 병원 18퍼센트, 미용실은 15퍼센트에 달했다. 소규모 공연장은 10.1퍼센트, 고속버스는 12퍼센트였다. 이 같은 예약 부도로 발생하는 5개 서비스 부문의 매출 손실은 매년 4조 5,000억 원에 달할 것으로 추산되었다.[8] 이 문제를 어떻게 해결할 것인가? '오픈테이블OpenTable'이라는 앱은 미국 · 캐나다 등에서 3만 2,000여 개 레스토랑의 예약 서비스를 하고 있다. 오픈테이블과 제휴한 식당의 10퍼센트는 예약 때 신용카드 정보를 요구한다. 이들

식당은 무단으로 예약을 취소하는 고객에게 30달러(약 3만 5,000원)에서 200달러(23만 5,000원)까지 위약금을 청구한다. 4회 이상 '노쇼'가 누적되면 같은 아이디로는 더 예약을 할 수 없다. 이런 제도 덕분에 2015년 초부터 9월 말까지 이 앱에서 발생한 예약 부도율은 4퍼센트에 그쳤다.[9]

(2) 예약을 환기시키는 메시지를 보내라: 영국에선 병원 예약 부도로 인한 사회적 손실이 2012~2013년에 2억 2,500만 파운드에 이르렀다. 5개 병원의 2만여 환자들을 대상으로 한 실험에서 예약일 5일 전에 예약을 환기시키는 문자 메시지를 보낸 결과 예약 부도를 크게 줄일 수 있었다. 문자 메시지에 예약 부도 시 발생하는 사회적 손실이 160파운드에 이른다고 밝힌 경우엔 예약일만 환기시킨 경우에 비해 예약 부도율을 25퍼센트 더 줄일 수 있었다.[10]

(3) 예약 날짜와 시간을 스스로 소리 내어 말하게 하라: 로버트 치알디니Robert B. Cialdini 연구팀이 의사 3명의 진료실에서 실험을 했다. 진료 일정 확인 전화를 받은 환자들에게 통화를 끝내기 전 진료 날짜와 시간을 스스로 소리 내어 말하도록 요청했다. 이 사소한 요청으로 예약 부도율이 3퍼센트 낮아졌다.[11]

(4) 영화관 좌석 오른쪽 팔걸이 사용 유도: 2016년 10월 한 남성이 옆 좌석의 관객이 자신의 의자 팔걸이에 음료수를 놓았다며 시비를 일으키고 결국 주먹을 휘둘러 징역을 선고받은 사건이 있었다. 하지만 영화관에서 좌석의 팔걸이를 한쪽만 사용하라는 문구는 찾아볼 수 없다. 왼쪽 좌석에서는 오른 팔걸이, 오른쪽 좌석에서는 왼 팔걸이가 되는 이 팔걸이 때문에 양옆의 사람은 쟁탈전을 벌이게 된다. 이 쟁탈

전에서는 대부분 먼저 온 사람 혹은 먼저 팔걸이의 음료꽂이에 음료를 꽂은 사람이 승리한다. 1인 1팔걸이를 사용하는 것이 영화관의 예절이라고 하지만 왼손잡이와 오른손잡이가 나란히 앉게 될 경우에 둘 중 한 명은 본인의 주로 사용하는 방향의 팔걸이를 포기하고 반대편을 사용해야만 할 것이다. 이 문제는 영화를 관람하는 중간에도 심기를 건드린다. 아무 생각 없이 영화를 보는 도중 음료를 마시려 팔걸이에 손을 올리면 옆 사람의 팔을 치는 경우가 종종 있다. 이 순간 친 사람, 당한 사람 모두 영화를 보는 몰입도가 하락한다. 나는 이렇게 매번 부딪히는 게 싫어 일부러 줄의 맨 끝자리에 앉는다. 맨 끝자리는 왼쪽이든 오른쪽이든 한쪽은 좌석이 없으므로 그쪽 팔걸이는 전적으로 나 혼자서 편하게 사용할 수 있기 때문이다. 그리고 끝 좌석이 매진되었다 하더라도 양옆에 사람이 없는 좌석을 선택하면 이러한 충돌을 피할 수 있다. 부득이하게 끝 좌석도, 옆이 빈 좌석도 없다면 팔걸이 쟁탈전을 피할 수 없는 것일까. 1인 1팔걸이 예절을 지키는 데 모두가 동의한다면 자연스럽게 오른쪽 팔걸이를 사용하게 유도하는 것은 어떨까? 바로 이 팔걸이에 오른쪽 손바닥 모양을 그려 놓는 것이다. 사람들은 이 모양을 보고 자연스럽게 자신의 오른쪽 팔걸이에 손을 올릴 것이다. 굳이 오른쪽을 택한 이유는 사람들은 무의식적으로 자신이 편한 방향을 사용하기 때문이다. 2013년 한국갤럽조사연구소가 '왼손잡이의 날'을 맞아 실시한 설문조사 결과에 따르면, 대한민국 성인 남녀 중 5퍼센트만 왼손잡이라고 하므로 영화관에서도 자신의 오른쪽 팔걸이를 사용하는 사람의 비율이 더 높을 것으로 추측한다.(이희연·이정철)

(5) 색깔로 게시판 정리하기: 게시판을 생각하면 형형색색의 포스터들이 불규칙적으로 덕지덕지 붙어 있는 모습이 가장 먼저 떠오를 것이다. 정보를 공유하고 얻기 위한 용도지만 정돈되지 않은 게시판은 오히려 많은 이들의 눈살을 찌푸리게 만든다. 어떻게 하면 게시판에서 자신이 원하는 정보를 효율적으로 선택해 볼 수 있을까? 색깔로 구역을 구분해서 좀더 정돈된 게시판을 만들어보는 것은 어떨까. 예를 들자면 빨강으로 구분된 구역에는 취업 정보를, 노랑으로 구분된 구역에는 공모전 정보를, 초록으로 구분된 구역에는 공연 등 문화 정보를 붙이는 것이다. 색을 통해 게시판의 구역을 정하고 정돈함으로써 효과적으로 정보를 보여줄 수 있으며, 게시판을 이용하는 개개인은 각자가 원하는 정보 색을 이용해서 선택적으로 정보를 얻을 수 있을 것이다. 색을 이용한 작은 약속 하나로 게시판 자체의 정돈뿐만 아니라 정보를 공유하는 과정 또한 정돈될 것이다.(손유경 · 이수완)

(6) "사람이 사물보다 높습니다": 2015년 2월 1일 LOUD는 '사물 존칭 사용 안 하기 운동'을 제안했다. 이에 동참한 국내 토종 커피 · 음료 브랜드 카페베네 · 파스쿠찌 · 망고식스는 잘못된 존대 표현을 해결하기 위해 '주문하신 커피 나왔습니다. 사람이 사물보다 높습니다'라고 적힌 컵 홀더를 만들어 사용하기로 했다.[12] 이에 대해 이종혁은 다음과 같이 말한다. "골목 카페에서 LOUD가 시도했던 컵 홀더의 메뉴 표기 공간에 사물 존칭을 쓰지 않는다는 지극히 단순한 표기 방식은 대로변의 프랜차이즈 카페로 확산되는 결과를 가져왔다. 컵 홀더의 메시지 표기 방식이 창의적인 것이 아니라 그동안 누적된 문제를 모두가 공감했기에 가능한 것이다. 가장 훌륭한 메시지의 소재는 공공문

제이며 최고의 매체는 이미 공중의 손에 들려 있는 어떤 것이라는 사실을 깨닫는 것이 공공 소통의 핵심이다."[13]

(7) 카페 계산대 앞 더치페이 문구 부착: "밥은 네가 샀으니 커피는 내가 살게!" 문구 자체는 정말로 별 볼 것 없다. 그저 계산대 앞에 문구 하나만 써서 붙여 놓을 뿐이다. 사실 이 아이디어는 지갑 사정이 빈약한 나의 절실함에서 묻어나온 이야기에서 시작한다. 소중한 사람들과 밥을 먹고 후식까지 턱 쏘면 그 얼마나 아름답고 멋진 미담이 완성되는가! 하지만 현실의 재정 문제는 호락호락하지 않다. 분명히 한턱 쏜 사람은 지갑 사정에 큰 타격을 입는다. 계산을 하려고 계산대 앞에 섰을 때 옆 사람이 이 문구를 본다면 계산의 주체가 바뀔 수도 있다. 계속 얻어먹기만 하려는 염치없는 사람이 아니라면 말이다. 돈 없는 청춘끼리 즐겁게 밥 먹고 깔끔하게 계산 분담을 하게 되면 우애도 더욱 돈독해질 것이다. 서로서로 재밌자고 만나는 건데 돈 계산까지 즐겁게 해결되었으면 하는 마음에 생각해본 사심이 듬뿍 담긴 넛지다. 지갑이 얇은 청춘들이여 힘내자!(강무진)

Nudge

*

제 8 장

행정·범죄 예방 넛지

***

Nudge

투표율을 높이기 위한 넛지

(1) 선거일 전에 투표 의향 묻기: 선거일 바로 전날에 투표할 의향이 있는지를 물어보면, 투표율이 무려 25퍼센트나 올라간다는 연구 사례가 있다. 게다가 '이번 선거는 예년에 비해 투표율이 올라갈 것으로 예상됩니다'라는 뉴스를 보여주는 것만으로 실제로 투표율이 크게 올라간다는 연구 결과도 있다.[1]

　(2) 2008 미국 대선 투표 홍보 영상 〈Don't Vote!〉: 9년 전 미국의 투표 독려 공익광고가 2017년 5월 장미 대선을 앞두고 인터넷상에서 다시 주목받았다. 이 영상은 스티븐 스필버그 감독이 2008년 미국 대

통령 선거를 앞두고 제작했다. 제목은 〈Don't Vote(투표하지 마세요)〉
다. 영상에는 톰 크루즈, 캐머런 디아즈, 스칼릿 조핸슨, 윌 스미스, 리
어나도 디캐프리오, 해리슨 포드 등 유명 배우들이 나온다. 촬영장에
서 스필버그는 배우들에게 "투표하지 마세요"라고 말하라 주문한다.
스필버그는 의아해하는 배우들에게 "다 생각이 있다"며 "예전에 이렇
게 했더니 수많은 사람들이 투표했다, 비꼬는 것sarcasting이니 괜찮다"
라고 설득한다. 이에 수긍한 배우들은 카메라를 보며 "투표하지 마세
요", "한 표는 소중하지 않다", "아무 쓸모없다", "당신은 이 나라에서
그냥 작디작은 한 개인일 뿐"이라고 말한다. 그러나 연기를 마친 배우
들은 못마땅한 표정이다. 결국 해리슨 포드는 "못 하겠다"며 감독의
부당한 요구를 지적한다. 그리고 "2000년 선거에서 537표가 결과를
바꿨다. 지금 나보고 한 표가 소중하지 않다고 말하라고? 이런 광고
는 나에게 통하지 않는다"라며 반박한다. 그제야 스필버그는 배우들
에게 마음속에 있는 말을 전하라고 한다. 배우들은 '사랑하는 사람을
위해서', '흑인이 백악관에 입성할 수 있도록', '총기 규제에 관심이 많
아서' 등의 이유로 투표를 하겠다고, 사람들에게 투표를 하라고 말한
다.(서지석 · 김유리 · 최민애)

  (3) '편의'를 고려한 투표소 위치 선정: 본래 투표 장소는 관공서 및
공공시설에 설치되기 마련이다. 그러나 일본의 사례를 보면 유권자들
의 생활양식 변화에 발맞춰 투표 장소 선정에서도 '편의'를 고려하는
것을 알 수 있다. 이미란 · 고선규의 「유권자의 투표 편의성과 일본 ·
미국의 사전투표소」(2016)라는 논문에 따르면, 일본의 시전투표소는
관공서 및 공공시설이 전체 사전투표소의 90퍼센트 이상을 차지하고

있지만 최근 대형마트나 쇼핑센터 같은 상업 시설에 사전투표소 설치가 증가하고 있다는 점이 특징이다. 이는 유권자의 투표 편의성 제고에 대한 인식이 높아지면서 유권자의 출퇴근·쇼핑 등 생활양식의 변화에 따른 것이다. 유권자들의 생활양식에 맞춰 투표 장소가 공공장소에서 상업 장소로 이동하는 사례는 미국에서 시행하고 있는 '드라이브 스루 사전투표소'와 '편의사전투표소' 등을 통해서도 알 수 있다. 드라이브 스루 투표Drive-Through Voting는 유권자가 자신의 차량에 탑승한 상태로 투표할 수 있는 방식을 말한다. 투표 진행 요원이나 선거 위원이 유권자 등록 여부를 확인한 후, 투표 절차를 진행한다. 드라이브 스루 투표는 ① 유권자의 차량 안에서 DREDirect-recording electronic voting system1로 투표하는 방식, ② 유권자가 자신의 차량을 이용해 직접 투표 기계에 접근하여 투표하는 방식, ③ 투표용지에 기표한 후 투표함에 넣는 방식 등이 사용된다. '편의사전투표소'는 유권자들이 점심 시간에 손쉽게 방문할 수 있는 근무지 주변 장소나 편의시설 등에 투표소를 설치하는 것이다. 실제 미국은 공공시설인 시청과 도서관, 대학 캠퍼스를 비롯해서 백화점이나 편의점 혹은 레스토랑 같은 상업적인 공간 등 유권자들이 접근하기 편리한 장소에 사전투표소를 설치하고 운영하고 있다.2 우리나라는 현재 공공기관 위주로 투표소가 설치되고 있는데 이는 투표소 방문을 유권자들로 하여금 물리적, 심리적으로 상당한 비용을 동반하는 일로 인식하게 만든다. 결국 이는 투표율 저하에 지대한 공헌을 한다. 결국 유권자들의 생활양식 변화에 맞추어 접근성과 편의성 높은 장소에 투표소를 설치하는 것이 투표율 상승에도 큰 영향을 미칠 것이다.(신찬호·한장희)

(4) 투표장 분위기 개선: 투표장을 딱딱하고 엄숙한 분위기보다는 사람들이 편안하게 놀러 나올 수 있는 분위기로 만드는 것이다. 우리가 투표하는 공간을 떠올려보자. 조용하고 한산하며 머릿속에는 빨리 투표하고 가자는 생각만 드는 그런 곳이다. 투표 날이 국민의 대표자를 뽑는 중요한 날이니 만큼 투표장을 사람들이 북적이고 활기가 넘치는 곳으로 탈바꿈시킨다면 청년 투표율, 더 나아가 전체 국민 투표율도 높아질 것이라고 생각한다. 내가 상상하는 투표장의 모습을 말해보자면 젊은이들이 친구, 애인, 가족들과 함께 와서 투표를 하고 난 뒤, 예쁘게 꾸며진 포토 존에서 투표 인증 샷을 찍어 올리고 저렴한 가격의 술과 맛있는 음식을 먹으며 후보자, 정치, 우리나라에 대한 이런 저런 이야기를 나누는 곳이다. 쉽게 말해 투표 날을 단순히 하루 쉬는 공휴일로 생각하는 사람들을 투표장으로 유도하는 것이다. 이렇게 한다면 사람들은 나라를 위한 투표뿐만 아니라 지인들과의 친목 도모를 위해 투표장을 찾게 될 것이다. 그리고 점차 투표와 선거에 대한 사람들의 인식이 변화하고, 투표율 또한 높아질 것이라고 생각한다.(김재희 · 윤신애)

(5) 투표 로또: 2016년 4월 7일 JTBC 〈썰전〉에 출연한 유시민은 "우리나라에서 투표율을 높이는 제일 효과적인 방법은 '투표 로또'다. 투표를 한 사람에게 일련번호가 적힌 증명서를 주고, 그걸 저녁에 추첨하는 것이다"라고 말했다. 이에 전원책은 "정말 유시민다운 발상"이라고 웃으면서 "복권 아이디어는 좋으나 진지한 정치 행위를 사행 행위와 결합하는 것이 으스스하다"고 말했지만, 이는 19대 대선에서 한 스타트업 개발자가 투표 독려를 위한 '국민투표로또(http://

voteforkorea.org)' 서비스를 시작하면서 현실이 되었다. 개발자들은 누리집에 "'국민투표로또'는 유권자들의 투표 참여를 독려하기 위한 캠페인"이라고 소개한 뒤, "투표 후 찍은 투표 참여 인증 사진을 통해 응모하면 추첨을 통해 투표 격려금 '최대 500만 원'을 선물로 드린다"고 제안했다. 당첨금은 국민투표로또에 공감한 시민이 낸 후원금으로 지급되는 방식이었다. 선거법 위반 우려에 대해 개발자들은 "중앙선거관리위원회 정치 관계법 질의를 통해 '국민투표로또 서비스는 투표 장려 서비스로 해석할 수 있어 선거법에 위반되지 않는다'는 답변을 받았다"고 밝혔다.[3]

(6) 투표 할인: 11월이 되면 유통업계는 대학수학능력시험을 치른 수험생들을 겨냥한 이벤트 마케팅을 시작한다. 백화점 · 복합 쇼핑몰을 비롯해 음식점 · 패밀리 레스토랑에서 패션 브랜드에 이르기까지, 할인 행사뿐만 아니라 1+1 등 파격적인 행사를 연다. 휴가 나온 군인들을 위한 할인 행사도 있다. 이를 원용한 '투표 할인'은 어떨까. 투표율 증진을 위해 사전투표를 했거나 투표 당일 투표를 하고 나온 사람들을 대상으로, 수험표나 휴가증처럼 '투표 확인증'을 배포하고, 그 확인증을 가지고 있는 사람들에게 특정 브랜드의 할인이나 증정품을 제공하는 행사를 하는 것이다.(서지석 · 김유리 · 최민애)

(7) 투표 인증 배지: 투표일만 되면 연예인과 공인들, 또 많은 국민들의 SNS는 선거 인증 글과 사진으로 활발하게 업데이트된다. 투표소 앞에서 사진을 찍거나, 손등에 투표용 도장을 찍고 사진을 찍어 인증하는 것도 하나의 유행이 되었다. 손등 위의 도장이 하나의 투표 인증처럼 인식되는 것이다. 그런데 좀더 확실하게 인증을 할 수 있도록 하

면 어떨까. 투표를 완료한 유권자에게 조그마한 배지Badge를 나눠 주는 것이다. 비록 옷깃에 거는 조그마한 배지일 뿐이지만 투표에 참여했다는 확실한 증거품이 될 것이다. 선거철마다 투표 배지를 모으는 것도 하나의 유행이 될 수 있다. 노년에 손자, 손녀에게 투표 배지 컬렉션을 보여주며 당당하고 부지런했던 유권자의 삶을 자랑해보는 것도 미래 유권자들을 위한 생생한 교육이 될 것이다. 또한 선거일에 투표를 완료한 배지를 가져온 사람들에게 영화관이나 음식점에서 할인을 해주는 것도 좋은 방법일 것이다.(엄하진)

(8) 정치 굿즈의 이용: '티셔츠 전쟁'. 2016년 미국 대선의 별칭이었다. 미국 유권자들은 지지하는 후보의 얼굴과 메시지가 그려진 티셔츠를 걸치고, 얼굴이 그려진 머그컵으로 커피를 마시며 정치를 논했다. 티셔츠 전쟁의 주인공은 '굿즈Goods'였다. '굿즈'란 원래 연예인 관련 파생상품을 뜻하는 단어다. 정치권에선 정치인과 관련된 다양한 상품들을 의미한다. '굿즈'는 선거 마케팅은 물론, 유권자들이 정치에 참여하는 방식에도 영향을 미친다. 단순히 컵 하나, 모자 하나로 치부하기 어렵다. '굿즈'는 후보의 메시지를 확산시키는 광고판 효과, '과잠(학과 맞춤 점퍼)'처럼 지지자들에게 일체감을 주는 결집 효과, 판매량을 통해 바닥 민심을 알아보는 척도 효과 등을 다양하게 지닌다. 무엇보다 합법적이고 투명한 선거자금을 모을 수 있는 후원금 창구 역할도 톡톡히 한다.[4] 특정 정당이나 특정 후보를 지지했던 미국의 굿즈와는 달리, 우리가 제안하는 굿즈는 '정치색을 밝히자'라는 의도보다는 '정치 참여를 유도하자'라는 의미를 가지고 있다. 특히 투표 독려 개념에서 일상생활에서 많이 쓰는 에코백, 텀블러, 보조 배터리, 핸드폰 충

전기, 핸드폰 케이스, 다이어리 등의 물품에 선거 날짜와 투표를 독려하는 문구를 적어 선거 홍보는 물론 투표에 참여하게끔 유도하는 방법이다. 해당 굿즈는 일반적으로 판매하는 다른 동일 물품에 비해 가격을 저렴하게 책정하거나, 선거철에만 구입할 수 있는 한정판 제품이라는 점을 강조하는 식으로 소장 욕구를 자극해 구입 및 정치에의 흥미 유발, 관심 유도, 투표 참여를 증진시킬 수 있다. 이 정치 굿즈를 판매하여 얻는 수익은 앞서 말한 '합법적이고 투명한 선거자금'으로도 사용할 수 있다.(서지석 · 김유리 · 최민애)

(9) 대학별 경쟁 심리를 이용하는 법: 노년층과 중장년층에 비해 투표율이 낮은 20대, 그중에서도 대학생들을 대상으로 한 캠페인으로, 예를 들자면 이렇다. "전북권 지역대학 중 2016년 4월 국회의원 선거 투표율. 전북대학교 ○○퍼센트, 전주대학교 ○○퍼센트, 우석대학교 ○○퍼센트입니다. 당신은 몇 퍼센트에 포함되나요?"이런 카피를 메인으로 영상을 만들어 지난 선거 투표율로 주변 대학생들과 경쟁 심리를 자극시켜 투표를 하게 하는 캠페인이다. 지역별 투표율을 가지고 비교 대상으로 삼으면 자칫 지역감정의 우려가 있기에 같은 지역의 인근 학교 학생들을 비교 대상으로 삼았다. 같은 지역, 비슷한 또래 집단을 비교 대상으로 삼아 유사한 측면이 많은 사람들과 자신을 비교하려 하는 심리를 이용한 것이다. 이를 통해 선의의 경쟁으로 인한 투표율 향상과 정치 참여라는 긍정적인 효과를 볼 수 있다. 다만 대학별 투표율 집계 방식과 투표 인증 방식의 구체화가 필요하다. 그리고 정치 참여보다는 경쟁의식이 과열되어 감정 때문에 참여할 수도 있다는 단점이 있다. 또한 대학생이 아닌 20대에게는 적용되지 않는 방법

이다. 그리고 투표 독려 캠페인의 대상이 지나치게 한정적이다.(서지석 · 김유리 · 최민애)

세금 징수를 원활하게 하기 위한 넛지

(1) "영국인 90%가 세금을 냈습니다": 2009년 영국 국세청이 세금 체납자에게 보내는 독촉장의 첫 줄에 "영국인 90%가 세금을 냈습니다"라는 한 문장을 추가하자 전년도에 비해 연체된 세금 56억 파운드(약 9조 3,000억 원)를 더 걷을 수 있었다고 한다. 사람들은 무언가를 믿거나 어떻게 행동할지 결정할 때 주로 다른 사람들을 살펴보고 따라 하는 경향이 있다는 '사회적 증거의 원칙' 때문이었다.[5]

 (2) 불안감과 동조 심리를 자극하라: 미국 미네소타주에서 납세자들에게 서로 다른 4가지 문구를 활용한 고지서를 보냈다. 첫 번째는 '세금은 교육, 치안, 화재 예방과 같은 좋은 일에 쓰인다'는 것이고 두 번째는 '조세 정책을 따르지 않으면 처벌을 받는다'였다. 세 번째와 네 번째는 '세금 납부에 대해 다음과 같이 도움을 준다'와 '이미 미네소타 주민의 90% 이상이 세금을 납부했다'라는 문구였다. 어느 고지서를 받은 납세자들의 세금 납부율이 가장 높았을까? '남들은 이미 다 냈구나……' 하는 불안감과 동조 심리를 자극한 네 번째가 가장 높은 자진 납세를 이끌어냈다고 한다.[6]

 (3) 납세자에게 작은 선택권을 주라: 납세자들의 가장 큰 불만은 세금이 쓰이는 과정에 관여할 수 없으며 자신이 어떤 혜택을 받는지도 전혀 알 수 없다는 점이다. 이 문제에 대해 미국에서 이루어진 3개의

연구 결과, 납세자에게 납세액의 일정 부분(10퍼센트 정도)의 사용 용도를 지정케 하고 납세 과정에 상징적 수준의 참여나마 이루어지게 하면 세금을 내는 것에 크게 만족해하는 것으로 나타났다.[7]

(4) "당신의 자동차를 잃을 수 있다"는 문자 메시지: 영국 세무 당국은 2010년 자동차 세금을 내지 않는 사람에게 소유자의 자동차 사진과 "당신의 자동차를 잃을 수 있다"는 문구를 함께 보내 세금 징수율을 33퍼센트나 높였다. 여기서 중요한 것은 고지서를 우편물이 아닌 문자 메시지로 보낸 것이다. 영국 정부는 세금뿐만 아니라 과태료에도 이런 방식을 확대하고 있다.[8]

(5) 서명을 서류의 끝이 아니라 앞부분에 하게 하라: 여러 실험 결과, 일반적인 서류는 작성 후 끝에 서명을 하게 되어 있는데, 이걸 바꿔 서명을 끝이 아니라 앞부분에 하게 했더니 정직한 답변을 하는 확률이 더 높아진 것으로 나타났다.[9] 댄 애리얼리Dan Ariely 연구팀은 이것을 소득세 신고에 적용하기 위해 미국 국세청 관계자와 접촉했다. 자신들이 제시할 세수 증대 방안에 무척 기뻐할 것이라 생각했지만, 반응은 영 딴판이었다. (국세청) "그런데 사람들에게 서류의 맨 앞부분에 서명을 하도록 요구할 경우 서류 자체는 법률적인 조건을 만족시키지 못할 수 있습니다. 서명은 서류에 기입한 정보가 정확한 것임을 확인하는 기능을 하거든요." (애리얼리) "그렇다면 서명을 두 번 하도록 하면 어떻습니까? 맨 앞에 한 번, 맨 뒤에 한 번 말입니다. 이렇게 할 경우 맨 앞에 하는 서명은 서약이나 마찬가지입니다." (국세청) "글쎄요, 혼란스럽지 않을까요?" 국세청은 이렇게 퇴짜를 놓았지만 한 대형 보험회사가 관심을 보여 정직하지 못한 보험금 청구를 줄이는 데

에 적용한 결과 적잖은 성과를 보았다.[10]

(6) 부서 간 칸막이 탓에 세금 수백억 덜 걷은 국세청: 2017년 7월 감사원에 따르면, 국세청은 2011~2015년 부동산 등기 자료 50만 3,000여 건을 전혀 활용하지 않는 등 부서 간 협조가 제대로 이루어지지 않는 바람에 세금 수백억 원을 덜 걷은 것으로 드러났다. 대법원으로부터 받은 부동산 건설·매매업자의 양도 거래 자료를 개인납세국과 자산과세국이 함께 활용해야 하는데도 어느 부서가 해당 자료를 처리해야 할지를 정하지 못했기 때문이다.[11] 따라서 이 경우엔 부서 간 칸막이의 문제를 극복하는 것이 곧 세금 징수를 원활하게 하는 방법이 될 것이다.(제10장 중 '조직의 칸막이를 없애고 성과를 높이는 넛지' 참고)

연금 가입과 저축 증대를 위한 넛지

(1) 서류 작성의 부담 해소: 세금 공제 등의 혜택에도 불구하고 2000년 대 중반까지 미국 근로자들의 퇴직연금 제도인 401k 가입률은 30퍼센트 수준에 머물렀다. 대책을 모색하던 정부는 근로자들이 퇴직연금 가입에 필요한 복잡한 서류 작성을 부담스러워 한다는 사실을 발견했다. 그래서 2006년부터는 근로자가 회사에 입사하면 자동으로 401k에 가입하도록 정책을 바꾸었다. 이후 근로자들의 가입률은 점차 증가해 2012년에는 70퍼센트를 기록했다. 이 정책은 지금까지도 성공적인 퇴직연금 활성화 정책으로 평가받고 있다.[12]

(2) 점진적 저축 증대: 미국 퇴직연금 제도에서 또 다른 넛지의 사례

는 바로 '점진적 저축 증대Save More Tomorrow'다. 누구나 은퇴 준비의 필요성은 공감했지만 당장 생활비를 줄여야 한다는 부담 때문에 저축을 늘리기가 쉽지 않았다. 이런 딜레마를 해결하기 위해 일부 기업은 새로운 시스템을 도입했다. 근로자의 봉급이 인상되면 퇴직연금 납입액이 자동으로 늘어나도록 했다. 프로그램 시행 초기 조사 결과에 따르면, 약 3년 4개월 동안 이 제도를 시행한 기업 근로자는 다른 근로자에 비해 월급 중 퇴직연금 납입액 비중이 4배 이상 높았다.[13]

(3) 목표 만기를 붙이는 펀드 이름: KB금융경영연구소의 '선택 설계를 활용한 금융상품 개발' 보고서에 따르면, 펀드 이름에 '2030년 목표 펀드' 식으로 목표 만기를 붙이는 것만으로도 목표 시점 전에 고객들이 환매하는 것을 막아 장기 투자를 유도할 수 있다.[14]

(4) 저축 효과를 생생하게 알리기: 구글은 퇴직연금 안내 메일에 '수입의 1퍼센트(혹은 10퍼센트)를 추가로 넣을 경우 어떻게 되는지'에 대한 메시지를 첨부했다. 그러자 이메일을 받은 직원의 27퍼센트가 불입금을 늘렸고, 평균 저축률도 늘어났다고 한다. 메시지 하나 덕분에 직원들은 퇴직 시 더 많은 돈을 받을 수 있게 되었다.[15]

(5) 연금저축 중도 해지 불이익 홍보: 경제 부진과 침체가 이어지면서 연금저축 계약을 중도에 해지하는 사람이 늘고 있는데, 세제 혜택이 많은 만큼 중도 해지 때 불이익이 크기 때문에 미리 따져볼 점들이 있다. 연금저축 상품을 중도에 해지할 경우 그동안 세액공제 혜택을 받은 '납입 원금'과 '운용 수익'에 대해 16.5퍼센트의 기타소득세(주민소득세 포함)를 내야 한다. 연말정산 때 연금저축 납입액에 대해 혜택을 받은 세액공제율 13.2퍼센트(최대 16.5퍼센트)와 비교하면 해

지 불이익이 더 큰 셈이다. 연금저축 가입 후 5년 이내 해지할 경우에는 '해지가산세'도 주의해야 한다. 세법 개정으로 2013년 3월 이후 연금저축 계약 시 해지가산세가 사라졌다. 그러나 그 이전에 연금저축에 가입했을 경우에는 해지가산세가 발생하는지 확인해야 한다. 만약 연금저축 납입을 계속하는 것이 어려운 상황이라면 중도에 해지할 것이 아니라 납입 중지, 납부 유예 제도를 활용하는 것이 좋다. 연금저축펀드와 연금저축신탁은 자유 납입 방식이므로 형편에 따라 납입 금액과 납입 시기를 조정할 수 있다. 계약이전제도를 통해 보험사에서 가입했던 연금저축보험을 증권사의 연금저축펀드나 은행의 연금저축신탁으로 변경할 수도 있다. 중도 해지 비율이 갈수록 높아지자 금융감독원에서는 연금 저축 가입률 제고 및 납입액 증대 등을 위한 방안을 마련하고 있다지만,[16] 가입자들이 좀더 쉽게 이해득실을 따져볼 수 있는 정보 제공이 급선무인 것 같다.

(6) 노령연금 가입을 위한 디폴트 변경: 한국에선 만 65세가 되면 노령연금을 받을 수 있고 경로카드를 만들어 쓸 수 있다. 헌데 현재 시행 중인 정책의 모습은 인터넷, 스마트폰에 익숙지 않은 노인들에게 다소 어려운 일처럼 느껴진다. 지하철을 무료로 이용하기 위해선 신한은행에 가서 카드를 발급받아야 하고, 노령연금을 받기 위해서는 주민센터에 가서 신청을 해야 한다. 그 전에 자신이 노령연금 수급 대상인지를 알아야 한다. 하지만 지역별로 신한은행이 드문 곳도 있을 텐데 카드 발급을 신한은행으로만 국한시켜 놓은 것은 이해할 수 없는 처사다. 또 잘 알지 못해 노령연금 신청 시기를 놓치는 사람도 적지 않을 것이다. 이러한 일련의 과정은 노인들에게 '불친절'한 행정이라고 할

수 있다. 따라서 금융투자업계에서 초기 기본 설정default의 중요성을 보여주는 대표적 케이스인 미국의 퇴직연금 제도 401k처럼 노인들이 주어진 혜택을 모두 이용할 수 있도록 행정상의 기본 설정을 변경할 필요가 있다. 노인들이 부담을 느낄 만한 복잡한 서류 작성 과정, 지역 형평성을 고려하지 않은 발급 은행 선정 등을 차치하고, 해당 나이가 되면 정부가 안내서를 발송 후 자동으로 가입시키는 기본 설정을 도입하는 것이다.(배동현·이주연)

범죄 예방을 위한 넛지

(1) '깨진 유리창'을 방치하지 말라: "만약 한 건물의 유리창 하나가 깨진 채로 방치된다면, 나머지 유리창들도 곧 깨질 것이다. 깨친 채로 버려진 유리창 하나는 누구도 돌보고 있지 않으며, 그래서 유리창을 더 깨도 문제될 게 없다는 신호다." 이른바 '깨진 유리창 이론Broken window theory'이다. 미국 스탠퍼드대학 심리학자 필립 짐바르도Philip Zimbardo, 1933~는 1969년 폐차 일보 직전의 자동차에 대한 사람들의 반응 실험을 통해 이 이론을 입증했다. 치안이 비교적 허술한 골목에 비슷해 보이는 자동차 2대를 일주일간 세워 두는 실험이었는데, 2대는 모두 보닛을 열어놓은 채였고, 그중 1대는 유리창 하나가 조금 깨진 상태였다. 일주일 후, 보닛만 열어둔 차는 거의 그대로였는데, 보닛을 열어놓고 유리창을 깨놓은 차는 쓸 만한 부품들을 누군가가 다 떼어가버렸고 낙서, 돌멩이, 쓰레기 등으로 엉망이 되어 있었다.[17] 네덜란드에선 이런 실험이 이루어졌다. 투명창이 있는 봉투 안에 5유로짜리

지폐를 넣고, 봉투가 우편함에서 절반쯤 삐져나오게 놓아두어 행인들이 지폐를 확실히 볼 수 있도록 한 후에, 이를 몰래 관찰한 실험이다. 일반적 상황에선 행인의 13퍼센트가 봉투를 슬쩍했지만, 우편함에 페인트로 낙서를 해놓거나 주변에 쓰레기를 뿌리는 등 무법의 징후를 추구하자 이 비율은 두 배로 증가했다.[18] 범죄 예방과 환경 관리가 무관치 않다는 걸로 이해하면 되겠다.

(2) 부산경찰청의 '마!라이트' 캠페인: 부산경찰청이 관할 내 취약 지역에서 진행하고 있는 '마!라이트' 캠페인은 환경이 지저분하거나 열악하면 범죄가 자주 발생한다는 범죄학 이론에서 착안해 환경 디자인을 통한 범죄 예방 솔루션(셉테드; Crime Prevention through Environmental Design)에 '부산'이라는 지역성을 덧입힌 것이다. 어두운 골목에 희망의 '빛'을 입히기 위해 인터랙티브 보행등을 설치하고 지나가는 보행자의 동작이 인식되면 "마!"가 튀어나오도록 했다. '마!'는 부산 시민 누구나 그 특유의 정서와 의미를 알 수 있는 부산의 지역성을 대표하는 말이다.[19]

(3) 다세대주택 가스관에 특수 형광물질: 창문을 열고 생활하는 여름엔 가스관을 타고 올라가는 스파이더 범죄의 위험성이 높아진다. 이에 서울시는 2017년 6월 초부터 17개 자치구 18개 구역의 다세대주택 3,600곳의 가스관, 창문, 에어컨 실외기 등에 특수 형광물질을 발랐다. 이 형광물질은 바르기 전엔 흰색 페인트처럼 생겼지만, 바르면 눈에 보이지 않는다. 효과는 도둑이나 강도가 만지거나 밟았을 때 나타난다. 만지면 끈적이지 않는 물질이 손과 발자국에 남게 되고 특수 조명을 비추면 지문과 족적을 채취할 수 있다. 시는 도포된 구역엔 경

고문을 부착한다. 서울경찰청에 따르면 2015~2016년 이 물질이 도포된 지역의 침입 범죄 발생률이 낮아졌다. 2017년 상반기엔 2015년 상반기 대비 27.6퍼센트 감소했다. 서기용 서울경찰청 생활안전계장은 "특수 형광물질을 바른 곳에 붙이는 경고문이 범인들을 심리적으로 위축시켜 범죄 예방 효과를 낸 것으로 판단하고 있다"고 말했다.[20]

(4) 우범지대에 야광 페인트 활용: 우범지대에는 대부분 가로등이 없으며 있다 하더라도 잘 작동하지 않는 경우가 많다. 그래서 벽에 야광 페인트를 이용하여 그림을 그리는 방법을 생각해보았다. 벽화를 그림으로써 그 지역의 범죄율이 많이 준다는 것은 익히 다 알고 있을 것이다. 그러나 범죄가 많이 일어나는 시각에는 그 벽화들이 잘 보이지 않아 많은 효과를 거둘 수는 없을 것이므로 야광 페인트를 생각했다. 야광 페인트는 밤에도 눈에 확 띄기 때문에 어두컴컴한 곳을 밝혀줄 수 있으며 그것을 감상하러 오는 사람들로 인해 이동 인구가 많아져 범죄율을 낮추는데 효과가 있을 것이라고 생각한다. 또한 가로등과 같은 조명 기구들은 전기를 이용해 빛을 내지만, 야광 페인트는 낮에 빛을 흡수해 어두울 때 빛을 내보내기 때문에 에너지 절약 효과도 기대해 볼 수 있다.(박지수·이수현)

(5) 우범 지역에서의 클래식 음악 활용: 여러 연구 결과, 음악은 긴장 수준을 이완시켜 주고 분노를 감소시키는 데 효과적이라는 것이 밝혀졌다.[21] 미국 플로리다주 웨스트팜비치시는 범죄 예방을 위해 이런 음악 효과를 이용했다. 1999년 시 전체에서 발생한 23건의 살인 사건 중 6건이 일어난 태머린드 애비뉴 등에 베토벤 교향곡 1번을 방송하기 시작했더니 2001년 상반기 범죄 발생 건수가 전년 같은 기간

의 119건에서 83건으로 줄었다. 미네소타주 미니애폴리스시가 노숙인이나 청소년이 모여 소란을 피우며 시민을 위협하던 경전철 정류장 주변에 클래식 음악을 틀자 얼마 후 정류장 주변을 배회하던 청소년들이 떠났다. 또한 영국 켄트시의 대표적인 우범 지역이던 '에드워드 왕자의 터널' 지하보도의 경우 말러 교향곡 등 클래식 음악을 방송한 뒤부터 범죄 행위가 단 1건도 발생하지 않았다고 한다. 런던시는 범죄가 빈번한 40여 개 지하철역에 클래식 음악을 틀었는데, 그중 한 곳인 엘름파크역에선 18개월 동안 강도 33퍼센트, 승무원 공격 25퍼센트, 기물 파손 37퍼센트 등이 줄어든 것으로 나타났다.[22] 서울시에서도 2015년 4월부터 범죄 예방을 위해 우범 지역 5곳(인적이 드문 골목이나 지하보도, 놀이터, 버스 정류소, 육교 등)에 클래식 음악을 방송하고 있다. 서울시는 "클래식 자체가 대칭성의 아름다움을 갖고 있어 파괴적 충동을 완화하는 심리 안정 효과가 있다"고 말했다.[23] (배동현 · 이주연)

(6) 엘리베이터에도 클래식 음악을: 요즘 엘리베이터에서 많은 범죄가 일어나고 있다. 때문에 여성을 비롯한 노약자들이 엘리베이터에 혼자 타기를 겁내고 있다. 묻지마 폭행, 성범죄는 물론 엘리베이터를 이용한 살인 사건도 일어나고 있다. 경기도 부천시 엘리베이터 살인 사건부터 최근 17세 여학생이 8세 소녀를 살해한 뒤 자신이 살던 아파트 옥상 물탱크 건물에 유기한 동춘동 살인 사건까지 엘리베이터를 이용한 범죄는 사회에 큰 충격을 주고 있다. 엘리베이터는 폐쇄적인 공간적 성격과 한번 타고나면 문이 다시 열릴 때까지 일정한 시간이 걸린다는 점에서 범죄의 통로로 이용되고 있다. CCTV가 있어도 이러

한 범죄들은 꾸준히 자행되고 있다. 외국에서의 성공 사례들을 참고해 엘리베이터 내에 클래식 등 정서를 안정시키는 음악을 활용한다면 현재 빈번히 발생하는 엘리베이터 내 범죄를 예방하는 데 도움이 될 것이다. 뿐만 아니라 이용객들 역시 안심하고 엘리베이터를 이용할 수 있을 것이라 생각한다.(배동현·이주연)

(7) 렌티큘러 프린팅 이용법: 아동학대를 예방하는 넛지 사례 중 눈에 띄는 것은 스페인 아동학대방지단체 Fundación ANAR가 엘리베이터 안 위치에 따라 다른 사진이 보이게 하는 렌티큘러Lenticular 프린팅을 활용해 부착한 포스터다. 평균적인 신장을 가진 어른들의 시각에선 '폭력은 아이들에게 큰 고통이 됩니다'라는 문구와 함께 단순히 어린아이의 얼굴만 보이지만, 135센티미터 이하의 어린아이들에게는 부르튼 입술과 멍이 든 볼과 함께 '혹시 누군가 너에게 공격을 가한다면 우리에게 전화해. 널 도와줄게'라는 문구와 전화번호가 보인다고 한다.(권다은)

성폭력과 성추행 예방을 위한 넛지

(1) 대학 신입생 오리엔테이션에서 성폭력 역할극: 2017년 2월 경남 양산경찰서는 영산대학교 신입생 오리엔테이션에서 성폭력, 데이트 폭력 예방을 위한 역할극을 공연했다. 교내에서 발생하는 성폭력을 예방하고자 생각해낸 참신한 아이디어로 3년째 계속되어온 대민對民 서비스다.[24]

(2) 유사형광등의 이용: 성범죄가 빈번하게 발생할 수 있는 지역 혹

은 발생 가능성이 농후하다고 판단되는 지역에 형광등이 빛을 비추는 듯한 그림을 형광 안료를 사용해 그려 넣는다. 나는 사다리꼴 모양이 적절하다고 생각한다. 유사형광등이 적용될 수 있는 곳은 집 앞 대문에만 국한되지 않는다. 문 앞은 물론, 벽, 건물 모퉁이 등 인적이 드문 곳에 적용할 수 있다. 이렇듯 사람이 있는 것 같이 길목에서 누군가의 인기척을 자연스레 느낄 수 있도록 한다면 성범죄 예방에 도움이 될 것이라는 게 나의 생각이다. 대부분의 성범죄는 계획적이기보다는 우발적, 충동적으로 벌어지기 때문이다. 순간의 유혹에서 벗어나 죄의식을 느끼도록 하는 것이 해당 넛지 아이디어의 목적이자 기대 효과다.(양지훈)

(3) 대중교통에 성추행 경고 벨 설치: 한국 여성정책연구원과 한국갤럽조사연구소가 만 19세~64세 국민 7,200명을 대상으로 2016년 9월 말부터 12월 초까지 실시한 '2016년 성폭력 실태 조사' 결과에 따르면, 살면서 한 번이라도 폭행을 수반하지 않은 성추행 피해를 입었던 여성은 20.6퍼센트로 집계되었다. 폭행 미수반 성추행은 대중교통에서 모르는 사람에게 피해를 입은 경우가 압도적이었다. 성추행 피해 여성의 78.1퍼센트는 지하철과 버스 등 대중교통에서 피해를 입었고 87.8퍼센트는 가해자가 모르는 사람이었다. 다시 말해, 여성 5명중 1명은 성추행 피해를 입은 적이 있었던 것으로 나타났고, 지하철과 버스 등 대중교통이 대표적인 '성추행 취약 지대'였다. 그리고 다른 사람에게 피해 사실을 알린 비율은 여성 48.1퍼센트, 남성 14.0퍼센트에 불과했다. 도움을 요청한 대상은 이웃과 친구가 남녀 모두 80퍼센트대로 가장 많았고, 경찰에 직접 도움을 요청한 비율은 1.9퍼센트에

불과했으며 모두 여성이었다.[25] 이러한 통계 자료를 종합해보면, 성추행 취약 지대인 대중교통에서 성추행을 당하더라도 대다수가 피해 사실을 알리지 않았고, 또 알리더라도 가까운 지인에게만 알리고 있었다. 피해자 입장에서 이러한 이유는 무서움과 당황스러움, 말할 용기가 부족하기 때문인 것 같다. 그리고 또 다르게 생각해보면 제3의 인물(목격자)이 성추행 장면을 목격해서 도와줄 수도 있지만, 이는 소수에 불과하다. 이러한 심리적 요인과 제3의 인물을 활용해본다면 우리는 해결책을 찾을 수 있다. 내가 생각한 해결책은 대중교통에 경고 벨이 울리는 버튼을 설치하는 것이다. 경고 벨은 우선 피해자에게는 자신이 성폭행을 당했을 때 입 밖으로 피해 사실을 알릴 용기를 덜어준다. 그리고 가해자에게는 심리적으로 부담을 준다. 대부분의 가해자들은 피해자가 신고할 용기가 없다고 생각하거나 모른 척하면 된다고 생각하기 때문에 대담하게 범행을 하는데, 경고 벨은 쉽게 누를 수 있다는 점에서 가해자에게 범행에 대한 큰 부담을 준다. 그리고 가장 큰 역할을 하는 것이 제3의 인물이다. 대중교통을 이용하는 많은 사람들의 눈이 이러한 범행을 막을 수 있다. 그들은 성추행을 목격할 때 쉽게 경고 벨을 누를 수 있고, 누르지 않더라도 경고 벨의 존재와 사람들의 눈이 신경 쓰이는 가해자는 쉽게 범죄를 저지르지 못할 것이다.(김재희 · 윤신애)

(4) '시선 강간' 해결법: '시선 강간'이란 어떠한 사람의 특정 부위를 음흉한 눈빛으로 본다는 뜻의 은어다. 이것은 사람들이 길을 걷다 던지는 무의식적인 시선에 의해 주로 발생한다. 사람은 누구나 자신만의 영역을 가지며, 그것이 눈에 보이는 영역은 아니지만 서로 침범하지

않기 위해 노력한다. 하지만 길가에 있는 사물은 자신만의 영역을 가지지 못하기 때문에 많은 사람들은 그것들을 쳐다보는데 거리낌이 없으며, 쳐다보거나 만져도 아무 상관이 없다고 생각하는 것이다. 이러한 시선은 비단 사물에게만 일어나는 일이 아니다. 많은 남성들은 거리를 걸어가는 여성들에게 무의식적으로 이러한 시선을 보내고 있다. 이러한 행동으로 인해서 상대방은 수치심을 느끼게 되는데 이것이 바로 시선의 폭력이다.[26] 특히 지하철이나 지하보도의 계단에서 이러한 무의식적 시선 폭력이 많이 일어나게 되는데 계단 발판에 가볍게 생각할 거리를 던져주는 건 어떨까. 계단 발판에 그림을 그리거나 스티커를 붙여 시선이 자연스럽게 아래로 내려가게끔 하는 것이다. 계단의 벽면이 아닌 발판에 그림을 그리는 이유는 벽면에 그리게 되면 그 그림들을 따라 시선이 올라가는 경향이 있기 때문이다. 예를 들어 곽티슈 vs 두루마리 휴지, 여름 vs 겨울, 자장면 vs 짬뽕처럼 사람들이 가볍게 생각하면서 시선을 내릴 수 있는 것들 말이다. 이러한 대립 구도의 질문 제시 형식 말고도 수학 문제를 적어놓는 방법도 있다. 쉬운 덧셈 문제부터 시작해서 곱셈, 나눗셈 더 나아가 미분, 적분 문제까지 다양하게 적는 것이다. 이외에도 '하얼빈역에서 이토 히로부미를 저격한 독립운동가는 안중근이다(○, ×)'와 같이 사람들이 알아야 할, 혹은 헷갈리는 상식 문제들을 적어놓는 것도 좋은 방법이다. 이는 넛지의 '유도성affordance'을 고려한 방법이다.(박예빈 · 김다희)

(5) 몰카를 감시하기 위한 거울 설치: 최근에는 계단에서의 몰카 범쇠 또한 늘어나고 있는 추세인데, 사실 계단에서는 무의식적인 시선 폭력의 문제보다는 '몰카' 문제가 더 심각하다. 몰카, 도촬은 지하철,

버스, 공중화장실 등 여러 장소에서 발생할 수 있는 문제지만, 뒷사람의 시선이나 행동을 눈치채기 힘든 계단에서 특히 많이 발생한다. 우리는 계단에서 이루어지는 이러한 몰카, 도촬 문제를 감시하기 위해 계단 벽면에 거울을 설치하는 방법을 생각했다. 계단 벽면에 거울을 설치하면 계단에서 어떤 사람이 바로 앞사람의 치마 속을 도촬할 경우, 그 앞에 있는 사람 즉, 도촬을 당하는 사람이 거울을 통해 그 모습을 볼 가능성이 커진다. 또한 몰래 촬영을 하는 사람에게는 거울이라는 제2의 감시의 시선이 생기기 때문에 몰카 범죄가 예방될 확률이 높아진다.(박예빈 · 김다희)

Nudge

★

제 9 장

소통 넛지

***

Nudge

협상 · 회의 · 소통을 위한 넛지

(1) 대화를 인간미 있게 만드는 법: 협상 상대에게 첫 이메일을 보내야 할 때 그를 우호적으로 만드는 방법은 무엇일까? 미국 심리학자 로버트 치알디니는 이런 방법을 제시했다. "우선 유머가 담긴 만화 한 편을 보내라. 한 실험에서 협상 초기 이메일로 〈딜버트〉 만화를 보낸 그룹은 곧장 건조한 비즈니스 메일만 주고받은 경우보다 협상 성공률이 15%p 높았다. 단 1분이라도 투자해서 초기 대화를 인간미 있게 만드는 것이 중요하다."[1] 그러나 단지 재미있는 만화를 보내는 것만으론 충분하지 않다. 이메일로 보낸 〈딜버트〉 만화는 협상을 망치는 내

용이었다. 치알디니는 협상 전략으로 웃음을 사용할 때에는 단지 웃음을 유발할 뿐 아니라 논의하려는 주제나 이슈와 연관된 것으로 찾는 것이 좋다고 말한다.[2]

(2) 좀더 구체적인 수치를 제시하라: 가격 협상을 할 때 어떻게 제안하는 게 좋을까? 미국 심리학자 로버트 치알디니는 이런 방법을 제시했다. "중고차를 사려는 구매자가 딜러에게 '2,000달러에 사겠다'고 하는 것과 '1,865달러에 사겠다'고 제안하는 것은 큰 차이를 만든다. 실험 결과, 2,000달러를 제시한 고객에게 딜러는 23퍼센트 더 비싼 값(2,460달러)을 불렀으나, 1,865달러를 제안한 고객에겐 10~15퍼센트 더 비싼 가격(2,052~2,145달러)을 제시했다. 좀더 구체적인 수치를 제시하면, 협상 상대방은 그 금액에 합당한 근거가 있다고 생각하기 때문이다."[3]

(3) 예기치 못하게 하는 효과: 상대방에 베푸는 호의의 효과를 극대화하려면 어떻게 하는 게 좋을까? 미국 심리학자 로버트 치알디니는 이런 방법을 제시했다. "비일상적이고 예기치 못한 방법을 선택하라. 손님에게 계산서를 갖다 줄 때 웨이터가 사탕을 남겨 놓는 것만으로 팁이 3.3% 늘어난다. 사탕을 두 개 남겨 놓으면 팁이 좀더 늘어난다.(14.1%) 세 번째 실험은 사탕 한 개를 놓고 간 뒤, 잠시 후 다시 가서 두 번째 사탕을 놓고 오는 것이었다. 예기치 못하게 하는 효과를 극대화한 것인데, 팁이 21%나 증가했다."[4]

(4) 새로운 아이디어 설득은 점진적으로: 변화 경영을 외치는 하버드대학 교수 존 코터John Kotter는 "사람들에게 아이디어를 알리는 일을 적정 수준의 1/10씩으로 나눠 하라"고 말한다. 대체로 사람늘은 특성

아이디어에 대해 10~20회 정도 노출될 때 호감도가 증가하기 때문에 독창적인 생각을 받아들이게 하려면 '점차 익숙해지기'를 해야 한다는 것이다. 예컨대, 상사에게 복잡한 아이디어에 관한 제안을 할 경우, 화요일 엘리베이터 안에서 30초 동안 짧게 설명한 뒤, 그다음 월요일에 다시 짤막하게 상기시켜 주고, 그 주 말미쯤에 상사의 의견을 구하는 식으로 조금씩 나누어 익숙하게 하는 것이 필요하다는 이야기다.[5]

(5) 협력에 관한 설문조사로 자극 주기: 구글에서 팀원 간 서로 협력하기를 거부한다거나 필요한 정보를 주지 않는 등의 문제가 발생했다. 구글은 분기별 2가지 질문으로 설문조사를 실시했다. 첫째, 내가 도움을 청했을 때 이 사람이 나를 도왔는가? 둘째, 이 사람은 내가 도움 될 수 있을 때 나를 포함시켰거나 자기 팀 작업의 영향을 받았는가? 이 두 질문으로 팀의 모든 구성원이 다른 구성원 모두를 평가한 후 익명 순위와 결과를 전원 공개했을 뿐 달리 조처하지 않았는데도 문제가 있던 팀원들이 알아서 협력 방식을 개선했다.[6]

(6) 서서 회의하라: 미국 미주리대학 교수 앨런 블루돈Allen Bluedorn 연구팀은 선 채로 회의하는 넛지 실험을 진행했다. 5명으로 이루어진 56개 그룹에게 서서 회의를 진행하도록 하고, 역시 5명씩 구성된 55개의 그룹은 앉아서 회의하도록 했다. 참가자들에게는 10~20분가량 소요되는 의사 결정 사안을 제시했는데, 서서 회의를 진행한 그룹이 앉아서 회의한 그룹보다 34퍼센트 정도 짧은 시간 안에 의사 결정을 내렸다. 의사 결정의 질적인 차이는 발견되지 않았다. 회의로 엄청난 시간을 낭비하는 경향이 있는 기업이나 여타 조직에서 시도해볼 만한 방법이다.[7]

(7) 토킹 스틱 커뮤니케이션: 독일 시인 하인리히 하이네Heinrich Heine, 1797~1856는 "바보는 자기 말에 열중하지만 현명한 사람은 소통에 노력한다"고 말했다.[8] 이런 이치를 오래 전에 깨달은 북미 인디언들은 집회 시 'talking stick(토킹 스틱)'을 사용했다. 인디언 부족 회의에선 이지팡이를 들고 있는 사람에게만 발언권이 허용되었으며, 지팡이를 갖고 있는 동안에는 누구의 간섭도 받지 않고 다른 사람들을 충분하게 이해시킬 때까지 자신의 의견을 말할 수 있었다. 지팡이가 매우 긴 것으로 보아 선 채로 회의를 했을 것으로 추정된다. 발언자는 자신이 강조하고 싶은 대목에선 지팡이로 땅을 두들기기도 했다. 다른 사람들이 자신의 말을 이해한 것 같으면 그때 지팡이를 옆 사람에게 넘겨주었다. 이런 커뮤니케이션 방식은 오늘날 소통이나 자기계발 분야에서 왕성하게 도입되고 있다. 예컨대, 미국의 성공학 전도사 스티븐 코비 Stephen R. Covey, 1932~2012는 『성공하는 사람들의 8번째 습관』(2004)에서 다음과 같이 말한다. "이런 식으로 모든 사람들이 말하고 들으면서 완전한 커뮤니케이션의 책임을 진다. 모두가 자신의 말을 이해시켰다고 느끼는 순간, 놀라운 일이 일어난다. 부정적 감정과 논쟁이 사라지면서 상호 존중의 분위기가 형성되고, 그들은 창조적으로 변한다. 새로운 아이디어가 생겨나고, 제3의 대안이 나온다.……인디언 토킹 스틱 커뮤니케이션 방식에서 또 한 가지 중요한 요소는 침묵이다. 다른 사람들의 말에 공감하기 위해서는 조용히 듣고 있어야 한다."[9]

(8) 호의를 베풀도록 부탁을 하라: 직장에서 사사건건 부딪히는 사람이 있다. 이 문제를 해결하기 위해선 벤저민 프랭클린Benjamin Franklin, 1706~1790의 에피소드에서 나온 이른바 '벤 프랭클린 효과Ben Franklin

effect'를 시도해보는 것이 좋다. 펜실베이니아주 의회의 한 의원이 프랭클린을 사사건건 물고 늘어지면서 원수처럼 굴자, 프랭클린은 한 가지 꾀를 냈다. 그의 자서전엔 다음과 같은 이야기가 나온다. "그 사람의 호의를 얻으려고 나는 굴욕적인 존경을 표하지는 않았지만, 얼마간 시간이 지난 후 다른 방법을 사용했다. 그 주의원이 매우 희귀하고 진귀한 책을 소장하고 있다는 말을 듣고, 나는 그 책을 숙독하고 싶다며 며칠간만 빌려줄 수 없겠느냐고 요청하는 편지를 보냈다. 그는 그 책을 즉시 빌려주었고, 나는 일주일 안에 매우 감사하다는 편지와 함께 그 책을 반환했다. 그다음 우리가 주 의사당에서 만났을 때 (그는 결코 예전에는 그런 적이 없었으나) 나에게 말을 걸고, 매우 친절했다. 그 후 그는 어떤 일이든지 나를 도와주려 했고, 우리는 아주 친한 사이가 되었으며, 우리의 우정은 그가 죽을 때까지 계속되었다. 이것은 내가 옛날에 배웠던 교훈의 또 하나의 예가 된다. 즉, 그 속담은 다음과 같다. '예전에 너를 한 번 도와준 일이 있는 사람은, 네가 은혜를 베풀었던 사람보다 더욱더 너를 다시 도와줄 준비가 되어 있다.'"[10] 이는 심리학자들의 실험으로도 입증되었는데, 폴커 키츠Volker Kitz와 마누엘 투슈 Manuel Tusch는 그 이치를 이렇게 설명한다. "별다른 호의를 갖지 않았거나 사이가 좋지 않은 사람의 부탁을 들어주었을 때, 우리의 두뇌는 어떻게든 모순을 해결하고자 그 이유를 찾게 된다. 그래서 부탁을 들어준 그 사람은 우리가 상당히 좋아하는 사람이 틀림없다고 지레 못 박아버리는 것이다. 그러고 나면 그의 부탁이라면 새로운 것도 기꺼이 들어주려고 한다. 이미 '나는 당신을 좋아하는 사람'이라고 규정했기 때문이다."[11]

(9) 안내문에서 사람 이름을 불러주라: 여러 사람에게 동시에 보내는 안내문이나 고지서에 받는 사람의 이름을 친근하게 불러주는 개인화된 메시지personalized message 형식으로 하면 메시지의 현저성salience을 높여주기 때문에 훨씬 더 높은 반응을 이끌어낼 수 있다. 실제로 미국에서 어느 대학이 졸업생들을 대상으로 대학 생활에 관한 설문조사를 실시했는데, 응답자의 이메일 주소와 이름을 알고 있음에도 '친애하는 졸업생께Dear Recent Graduate'로 시작하는 안내문을 보냈다. 상당수 응답자들은 "내가 4년을 다니느라 엄청난 빚까지 졌는데, 아직도 내 이름을 몰라?"라는 반응을 보였고, 그 결과 응답률도 낮았다.[12]

엘리베이터를 소통의 공간으로 활용하는 넛지

(1) '인사말 풍선'의 힘: 2015년 2월 LOUD는 엘리베이터에 붙이는 '인사말 풍선' 캐릭터를 활용해 인사 나누기 캠페인을 성공적으로 전개했다. 이 프로젝트를 주도한 이종혁은 이렇게 말한다. "이웃 간 불통을 해결하고 사회 활력을 불어넣을 수 있는 것이 인사말이다. 이 작은 인사말이 절실한 공간을 지금까지 침묵이 지배해왔다. 그 공간이 아파트 엘리베이터다. 공동체 내 침묵은 사회문제로 발전하며 시민의 생성을 무력화시켰다. 작은 외침 LOUD는 아파트 엘리베이터 내 소통 촉진자로 창의적 특징물(캐릭터character)을 고안했다. 특징물 개발 과정에선 일상을 지배하는 메신저 앱의 상징인 '말풍선'에 주목했다. 유명하거나 화려하지 않은 단순한 특징물 명칭은 '인사밀 풍선'이다. 엘리베이터라는 폐쇄 공간 속 시선이 가는 곳엔 어김없이 인사말 풍선

으로 적합한 말을 제시했다. 더도 덜도 말고 인사말로 자기애를 경험하길 바랐기 때문이다."[13] LOUD는 한 걸음 더 나아가 2016년 12월 경기도 시흥시와 손잡고 '안녕하세요 수호천사' 포스터를 제작했다. '안녕하세요'라는 인사말이 적힌 말풍선 아래 천사 날개가 달린 노란색 스마일 캐릭터를 그려 넣고 '마음에 힘을 주는 수호천사 스마일. 이웃과 나누는 건강한 말 한마디 "안녕하세요"'라는 문구를 썼다. 이 포스터는 시흥시 관내 공공기관 게시판과 아파트 입구, 가게 등 500여 곳에 부착되었다. 시민들의 반응은 유쾌했다. 시흥에서 고물상을 운영하는 김상훈은 "웃는 표정은 보기만 해도 기분이 좋아진다"며 "행복해지는 기분이 든다"고 했다.[14]

(2) 엘리베이터에 인사 유도 장치: 광주광역시 광산구 운남동은 대표적인 아파트촌이다. 운남주공 1~8단지를 비롯해 남양·삼성아파트 등이 밀집해 있다. 운남동 전체 1만 1,114세대 가운데 98퍼센트인 1만 923세대가 아파트에 산다. 독립된 주거 공간의 특성상 옆집에 누가 사는지도 잘 모른다. 얼굴을 알더라도 가까운 이웃을 제외하고는 서로 인사를 나누기가 쉽지 않다. 때문에 대부분 아파트 주민들에게 이웃은 물리적 거리는 가까워도 실제 관계는 멀기만 하다. 광주 운남동 주민들이 이런 마을 분위기를 바꾸기 위해 발 벗고 나섰다. 아파트 공동체 정신을 회복하기 위해 엘리베이터에 음향 장치를 달아 이웃과 웃으며 인사하기 캠페인을 펼치고 있다. 주민센터의 도움을 받아 2015년까지 전체 아파트 246개 동의 절반이 넘는 133개 동의 엘리베이터에 '인사 유도 음향 장치'를 달았다. 두 명 이상이 엘리베이터에 타면 바닥에 설치된 무게 인식 센서가 이를 감지해 자연스럽게 인사

를 나누도록 유도하는 시스템이다. 엘리베이터 내에 설치된 스피커에서는 아침 출근 시간대와 점심 무렵, 저녁 퇴근 시간대에 맞춰 미리 녹음해둔 목소리가 잔잔한 음악과 함께 흘러나온다. "상쾌한 아침입니다. 파이팅 넘치는 하루를 시작하자는 의미로 서로 인사 나누면 어떨까요", "활기찬 오후맞이 인사를 나누세요", "피로가 가실 수 있는 눈웃음 어때요" 등이다.[15]

(3) 엘리베이터 거울에 '층간소음'에 관한 글귀 새기기: 얼마 전 집에서 뉴스를 보며 유독 무섭게 느꼈던 사건이 있다. 그것은 아파트 아래층에 살고 있는 사람이 위층에 사는 사람을 흉기로 살해한 사건이었다. 이 사건이 특히 무서웠던 이유는 현재 우리 가족은 아파트에 살고 있고, 우리 가족 또한 누군가의 위층 사람이자 아래층 사람이라는 것 때문이었다. 아파트에 살고 있는 모두가 잠재적 가해자이며 피해자가 될 수 있다. 넛지 아이디어 회의 중 불현듯 이 사건이 떠올랐고, 아파트에서 나고 자란 세대인 우리에게는 꽤 중요한 문제라고 생각했다. 아파트 엘리베이터에서 항상 빠지지 않고 보는 것, 바로 거울이다. 우리는 '층간소음'을 소재로 하는 시를 거울에 써놓는 방식을 생각했다. 내용 역시도 무겁고 진지한 것이 아니라 누구나 읽었을 때 "이게 뭐지?"라고 생각하지만 제목을 보고 "아하!" 하며 웃을 수 있는 것으로 말이다. 예컨대, 이런 식으로 말이다. "처음엔 같이 잘살아보자 했는데/어떻게 이렇게 쉽게 변하니?/난 아직도 그때 그 떡 다 기억해."(층간소음) 만약 이러한 재치 있는 글들이 아파트 거울에 써져 있어 매일 거울 속 자신을 확인하면서 이 글들을 읽는다면, 아파트 주민들은 매일 '층간소음'에 대해 생각할 것이다. 기억에 남을 만한 글이기

때문에 사람들은 자신의 발소리에 대해 생각해보고, 조금이라도 주의를 기울일 것이다. 더 나아가 층간소음이라는 문제에 대해 주민 스스로가 돌이켜볼 수 있는 기회를 제공하는 것만으로도 그 효과는 무시할 수 없을 것이라고 생각한다.(서민지 · 정지산 · 주제현)

(4) 엘리베이터에 발판과 스피커 설치: 엘리베이터에 발판을 설치하여 걸어 다닐 때마다 엘리베이터 위에 있는 스피커로 발소리가 들리게 하는 것이다. 평소 발소리가 컸던 이들은 쿵쿵거리는 소리에 놀랄 것이다. 이제 자기의 발소리가 얼마나 큰지 안 사람들은 그것이 얼마나 민폐인지 깨닫게 될 것이다. 그리고는 자신의 아이들이 집 안에서 뛰어다닐 때 날 소음을 생각해 기겁할지 모른다. 결국에는 그동안 자신의 행동을 생각하며 스스로 얼굴을 붉힐 것이다.(권남형 · 이호선)

(5) 엘리베이터 옆에 거울 설치: 서귀포 시청 엘리베이터가 느리다는 민원이 당직실에 접수되었다. 서귀포시 생활환경과 공무원 홍기확의 해결법을 들어보자. "이참에 엘리베이터를 교체해? NO! 민원의 원인은 엘리베이터의 속도가 아니라, 기다리는 게 심심해서다. 엘리베이터 옆에 거울을 설치했다. 기다리는 사람들이 더러는 화장을 고치고, 더러는 옷매무새를 다듬는다. 민원은 사라졌다. 엘리베이터 교체 1억. 거울 값 10만 원. 넛지 행정의 참맛은 이런 짜릿함에 있지 않을까? 찾아보자. 그리고 옆구리를 콕콕 찔러보자. 넛지 행정은 이제 시작이다."[16]

이메일 실수와 악플을 예방하기 위한 넛지

(1) 이메일 발송 전 교양 검사: 순간 화가 치밀어 분노의 이메일을 보

내놓곤 나중에 후회하는 경우가 많다. 리처드 탈러Richard H. Thaler와 캐스 선스타인Cass R. Sunstein은 『넛지』(2008)에서 이메일 발송 전 "경고: 이 이메일은 무례해 보입니다. 정말 이 이메일을 전송하시겠습니까?"라고 경고하는 일종의 '교양 검사'를 할 수 있는 프로그램의 개발을 제안한다. "경고: 이 이메일은 무례해 보입니다. 따라서 24시간 이후에 재전송 명령이 입력되어야만 전송할 수 있습니다"와 같이 좀더 강력한 버전을 사용할 경우 모종의 작업을 수행해야 해당 지연을 피할 수 있다. 예컨대, 자신의 주민등록번호나 부모의 생년월일을 입력하게 할 수도 있고 짜증나는 수학 문제를 풀게 할 수도 있다는 것이다.[17]

(2) '메일 고글스' 소프트웨어: 탈러와 선스타인의 제안에 공감한 걸까? 2008년 10월 구글은 '메일 고글스Mail Goggles' 소프트웨어를 선보였다. 메일 고글스는 이메일을 작성한 뒤 1분 안에 간단한 수학 문제 5개를 모두 풀어야 메일을 보낼 수 있게 프로그래밍되어 있다. 메일 고글스를 개발한 지메일 엔지니어 존 펄로John Perlow는 블로그에 올린 공지를 통해 "나도 옛날 여자친구에게 다시 합치자는 등 보내서는 안될 메일을 보낸 경험이 있다"고 털어놓으면서 "제정신 여부를 점검하기 위해서는 간단한 수학이 최고"라고 말했다.[18]

(3) 좋은 댓글에 배지를 주는 시스템 도입: 미국 캘리포니아주 레딩의 일간신문사인 『레코드서치라이트Record Searchlight』는 통찰력 있는 댓글을 일정 개수 이상 남긴 사용자들에게 배지를 부여하는 방식을 도입했다. 배지는 정해진 요건을 충족한 사용자의 프로필에 나타나는 특별한 아이콘에 불과했지만, 강력한 동기 부여 요인으로 작용했다. 3개월 후, 『레코드서치라이트』는 댓글 수가 10퍼센트 늘어났고 방문자들

의 사이트 이용 시간이 세션당 25퍼센트 정도 증가했음을 확인할 수 있었다.[19]

　(4) 한글 파괴 검사법: 문서 작성 프로그램에 맞춤법에 맞지 않는 말을 쓰면 빨간 줄이 그어지고 맞춤법 검사를 하면 바른 단어를 알려주어 수정을 할 수 있다. 이를 SNS나 댓글 창에도 적용해 비속어나 은어에 빨간 줄이 그어지게 하고 대체 언어를 권유한다. 아무 제약 없이 글을 올릴 때보다 빨간 줄이 생겼을 때 고치고 싶은 마음이 더 들 것이고 악성 댓글을 쓰려고 했을 때 한 번 더 생각해보게 하는 효과가 있을 것이다. 또한 은어나 줄임말 대신에 좋은 뜻을 가진 순우리말을 대체 언어로 제시한다면 우리말의 아름다움도 알릴 수 있을 것이다.(이서희 · 윤주혜 · 정은영)

　(5) 상투적인 경고 문구 대신 일상적인 질문: 이유 없이 악성 댓글을 다는 사람들은 자존감이 낮고 사람들의 관심을 받지 못하는 소외된 편이어서 존재감 형성을 위해 불쾌감을 부르는 글을 쓴다고 한다.[20] 이런 특성의 사람들을 다루기 위해서는 이들에 대한 이해가 필요한데 포털 사이트나 정부는 이들에 대한 이해가 부족한 편이다. 인터넷 랭킹 뉴스, 게시판 시스템이 제일 활발한 네이트 포털 사이트는 댓글 입력창에 '명예훼손, 개인정보 유출, 인격권 침해, 허위사실 유포 등은 이용 약관 및 관련 법률에 의해 제재를 받을 수 있습니다. 건전한 댓글 문화 정착을 위해 이용에 주의를 부탁드립니다'라는 문구를 기재하고 있지만 상투적이고 의례적인 멘트기 때문에 이것으로는 악플러들을 막지 못한다. 나는 악플러들의 특성에 대한 이해를 바탕으로 넛지 방안을 고안해 냈다. 네이트처럼 댓글 입력창에 문구를 적는 방안인데

상투적인 경고 문구가 아닌 일상적인 질문을 적어 놓는 것이다. '밥 먹었어요?'나 '내일 뭐 해요?' 등 일상적인 질문을 적음으로써 악플러들을 환기시키는 것이다. 질문이 아니더라도 '햇살이 좋아도 밤에는 쌀쌀하니까 옷 따뜻하게 입어요'처럼 그들에게 다정하게 말을 걸어 주듯 관심을 주는 방법도 있다. 악플러들은 자신의 악성 댓글에 달린 사람들의 기분 나쁜 반응을 관심이라 생각하는데, 일상적인 질문이나 관심 어린 문구를 미리 노출시킴으로써 그들이 나쁜 말을 하지 않더라도 관심을 받고 있는 것처럼 느끼게 하는 것이다.(이지은)

(6) 귀여운 아기나 동물 영상 클립: 연예인 태연, 심형탁, 김가연 등은 악플러로 인해 골머리를 앓고 있다. 적극적으로 법적 대처를 하겠다고 엄포했지만 악플러들은 굴하지 않고 그들의 SNS로 들어가 악성 댓글을 남기고 있다. 악플러들은 연예인뿐만 아니라 연예인 가족의 SNS 계정에도 악성 댓글을 달고 있다. 악성 댓글로 인해 공황장애나 자살 충동을 겪는 연예인들이 있을 만큼 악성 댓글은 사회적으로도 큰 문제가 되고 있다. SNS에 악성 댓글을 다는 악플러들은 특징이 있는데, 그것은 자신의 일상에서 비롯된 분노를 아무런 이유 없는 특정인에 대한 미움으로 표출하는 것이다. 그들이 악성 댓글을 다는 이유는 단순하다. 못생겨서, 웃기지 않아서, 더러워서, 그냥 헤퍼 보여서라는 게 이유다. 이런 악플을 다는 악플러들에게는 잠시 시선을 돌릴 수 있는 거리를 주거나 분노를 식혀줄 수 있는 장치를 제공하는 게 필요하다. 이에 착안해 넛지 방안을 생각했다. 화가 많이 나 있는 상태의 악플러들이 악성 댓글을 작성하려고 댓글 창을 누르면 화면에 표시되는 키보드 자판 위에 귀여운 동물 영상 클립이나 아기 영상 클립을 띄

우는 것이다. 그리고 이 영상 클립의 내용은 글을 게시하는 사람이 설정할 수 있게 한다. 이런 장치는 악플러들이 화를 조금 식히거나 다른 것으로 관심을 돌릴 수 있게 해줄 것이다. 더 나아가 그들이 하려는 행동에 대해 생각해보도록 할 수 있을 것이다.(이지은)

(7) 게임에서의 욕설 채팅 예방법: 욕설 채팅이 두드러지는 게임 장르는 유저들 간의 협동이 중요시되는 FPS, RTS 장르다. 개인플레이로 진행이 가능한 RPG 장르에서는 욕설 채팅이 두드러지지 않는다. FPS, RTS 장르에서는 한 유저가 실수를 하거나 플레이를 능숙하게 하지 못할 때 다른 유저들이 채팅에 욕설을 하는데 이 점을 기반으로 하여 넛지 방안을 고안했다. 한 유저가 다른 유저를 비난하는 욕설을 하면 그가 플레이하고 있는 게임 캐릭터가 '내가 잘못했다', '나의 잘못이다' 등의 멘트를 하게 만드는 것이다. 처음 이 멘트를 들으면 짜증이 나겠지만 자신이 채팅에 하는 말과 반대되는 멘트를 하는 캐릭터를 보면서 일차적으로 욕설을 입력하기 전에 고민할 것이고 더 나아가 자신이 하는 행동에 대해 생각하게 될 것이다. 이와 비슷하게 모 RPG 게임에서 욕설을 했을 경우 그 단어가 '사랑'으로 변하여 채팅에 게시되는 방법을 시행했는데, 채팅 내 욕설 비중이 상당수 줄어들었다는 사례가 있다. 나는 이 방법에서 더 나아가 단순히 반대되는 말이 아닌 유저들의 마음속에 있는 진실을 보여줌으로써 욕설을 줄이는 방안을 생각해냈다.(이지은)

정보공개를 활용하는 넛지

(1) 유해 화학물질 배출 정보공개: 미국에선 '비상조치계획 및 지역사회 알 권리에 관한 법률Emergency Planning and Community Right to Know Act'에 따라, 환경보호국 웹사이트를 통해 2만 3,000개 이상의 공장들이 650가지 이상의 화학물질에 대해 상세한 정보를 공개하고 있다. 이 정보공개의 의미에 대해 리처드 탈러와 캐스 선스타인은 이렇게 말한다. "놀라운 사실은 해당 법률이 어떠한 행동 변화도 강요하지 않고 미국 전역에 걸쳐 유해 화학물질 배출량을 크게 줄이는 데 박차를 가하여 유익한 효과를 막대하게 이끌어냈다는 것이다. 이러한 예상치 못한 결과는 공개 요구가 그 자체만으로도 유해물질 배출량을 크게 감소시킬 수 있음을 암시한다.……어떤 기업도 이러한 리스트에 오르고 싶지는 않을 것이다. 평판이 나빠지면 주가 하락을 포함하여 온갖 종류의 해가 발생할 수 있으니까 말이다. 이 리스트에 오른 기업들은 배출량 감소 조치를 취할 가능성이 높다. 이보다 더 좋은 점은 기업들에게 애초부터 이 리스트에 오르지 말아야 한다는 동기가 부여된다는 사실이다."[21]

(2) 공해 유발 평가 결과 공개: 인도네시아에선 공해 문제가 매우 심각했는데, 정부 규제나 처벌, 벌금 같은 조치들이 먹히지 않았다. 어떤 기업은 공해 저감 설비 투자비보다 벌금이 더 싸기 때문에 차라리 벌금을 내는 쪽을 택했다. 그러자 인도네시아 정부는 산업별로 개별 기업들의 공해 유발 정도를 평가해서 그 결과를 공표했다. 이전에 최악의 공해를 유발했던 기업들은 경쟁사와 지사의 등수를 본 뒤 즉각적으로 오염 물질 배출을 상당히 줄여 32퍼센트의 오염 저감 효과가 나

타났다.[22]

(3) '스마트 공시' 제도의 도입: 미국에서 실시하고 있는 '스마트 공시Smart Disclosure'는 복잡한 정보와 데이터를 표준화해 기계적으로 읽을 수 있는 형태로, 소비자가 더 많은 정보에 바탕을 둔 결정을 할 수 있도록 하는 방식으로 제때 공개하는 것을 말한다. 예컨대, 자동차 연비(자동차의 단위 연료당 주행 거리의 비율)와 관련, 자동차업계는 '단지 사실만 알려주는' 접근 방식을 강력히 지지한 반면, 환경단체들은 사람들이 쉽게 비교할 수 있도록 하는 것이 중요하다는 점을 강조했다. 이 문제는 비단 환경 문제에만 국한되지 않는다. 일반적으로 민간 또는 공공 부문이 정보를 공개할 때 사람들이 곧바로 이용할 수 있는 방식으로 공개하기보다는 가급적 핵심 사항을 감추려는 방식으로 공개를 하는 시늉만 내고 있기 때문에 단순하고, 명료하고, 이해하기 쉽고, 비교하기 쉽게 정보를 공개하도록 하는 게 매우 중요하다.[23]

(4) 소비자들이 쉽게 이해할 수 있는 연료 효율성 정보: 연구 결과, 자동차의 연료 효율성 정보가 '갤런당 마일 수' 또는 '리터당 킬로미터 수'와 같이 연료당 주행거리로 표기될 경우 소비자들의 판단에 '인식의 착각cognitive illusion'을 초래하는 것으로 밝혀졌다. 이런 연구 결과를 수용한 미국 환경보호국은 자동차 연비 표기를 다룬 규제를 개정해 연료 절약 철도를 측정하는 두 가지 지표인 100마일당 갤런 수와 연간 예상 연료비용을 차량 연비 라벨에 함께 표기하도록 했다.[24]

(5) '신용카드 책무, 책임 및 공개법': 2009년에 통과된 미국의 '신용카드 책무, 책임 및 공개법Credit Card Accountability Responsibility and Disclosure Act(CARD Act)'은 특정 유형의 '숨은 수수료hidden fees'의 부과 행위를 금하

고 소비자들에게 보다 유용하고 시기적절한 정보를 제공할 것을 대출 기관에 요구했다. 넛지 관련 조항은 대출 기관들은 청구서에 최저 할부금으로 잔액 상환에 걸리는 시간과 비용, 그리고 36개월 이상 할부를 했을 경우에 대한 비용 산출의 표기를 의무화한 것이다.[25]

(6) 알기 쉽게 바꾼 개인정보 수집 동의서: 2017년 7월 13일 행정자치부는 개인정보 수집 동의 내용을 제대로 이해하지 못하고 정보 제공에 동의하는 사례를 방지하기 위해 개인정보보호법 시행령 및 시행 규칙을 개정할 예정이라고 밝혔다. 개정안에는 개인정보 처리자는 개인정보 수집·이용 동의를 받을 때 동의서의 중요한 내용을 정보 주체가 알아보기 쉬운 표시 방법으로 표기하도록 하는 내용이 포함되었다. 해당되는 사항은 홍보나 마케팅 목적으로 연락하려는 사실, 민감 정보·고유 식별 정보 처리 사실, 개인정보 제3자 제공 시 제공받는 자, 개인정보 보유 및 이용 기간 등이다. 앞으로 이들 내용은 최소한 9포인트 이상의 글씨 크기로 하되 동의서 내의 다른 내용보다 20퍼센트 이상 크게 표기하여야 하며, 다른 색이나 굵은 글씨 또는 밑줄 등을 사용해 정보 주체가 그 내용을 명확히 알 수 있도록 해야 한다. 기존에는 일부 정보 제공 동의서의 글자 크기가 1밀리미터가량에 불과해 이용자가 무슨 내용인지 제대로 파악하기 어렵다는 지적이 제기되어왔다. 관련 법령이 개정되면 중요한 내용의 글자 크기는 약 3밀리미터 커지게 된다.[26]

대중문화를 활용하는 넛지

(1) 방송사와 손잡은 '지명 운전자' 제도: 1980년대 하버드대학의 공중위생학 교수 제이 윈스틴Jay Winsten은 스칸디나비아 지역에서 본 '지명 운전자' 제도를 미국에 도입하기로 했다. 지명 운전자 제도는 여러 사람이 술을 마시러 갈 때는 술을 마시지 않고 돌아오는 길에 운전을 하겠다고 약속하는 지명 운전자를 뽑아 음주운전을 예방하는 것이다. 당시 미국엔 이런 제도가 없었다. 윈스틴은 NBC-TV 부사장 그랜트 팅커Grant Tinker의 지원을 받아 160개 이상의 황금시간대 TV 프로그램을 제작하는 프로듀서, 작가, 배우 등과 협력해 극의 줄거리 속에 자연스럽게 지명 운전자가 등장하는 장면을 삽입했다. 1991년, 캠페인이 시작된 지 3년 만에 미국인 90퍼센트가 '지명 운전자'라는 용어에 익숙해졌으며, 54퍼센트가 실제로 이 방식을 이용한 경험이 있는 것으로 나타났다. 음주 관련 교통사고도 1988년 2만 3,626건에서 1992년 1만 7,858건으로 감소했다.[27]

(2) 운전 중 문자 메시지, 버젓이 광고에 내보내는 국내 통신사: 일본 최대 통신사 NTT도코모는 지난 2013년 8월 일본철도JR 신주쿠역에 이색 광고를 했다. 계단 전체를 노란색으로 칠하고 '위험합니다. 아루키스마호. 본인은 이 광고도 못 보겠지만'이라는 글씨를 썼다. '아루키스마호歩きスマホ(보행 중 스마트폰 사용자)'는 스몸비(스마트폰+좀비)의 일본식 표현이다. 이 회사는 2015년 11월 스몸비의 위험성을 경고하는 TV 광고도 했다. 외국 이동통신사들은 제품 판매에 그치지 않고 스마트폰 예절을 강조하는 광고도 적극 내보내고 있다. 일본 통신사

AU는 철도회사 한신전철과 공동으로 '보행 중 스마트폰 금지' 캠페인을 벌이고 있다. 영국 최대 이동통신사 보다폰Vodafone은 2010년부터 각 학교에 '디지털 부모 노릇Digital Parenting'이라는 책자를 배포하고 있다. 이 책자는 스마트폰에서 어린이 유해 콘텐츠를 차단하는 법, 스마트폰 중독 위험성 등을 경고하는 내용을 담고 있어 학부모들로부터 좋은 반응을 얻고 있다. 반면 SK텔레콤과 KT, LG유플러스 등 국내 이동통신 3사는 스마트폰의 잘못된 사용을 부추기는 내용의 광고를 만든다는 비판을 받고 있다. 데이터의 속도나 품질을 강조하면서 운전이나 보행 중에 스마트폰을 사용하는 장면을 무분별하게 내보내는 것이다. 『조선일보』가 황장선 중앙대학교 광고홍보학과 교수에게 의뢰해 최근 7년간 스마트폰 TV 광고 49건을 분석한 결과 93.9퍼센트(46건)가 잘못된 스마트폰 사용을 부추기는 내용으로 나타났다. 한 통신사가 2014년 9월 내보낸 '100년의 편지' 광고가 대표적이다. 이 광고에는 비 오는 날 운전을 하다가 스마트폰으로 문자 메시지를 보내는 장면이 나온다. 반면 사람 간의 소통이나 스마트폰 예절 등 공익성을 강조한 광고는 6.1퍼센트(3건)에 불과했다. 황장선 교수는 "어린이들이 부모와 함께 스마트폰 동영상을 보는 광고가 많은데, 이런 광고는 무의식중에 '어린 자녀와 함께 스마트폰을 보는 것은 매우 긍정적'이라는 잘못된 인식을 심어줄 수 있다"고 했다.[28] 이는 한심한 작태를 그대로 내버려두고 넛지 방안을 아무리 고민해봐야 아무런 소용이 없다는 걸 강조하기 위해 소개한 신문 기사 내용이다.

(3) 음주를 미화하는 방송: 방송 프로그램에서의 음주 장면도 마찬가지다. 2017년 1월 방송통신심의위원회(방통심의위)가 음주 장면을

반복적으로 내보낸 예능 프로그램 SBS 〈미운 우리 새끼〉와 tvN 〈인생술집〉에 대해 각각 의견 제시와 권고 결정을 내렸다. 〈미운 우리 새끼〉는 2016년 12월 23일 방송에서 가수 김건모가 소주병 300개로 크리스마스트리를 만들거나 수차례 술을 마시는 장면을 방영했다. 2017년 1월 6일 방송에선 각 지역 소주를 맛보기 위해 여행을 떠난 김건모에게 '소(주)믈리에' 등의 자막을 붙이고 음주 장면을 반복적으로 내보냈다. 〈인생술집〉은 2016년 12월 22일과 2017년 1월 5일 방송에서 출연자들이 건배사를 하는 모습과 술을 마시는 모습, 술에 대해 대화를 나누는 모습 등 술자리 장면을 여과 없이 내보내 문제가 되었다.[29] 문제는 비단 이 두 프로그램뿐만 아니라 한국 방송이 전반적으로 음주를 미화하는 듯한 음주 장면을 너무 많이 내보낸다는 데에 있다. 이런 풍토를 그대로 두고선 음주 문제와 관련된 그 어떤 캠페인이나 넛지 방안도 무력할 수밖에 없다.

(4) '분홍색=여자아이'라는 고정관념을 깬 〈슈퍼맨이 돌아왔다〉: '분홍색은 여자아이 색, 파란색은 남자아이 색?' 이런 상투적인 캠페인 문구보다 한 인기 방송 프로그램이 '분홍색=여자아이'라는 프레임을 깨는데 더 효과적이라는 것을 보여주었다. 인기 TV 프로그램 〈슈퍼맨이 돌아왔다〉(2016년 11월 20일 방송)에서 어린 남자아이인 다을이(3세)가 누나들과 인형 놀이를 즐기고, 분홍색을 선호하는 것에 대해 성인 남성(추성훈)이 남자답지 않다고 지적하자 다을이는 시무룩해졌다. 그러나 다을이가 곧 방에서 분홍 옷과 인형들을 몸에 두르고 나타나며 "남자아이지만 분홍색을 좋아한다"고 당당하게 말하는 모습을 보여주었다. 실제로 연출진이나 방송 작가가 고정관념에 대한 넛

지 연출을 고려하지 않았을지라도 효과는 뛰어났다. 방송 뒤 많은 사람들의 공감을 샀고 색상에 대한 기호를 성별을 기준으로 한정시키는 것에 대해 의문을 제기하는 사람들도 많았다. 넛지의 역할이 큰 작용을 한 예시로 볼 수 있다.(박정민 · 이채연 · 장하은)

(5) 〈더킹〉과 〈귀향〉의 넛지 효과: 2017년 1월에 개봉한 영화 〈더킹〉엔 사실상 넛지를 적용한 감독의 연출이 돋보이는 장면이 등장한다. 극 마지막 부분 태수(조인성)가 국회의원 선거 후보로 나가게 되는데, 감독은 태수가 당선이 되었는지 되지 않았는지 알려주지 않는다. 그러나 그 이후 권력을 쥐고 부당하게 악행을 일삼았던 자들은 모든 것을 잃으며 나락으로 떨어지고, 정의를 안고 부당한 권력에 대항했던 자들은 차근차근 중요한 자리에 올라서는 모습들을 보여준다. 감독은 이러한 연출을 통해 "정의로움은 우리가 만드는 것이다. 그 정의로움은 국민의 의무이자 권리인 투표권 행사로부터 시작되는 것이 아닐까"라고 메시지를 던지고 있는 셈이다. 영화는 '투표를 합시다'라고 말하지 않는다. 선거가 끝난 이후 부당한 권력들이 사라지고 정의가 살아나는 장면을 보여주며 국민들의 선거권 행사가 사회정의를 만들어낼 수 있다는 희망을 관객들에게 전한다. 실제로 이 영화를 보고 많은 관객들이 당시 정치 상황에 대해 많은 자각을 했고 투표권을 꼭 행사해야겠다고 다짐하는 관객도 많았다. 2016년 개봉한 〈귀향〉도 넛지 효과를 낳았다고 볼 수 있다. 일본군에 끌려간 위안부 할머니들의 위안소에서의 모진 경험을 스크린으로 옮긴 영화다. 국민들의 후원으로 만들어져 몇 년에 걸쳐 완성된 〈귀향〉은 개봉 당시 큰 화제를 모았고 358만 명의 관객을 동원했다. 이후 위안부 문제에 대한 국민들의

관심이 커지게 되었고 후원이 급증했으며, 시위에 적극적으로 참여하는 사람들도 많아졌다. 특히 다큐멘터리 영화는 사람들로 하여금 사회 문제에 대한 관심을 가지게 하면서 그 문제에 대한 해결책을 모색하도록 유도하는 넛지를 가장 많이 함유한 장르라고 생각한다. 예컨대 세월호 참사를 다룬 〈다이빙 벨〉(2015), 위안부 문제를 다룬 〈나의 마음은 지지 않았다〉(2009), 〈그리고 싶은 것〉(2013) 등의 국내 다큐멘터리 영화나 미국의 의료보험 문제를 꼬집은 미국의 다큐멘터리 영화 〈식코〉(2007)가 이를 잘 시사해주고 있다. 거대하고 복잡한 현실의 문제를 압축해 함축적으로 보여줄 수 있는 영화에 넛지 기법을 적용하는 것은 공익을 증진시키는 아주 좋은 방법이라고 생각한다. 관객들이 사회문제에 많은 관심을 가질 수 있도록 하고 더 나아가 사회에 긍정적인 영향을 미칠 수 있도록 유도할 수 있기 때문이다.(임수빈)

제 **10** 장

*

마케팅 · 자기계발 넛지

***

Nudge

기업들의 마케팅을 위한 넛지

(1) 소비자의 참여를 유도하라: 스웨덴의 세계적인 가구업체 IKEA(이케아)의 상품들이 가지고 있는 독특함은 DIYDo It Yourself(소비자가 직접 조립에 참여한다)의 특징을 가진 저렴한 상품이라는 것, 단순하면서도 밝고 실용적인 스웨덴식 디자인을 일관되게 고수한다는 것, 가구의 디자인을 라이프스타일과 연계한다는 것 등이다.[1] DIY는 이케아의 다음과 같은 5대 원가 절감 방안과 밀접한 관련이 있다. 첫째, 대량 구입 또는 대량 주문으로 구매 가격을 낮춘다. 둘째, 가구는 조립형으로 설계하여 납작하게 쌓아 운반함으로써 운송 비용을 대폭 절감한다. 셋

째, 고객이 전시장에서 조립된 가구를 보고 마음을 정한 다음, 창고에서 직접 그 가구를 찾고, 값을 지불한 뒤 차에 실어 집으로 가져가게 함으로써 배달 비용을 절감한다. 넷째, 고객이 스스로 가구를 조립하게 함으로써 제조업자와 상점은 비용을 더욱 절약한다. 다섯째, 이케아 상점은 마진은 낮지만 매출을 높이는 데 역점을 둔다.[2] 여러 연구 결과, 소비자는 조립 등과 같은 참여를 통해 자기 취향과 의지를 많이 반영해 만든 제품을 더 높게 평가하는 경향이 있는 것으로 밝혀졌다. 이를 가리켜 '이케아 효과Ikea effect'라고 한다. 이 말을 만든 듀크대학 행동경제학자 댄 애리얼리는 미국 주부들의 가사에 투입하는 노동력을 최소화하려는 노력의 일환으로 1950년대에 인스턴트 케이크 믹스가 출시되자, 처음에는 주부들이 썩 내켜 하지 않았다는 점에 주목했다. 왜 그랬을까? 인스턴트 케이크 믹스의 도입으로 손쉽게 케이크를 만들 수 있게 되면 주부들의 노동력과 요리 기술이 평가절하될 수 있다는 이유에서였다. 그래서 제조업체들은 주부가 계란을 집어넣어야 케이크가 완성되도록 인스턴트 케이크 믹스의 조리법을 바꾸었으며, 그 결과 인스턴트 케이크 믹스가 더 널리 보급되었다.[3] 댄 애리얼리 연구팀은 실험 참가자들에게 이케아 가구를 조립하고, 자신이 조립한 이케아 가구나 다른 사람이 조립한 똑같은 이케아 가구를 구매하도록 하는 실험을 수행했는데, 실험 참가자들은 자신이 조립한 이케아 가구를 구입하기 위해 67퍼센트 높은 가격을 지불하려고 했다.[4]

(2) 상점을 극장으로 변모시켜라: '상점의 극장화'를 주장하는 롤프 옌센Rolf Jensen은 "북카페처럼 카페를 겸한 서점이 좋은 예다. 레스토랑을 겸한 식료품점도 있다. 스포츠용품점은 장비를 시험하는 장소가 될

수 있다. 영화관에서 영화의 사운드트랙 CD를 팔고 향수 가게에서 고객이 향을 혼합할 수도 있다. 생산자와 부담 없이 수다를 떨거나 조언을 들을 수 있다"며 이렇게 말한다. "오프라인 상점에겐 상점을 극장으로 바꿀 수 있는 감독이 필요하다. 상점 주인이 스스로 감독이 돼도 좋다. 자기만의 극본을 쓰고 점원을 스태프로 삼는다. 그러고는 찾아오는 고객에게 멋진 역할을 제안한다. '화장품 가게에선 뭘 팔아야 할까요?'라는 질문에 지금까지의 대답은 당연히 화장품이었다. 하지만 이제 그 질문에 대한 답은 여러 가지다. 사랑이 될 수도 있다. 이 경우 취급하는 품목에 옷, 신발, 액세서리가 들어갈 수 있다. 어쩌면 반지나 예복 같은 결혼용품을 추가할 수도 있겠다. 공급자가 봤을 때 비슷한 제품 라인을 모아 상점을 채우는 게 아니라 소비자가 봤을 때 유사한 감성 라인으로 상점을 채울 수 있어야 한다. 이럴 경우 더는 화장품 가게가 아니게 된다. 그리고 가게를 찾은 고객은 이제 사랑에 빠진 한 배우가 된다."[5]

(3) 브랜드 팬덤을 구축하라: 우리는 공동체 문화에 치이는 것을 싫어하면서도 공동체적 가치와 의미 없이는 세상을 살아갈 수 없는 묘한 동물이다. 그런 공동체 욕구를 채워주는 것 중의 하나가 바로 '브랜드 공동체brand community'라는 팬덤이다. 광고회사 영앤드루비컴Young & Rubicam은 "브랜드는 새로운 종교이다"고 선언한 보고서를 냈는데, 이를 긍정하는 제임스 트위첼James B. Twitchell은 그렇지 않다면, 매년 수천 명의 사람들이 디즈니 테마 공원에서 결혼식을 올리고, 할리데이비슨 브랜드가 박힌 관에 담겨 무덤 속에 묻히는가를 설명할 수 있겠느냐고 반문한다.[6] 중국의 스마트폰 제조업체인 샤오미Xiaomi의 팬덤, 즉

'미펀米粉'은 수천만 명에 달해 '미펀 경제'니 '팬덤 경제'니 하는 말을 낳게 할 정도로 샤오미의 성장에 결정적 영향을 미치고 있다. 샤오미는 미펀에게 제품이 아니라 이른바 '참여감參與感'을 팔고 있다. 여기서 말하는 참여감이란 소비자에게 제품과 회사에 참여한다는 느낌을 제공함으로써 고객과 회사가 친구가 되어 사용자와 함께 놀면서 회사가 성장한다는 개념이다. 참여감의 핵심은 고객을 '신'이 아닌 '친구'로 보는 것으로, 샤오미가 기업 슬로건을 '오직 팬을 위해Only for fans'로 지은 이유이기도 하다.[7] "마케팅은 기업의 팬을 관리하는 것이다"고 정의하는 롤프 옌센은 이렇게 말한다. "기업과 제품에 대한 팬층을 만들고 관리하는 건 이제 선택이 아닌 필수 항목이다. 그게 기업의 미래이기 때문이다. 현대 소비자들은 점점 더 접근하기 어려워지고 있다. 이들은 광고를 믿지 않는다. 세밀하게 개인화됐기에 대중 마케팅이 통하지도 않는다. 이제 소비자들은 가족, 친구, 동료만을 믿는다."[8]

(4) 고객 설문조사에 의존하지 말라: 여론조사나 설문조사에서 응답자들은 다른 사람들에 의해 좋게 보이거나 좋은 인상을 줄 수 있는 답을 하려는 경향이 있다. 이른바 '사회적 선망 편향social desirability bias'이다. 소비자 조사도 마찬가지다. 소비자들은 자신의 동기를 잘 알면서도 진짜 동기를 말하지 않으려는 경향이 있다. 그럼에도 많은 소비자 조사들이 "왜?"를 묻기보다는 무엇을 사는가를 묻는 데에 그침으로서 마케팅 실패를 자초하는 경향이 있다.[9] "왜?"를 묻더라도 심층을 파고들어야 한다. 엄마들이 왜 특정한 종류의 쿠키를 자녀에게 사 주는지 그 이유를 알아내려는 조사에서, 거의 모든 엄마들이 쿠키의 영양학적 가치가 구매 결정에 있어서 대단히 중요하다고 대답했다. 그

러나 어느 용감한 엄마는 다음과 같이 '진실'을 밝혔다고 한다. "쿠키라는 건 아이들에게 주는 일종의 뇌물이에요. 아이가 쿠키를 좋아하면 할수록, 더욱더 효과적인 뇌물이 되는 거지요. 어차피 아이한테는 건강에 좋은 음식들만 먹이니까, 쿠키가 그다지 좋은 음식이 아닐지라도 몇 개 준다고 해서 크게 해가 된다고 생각하진 않아요. 그러니까 쿠키를 고를 때 영양학적 가치 따위에 대해선 난 조금도 상관 안 해요!" 이에 대해 로버트 세틀Robert B. Settle과 패멀라 알렉Pamela L. Alreck은 『소비의 심리학』에서 이렇게 말한다. "수많은 마케터들이 저지르는 가장 큰 실수는 소비자들의 선택의 이유를 알아내기 위해 그들의 시장에 있는 소비자들을 대상으로 설문조사를 실시하는 것이다. 직접 설문에 의해서 진짜 쓸 만한 구매 동기를 발견하는 경우는 거의 없다. 그렇다고 해서 소비자의 구매 동기를 알아내는 것을 포기하라는 뜻은 아니다. 다만 간접적으로 알아내야 한다는 뜻이다."[10] 미국의 성공적인 소매기업 어번 아웃피터스Urban Outfitters는 시장조사를 하지 않는 걸로 유명하다. 시장조사는 낡은 방식으로 실효성이 없다고 보기 때문이다. 그 대신 가게 내에서 고객이 보이는 태도와 행동을 비디오테이프나 스냅사진으로 촬영해서 그것을 토대로 고객의 특성을 분석한다. 고객의 마음을 끄는 것이 무엇인지에 대한 감感을 얻기 위해서다. 이 기업의 철칙은 이것이다. "우리는 사람들의 말을 믿지 않고 사람들의 행동을 믿는다. 당신의 고객이 말하는 것을 무시하시오. 단지 그들이 무엇을 하는지를 유심히 관찰하시오."[11]

(5) 구매 의사를 미리 묻기: 미국에서 4만 명 이상의 사람들을 표본으로 선정해 조사를 실시한 결과 "향후 6개월 안에 새 차를 구매할 의

사가 있습니까?"라는 간단한 질문만으로도 구매율을 35퍼센트나 높일 수 있는 것으로 밝혀졌다. 이처럼 사람들이 의도에 대한 질문을 받았을 때 자신의 답변에 행동을 일치시킬 가능성이 높아지는 현상을 '단순 측정 효과mere-measurement effect'라고 부른다.[12]

(6) BMW의 유방암 퇴치 캠페인: 미국 시장에서 남성용 자동차라는 전통적인 이미지를 깨고 조금 더 친근하게 여성 운전자들에게 다가갈 방법으로 모색하던 BMW는 유방암 재단과 손을 잡고 특별 시운전 행사를 개최했다. 소비자들이 시승해서 자동차 성능을 테스트할 때 1마일당 1달러의 기부금을 유방암 재단에 기부하는 방식이었다. 캠페인 기간 동안 시운전을 해본 사람들은 3만 5,000명, 판매 대수는 400대, 기부액은 100만 달러였다. 시운전을 해본 남녀 운전자들은 BMW가 꼭 남성용 자동차가 아니라 남녀 모두를 위한 차며 여성들의 주요 문제인 유방암 퇴치를 위해서 노력하는 바람직한 기업이라는 새로운 인식을 갖게 된 것으로 평가되었다.[13]

(7) 디즈니의 '셰어유어이어스': 2016년 상반기 업계에서 가장 화제가 된 SNS 마케팅은 디즈니의 '셰어유어이어스Shareyourears'였다. 접시 등 동그란 물건을 이용해 미키마우스의 귀 모양을 만들어 SNS에 올리고 해시태그(#)로 'shareyourears'라고 달면, 디즈니에서 태그 1건당 5달러의 기금을 국제 자선단체 메이크어위시Make-A-Wish 재단에 적립하는 것이다. 디즈니는 이를 통해 100만 달러 이상의 기부금을 적립했을 뿐 아니라, 한물간 캐릭터였던 미키마우스를 SNS에 노출하는 효과도 거뒀다.[14]

(8) 마트 진열대의 좋은 자리 차지하기: 가전제품은 성능이 좋다고

많이 팔리는 게 아니다. 할인마트나 백화점 진열대 중에서 어느 위치에 놓이느냐가 훨씬 더 중요하다. 백화점이나 할인매장은 다양한 제품을 쌓아 놓고 팔다 보니, 여러 제품들을 포개어 쌓아 놓을 경우 맨 위에 올린 제품이 판매될 가능성이 높다. 미국의 한 업체는 이 점에 착안해 비디오플레이어의 위 커버를 둥그렇고 볼록하게 만들어 그 위에 다른 제품을 올려놓을 수 없도록 만들었다. 그 결과, 백화점이나 할인매장에서 비디오를 쌓아 놓고 팔 때 이 제품이 항상 맨 위에 놓이게 되었고, 덕분에 매출액이 두 배 가까이 늘어났다.[15]

(9) 맥주는 왜 기저귀 옆에 있을까: 미국의 한 드러그스토어가 고객의 구매 내역 데이터를 분석한 결과, 예상치 못한 사실을 발견했다. 바로, 맥주와 기저귀를 같이 구매한다는 사실이다. 이유인즉, 남편들이 퇴근길에 아내의 심부름으로 마트에 들려 기저귀를 사면서, 보상 심리로 맥주도 같이 사기 때문이라고 한다. 또는 맥주가 마시고 싶은데, 맥주 사러 마트에 간다고 했다간 잔소리를 들을 수 있으니, '기저귀 사올게'라는 핑계로 마트에 간다는 것이다.[16]

(10) 고객이 있는 곳으로 찾아가기: 가전 매장에 있어야 할 김치냉장고들이 미용실 한편에 당당히 자리 잡고 있다. 고객들은 순서를 기다리면서 김치냉장고를 살펴보고 삼행시 짓기 이벤트에 참여했다. 백화점이나 전문 매장 등의 전형적인 매장은 고객이 와야 되지만 이 행사는 여성 고객이 있는 곳으로 찾아가 고객 옆구리를 쿡쿡 찌르는 넛지 마케팅 활동을 벌인다. 김장철을 맞아 여성들이 많이 모이는 유명 미용실이나 놀이공원을 찾아가 김치냉장고 행사를 벌이는 것이다.[17]

(11) 판촉 장소의 분위기를 고려하라: 현대자동차는 파주에 있는 문

화예술인마을 헤이리에서 신형 소나타 전시회를 가졌다. 디자인의 우수성을 알리고자 예술인의 작업실과 미술관이 밀집한 장소를 택했다. 독일 벤츠가 서울 서초구 국립국악원 앞 잔디 광장에서 신형차를 선보여 눈길을 끌었다. 직접적인 방법으로 고객의 옆구리를 쿡쿡 찌르는 방법도 있지만 간접적으로 넛지 판촉하는 방법으로 인기 드라마나 영화에 PPL 홍보를 하기도 한다.[18]

(12) 포인트를 현금으로 바꿔 쓰기: 통신 3사가 멤버십 등급에 따라 제공하는 연간 3만~12만 포인트 유효기간은 1년이다. 쓸 수 있는 곳이 한정된 데다 1일 한도도 정해져 있어 막상 쓰기가 쉽지 않다. 겉으로는 소비자에게 포인트를 자유롭게 사용하라고 광고하면서도 실제로는 포인트를 전액 소진하지 못하도록 설계한 것이다. 이와 달리, 하나금융그룹은 2015년 자회사의 모든 포인트를 전액 현금으로 쉽게 바꿀 수 있는 '하나머니'를 개발해 "포인트를 현금으로 바꿔 쓸 수 있으니 스마트폰 앱으로 쉽게 포인트를 사용하세요"라고 홍보했다. 스마트폰에 하나멤버스 애플리케이션만 설치하면 외환카드의 YES포인트 등을 그대로 현금으로 전환해 자동현금입출금기ATM에서 찾을 수 있도록 한 것이다.[19]

(13) 쇼핑카트의 헬스카트화: 외국 기업 폴크스바겐의 경우, 비교적 쇼핑에 흥미가 없는 남성들의 흥미를 돋우고 이용 시간을 늘리게 하기 위해 쇼핑카트에 스케이트보드를 설치하는 Fast Lane-Driven by Fun 캠페인을 진행해, 큰 호응을 받은 사례가 있다. 대형마트 이용객이라면 거의 모든 사람이 이용하는 쇼핑카트에, 수익 창출을 위한 다른 넛지 방법을 적용할 수는 없을까. 그 방법으로 쇼핑카트에 소비자

가 쇼핑을 하며 소모한 칼로리를 알 수 있도록 하는 방법을 제안해본다. 카트 손잡이에 내가 걸은 거리와 그에 따른 운동량과 칼로리를 계산한 결과가 나타나도록 하는 것이다. 특히 남성 소비자의 두 배에 달하는 여성 소비자가 주 고객층인 마트에서는 쇼핑을 하며 운동도 하고 그 결과도 실시간으로 확인할 수 있는 이 헬스카트가 소비자를 더 오래 쇼핑할 수 있도록 유도하는 기능을 할 것이라고 예상한다.(권다은)

(14) 골목길 상권 살리기: 상권은 주로 사람들이 많이 다니는 큰길가를 따라 형성된다. 따라서 메인 로드에 위치한 가게들은 지리적으로 소비자를 유인할 수 있는 유리한 환경에 놓여 있지만, 메인 로드에서 두세 번 더 들어와야 발견할 수 있는 골목길 가게들은 불리하다. 큰길가에서 작은 골목길로 들어가는 교차로 앞에 큰 현수막이나 음식 사진이 들어간 메뉴 간판을 설치해 놓는 등 다양한 전략을 펼쳐보지만, 이미 자주 사용하던 길만 걷던 사람들의 관심을 끌기에는 부족해 보인다. 그렇다면 이러한 방법은 어떨까. 자연물 혹은 지형물을 이용해 보는 방법이다. 사람들은 지나가다가도 사소한 자연물 혹은 지형물에 끌려 발걸음 멈추기도 한다. 멈춰 서서 감상하고 추억으로 남기기 위해 사진을 찍는다. 거창하고 특별하지 않아도 된다. 그 거리를 걷는 사람들의 흥미나 관심을 끌 수 있는 간단한 것들이면 된다. 계절을 생각해보자. 봄에는 벚꽃나무나 개나리, 목련 같은 사람들이 사진 찍기 좋아하는 꽃, 가을에는 단풍, 겨울에는 눈이 소복이 쌓인 나무나 귀엽게 만들어진 눈사람들 같은 자연물, 지형물이면 충분하다. 골목길 안쪽에 위치한 가게들이 주 길거리에 있는 가게들에 비해 크게 경쟁력이 떨어지거나 부족한 것은 아니다. 단지 잘 안 보이는 것 때문에 받는 불이

익이라면 이러한 넛지 방법을 통해 골목길 점포들이 넛지 상권을 새롭게 만들 수 있지 않을까.(권율)

조직의 칸막이를 없애고 성과를 높이는 넛지

(1) 페이스북의 '사일로 소탕 작전': 곡식을 저장하는 굴뚝 모양 창고인 사일로silo처럼 CEO를 정점으로 해서 굴뚝 모양으로 늘어선 부서들이 다른 부서와 담을 쌓고 내부 이익만 추구하는 조직을 일컬어 '사일로'라고 한다. 우리말론 '칸막이'라고 할 수 있겠다. 기업들은 이런 사일로를 없애기 위해 애를 쓰는데, 페이스북에서 비교적 성공적으로 이루어진 '사일로 소탕 작전'은 크게 보아 네 가지다. 첫째, 신입사원 훈련 프로그램 때 상호 친밀감과 유대감을 갖게 만든다. 둘째, 효과적인 인사이동 프로그램으로 부서 간 이해와 친밀감을 높인다. 셋째, 회사의 사무실 배치 구조에 신경을 써 사원들이 자주 만날 수 있게 한다. 넷째, 직원들 간 의사소통을 촉진하고 친밀감과 유대감을 높이기 위해 페이스북을 활용한다.[20]

(2) 직원들을 서로 만나게 하라: 직원들끼리의 비공식적 의사소통이 중요하다는 걸 깨닫게 된 미국의 일부 기업들은 아예 회사 건물을 지을 때부터 가급적 부서가 다른 사원들이 서로 접촉할 수 있게끔 광장형 통로를 거쳐야만 자기 사무실로 갈 수 있게 한다거나 하는 식의 고려를 하고 있다. 예컨대, 스티브 잡스Steve Jobs, 1955~2011가 애플에서 쫓겨나 1986년 1,000만 달러로 인수한 뒤 지은 픽사의 본사 건물은 특이한 구조로 유명하다. 이 회사의 남녀 화장실 4개, 회의실 8개, 카

페·식당은 모두 중앙 로비에 몰려 있고, 사무실은 중앙 로비를 기준으로 좌우로 나뉘어 있다. 좌측엔 컴퓨터 기술 개발자, 우측엔 애니메이션과 스토리를 담당하는 부서들이 있다. 직원들은 누구나 화장실이나 식당을 가거나 회의를 하려면 기다란 동선動線을 거쳐 중앙 로비 쪽으로 몰려야 한다. 얼른 보기엔 시간을 허비하게 만드는 비효율적인 구조인 것 같지만, 잡스의 의도는 모든 직원이 최대한 서로 만나야 한다는 것이었다. 구글은 건물 구조 외에도 직원들 간의 칸막이 효과를 없애고 활발한 지식 이전을 위해 간단한 조리를 할 수 있는 '작은 부엌micro kitchens'을 설치해 그런 효과를 거두고 있다.[21]

(3) '암묵지暗黙知' 공유에 유리한 분위기 조성: 헝가리 출신으로 영국에서 활동한 화학자이자 철학자인 마이클 폴라니Michael Polanyi, 1891~1976는 『개인적 지식Personal Knowledge』(1958)에서 지식을 겉으로 분명하게 표현된 걸 이해할 수 있는 '표출적 지식explicit knowledge'과 표현하기가 매우 어려운 '암묵적 지식tacit knowledge'으로 나누었다. '암묵적 지식'은 줄여서 '암묵지'라고 부른다. 폴라니는 "우리는 우리가 말할 수 있는 것 이상으로 알고 있다we can know more than we can tell"며 일본 기업이 성공할 수 있었던 것은 암묵지에 기반한 지식화에 성공했기 때문이라고 주장했다.[22] 김병도는 암묵지의 공유를 유도하기 위해서는 직원들 간 비공식적인 대화를 촉진할 수 있는 분위기를 조성해야 한다고 주장한다. 예컨대, 직원들 간의 대화가 보다 자연스럽게 유도되도록 사무실 레이아웃을 원형이나 개방형으로 디자인하거나 마케팅 부서와 생산 부서의 모임을 정례화하고 서로의 지식을 공유할 기회를 갖게끔 해야 한다는 것이다.[23] 홍성욱은 지식경제에 깊숙이 편입된 회

사일수록 지식을 잘 운영하는 것이 중요하기 때문에 '지식에 친근한' 회사 분위기를 만들어야 한다고 주장한다. 무엇보다도 경직된 위계질 서는 창조적인 지식 생산에 장애요소기 때문에 나이, 직급, 학력보다 경험, 전문성, 혁신에의 의지가 높게 평가받고 대접받는 수평적인 분 위기를 만드는 것이 중요하다는 것이다.[24]

(4) 업무용 두문자어頭文字語를 자제하라: 기업들이 자신들이 고안 한 아이디어만 좋은 것으로 여기는 경향을 가리켜 'NIH 증후군NIH syndrome'이라고 한다. "그건 우리가 만든 거 아니야" 문화라고도 할 수 있겠다. NIH 증후군은 기업 내부에서도 발생하는데, 특히 제조와 R&D, 마케팅이 마치 서로 다른 별에서 오기라도 한 듯 독자적으로 행 해져, 신상품이 개발되는 데 오랜 시간이 걸리기도 한다.[25] 미국 듀크 대학 행동경제학자 댄 애리얼리는『경제심리학』(2010)에서 "일반적 으로 기업들은 신념이나 언어, 프로세스, 제품 등을 중심으로 기업 문 화를 창조해간다. 기업 조직 내의 사람들이 이러한 조직 문화에 흡수 되면 조직 내부에서 만들어진 아이디어를 조직 외부의 것보다 더욱 유용하고 중요한 것으로 인식한다. 만약 조직 문화가 NIH 성향을 유 발하는 중요한 요소라고 한다면, 특정 기업이나 직업 내에서만 사용되 는 업무용 두문자어頭文字語(낱말의 머리글자를 모아서 만든 약어)의 활 용 정도를 통해 그 기업이나 직업의 NIH 성향이 얼마나 강한지를 가 늠해보는 것도 가능하다"며 다음과 같이 말한다. "두문자어들은 일종 의 내부 기밀 정보가 되기도 하고, 사람들이 아이디어를 빠르게 주고 받는 방편이 되기도 한다. 외부인들은 잘 모르는 두문자어를 사용하 면, 자기들끼리만 알고 있는 어떤 아이디어가 더욱 중요하게 인식되는

경향이 있으며, 그 결과 외부의 아이디어가 내부로 유입되는 것을 차단할 수 있다. 두문자어 자체가 위험하다는 말은 아니다. 그러나 기업들이 자신들이 만든 신화에 집착하고 편협한 내부의 관점만을 수용하려 한다면 그때부터 문제가 생기게 된다."[26]

(5) 직원들이 큰 그림을 보게 하라: 직장에서의 과도한 분업은 직원들에게 소외감을 줘 업무 만족도를 크게 떨어뜨린다. 이와 관련, 댄 애리얼리는 이렇게 말한다. "오늘날 업무용 관리 시스템은 전체 작업을 너무 잘게 분할해 직원들로 하여금 지극히 좁은 범위의 업무만을 수행하도록 요구한다. 때문에 직원들은 큰 그림을 보지 못할 뿐만 아니라 목적의식을 상실하고 성취감을 느끼지 못할 위험이 크다." 따라서 과도한 분업화를 자제하는 동시에 직원들에게 큰 그림을 볼 수 있게 해주는 의도적인 노력이 필요하다.[27]

(6) 단순 업무에 의미를 부여하라: 기부를 요청하는 단순 업무의 생산성을 높이기 위해선 어떻게 해야 할까? 미국 심리학자 로버트 치알디니는 이런 방법을 제시했다. "직원들의 생산성을 높이는 방법은 성과급만 있는 게 아니다. 일의 의미를 강조하라. 대학 기부금 모금을 요청하는 콜센터 직원에게 이 대학으로부터 장학금 혜택을 받은 학생의 삶이 어떻게 달라졌는지 스토리를 들려줬다. 그들의 일이 단순 반복 업무가 아니라 사람들의 삶을 바꾸는 의미 있는 일임을 상기시킨 것이다. 그러자 주간 평균 모금액이 2배 이상 증가했다."[28]

(7) 직원들의 연령을 다양하게 구성하라: 최근 연구에 따르면 창조적인 문제 해결이 중요한 회사에서는 연령 다양성이 10퍼센트 증가하면 연간 생산성이 3.5퍼센트까지 증가하는 것으로 나타났다. 연령

이 다양해지면 행동 방식과 관점이 다양해지기 때문이다. 미시간대학 정치학자이자 경제학자인 스콧 페이지Scott E. Page는 차이점이 주는 혜택을 수용하지 않는 관점에 대해 이렇게 말했다. "같은 시간에 도착한 사람들은 같은 방식으로 생각한다." 일부 기업들은 '바벨링barbelling'이라고 부르는 관행을 일부러 실행하는데, 이는 바벨의 모습처럼 젊은 직원과 50세가 넘는 직원을 파트너로 구성해 젊음의 저돌성과 중년의 경험에서 우러나오는 신중함을 둘 다 이용하기 위한 것이다.[29]

(8) 기분 좋은 날에는 중요한 결정을 내리지 마라: 우리 인간은 나쁜 일이 일어날 것이라고 암시하는 정보는 묵살하고 긍정적인 이야기에만 귀를 기울이는 경향이 있다. 노리나 허츠Noreena Hertz는 "부정적인 정보를 적절하게 처리하는 능력의 부재는 주식 매매자, 흡연자, 부동산 투자뿐만 아니라 거의 모든 의사 결정자에게 위험한 기질이다"며 "우리가 이런 오류에 취약하다는 사실을 자각하기만 해도 유리한 출발점에 선 것이다"고 말한다. 기분 좋은 날에는 그런 오류의 가능성이 커지므로, 중요한 결정은 뒤로 미루는 것이 좋다.[30]

관광 내실화와 활성화를 위한 넛지

(1) 외국인 유학생 SNS 홍보단: 2017년 7월 충청남도는 영어·중국어·일본어·스페인어 등을 사용하는 외국인 유학생으로 구성된 '충남관광 SNS 홍보단'을 출범했다. 충남도는 외국인 대부분이 사회관계망서비스SNS를 통해 관광 정보를 수집·활용하고 있는 점에 착안해 홍보단을 만들었는데, 홍보단에게 충남 곳곳을 보여주고 외국인의 시

각에서 바라본 도내 주요 관광지 정보를 구글이나 유튜브, 페이스북, 웨이보, 인스타그램 등 다양한 SNS에 게시하도록 하는 동시에 홍보단의 팸투어 도중 외국인의 시각에서 제시되는 의견은 충남 관광 발전을 위한 홍보 사업에 반영할 방침이다.[31]

(2) 관광지 인증 도장: 부산 감천동은 60여 년 전까지만 해도 피란민들이 2평도 안 되는 산비탈에 몸을 의지했던 가난한 달동네였다. 그런 동네에 예쁜 카페와 예술 공방들이 생기고 오밀조밀한 벽화 그림과 설치 미술이 들어서면서 주말에 1,000여 명까지 찾는 명소가 되었다. 이 마을 입구에서는 지도 한 장을 2,000원에 살 수 있다. 지도에는 예술 문화 여행지들이 표시되어 있다.[32] 마을 곳곳에는 지도에 찍을 수 있는 스탬프들이 있다. 처음 오는 사람들을 위해 지도를 마련함과 동시에 인증 도장 찍기를 통해 여행했다는 증거를 남기기도 하고 인증 도장을 찍다 보면 어느새 감천 문화마을 한 바퀴를 다 돌게 된다. 한 바퀴를 다 돌면 기념엽서를 주고 1년 뒤 나에게 보내주는 편지도 쓸 수 있다. 부산뿐만 아니다. 대구 달성군은 2017년 2월 20일부터 군 주요 관광지를 방문하는 관광객들을 튀해 '달성스탬프투어' 앱 서비스를 시작했다. 해당 어플은 사용자의 편의와 흥미 유발에 초점을 두고 제작되었다. 이 어플 또한 위의 부산 감천 문화마을과 같이 위치기반서비스를 적용하여 관광객이 대견사, 사문 진주막촌, 송해공원, 마비정 벽화마을 등 15개 주요 관광지에 도착하면 위치를 인식해서 자동으로 스마트폰에 도착 알림이 뜨고 스탬프를 찍도록 설계되었다. 또한 스탬프 완성 개수에 따른 여러 가지 혜택과 모든 스탬프를 완성할 시 달성군 명예 관광홍보위원으로 위촉도 시켜준다.[33] (손준영 · 류창선)

(3) 전주 한옥마을의 강점을 살려라: 전주 한옥마을은 지난 한 해 방문객이 사상 처음으로 1,000만 명을 넘어섰다. 전주시에 따르면 지난 2015년 10월부터 2016년 9월까지 1년 동안 사용된 이동통신과 SNS 등에 대한 빅 데이터 분석 결과, 전주 관광객은 총 1,066만 9,427명으로 집계되었다. 연간 관광객이 1,000만 명을 넘어선 곳은 제주도 등 일부 지역이 있긴 하지만 문화 자원 등 전통문화 관광 상품만을 앞세운 도시로는 전주가 유일하다.[34] 그러나 관광 도시라는 말이 무색하게도 관광객을 위한 배려가 찾아보기 힘들 때도 있다. 특히 관광객이 증가하고 한옥마을이 활성화되자 다양한 상업 활동이 증가하면서 각종 패스트푸드점과 정체불명의 음식, 영업 형태가 난무하기 시작했다. 순수한 거주지로서의 한옥은 줄어들고 많은 문제점이 발생했다.[35] 때문에 많은 관광객들이 전주의 관광 명소들을 즐기기보다는 이미 상업화되고 다른 지역에서도 충분히 즐길 수 있을 만한 것들에 크게 노출되고 있다. 따라서 더 많은 관광객의 유입과 놀러왔던 관광객들의 만족도를 위한 넛지 전략을 모색해볼 필요가 있다. 전주의 가장 큰 강점은 명소들이 많이 모여 있다는 점이다. 부산이나 대구처럼 전주도 한옥마을 근처 관광지들을 코스화 하면서 인증 도장 찍기를 시행하고, 지역 예술가들과 협력해 포토 존을 만드는 등 도장 찍을 장소들을 제공한다면 굳이 다른 홍보가 없더라도 관광객들이 스스로 전주 이모저모를 찾아다니게 될 것이다. 이는 넛지를 관광에 활용한 훌륭한 예가 될 수 있다.(손준영 · 류창선)

(4) 꼬치 전용 고슴도치형 쓰레기통: 하루 평균 약 2만 9,000명, 연간 1,000만 명 이상이 다녀가는 전주 한옥마을은 여느 관광지처럼 지

나친 상업화와 그에 따른 무분별한 쓰레기 투기 문제로 골머리를 앓아왔다. 특히 길가 여기저기에 너저분하게 흐트러져 있거나, 비치되어 있는 쓰레기봉투에 구멍을 내는 꼬치 막대 쓰레기 문제는 심각했고, 전주시는 결국 2년 전인 지난 2015년 한옥마을 내 꼬치구이 퇴출을 결정했다. 이 결정에 상인들은 경제적인 어려움을 호소했으며, 한옥마을을 찾는 관광객들 가운데 일부도 한옥마을에서 가장 각광받는 먹거리였던 꼬치구이가 사라지자 무언가 부족함을 느낀다는 의견을 내놓았다. 꼬치구이 막대 쓰레기 문제는 비단 한옥마을만의 문제가 아닐 것이다. 이에 고슴도치 꼬치 전용 쓰레기통을 생각해보았다. 꼬치 막대를 꽂을 수 있도록 "구멍 난 등을 지닌 고슴도치" 형상을 한 꼬치용 쓰레기통을 길가 곳곳에 놓아두는 것이다. 꼬치 전용 쓰레기통을 설치해 둔다면 고슴도치 모형물에 가시를 꽂아 준다는 생각으로 꼬치 막대를 꽂는 시민들이 늘어날 것이란 생각이다. 꼬치 쓰레기의 문제가 자연스레 줄어들면서, 다시 꼬치 먹거리를 곁들이며 더 즐거운 한옥마을 관광을 할 수 있는 날이 돌아오길 바란다.(이다솔)

(5) 코레일 기차 여행 프로그램의 활성화 방안: 나는 최근 몇 달 동안 코레일관광개발에서 기획하고 운영하는 기차 여행에서 가이드 아르바이트를 했다. 보통 토요일에 떠나는 당일 여행 상품으로 참가하는 고객들의 연령은 중장년층이 압도적으로 많았다. 현재 대학생들의 부모, 조부모 격이 되는 연령의 승객들이 부부, 친구, 동호회 단위로 많이 이용했다. 여행 중 기차 안에서 하는 특별한 활동은 없다. 대부분 가져온 음식과 술로 배를 채우거나 수다를 떤다. 나는 가이드로서 수시로 담당하는 기차 칸을 돌아다니면서 승객들의 문의사항을 들

는 역할을 했다. 이때 '가는 시간 동안 노래라도 틀어 주지 않느냐?', '기차 안에서 하는 행사 같은 것은 없는가?' 등 기차 내에서 보내는 시간의 지루함을 해소할 수 있는 프로그램의 존재 여부에 대한 질문을 많이 받았다. 여행 일정을 다 마친 뒤 승객들에게 만족도 조사를 하거나 소감을 여쭈어보면 '여행 프로그램이 부실했다', '별로 재미가 없었다' 등의 의견이 많이 나왔다. 다른 사설 여행사들의 프로그램과 다른 코레일관광개발만의 특별한 기차 여행 프로그램이 필요하다는 생각을 했다. 그래서 내가 떠올린 아이디어는 기차 칸마다 주제를 정해서 그에 맞는 활동을 하게 하는 것이다. 주제는 주요 승객들의 연령에 맞춰 흥미를 느낄 수 있게 정한다. 예를 들어 '10년 젊어지는 칸', '이가 튼튼해지는 칸', '피부가 탱탱해지는 칸', '검은머리가 나는 칸' 등으로 정한다. '10년 젊어지는 칸'으로 주제를 정한다면 안면 마사지법이나 간단한 스트레칭을 알려주면서 같이 온 일행들과 함께 할 수 있는 활동을 진행한다. 혹은 다같이 10년 젊어진 상황을 약속하고 오늘 하루 서로를 10년 젊은 상대로 대하는 것도 재미있는 방법이겠다. 젊음에 관한 간단한 퀴즈나 '청춘'으로 2행시 짓기 등을 하고 마사지봉이나 마스크 팩을 주는 행사도 진행하면 아주 흥미로울 것이다. 기차 내 이동 시간은 목적지마다 다르지만 오고가는데 각각 보통 2시간 이상 소요되기 때문에 이런 행사를 진행하기에 시간은 충분하다. 처음 가이드 아르바이트를 시작할 때는 이런 기차 여행이 있는지도 알지 못했다. 그러나 여행이 진행될 때마다 400명에 달하는 승객들이 참가하는 것을 보고 놀라움을 느꼈다. 주요 승객인 중장년층들이 스마트폰 어플 '밴드(BAND)'를 통해 여행 정보를 공유하고 함께 여행을 온 것을 알게 되었다. 기차 여행을 한 경험이 있는 승객들이 다시 지인과 함께 오는 경우가 대부분이었다. 흔히 말하는 '입소문'이 큰 역할을 한 것이다. 그렇기 때문에 내가 제안한 프로그램을 진행한다면 긍정적인 반응을 보인 승객들이 다시 기차 여행에 참가하고 주변인들에게 알리면서 코레일 기차 여행이 더 활성화 될 것이라고 생각한다.(조인성 · 이하자)

자기계발과 공부를 위한 넛지

(1) '구직 실패담' 대신 '구직 계획': 영국 실업자들은 실업급여를 받으려면 구직 센터를 주기적으로 찾아가 상담사를 만나야 한다. 이전엔 그동안 열심히 일자리를 찾았는 데도 못 구한 이유를 설명해야 했다. 영국 정부는 상담 내용을 조금 바꾸었다. 실업자가 이전의 구직求職 활동이 아니라 향후 구직 계획을 설명하도록 한 것이다. 그러자 실업자들은 자기소개서를 어떻게 작성하고, 어떤 직장을 알아봐야 하는지 고민하기 시작했다. '구직 실패담' 대신 '구직 계획'을 생각하면서 실업자들의 태도가 훨씬 희망적으로 변하고 취업에 성공하는 경우가 늘었다. 그만큼 정부가 지급해야 하는 실업급여도 줄어들었다.[36]

(2) 자신감 있는 자세를 취하라: 입사 면접을 자신 있게 하려면 어떻게 하는 게 좋을까? 미국 심리학자 로버트 치알디니는 이런 방법을 제시했다. "면접 전에 화장실에 가서 자신감 있는 자세를 취해보라. 몸을 뒤로 기울이거나 팔을 머리 뒤로 젖히는 식으로 말이다. 자신감 있는 자세를 취하는 것만으로 자신감이 높아진다. 테스토스테론(지배력 호르몬) 수치가 높아지고, 코르티솔(스트레스 호르몬) 수치가 낮아진

다."[37]

　(3) 자신을 대상으로 한 '자기 넛지': 특정한 종류의 압박을 받으면 공황 상태에 빠지곤 했던 미국 하버드대학 경영대학원 교수 에이미 커디Amy Cuddy는 넛지를 자신에게 적용하는 '자기넛지self-nudge'를 제안했다. 커디는 "자기넛지는 어떤 순간에 사소한 심리적·행동적 개선을 가져다줄 것을 기대하면서 실행하는 자기 자신의 신체언어 그리고/혹은 마음가짐에 대한 최소한의 조정이다"고 정의하면서 이렇게 말한다. "나는 엄청난 압박을 느낄 때마다 속도를 줄이고 결과에 덜 집착하려고 나 자신을 넛지해야 했다. 바뀌겠다고 마음먹는 것만으로는 즉각적으로 바뀔 수 없었지만, 나 자신을 조금씩 넛지함으로써 다음번에 공황을 느낄 때 기댈 수 있는 어떤 경험을 만들어낼 수 있었다. 나 자신에게 '지난번에도 잘해냈는데 이번이라고 못할 게 있겠어'라고 말할 수 있었다."[38] 커디가 말하는 '자기넛지'는 커디 스스로 소개하고 있는 '성장형 마인드세트'를 강조하는 것으로 볼 수 있겠다. 컬럼비아대학 심리학 교수 캐럴 드웩Carol Dweck은 『성공의 새로운 심리학: 마인드세트Mindset: The New Psychology of Success』(2006)에서 '고착형 마인드세트fixed mindset'와 '성장형 마인드세트growth mindset'라는 두 가지 유형의 마인드세트를 제시한다. 고착형 마인드세트는 자신의 자질이 돌에 새긴 듯 이미 정해져 있다고 믿는 마음, 성장형 마인드세트는 자질은 노력만 하면 언제든지 향상될 수 있는 것이라고 믿는 마음이다. 드웩은 자질이 고정되어 있다고 보는 것이 인간을 스트레스, 불안과 같은 고통에 시달리게 하는 결정적 원인이라는 사실을 연구를 통해 입증했다.[39]

(4) 강의실 칠판 위나 옆에 거울 설치: 초·중·고등학생 그리고 대학생까지 학교를 다니며 수업을 듣다 보면 스스로도 모르게 습관적으로 핸드폰을 하거나 그림을 그리는 일명 '딴짓'을 하게 되는 경우가 많다. 그런 행위를 다른 누군가의 제지가 아니라 스스로 중단하게 하기 위한 방법이 무엇이 있을까 생각해보았다. 아이들의 문제 행동을 교정할 때의 방법이 생각났다. 문제 행동이 발생하면 아이가 진정할 때까지 기다린 후, 아이의 행동을 아이에게 객관적으로 인지시키는 '자기객관화'의 과정을 거친다. 즉, 이 방법에선 거울이 자기객관화를 돕는 도구로써 작용하는 것이다. 거울을 칠판 위나, 옆에 부착한다. 이때 수업을 진행하는 주체는 그 거울에 주목할 수 없는 위치에 부착한다. 그 거울은 수업을 경청하는 주체만이 주목할 수 있는 도구가 되는 것이다. 학생들은 거울을 통해 수업 중 자신의 모습을 관찰하게 된다. 그 모습은 자신이 수업에 집중한다면 보지 못할 것이고, 집중하지 못한다면 발견하게 될 것이다. 그 거울을 통해 주변의 다른 학생과 다른 자신의 모습(수업에 집중하지 못하는 모습)을 발견하게 된다. 그때 주변의 다른 학생들의 모습(수업에 집중하는 모습)을 발견하고 자신의 모습을 객관화, 비교하게 됨으로써 행동의 수정이 일어날 것이다. 또한 교실에 거울을 부착함으로써 교실 안에서 벌어지는 혹시나 모를 상황에 대비할 수 있다. 교실 안의 상황이 거울에 비침으로써 교실 밖의 사람도 교실 안의 상황을 알 수 있게 된다. 교실에 거울을 부착함으로 밀폐된 공간이라는 교실의 성격이 조금은 완화되는 것이다. 사람은 자신의 행동을 많은 사람이 볼수록 조심하는 경향이 생긴다. 즉 거울이 학생들과 선생님들의 수업권을 침해하지 않으면서, 그들에게 불쾌감을 주

지 않고 그들을 보호하는 최소한의 보호 장치로써 작용하는 것이다. 교실 안의 상황이 밖을 돌아다니는 불특정 다수에게 보임으로써 그들의 안전과 수업권을 보장할 수 있을 것이다.(남주선)

(5) 강의 다짐서 작성: 학생들은 수업에 임하기 전에 간단한 '강의 다짐서'를 통해 자신의 목표를 설정하고, 각오를 다진다. 여기서 포인트는 '간단한'이다. 학생들은 재미없는 것에 긴 시간을 투자하기를 꺼린다. 이해하기 쉬운 문항을 주고, 간단명료한 답변을 요구한다. 목표 점수, 이 강의를 선택한 이유, 이 강의를 위해 꼭 해야 할 규칙 등과 같은 자신의 결심을 쓰게 한다. 그리고 그것들을 걷어 잊을 만할 때쯤 나눠 준다. 학생들은 강의 다짐서가 점수에 영향이 없다는 걸 알고는 있지만, 자신이 써 놓은 목표 점수가 자꾸 마음에 걸린다. '기대 속의 자신'과 '현실 속의 자신' 사이에 너무 큰 갭이 생기면 심리적 스트레스를 받는다. 결국 목표 점수와 나의 방탕함이 낳을 예상 점수 사이의 부조화를 감소시키기 위해 평소보다 더 공부하게 된다. 이러한 현상은 '단순 측정 효과'로도 설명할 수 있다. 단순 측정 효과란 질문을 받았을 때 자신의 답변에 행동을 일치시킬 가능성이 커지는 현상을 말한다. 즉, '강의 다짐서'로 간접적인 질문을 함으로써 학생들에게 공부를 열심히 하라는 직접적인 잔소리를 하지 않고도 학업 성적을 올릴 수 있는 넛지 효과를 거둘 수 있는 것이다. 우리 학교에 적용해보자면, 오아시스에 학기 초마다 간단한 '강의 다짐서'를 쓰게 하고, 프린트하여 강의 교수에게 내도록 한다. 또한 작성한 사람에게는 큰사람 포인트를 제공하는 등 혜택을 제공하는 것도 좋다. 선 학기와 비교했을 때 대체적으로 성적 분포 그래프가 우상향하리라는 기대를 가져본다.(김다운)

독서 장려와 촉진을 위한 넛지

(1) 도서 구입비 특별소득공제: 2017년 3월 국회 보건복지위원회 간사인 박인숙 바른정당 의원은 특별소득공제 대상에 도서 구입비를 추가해 독서 장려 및 국내 출판 문화 사업 활성화를 꾀하는 내용을 담은 소득세법 일부 개정안을 대표 발의했다. 개정안은 도서 구입비를 특별소득공제 대상에 추가하고, 그 한도액을 연 100만 원으로 했다. 박인숙은 양질의 도서를 구입해 독서하는 행위는 개인·사회 및 국가의 인적자원 개발과 각 분야의 지식 및 정보 제공, 문화 발전, 평생교육에 이바지할 뿐 아니라 국가 경쟁력 제고에 기여하는 바가 크다고 말했다.[40]

(2) 도서관을 도심 속의 숲으로 꾸미자: 회색 도시의 중심부에서 녹색 빛으로 물든 곳이 있다면 누구라도 호기심이 생길 것이다. 실제로 나무도 심고 피톤치드의 향도 첨가해 건강에도 좋은 곳으로 꾸미면 그곳에서 힐링을 하고 싶지 않을 사람은 없을 것이다. 도서관을 하나의 숲으로 만든다면 아이들에게도 좋은 학습의 장이 될 것이고 바쁜 일상에서 숲을 찾지 못하는 사람들에게도 좋은 휴식의 장소가 되어 자연스레 책이 손에 잡힐 것이다. 즉, 책 읽기 좋은 환경을 조성하자는 것이다.(권남형·이호선)

(3) 학교 도서관 내 북카페 및 야외 도서관 설치: 중앙 도서관을 단지 시험 기간뿐만 아니라 평소에도 책을 읽기 위해 찾는 곳으로 만들기 위해서는 '도서관 내 북카페' 및 '야외 도서관'을 개설하는 것이 좋다고 생각한다. 도서관 내 북카페는 말 그대로 책을 읽을 수 있는 카

폐다. 마치 자신의 집처럼 편안한 의자에 앉거나, 누울 수 있는 공간이 있고, 커피나 쿠키 같은 간단한 요깃거리도 있고, 잔잔한 음악도 흘러나오는, 다른 사람의 눈치를 보지 않고 마음대로 책을 읽을 수 있는 공간을 마련해 주는 것이다. 1층 넓은 로비에 몇 개의 책을 전시해 놓고 테이블을 놓거나, 현재 중앙 도서관 내에 있는 카페를 더 확장하는 방식으로 사람들의 눈에 띄도록 해서 도서관은 그저 공부하는 곳이 아니라 책을 즐길 수 있는 곳이라는 인식을 확산시켜야 한다. 야외 도서관도 마찬가지다. 날씨가 좋은 날에는 중앙 도서관 앞 잔디밭이나 학교 곳곳 벤치 부근에 야외 도서관을 설치하면 어떨까. 천막과 돗자리를 제공해주면서 캠퍼스 곳곳에서도 책을 읽을 수 있도록 공간을 조성해주는 것이다.(임수빈)

(4) 독서 커뮤니티 형성: 현재 전북대학교에서는 '큰사람 프로젝트'의 일환으로 학교에서 지정한 추천 도서의 독후감을 학생 개인의 학교 오아시스 계정을 통해 제출케 하고 있다. 하지만 개인적, 폐쇄적으로 운영되고 일방향적 제출에 그쳐 학생들의 흥미를 끌기엔 부족한 감이 없지 않다. 기존 큰사람 프로젝트에서 시행 중이던 독후감 작성 프로젝트를 전북대학교 모든 학생들이 참여하고 각자의 의견을 제시할 수 있는 장으로 키워보는 건 어떨까? 영화 평점 서비스 '왓챠Watcha'를 본떠 학생들만의 독서 커뮤니티를 형성하는 것이다(왓챠는 사용자가 자신이 본 영화에 대해 별점을 매기면, 취향을 분석해 좋아할 만한 영화를 알아서 추천해 준다. 또 개인 사용자가 영화에 대해 내린 평가를 사용자 간 별점, 댓글로 피드백을 하도록 하고 있으며, 높은 평을 받은 사용자에겐 시사회 초청 등 혜택을 주고 있다). 간단히 방법을 설명하자면 이렇

다. 학생들이 독서 후 책에 대한 평점, 한 줄 평, 독후감 등을 게시하면 다른 학생들이 이에 평점, 댓글 등으로 평가를 매긴다. 높은 평가를 받은 학생들에겐 장학금, 포인트, 도서 상품권 지급 등의 인센티브를 준다. 독서라는 목표의 달성 정도가 평점과 댓글로 피드백 되어 선의의 경쟁을 유발하는 시스템이다. 독후감이라는 무미건조한 과제를 게임으로 변용해 놀이 충동을 자극한다면 독서율을 높일 뿐만 아니라 학생들 간의 활발한 소통과 유대감 형성에도 기여하게 될 것이다.(배동현 · 이주연)

(5) 음료수 한 모금에 책 한 줄을 읽다: 어느 커뮤니티에 '도서관 1.5리터 콜라 고백법'이라는 글이 올라왔다. 도서관에서 공부를 하던 한 누리꾼이 화장실에 다녀온 후 책상 위에 1.5리터 콜라를 발견했다. 그는 설레는 마음으로 콜라 한 컵을 따라 마셨는데, 콜라병에는 "많이 놀라셨죠? 항상 옆자리 계시길래 지켜봤어요. 오늘도 파이팅하시구요"라는 메시지가 드러났다. 콜라를 따라 마실 때마다 한 줄씩 드러났고 다 마신 후에는 고백의 내용이 담긴 한 편의 편지가 있었다. 이러한 고백법이 커뮤니티에 나타나자 많은 사람들의 기발하면서도 부럽다는 반응을 보였다. 나는 이 게시물을 접하고 음료 패키지 디자인에 넛지 마케팅을 활용할 수 있다고 판단했다. '음료수 한 모금에 책 한 줄을 읽다'가 그것이다. 음료 내용물의 색깔과 용량에 따라 책, 시, 운세 등의 간단한 글을 기입하여 적어 놓은 후 음료수를 마실 때마다 소비자가 책의 한 줄 혹은 시의 한 구절을 읽게 하는 것이다. 이는 바쁜 현대인들이 음료수를 마시는 동안이라도 지식을 쌓게 하면서 독서를 생활할 수 있게 유도할 수 있다는 점에서 의미가 있다.(황채연)

(6) 비자카드의 '내게 책을 읽어주세요': 비자카드의 1997년 '내게 책을 읽어주세요Read me a story' 캠페인은 공익 마케팅의 대성공작으로 꼽힌다. 캠페인의 콘셉트는 "비자카드를 사용하면 문맹 어린이들이 책을 읽는 법을 배우게 할 수 있다"는 것으로, 비자카드를 이용할 때마다 일정액이 문맹 퇴치 자선 기관에 기부되는 방식이었다. 이 캠페인 결과 1997년 11월과 12월 비자카드 판매액은 1996년에 비해 16.9퍼센트나 증가했다. 1998년 문맹 퇴치 자선 기관에 기부된 돈은 500만 달러가 넘었다.[41]

Nudge

제 **11** 장

★

기타 넛지

★★★

Nudge

장기 기증과 헌혈을 늘리기 위한 넛지

(1) 기본 설정으로 장기 기증 늘리는 법: 오스트리아와 독일은 사회 · 문화적으로 비슷한 나라지만, 국민들의 장기 기증률은 오스트리아가 99퍼센트, 독일은 12퍼센트 정도로 큰 차이를 보인다. 이유는 시스템이다. 오스트리아는 사망자가 생전에 별도의 거부 의사를 밝히지 않았을 경우 자동으로 장기 기증에 동의한 것으로 간주한다. 반면 독일은 한국과 마찬가지로 기증을 원하는 사람에 한해 신청을 받고 있다. 기본 설정의 차이가 이런 차이를 부른 셈이다.[1] 최근 프랑스도 오스트리아 방식으로 바꾸었다. 하지만 이 방식은 논란이 커 시행 전 국민적 합

의가 필요하다.

(2) "장기 기증자가 되기를 원하십니까?": 미국에선 대부분의 주에서 어떤 사람이 장기 기증자가 되려면 운전면허증을 갱신하러 간 자리에서 특정한 서류 양식의 빈칸을 채운다. 미국 운전자의 약 38퍼센트가 이 과정을 거쳐 장기 기증자 등록을 했다. 그런데 일리노이주 정부는 운전면허증을 갱신할 때 "장기 기증자가 되기를 원하십니까?"라고만 물어 등록 과정을 더 간편하게 만들었다. 3년 후 일리노이주의 장기 기증 서명자 비율은 60퍼센트로 급증했다.[2]

(3) 재헌혈 약속 받기: "기록의 중요성은 실험으로 입증되고 있습니다. 영국의 한 실험에 의하면, 병원 외래환자들에게 다음번 진료 예약 시간을 직접 쓰도록 하면 예약 시간에 병원에 나타날 확률이 18%나 높아졌습니다. 사람들한테 자신의 약속을 직접 쓰도록 하는 것만으로 약속을 지킬 확률이 크게 올라가는 겁니다."[3] 심리학자 로버트 치알디니의 말이다.

(4) 국회 인사 청문회 때 헌혈 여부를 물어라: 우리나라 전체 국민 중 헌혈 참여 인구는 2012년 4.16퍼센트였고 이듬해 4.46퍼센트로 올라서나 싶다가 2016년 4.34퍼센트로 다시 내려앉았다. 이동영『동아일보』 정책사회부 차장은 「'헌혈 절벽' 시대가 온다」라는 제목의 칼럼에서 "기념품을 받거나 자원봉사 시간으로 인정받기 위해 참여하는 헌혈로는 절벽을 메울 수 없다"며 이런 좋은 제안을 했다. "윗물이라 생각되진 않지만 선출직이나 국회 인사 청문회에 서는 사람을 검증할 때 헌혈 여부를 물어야 더 많은 국민이 동참하는 데 도움이 될 듯하다. 최소한 그 자리에 가고 싶다면 헌혈증 10개쯤은 갖고 있게 말이다. 자

신의 입신양명은 물론 자식이나 부모 위해 불법 탈법을 가리지 않았더라도 한번쯤은 자기 몸을 국민 위해 바치도록……."[4]

(5) 헌혈 참여가 절실한 겨울에 걸맞은 포스터: 혈액 수급에 비상이 걸리는 겨울에 한국에서는 고유 명절 '설'을 보낸다는 사실에 주목해보자. 치료를 위해서 수술이 꼭 필요한, 한복을 입고 링거를 꽂은 어린 아이가 "새해 복 많이 받으세요!"를 외치며 복주머니 대신 복주머니 모양의 '혈액 팩'을 건네는 포스터다. 빨간색 복주머니에는 福(복)자가 쓰여 있지만, 포스터의 아이가 건네는 복주머니의 모양과 색을 꼭 닮은 혈액 팩에는 生(생)자가 쓰여 있다. 추운 겨울, 다른 또래 아이들이 가족들과 따뜻한 설을 보내는 동안 치료가 필요한 아픈 아이들은 차가운 병실 안에서 설을 보내야 한다. 당연히 이것은 아픈 아이들에게만 해당되는 이야기가 아니다. 누군가의 어머니, 혹은 누군가의 아버지, 할머니, 할아버지, 언니, 형, 동생의 이야기다. '福'을 선물하는 복주머니가 아닌 '生'을 선물하는 생주머니를 건넨다면 몸이 아픈 누군가들이 분명 더 빨리, 더 안전하게 따뜻하고도 평범한 설을, 병원이 아닌 집에서 보낼 수 있지 않을까?(신가영 · 김태원)

기부를 늘리기 위한 넛지

(1) 점진적 기부 증대: '점진적 저축 증대'를 본뜬 '점진적 기부 증대' 방안은 선호하는 자선단체에 소액의 돈을 기부하기 시작하여 해마다 기부금을 조끔씩 늘릴 의향이 있는지 사람들에게 물어보는 것이다. 나중에 기부를 중단하고자 하는 사람은 언제든 전화 한 통화로 혹은 짧

막한 이메일 한 통으로 해지할 수 있어 참여자의 저항감을 크게 줄일 수 있다. 이 방안의 효과에 대해 탈러와 선스타인은 "기부금이 필요한 사람들에게 훨씬 더 많은 돈을 안겨주었을 뿐 아니라 기부를 원하지만 결코 실천에 옮기지 못하는, 선하지만 게으른 기부자들까지 만족시켰다"고 말한다.[5]

(2) "한 명의 죽음은 비극, 백만 명의 죽음은 통계": 굶주린 7세 아프리카 어린이 한 명의 사진과, 이 사진 옆에 비슷한 처지의 아프리카 어린이 '수백만 명'에 대한 통계가 곁들여졌을 때, 자선 모금액은 후자後者의 경우가 전자前者보다 훨씬 적었다. 왜 그럴까? 2007년 3월 18일 미 외교 전문지 『포린폴리시Foreign Policy』는 「숫자에 무뎌진Numbed by Numbers」이란 제목의 웹사이트 기사를 통해, 대량학살 사건 등의 대규모 희생자 숫자는 이를 접한 사람에게 '동정심의 피로감compassion fatigue'을 주고, 기부금 지원 같은 행동도 방해할 수 있다고 밝혔다.[6] 소련 독재자 이오시프 스탈린Iosif Stalin, 1879~1953이 "한 사람의 죽음은 비극이지만, 백만 명의 죽음은 통계다"라고 말한 것과 같은 이치다. 비슷한 실험을 한 카네기멜론대학 연구진은 통계에 대한 숙고가 사람들을 보다 분석적이고 이성적인 상태로 유도한다는 가설을 세우고, 이를 입증하기 위해 한 집단에게 "어떤 물체가 1분에 1.5미터를 움직인다면 360초 동안에는 얼마나 움직일 것인가"라는 질문으로 분석 사고를 유도하고, 다른 집단에게는 "'아기'라는 단어에서 연상되는 것들을 모두 적으시오"라는 질문으로 뇌의 감정적 측면을 자극했다. 그러고 나서 기부를 도움을 필요로 하는 어느 아프리카 소녀에 관한 글을 읽게 했다. 분석 사고를 유도 받은 집단은 평균 1.26달러, 감정을 자극받

은 집단은 평균 2.34달러를 기부한 것으로 나타났다.[7]

　(3) 고통 받는 사람의 개인정보를 제공하라: 고통 받는 사람의 얼굴과 그 사람에 관한 자세한 정보를 알고 있을 때 더 큰 동정심을 갖게 되는 걸 가리켜 '인식 가능 희생자 효과The Identifiable Victim Effect'라고 한다. 이 효과를 잘 알고 있는 세계적인 구호단체들은 더 많은 기부금을 이끌어내기 위해 고통을 받는 사람들의 개인적인 정보를 제공하는 방법을 이용하고 있다. 이 효과는 동물들에게까지 나타나는데, 사상 최악의 재해 중 하나인 엑슨 발데스Exxon Valdez호 기름 유출 사고 당시 기름을 뒤집어 쓰고 죽어가는 바닷새 한 마리를 살리기 위해 3만 2,000달러, 같은 처지에 놓은 수달 한 마리를 살리기 위해 8만 달러를 썼다. 이에 대해 댄 애리얼리는 "방역 활동, 교육 활동, 보건 활동 등에 사용할 수 있는 많은 액수의 돈을 한 마리의 동물을 위해 쓰는 것이 과연 이성적인 일일까"라고 물었지만,[8] 그만큼 '인식 가능 희생자 효과'의 힘이 크다는 걸로 이해하면 되겠다.

　(4) 상상하게 만들어라: 케이블TV가 막 등장한 1982년 심리학자들이 애리조나주 템피에 사는 주택 보유자들을 대상으로 설득에 관한 연구를 실시했다. 케이블TV에 관한 정보를 읽은 주택 보유자가 케이블TV를 실제로 신청한 비율은 20퍼센트로 다른 지역과 거의 비슷한 수치였지만, 케이블TV를 즐기는 자신의 모습을 상상한 주택 보유자의 신청률은 47퍼센트였다. 이게 바로 연상의 힘이다. 어린이보호재단이 "한 달에 30달러면 말라위에 사는 작은 소녀 로키아를 도울 수 있습니다"라는 문구로 펼친 기부 운동은 성공적이었지만, 칩 히스Chip Heath와 댄 히스Dan Heath는 더 극적인 효과를 원한다면, 다음과 같이 상

상을 자극하는 문구가 필요하다고 말한다. "말라위에 사는 작은 소녀 로키아의 후원자가 되십시오. 여러분의 책상 위에 놓여 있는 로키아의 사진을 상상해보세요. 작년에 당신은 로키아와 세 번이나 편지를 주고받았고, 로키아가 책읽기를 좋아하며 남동생 때문에 귀찮아하고 있다는 것을 알게 되었습니다. 로키아는 내년에 축구팀에 들어가길 고대하고 있지요."[9]

(5) '기부=도움' 대신 '기부=사랑'을 강조하라: 프랑스의 행동심리학자 자크 피셔 로코와 루보미르 라미 등은 자선 모금함에 '기부=도움'이란 문구 대신 '기부=사랑'이라고 바꿔 놓자 모금액이 90퍼센트 이상 늘었다는 걸 알게 되었다. 레스토랑에서 계산서를 담은 접시의 모양을 하트로 바꾸자 다른 접시를 사용할 때보다 팁의 액수가 15~17퍼센트 증가했다. 결국 사랑이란 단어나 상징 자체가 사람의 행동에 영향을 미친다는 것이다. 대중매체가 사랑이란 단어를 끊임없이 반복하는 데는 이런 행동심리학적인 배경이 숨어 있었다.[10]

(6) 홈리스에게 가장 관심을 가져 주는 종교는?: 텍사스의 어느 노숙자가 쓴 한 줄의 글귀로 사람들의 자발적으로 기부를 유도한 사례가 있다. 노숙자는 종이 피켓에 "홈리스에게 가장 관심을 가져주는 종교는 무엇인가?which religion cares the most about the homeless?"라는 거창한 문구를 적어 두고, 바닥에는 각 종교의 이름을 적어둔 동냥 그릇을 늘어놓은 것이다.[11]

(7) '문진 걸치기 전략'에 의한 기부 유도: 언젠가 부산영화제에선 일부 영화 운동가들이 영화의 사전심의 철폐에 대한 서명운동을 하고 있었다. 그곳을 지나가던 사람들은 서명운동을 하는 사람들의 권유에

따라 별 생각 없이 쉽게 서명했다. 그런데 사람들이 서명을 마치자마자 그 옆에 있던 또 다른 사람이 그들에게 독립영화 발전 기금을 모금하기 위한 배지를 사라고 권유하자 별 저항 없이 2,000원을 내고 배지를 샀다. 이에 대해 이현우는 이렇게 말한다. "이 광경을 목격하면서 문전 걸치기 전략은 그 적용 범위가 엄청나다는 생각을 했다. 영화의 사전심의 철폐와 독립영화 발전 기금은 엄연히 명분 차이가 있음에도 불구하고 일단 서명을 한 사람들은 당연한 수순처럼 배지를 구입하고 있었기 때문이다. 만일 순서가 바뀌었다면 즉, 서명 전에 배지를 먼저 팔았다면 결과는 달랐을 것이다. 상대적으로 저항이 적은 서명을 먼저 요청해 자신이 우리나라 영화 발전에 적극적으로 참여하는 사람이라는 자의식을 갖게 만든 다음, 이들로 하여금 일관성의 원칙이 이끄는 대로 독립영화 발전 기금 모금용 배지를 구입하게 만든 전략은 매우 훌륭했다."¹² 이게 바로 앞서 소개한 '문전 걸치기 전략foot-in-the-door technique'이다.

(8) 공적 개발원조에 대한 국민들의 인식 제고 방안: 1999년부터 2014년까지 한국 정부가 실시한 '공적 개발원조ODA 국민 인식 조사'에 따르면, 국제 개발원조의 필요성에 대해서는 찬성한다는 사람들이 많았다. 그러나 원조 규모의 확대에 대해서는 부정적인 입장을 취한 사람들이 훨씬 많았다.¹³ 그렇다면 현재 한국의 ODA 규모는 어떻게 될까? 2015년 한국의 ODA 규모를 보면 약 19억 달러로 공여국들 중 14위에 속한다. 그러나 GNI 대비 ODA 규모로 따지면 23위로 하위권이다. 이는 다른 선진 공여국의 ODA 규모에 비하면 현저히 낮은 규모의 원조다. 그래서 한국 정부는 '제2차 국제개발협력 기본계획'

에 따라 2020년까지 GNI 대비 ODA 규모를 0.2퍼센트 더 확대하기로 했다. 여기서 내가 넛지를 통해서 해결하고 싶은 부분은 한국 정부의 ODA 규모 확대 약속과 다르게 확대가 불필요하다고 생각하는 국민들의 인식이다. ODA에 대한 국민들의 인식 제고를 위해서는 어떤 넛지 방안을 사용할 수 있는지 살펴보도록 하겠다. 우선 캠페인을 진행해서 사람들 인식의 전환을 이끌어내고자 한다. 캠페인을 진행하면서 가장 신경 써야 하는 부분은 설문조사를 통한 인식의 변화 유도다. 우선 바로 규모 증가에 대해서 물어보기보다는 "빈곤한 국가를 도와주어야 한다고 생각하시나요?" 같은 질문부터 한다. 보통 이 질문에 대해서 사람들은 '그렇다'고 많이 응답할 것이다. 왜냐하면 지금까지 인식 조사의 설문에서 국제개발협력이 필요하다고 응답한 비율은 86.5 퍼센트에 달했기 때문이다. 그 이후, 단순히 "ODA 규모 증대에 대해서 어떻게 생각하시나요?"라고 질문하기보다는, ODA 자금들이 어떤 사업에 쓰이는지를 언급하며 규모 증가에 찬성한다는 대답을 유도한다. 예를 들면, "ODA 규모가 증가하면 더 많은 빈곤국의 아이들(혹은 사람들)을 살릴 수 있으며 현재 한국의 ODA 비율은 OECD 국가 중 하위권에 속합니다. 이러한 이유로 ODA 규모를 늘리는 것을 찬성하시나요?"라고 질문해야 한다. 이때 찬성의 비율이 증가할 것으로 예상하는데, 첫째, 긍정성의 프레임이 들어갔기 때문이다. 규모가 증가하면 더 많은 사람들이 살 수 있다는 긍정적인 프레임은 긍정적인 대답을 이끌어낸다. 둘째 상향 비교 효과가 작용하기 때문이다. ODA 규모가 OECD 국가 중 하위권이라는 점을 알게 되면 국가 이미지를 생각해 ODA 규모 증가에 찬성할 가능성이 높다. 이렇게 설문조사를 하여

'그렇다'는 대답을 얻어내고 나면 다음 캠페인에 찬성률이 높게 나온 이 자료를 사용하도록 한다. 많은 사람들이 '찬성'했다는 것을 알게 되면, 사회적 증거 현상에 의해서 그 다음 질문지를 "ODA 규모 확대에 찬성하십니까?"라고 간결하게 만들어도, 여전히 찬성 비율은 높을 것이다.(이연미·홍영표)

  (9) 증여세법 '5퍼센트 룰'부터 해결하라: 2017년 4월 180억 원어치 주식을 장학금으로 내놓은 황필상에게 225억 원의 증여세를 매긴 것이 부당하다는 대법원 판결이 내려졌으나 기획재정부는 문제의 증여세법 조항 개정에 소극적인 자세를 보이고 있다. 민주당의 반대 때문인 것으로 보인다. 민주당은 대기업 오너들이 공익재단을 변칙 상속 수단으로 악용할 소지가 있다며 '5퍼센트 룰'을 손보는 것을 반대하고 있다. 법조계에선 공익재단을 개인적 목적으로 이용하지 않는 것이 명백한 선의의 기부자에 대해서는 '5퍼센트 룰'의 예외 조항을 명문화해야 한다고 지적한다. 그래야만 기부자들이 안심하고 보유 주식을 사회에 환원할 수 있다는 것이다. 대부분 선진국이 20~50퍼센트 기부까지는 과세하지 않고 있으며, 100퍼센트 비과세하는 나라도 있다. 이와 관련, 『조선일보』는 「선의의 기부자에 세금 폭탄 막는 '황필상法' 당장 만들라」는 제목의 사설을 통해 "변칙 상속을 이유로 이 낡은 제도를 유지하는 것은 뿔을 바로 잡으려다 소를 죽이는 것과 마찬가지다. '5% 룰'을 그대로 두더라도 선의의 기부자를 보호하는 예외 조항을 만드는 방안이 필요하다"고 했는데,[14] 공청회 등을 통해 국민 여론을 수렴하는 등 어떤 방식으로건 이 문제를 하루 빨리 매듭짓는 것이 기부 문화를 정착시키는 토대가 될 것이다.

각종 차별 방지를 위한 넛지

(1) 카카오의 '다름' 차별 방지 캠페인 '더불어 삶': 2017년 5월 카카오는 '다름'이 '차별'이 되지 않는 사회를 만들고자 사회 공헌 플랫폼 '같이 가치 with kakao'에서 '더불어 삶' 캠페인을 진행하기 시작했다. 이 캠페인은 사회 약자와 소수자에 대한 차별, 혐오 금지, 인식 개선을 위한 프로젝트다. 카카오는 2017년 4월 '사단법인 시민과 함께하는, 차별 해소와 더불어 삶을 위한 프로젝트' 지원 사업 공모를 통해 6개의 프로젝트를 선정했다. 더불어 삶 캠페인에 참여하는 프로젝트는 '비온뒤무지개재단'이 준비하고 있는 성 소수자의 평등한 행복을 향해 걷는 시민 행진, 최근 사망한 홈리스들의 삶을 기록하고 책으로 출간하는 '홈리스행동'의 출판 프로젝트, '(사)여성민우회'가 준비하고 있는 인공 임신중절 비범죄화를 위한 사진 전시회, '아시아미디어컬쳐팩토리'가 준비하고 있는 이주민의 개성이 듬뿍 담긴 서울이주민예술제, '한국한부모연합'에서 한부모와 미혼모의 이야기를 엮은 책을 통해 용기를 주는 프로젝트, 청소년들의 사이버 성폭력에 대한 인지와 대처 방법을 안내하는 '한국사이버성폭력대응센터'의 소책자 제작 프로젝트 등이다.[15]

(2) "여직원 아닙니다. 직원이에요": 2017년 5월 강원도 속초시 노사민정협의회(위원장 이병선 속초시장)가 근로자 권익 보호 및 직업여성에 대한 성차별 방지를 위해 '직업·성차별적 용어 바꿔 쓰기 운동'을 추진하기 시작했다. '직업·성차별적 용어 바꿔 쓰기 운동'은 일자리 용어 중 '보조'를 '파트너', '경비'를 '안전 관리원', '단순 노무'를

'일반 노무'로 성차별적 용어인 '여직원, 여성 기업, 여교사' 등은 성별이 포함되지 않도록 '직원, 기업, 교사' 등으로 순화해 쓰는 운동이다.[16]

　(3) '노메이크업 운동'이 필요하다: 2012년 온라인 취업 포털 사이트인 사람인(www.saramin.co.kr)이 기업체 인사 담당자 776명을 대상으로 설문 조사한 결과, 이들 중 66.1퍼센트가 외모가 채용 평가에 영향을 미친다고 응답했다. 이 설문에서 외모가 평가에 미치는 비중이 평균 42퍼센트로 집계 되었으며, 특히 여성(68.8퍼센트)의 경우 남성(31.2퍼센트)보다 외모가 평가에 미치는 영향이 2배 이상 높은 것으로 나타났다. 사회는 남성보다 여성이 더욱 엄격하게 자신을 가꾸고 화장하는 것을 필수 의무인 것처럼 강요하고 있다. 그 때문에 대부분의 여성들은 아침 시간에 외모 가꾸기에 정성을 더 쏟고 있으며, 자기대상화self-objectification에 대한 결과로 여성들은 습관적으로 자신의 신체를 감시하는 경향을 보이게 된다.[17] 해외에서는 사회적 코르셋(여성을 억압하는 고정관념)을 던져버리자는 의미로 노브래지어 운동과 누드 시위를 하는 토플리스들의 행보를 주목한다. 실제로 여권이 발달한 서구권에는 학교와 직장에서도 브래지어 없이 다니는 사람들이 있을 정도로 일상생활 속 노브라No-bra 운동을 실천하는 사람들이 많다. 이것은 여성에게 선택의 자유를 달라는 그 어느 말보다 더욱 직접적이고 강력하다. 국내에서도 맵시를 위해 불편함을 감수해야 하는 브래지어 해방 운동에 동참하는 여성들이 증가하고 있다. 그러나 봄과 여름에는 얇은 옷을 입어야 하기 때문에 그런 과감한 개척자의 길을 걷는 게 쉽지 않다. 대신 비교적 수월한 노메이크업 운동을 하게 되면 단계적 순응 기법sequential compliance을 통해 페미니즘의 의미를 실천할 수 있을 것

이다. 여성이 화장을 하는 것이 잘못되었다는 것이 아니라 '화장을 하지 않아도 될 자유'를 주자는 것이다. 노메이크업 운동은 '여성은 늘 아름답게 꾸며야 한다', '성인 여성이 화장을 하지 않으면 민폐다'라는 오래된 관념에 반기를 드는 것에 의의가 있다. 노메이크업 운동은 많은 이들의 참여를 쉽게 유도할 수 있으며, 여성을 외모로 평가하는 '사회적 프레임'에 대한 당당한 저항이 될 것이다. 또 스스로를 해방시키는 효과도 가져올 것이다.(박정민·이채연·장하은)

(4) 집단 내에 성 소수자 동아리 설치: 성적 소수자들은 사회 내에 존재하지만 존재하지 않는 존재로서 오랜 기간 비밀스럽게 고립되어 왔다. 전통적으로 철저한 이성애 우월주의의 사회 속에서 성 소수자들은 권리 행사를 제한 당해왔고, 차별과 혐오·배제의 대상이 되어왔다. 실제로 동성애자들의 심리적 (부)적응은 대부분 그들의 동성애 자체가 아니라 동성애자들에 대한 사회의 편견, 부정적 반응과 관련되어 있다.[18] 성 소수자들이 사회적으로 긍정적이게 받아들여지기 위해선 우선적으로 사람들에게 익숙해져야 한다. '단순 노출 효과mere exposure effect'의 연구 결과들이 말해주듯이, 익숙해지기 위해선 우선적으로 단순 노출을 많이 시도해 친숙함을 만드는 것이 중요하다. 그 후로 친숙성이 늘어나면 대학 같은 집단 내에서 사회의 절차와 인정을 받아 정식 활동을 하는 동아리 활동 등으로 사회적으로 받아들여진다는 인식을 심어줄 필요가 있다. 대학 당국이 동아리가 다양한 스터디나 교육 워크숍을 시도하도록 지원해준다면 더욱 좋을 것이다.(박정민·이채연·장하은)

(5) '나이 시간표'에 대한 고정관념 예방 공익광고 또는 포스터: 한

국에는 이른바 '나이 시간표'라는 암묵적 강요 또는 인식이 있다. 예컨대 몇 살에는 대학에 들어가야 하고 몇 살에는 취직이나 결혼을 해야 한다 등이다. 그래서 '나이 시간표'에 대한 고정관념을 예방할 수 있는 포스터와 공익광고를 생각해보았다. 포스터는 나이를 시계의 시간과 비교해 같은 시각에 서로 다른 것을 하는 모습을 보여주고, 공익광고는 같은 나이에 서로 다른 일을 하는 것을 보여주는 식이다.(안태승)

병원 · 실험실 · 위험지역 안전을 위한 넛지

(1) 병원에서의 '투약 조끼': 병원에서의 투약 실수는 환자의 생명을 좌우할 수 있는 중요한 문제임에도 가끔 발생하곤 한다. "간호사들이 약품을 전달하러 복도를 지나가면 누군가가 큰소리로 부른다. 그러면 간호사들은 대답해야 한다는 의무감을 느낀다. 의사에게 '미안합니다. 지금은 도와드릴 수 없겠네요. 약품을 다루는 중이라서요'라고 얘기하기는 쉽지 않다." 이런 문제를 해결하기 위해 카이저 사우스 샌프란시스코 병원은 간호사들이 투약 업무 중일 땐 밝은 오렌지색의 '투약 조끼'를 입게 했다. 물론 '투약 조끼'를 입은 사람에겐 말을 걸지 말라고 병원의 모든 사람들에게 알렸다. 6개월의 시험 기간에 투약 실수는 이전보다 47퍼센트 감소한 것으로 나타났다. 이 제도를 도입한 베키 리처즈Becky Richards는 "모두가 숨이 멎을 정도로 놀랐죠"라고 말했다.[19]

(2) '주사관 감염' 예방법: 중환자실 환자들은 투약을 위해 팔에 정맥 주사관을 꽂고 있는 경우가 많은데, 만약 그 관이 감염되면 위험한 합병증이 발생할 수 있다. 이런 감염 사고를 예방하기 위해 존스홉킨

스 병원의 피터 프로노보스트Peter Pronovost 박사는 5개 항으로 구성된 체크리스트를 만들었다. 의사는 주사관을 삽입하기 전에 손을 씻어야 한다, 환자의 피부에 주삿바늘이 들어가는 부분은 소독이 되어야 한다 등 기본적인 상식 수준의 것이었다. 그럼에도 결과는 놀라웠다. 미시간주의 여러 중환자실에서 18개월에 걸쳐 이 체크리스트를 사용한 결과 주사관 감염 사고는 거의 사라졌고, 약 1,500명의 생명을 구했으며, 관련 합병증 치료비용도 발생하지 않은 것이다. 병원도 대략 1억 7,500만 달러의 비용 절감 효과를 거두었다.[20]

(3) 실험실 충돌 예방법: 주로 좁은 통로로 이동할 때 발생하는 충돌 사고에 대비해서 두 가지 방법을 제안한다. 첫째, 이동 시 연구 장비와 충돌하는 경우를 예방하기 위한 '보행 가이드라인'이다. 보행 가이드라인은 황색과 흑색을 번갈아서 사용하는 화살표 모양의 라인으로, 그 형태는 위험 장비 주변에 접근을 금하는 목적으로 사용하는 안전 라인과 비슷하지만 목적이 다르다. 위험한 물체가 있는 곳에서 완전히 벗어날 때까지 보행 가이드라인을 설치함으로써 충돌 사고의 위험을 최소화하는 것이다. 좁은 대학 연구실의 특성상 안전 라인을 그리기 어려운 곳에서도 사용이 가능할 것으로 예측한다. 둘째, 이동 시타 연구원과의 충돌을 최소화하기 위한 '노크 벨'이다. 노크 벨은 2인 이상이 동시에 통과하기 힘든 경로의 입구에 설치하는데, 내부의 연구원에게 타인의 진입을 알리는 용도로 활용한다. 노크 벨이 울리면 다른 쪽에서 통로에 진입을 하지 않기 때문에 사고를 예방할 수 있다. 일반적인 매너로 인식되고 있는 노크의 기능을 확대해 사고 예방에 활용하는 방법이다.(채범석)

(4) 실험실 추락 예방법: 추락 사고는 이동 시 바닥면의 고저차를 시각적으로 확인하지 못해 발생하는 경우가 많다. 고저차가 있는 면에 황색과 흑색이 반복되는 경고 스티커를 부착해 두지만 시각적으로 고저차를 확인하기는 쉽지가 않다. 이런 문제를 해결하기 위해 고저차가 발생하는 부분에 과속방지턱과 같은 구조의 턱을 추가로 설치하는 방법을 제안한다. 이는 낮은 곳에서 높은 곳으로 이동할 때 상대적으로 추락 사고가 적게 발생한다는 점에 착안한 것으로, 시각적으로도 지면이 낮아지는 것보다는 높아지는 것을 더 쉽게 인식할 수 있기 때문에 추락 사고를 예방하는 데 도움을 줄 것이다.(채범석)

(5) 실험실 넘어짐 예방법: 바닥면에 설치된 전선 및 가스선 등은 시야에 쉽게 확인되지 않기 때문에 보행에 치명적으로 작용하는 경우가 많아 이에 대한 대비가 필요하다. 시각적으로 눈에 띄게 스티커 등을 부착하는 방법도 있지만 이는 충분한 예방 효과를 가져오기 힘들다고 할 수 있다. 이런 문제를 해결하기 위해 사람의 어깨 높이 정도에 손으로 밀고 지나갈 수 있는 안전 바 설치를 제안한다. 이 안전 바는 그 자체로는 어떠한 의미도 없지만 그곳을 지나가는 사람으로 하여금 바닥면에 설치된 전선이나 가스 선을 인지시킬 수 있는 간접적인 장치로 활용할 수 있다.(채범석)

(6) 실험실 낙하 예방법: 외력으로 인해 높은 곳에 있던 물체가 낙하해 발생하는 사고가 적지 않다. 이를 예방하기 위해 연구실에서는 안전화, 안전모 착용을 권고하고 있지만 번거롭다는 이유로 착용하지 않는 경우가 많다. 이를 해결하기 위해 안전화, 안전모에 RFID 칩을 내장하는 방법을 제안한다. RFID는 근거리 통신 기술 중 하나다. 가까이

에서 해당 RFID 칩을 인식해 특정 장비 등을 동작시킬 수 있기 때문에 낙하 사고의 위험이 있는 연구실에서는 안전화, 안전모를 착용해야만 연구실 내의 장비들을 동작시킬 수 있는 효과를 가져올 것이다.(채범석)

(7) 실험실 도구 사용 부주의 예방법: 전기 · 전자 분야에서는 각종 전선류의 절단을 위한 장비, 전선 등을 체결하기 위한 도구, 접촉 부위의 용접 등을 위한 고온 장비 등을 사용한다. 전선류의 절단, 체결을 위한 도구들은 보통 많은 힘을 이용해 사용하며 날카로운 부위를 가지고 있는데, 현재 시각적으로 이를 경고하기 위해 손잡이 부위에는 주로 초록색 고무 등을 입혀 부상을 예방하고 있다. 여기서 더 나아가 해당 도구와 안전 장비들을 같은 색으로 비치하는 것을 제안한다. 이렇게 하면 특정 작업을 수행할 때 같은 색상의 도구와 안전 장비들을 한꺼번에 사용할 수 있어서 도구나 안전 장비가 누락되는 일을 예방할 수 있다. 또한 고온 장비들(인두기, 용접기 등)을 사용할 경우 방열 장갑 등이 필요하다. 이 역시 해당 장비와 장갑 등을 같은 색상으로 만들어 같은 위치에 배치함으로써 접근도를 향상시키는 방법을 제안한다.(채범석)

(8) 실험실 화학물질의 안전 보관법: 화학물질을 보관할 때 함께 보관하면 유독물질을 발생시키거나 발열, 폭발 등을 일으키는 물질이 있다. 이러한 물질은 필히 분리하여 보관을 해야만 한다. 화학물질이 담긴 병의 겉면에 특정 색을 표시해 쉽게 구분하는 방법도 사용할 수 있지만 이 방법으로는 수백 종류가 넘는 화학물질을 완벽히 구분하는 게 쉽지 않다. 따라서 보관상의 제안 방법으로 특별한 안전 스티커를

개발해 부착하는 것을 제안한다. 예컨대 유화철 용액으로 안전 스티커에 경고 문구를 적어 병 표면에 부착하자. 이렇게 하면 평상시에는 그저 하얀 종이로만 보이지만 여기에 산화칼륨 물질을 흡착시키면 파란 글씨가 나타나 위험한 상태임을 알려 줄 수 있다. 이처럼 각 물질이 가지는 화학적 특성을 이용해 시각적 경고를 함으로써 함께 보관하면 안 되는 화학물질들을 구분하는 방법을 제안한다.(채범석)

(9) 실험실 화학물질의 사용 및 폐기법: 화학물질을 사용하다 보면 화학물질 간의 반응으로 인해 예기치 못한 독성 가스가 발생하거나 발열, 폭발 등이 일어날 수 있다. 이를 예방하기 위해 연구실에서는 사전에 해당 물질들의 반응성에 대해 연구를 진행하고 또 실험 과정에서도 환기 등의 조치를 취하지만 이 역시 충분한 수준으로 보기는 어렵다. 화학물질을 폐기하는 과정에서도 화학반응이 일어나 사고가 발생하는 경우가 적지 않다. 화학물질 폐기 장소를 실외에 환기가 잘되는 곳으로 지정하지만 이것만으로는 충분한 안전을 확보했다고 보기 어렵다. 화학물질을 다루는 과정에서 예측하지 못한 사고를 방지하기 위해 연구원의 안전 장비 착용을 권하는 바다. 고글 및 장갑, 마스크 등을 착용하고 실험에 응해야 하는데 이를 실험 전에 필수적으로 착용하도록 하기 위해서 앞서 이야기한 RFID 칩을 내장한 고글을 제안한다. 이 고글을 착용한 경우에만 화학물질을 보관함에서 꺼낼 수 있도록 보관함에 잠금장치를 장착함으로써 안전 장비의 착용을 유도할 수 있다. 이 방식은 또한 폐기 설비에도 마찬가지로 적용할 수 있다.(채범석)

(10) 실험실 생물 분야 실험 안전법: 생물 분야의 실험은 방법적인

측면에서 화학 분야와 비슷한 특성을 많이 가진다. 하지만 그 대상이 생물체를 대상으로 한다는 점과, 위험 상황이 주로 감염 등의 형태로 나타난다는 점에서는 차이가 있다. 따라서 안전 장비의 착용, 도구의 안전한 사용 등을 주된 방법으로 제안한다. 현재는 실험 안전도를 1에서 4까지의 등급으로 나누어 안전 관리를 수행하고 있지만 이는 전문적인 수준에서만 인지 가능할 뿐 인식 가능 범위가 그렇게 높지 않다는 문제가 있다. 이를 해결하기 위해 1등급에서 4등급까지 사용되는 도구 및 안전 장비를 시각적으로 분류하는 방법을 제안한다. 1등급은 녹색, 2등급은 청색, 3등급은 황색, 4등급은 적색의 표식을 각 도구나 안전 장비에 의무적으로 부착함으로써 시각적으로 해당 위험도를 즉각적으로 인식 가능하도록 할 필요가 있다.

(11) 공장의 안전밸브 잠그게 하는 법: 2013년 경기도 시화공단의 한 공장에 넛지 효과 디자인이 도입되었다. 2012년 공단에서 수차례 발생했던 불산 누출 사고 때문이다. 설계를 맡은 김현선디자인연구소는 근로자들의 작업 형태에 주목했다. 대부분의 사고가 작업을 마친 뒤 밸브 등을 제대로 잠그지 않아 일어났다는 사실을 확인했다. 연구소는 밸브가 완전히 잠기면 발광다이오드LED 불빛이 켜져 웃는 얼굴이 나오도록 했다. 또 위험물을 취급하는 장소는 어두워도 볼 수 있는 야광 도료로 표시했다.[21]

(12) 위험지역 주의 환기법: 고압선, 감전 사고 위험이 있는 지역, 공사 중 접근 시 위험한 지역, 관계자 외 접근을 제한할 필요가 있는 지역 등에 무심코 접근해서 안전사고가 일어나는 상황을 예방하고자 한다. 맨홀 하수도 공사지역이나 도로 공사 마무리 작업이 끝나지 않은

곳, 학교의 전기 발전실 등 안전사고에 노출될 수 있는 다양한 장소에 3D 아트를 시트지에 인쇄해 부착하고 자연스럽게 접근하지 않도록 유도하는 것이다. 그간 우리나라는 재치 있는 경고 문구보다는 직관적이고 냉정한 경고, 가령 '관계자 외 출입금지'나 '위험', '공사 중' 등 직접적으로 위험을 경고하는 문구를 붙여 놓는 식으로 사람들의 주의를 환기시켰다. 이렇게 직관적인 경고 문구는 상황을 설명하고 이해시키는 데는 탁월할지 몰라도, 반복해서 접하다보면 그 효과는 감소되기 마련이다. 오히려 직설적인 경고 문구가 위험성을 실감나지 않게 만드는 요소로 작용하기도 하는 것이다. 넛지가 기존의 커뮤니케이션 방식과 구별되는 지점이 바로 이 부분이라 판단한 나는 좀더 센스 있고 흥미를 끄는 방식으로 위험을 경고할 수 있으리라 생각했다. 실례로 인도에서는 3D아트를 이용해 교통사고 문제를 해결하려는 시도를 한 적이 있다. 우리나라도 실제로 경사가 없는 과속방지턱을 그려 놓음으로서 3D아트를 통한 문제 해결을 시도한 바 있다. 3D 아트를 위험지역에 붙임으로써 흥미성을 자극한다면, 호기심도 충족하는 동시에 사회적 공익에 기여하도록 이끌 수 있을 것이다.(장자원 · 김빈 · 홍지수)

(13) 가정의 가스 밸브 잠그기: 나는 전북대학교 구정문 근방에 있는 원룸에서 자취를 하고 있는데, 항상 2시 수업에 가기 전에 집에서 점심을 차려 먹고 간다. 3월 말 정도에 점심으로 라면을 끓여 먹고 실수로 가스 밸브를 잠그지 않고 수업을 간 적이 있는데, 이날 하루 종일 가스 밸브 때문에 다른 일에 집중을 하지 못한 것을 계기로 가스 밸브 잠그는 것을 넛지와 연관시켜보기로 했다. 실행 계획은 이렇다. ① 원룸 혹은 집의 현관 도어 록에 밸브 잠그는 것을 환기시키는 문구를 부

착한다. 외출하기 전 문구를 보고 한 번 밸브를 확인한다면 밸브 잠그는 것을 잊고 나갈 일이 없다. ② 은행 ATM기기에서 카드를 놓고 가는 것을 방지하기 위해 현금을 가져가기 전 카드 먼저 뽑는 시스템을 차용해 가스 불을 끄기 전에 밸브 먼저 잠그도록 하는 구조를 가스레인지에 접목한다. 혹은 가스 밸브 잠그는 버튼을 가스레인지 점화 버튼 옆에 설치해 가스레인지를 사용하고 자연스럽게 밸브도 잠그는 구조로 만들 수도 있다(현재 대부분의 가정집 구조는 가스레인지 점화 스위치와 가스 밸브 잠금 스위치가 떨어져 있어 실제로 둘 중 하나만 잠그고 잊기 쉬운 구조로 되어 있다).(장자원·김빈·홍지수)

애완동물 관리와 동물 보호를 위한 넛지

(1) 개똥 와이파이 서비스 제공: 멕시코 최대 포털 사이트이자, 인터넷 다국적 기업인 테라 네트웍스Terra Networks가 벌인 개똥 와이파이Poo Wifi 캠페인은 공원에 설치된 '개똥 수거함' 기계에 개똥을 넣으면 기계에서 그 무게가 자동으로 계산되고, 그 무게에 따라 무료 와이파이를 쓸 수 있게 하는 것이다. 수거함에 모인 배설물만큼 공원 곳곳에 놓인 강아지 뼈다귀 모양의 송출기로 공원 어디서든지 와이파이를 자유롭게 이용할 수 있기에 아무 데나 개똥을 처리(?)하던 애견인들의 적극적인 동참을 불러일으켰다. 덕분에 깨끗해진 공원 조경은 물론, 자사의 포털 사이트 유입률을 높일 수 있어 매우 획기적이고 효율적인 아이디어로 극찬 받았다.[22]

(2) 반려견 변의 에너지화: 반려견 변을 넣으면 그것을 에너지화시

켜 핸드폰 충전을 할 수 있게 하는 시설을 만드는 것이다. 실제로, 애완견의 변에서 메탄가스를 추출해 에너지로 전환시킬 수 있다고 한다. 2010년 9월 미국 매사추세츠주 케임브리지시의 스파크 공원이 선보인 친환경 프로젝트를 보면 알 수 있다. 이 공원에서는 애완동물의 변으로 조명을 밝히고 있다. 애완동물의 배변을 특수 미생물 분해봉지에 담은 후 장치 안에 넣으면 메탄 압축기와 무산소 박테리아를 통해 배변이 분해되어 메탄가스로 바뀌게 된다. 이렇게 생성된 메탄가스는 튜브를 타고 공원 램프로 올라가 불을 켜는데 사용된다. 애완동물의 변으로 전기를 생산할 수 있는 메탄가스를 만들 수 있다는 것이다. 가축 분뇨는 고농도의 유기물인데, 미생물이 이것을 분해하면서 메탄 등의 가스를 발생시킨다고 한다. 즉, 가축 분뇨는 미생물에 의한 발효 때문에 바이오가스로 변하는 것이다. 독일은 일찌감치 바이오가스 공장을 세우고 소나 돼지의 똥, 오줌으로 전기를 생산해왔다.[23](최예지)

(3) 유기견과 유기묘를 위한 사료 자판기: 터키 앙카라의 한 공원에서 사람들은 빈 캔과 페트병들을 쓰레기통이 아닌 한 기계 안에 버린다. 이 기계는 푸게돈pugedon이라는 기업이 개발한 사료 자판기로, 빈병이나 캔, 플라스틱 등 재활용 쓰레기를 넣으면 기계 아래로 사료와 물이 나오는 방식이다. 터키는 유기동물이 길거리에서 굶어 죽는 경우가 많은 나라로 이스탄불에만 매년 15만 마리의 유기동물이 죽는 것으로 나타났다. 착한 자판기 덕분에 동물들은 이곳에서 사료와 물을 먹을 수 있게 된 것이다. 이 자판기를 설치하기 전에는 거리 동물들이 쓰레기통을 뒤지는 일이 많아서 쓰레기통 주변에 지저분했는데 동물들이

다 자판기로 와 먹이를 먹으니 동물들의 사망률도 10~12퍼센트 정도 줄어들었고 쓰레기통 주변도 깨끗해졌다. 또한 이 기계는 태양열로 작동이 되어서 더욱 환경 친화적이다. 분리수거가 정착되지 않은 터키에서 착한 자판기 사용을 통해 재활용 가능한 것들을 분리수거할 수 있게 되어 쓰레기 문제 해결까지 일석이조 효과를 본 셈이다. 이는 사람들이 스스로 참여하도록 해서 동물 보호를 이끌어 낸 넛지 효과라고 볼 수 있다. 이를 우리나라에 도입해 불법 쓰레기 투기뿐만 아니라 굶어죽는 길거리 동물들을 보호하면 어떨까. 이는 스스로에게 자신이 '동물 복지에 기여하고 있다'라는 커다란 성취감을 주면서 주변 환경도 깨끗하게 만들고 있다는 만족감도 줄 것이다.(김윤휘·박용청)

(4) 유기견에게 사람 이름을 붙여주자: 보호소로 들어오는 유기견에게 '사람 이름'을 붙여 공고를 내면 어떨까? 사람의 이름을 활용한 기업 마케팅은 있었다. 코카콜라는 2011년에 호주에서 처음으로 'Share a Coke'라는 마케팅을 벌였다. 상징적인 빨간 라벨에 'Coke' 대신에 호주에서 흔한 이름 150개를 넣은 것이다. 소비자들은 마트에서 자신의 이름을 찾는 재미에 빠졌고 코카콜라의 청소년 소비는 7퍼센트가 증가했다. 유기견 입양 캠페인은 이성과 감성을 동시에 움직여야 하는 운동이다. 길을 걷다가도 자신의 이름과 비슷한 이름을 들었을 때 한 번쯤 뒤돌아본 경험이 있을 것이다. 어떤 공통점을 발견했을 때 사람의 관심은 이전보다 커지는 법이다. 민준, 현우, 서준, 서연, 유진은 2000년대 가장 흔한 이름이다. 외모를 꾸미거나 화보를 찍는 것보다 비용도 적게 들고 많은 유기견에게 적용할 수 있다는 측면에서도 효율적이다. 보검, 보영, 중기, 고은 같은 연예인 이름도 좋다. 연예

인의 이름은 팬과 대중에게 화제성 있게 유기견을 인식시킬 수 있다는 측면에서 효과가 클 것이다. 유기견을 보고 단순히 불쌍히 여기는 데에서 끝나지 않고 계속해서 눈에 밟히도록 만드는 것이 이 넛지의 핵심이다.(최서령)

(5) 축산 동물 복지 캠페인: Animals Australia라는 단체는 호주에서 가장 선두적인 동물 보호 단체로 약 40개 단체와 수천 명의 후원자들로 구성되어 있다. 이 단체는 'Make It Possible' 캠페인을 전개했는데 우선 후원 기부금으로 만들어진 영상 광고에서 공장형 농장에서 사육되는 돼지와 닭의 현실을 보여주고 돼지 한 마리가 날개가 생겨 날아가는 모습을 보여준다. 이를 호주 주요 도시에서 텔레비전 광고로 방영해 호주 국민의 약 50퍼센트에게 노출시켰다. 그리고 이를 본 호주 사람들 135만 명 이상이 Animals Australia의 웹 사이트를 방문했는데, 그중 26만 명 이상이 앞으로 공장형 농장에서 키운 축산품을 거부하겠다고 서약을 했다. 그리고 실제 슈퍼마켓에서의 변화도 크게 일어나서 캠페인 시작 전인 2012년에 비해서 많은 사람들이 동물 복지를 고려해 구매를 하는 것으로 나타났다. 이런 추세에 발맞추어 호주 맥도날드는 2017년까지 모든 닭고기 원료를 닭장에서 키우지 않은 (방목한) 닭으로 하겠다고 발표를 하기도 했다. 이 호주 사례를 원용하는 축산 동물 복지 캠페인을 시도해보자. 갇혀 지내는 동물들, 여러 화학적인 물질을 주사하는 모습들 등을 많은 사람들에게 노출시켜서 사람들 스스로 친환경 동물 복지 인증(동물 복지 수준이 정부 기준에 충족하고 소비자에게 보다 안전한 축산물을 공급하기 위해 항생제, 합성항균제, 호르몬제 등의 화학자재를 전혀 사용하지 않거나 최소량만 사용

하여 생산한 축산물)이 된 식품을 찾아 먹게 하는 것이다. 또한 '이 식품은 자연 친화적으로 방목해서 키운 동물로 만들어진 것입니다'라는 스티커를 부착하게 하여 친환경 동물 복지가 인증된 식품임을 고지해야 할 것이다. 하지만 이런 환경을 제공하려면 확실히 비용이 많이 든다. 그래서 시장가격은 높을 수밖에 없고, 이러한 현실을 모르는 소비자는 싼 가격의 제품에 끌리기 마련이다. 하지만 소비자인 우리가 가축과 인간 모두의 지속 가능한 미래를 위해 가격과 상관없이 올바른 먹거리를 선택할 수 있어야 한다.(김윤휘 · 박용청)

(6) 로드 킬 예방법: 첫째, '야생동물 출몰지역' 경고판 등 위험 예상 구간에서는 과속하지 않고 서행 운전을 함으로써 갑자기 출몰하는 야생동물에 대비하는 것이 중요하다. 둘째, 야간 운행 시 야생동물을 발견하면 전조등을 끄고 경적을 울려야 한다. 셋째, 야생동물이 전방 도로에 출현 시 핸들을 급조작하거나 급브레이크를 밟지 않아야 한다. 로드 킬road kill 사고가 발생한 경우에는 2차, 3차 후속 사고를 방지하기 위해 빨리 야생동물 사체를 도로 밖으로 옮기거나 112 또는 해당 도로관리청(지역번호+120, 1588-2504)에 신고한다.[24]

제 **12** 장

*

왜 넛지를 위해
논문을 활용하지 않는가?

***

'논문의 대중화'가 필요하다

나는 최근 출간한 『소통의 무기』에서 '논문 읽기'를 제안하면서 책의 각 장 말미에 주제와 관련된 국내 학자들의 논문 목록을 실었다. 인터넷을 통해 볼 수 있는 논문이 책보다 접근성이 좋고, 생각보다 쉽고 재미있고 유익한 논문이 많다는 이유에서였다.[1] 이에 『문화일보』 엄주엽 기자는 「전문 지식 활용하고 싶은데…일반인은 볼 수 없는 학술 논문」이라는 기사에서 "의미 있는 제안이지만 누구나 논문을 쉽게 볼 수 있는 건 아니다"며 일반인의 학술논문 접근이 어려운 현실과 그걸 타개할 수 있는 대안을 상세하게 소개했다.[2]

너무도 유익하고 반가운 기사였다. 사실 나는 학교 도서관을 통해 무료로 논문에 접근할 수 있는 대학생을 염두에 두고 제안을 했지만, 그 누구건 논문을 신문 읽듯이 쉽게 읽을 수 있는 '논문의 대중화'를 꿈꾸고 있기 때문이다. 세계 최고 수준의 대학 진학률과 고학력 인구 비중을 갖고 있는 나라에서 '논문의 대중화'는 당연하고도 자연스러운 일이 아닌가.

얼마 전 『한겨레』에 또 하나의 반가운 기사가 실렸다. 강내희 지식순환협동조합 대안대학 학장이 쓴 「지식 생산의 민주화」라는 칼럼이다. 강 학장은 정년퇴직 후 몸담고 있던 대학의 도서관을 이용할 수 없어 겪는 어려움을 토로하면서 수많은 비정규직이나 독립 연구자들이 같은 처지에 놓여 있다며, 지식 생산 과정의 민주화를 역설했다.[3]

엄 기자와 강 학장의 뜻에 전폭적인 지지를 보내면서 '논문의 대중화'는 우리가 막연히 생각하는 것보다 훨씬 더 중요한 문제라는 점을 강조하고 싶다. '지식정보사회'라는 슬로건이 괜한 말이 아니라면, 국가의 미래가 달린 문제라고 해도 과언이 아니다. 우선 대학에서 어떤 일이 벌어지고 있는지 살펴보자.

이젠 한국의 교수들도 대학 평가 경쟁이 치열해지면서 "논문을 쓰지 않으면 죽는다"는 말을 실감할 수 있을 정도로 논문 쓰기에 매달리고 있다. 그런 풍토에 대한 비판은 타당하지만, 여기선 논외로 하자. 그 어떤 혁명적인 변화를 시도한다 하더라도 교수들의 논문 쓰기는 영원히 계속될 수밖에 없으니까 말이다.

매년 발표되는 교수들의 논문 수는 7만 편이 넘는다. 천박한 발상일망정, 이걸 비용으로 환산하면 얼마나 될까? 전체 교수 인건비의 절반 정도는 잡아야 하지 않을까? 그 논문들이 널리 활용된다면 이런 천박한 생각을 하지 않아도 되련만, 현실은 전혀 그렇지 못하다. 엄 기자가 잘 지적했듯이, 대다수 논문은 관련 연구자 10여 명 정도만 읽고 사실상 사장된다는 말을 학계에선 공공연히 하고 있다.

논문이 그 정도로 읽을 만한 가치가 없다는 뜻인가? 전혀 그렇지 않다! 논문을 쓰는 주요 목적이 업적 평가를 받기 위한 것이기 때문에 자신의 논문 주제 외엔 관심을 돌릴 겨를이 없어서 빚어지는 일이다. 그러다 보니 이런 문제가 생겨난다. '사회와의 소통'이라는 가치는 외면되고 논문집에 실릴 가능성이 높은 '논문 적합성' 위주의 논문이 양산된다.

그럼에도 품질이 우수한 건 말할 것도 없고 쉽고 재미있고 유익한 논문도 많다. 나는 '논문의 대중화'가 논문 생산자들에게 줄 수 있는 '주제 설정' 효과에 큰 기대를 걸고 있다. 예컨대, 어떤 주제에 대해 미국이나 유럽에서 아직 다루지 않았다거나 이렇다 할 참고문헌이 없기 때문에 논문으로 쓸 수 없다는 식의 고정관념이나 관행에 큰 변화가 올 수 있지 않겠느냐는 것이다.

대중과 논문 생산자 사이에 언론이 있는데, 나는 우리 언론이 '논문의 저널리즘화' 작업에 무관심한 걸 안타깝게 생각한다. 언론이 디지털 시대에 살아남기 위해선 전문성을 키워야 한다는 모범 답안을 스스로 제시하면서도 논문을 멀리하는 모순을 어찌 이해해야 할 것인가. 기자들은 자신이 잘 아는 사람이 논문을 썼다거나 어떤 우연하거나 특별한 계기가 있을 때에만 논문을 기사화할 뿐 상시적으로 새로운 논문을 검색해서 기사화하려는 시도를 거의 하지 않고 있다.

책을 많이 읽는 분들은 늘 절감하겠지만, 국내에서 많이 읽히는 번역서의 저자들 중엔 기자들이 많은 반면, 국내에서 베스트셀러 저자 목록에 오르는 기자들은 찾기 어려운 것도 바로 그런 언론 관행과 무관치 않다. 언론이 이제라도 논문에 관심을 기울인다면 언론 자신을 위해서라도 '지식 생산의 민주화'에 앞장설 것인바, 우선 언론의 변화를 강하게 촉구하지 않을 수 없다.[4]

우선 나부터 '논문 대중화' 운동에 앞장서겠다. 넛지에 활용할 수 있는 수많은 논문이 있음에도 사장되고 있는 현실부터 바꾸고 싶다. 여기에 넛지 관련 논문 목록을 소개하는 이유다. '머리말'에서 지적했듯이, 넛지는 넛지라는 딱지가 등장하기 이전부터 존재했던 것이다. 논문 검색 시 '넛지'만으로 검색해서는 안 되며, 넛지와 관련된 주제로 검색을 해야 찾을 수 있다. 그간 내가 검색에 상당 시간을 투자한 후 내린 결론은 넛지 관련 논문의 양은 제목만 소개해도 웬만한 책 한 권의 분량을 훌쩍 넘는다는 것이다.

여기에 그걸 다 소개할 수 없어 우선 일반적인 넛지 관련 논문, 교통안전 관련 논문 목록, 넛지의 주요 수단이라고 할 수 있는 인포그래픽, 게이미피케이션, 어포던스 관련 논문 목록만 소개한다. 후속 작들을 통해 계속 이런 식으로 관련 논문들을 소개하고자 한다. 논문 순서는 연도 순(최근 순)으로 했다. '논문 대중화' 운동은 논문 집필자들에게도 좋은 자극이 되어 논문의 사회적 적합성은 물론 품질을 향상시키는 데에도 크게 기여하리라는 게 나의 생각이다.

참고하면 좋을 넛지 논문 목록

김기현, 「행동 변화를 위한 사업 기획 모델 : 행동경제학과 소셜 마케팅 관련 해외 동향 및 KOICA 보건 사업 분석」, 『국제개발협력』, 1권(2017년 4월), 163~224쪽.

장한별 · 황두현 · 지상현, 「관광을 통한 전통시장 활성화 과정에서 나타나는 사회적 자본의 변화 연구: 서울시 종로구 통인시장을 사례로」, 『대한지리학회지』, 52권 2호(2017년 4월), 225~243쪽.

정재환 · 강승진, 「가정의 절전 행동에 있어 절전 의식의 매개 효과 분석: 행동경제학적 해석과 한계」, 『에너지경제연구』, 16권 1호(2017년 3월), 1~34쪽.

김수정 · 김재휘, 「건강 관련 위험 기저율 정보의 제시 방식에 따른 효과적인 메시지 전략: 사회적 거리 지각을 중심으로」, 『한국심리학회지: 소비자 · 광고』, 18권 1호(2017년 2월), 1~25쪽.

신민아 · 윤재영, 「절전 행동 증진을 위한 공익광고 디자인 전략 연구」, 『Archives of Design Research』, 30권 1호(2017년 2월), 159~168쪽.

정재환, 「행동경제학 관점에서의 가정 절전 행동 연구 : 절전 의식의 매개 효과를 중심으로」, 한국산업기술대학교 지식기반기술 · 에너지대학원 박사학위논문, 2017년 2월.

최경란, 「기부 활동에 참여하는 동기 요인 연구: 헌혈, 자원봉사, 기부를 중심으로」, 서울과학기술대학교 경영학과 석사학위논문, 2017년 2월.

김동빈, 「칸트 미학의 공통감과 부속미 개념으로 본 디자인의 공공성에 대한 인식과 태도: 넛지 디자인의 사회적 의의를 중심으로」, 『커뮤니케이션 디자인학연구』, 58권(2017년), 318~327쪽.

이창욱, 「넛지와 게이미피케이션 미디어의 활용 사례를 통한 공유적 미디어 비교 분석」, 『커뮤니케이션 디자인학연구』, 58권(2017년), 22~30쪽.

강준만, 「'넛지 커뮤니케이션'의 방법론적 유형 분류: 공익적 설득을 위한 넛지의 활용 방안」, 『한국언론학보』, 60권 6호(2016년 12월), 7~35쪽.

마정미, 「소비자는 합리적인 존재인가: 행동경제학의 광고학 적용을 위한 개념적 연구」, 『광고연구』, 111권(2016년 12월), 101~131쪽.

이성주, 「한국의 대기업 채권 수익률에 관한 연구: 기준점 효과와 전망 이론을 중심으로」, 『사회과학연구』, 23권 4호(2016년 12월), 203~229쪽.

박은아 · 권윤수, 「단순 할인과 기부 연계 할인의 효과 비교: 이타성, 제품 유형에 따른 차이」, 『한국심리학회지: 소비자 · 광고』, 17권 4호(2016년 11월), 851~873쪽.

조혜민 · 이수기, 「근린 환경 특성과 주민의 보행 활동이 사회적 자본의 형성에 미치는 영향 분석: 서울시 4개 자치구를 중심으로」, 『국토계획』, 51권 6호(2016년 11월), 59~77쪽.

황초, 「넛지를 활용한 페트병 디자인 제안 연구」, 『한국디자인학회 학술발표대회 논문집』, 2016년 10월, 236~237쪽.

전홍준 · 양동훈 · 조광희, 「보수적 회계 처리가 이익 지속성과 자본 비용에 미치는 영향: Prospect 이론의 관점에서」, 『한국경영학회 통합학술발표논문집』, 2016년 8월, 3235~3267쪽.

정소희, 「근로자의 기부 행동에 영양을 미치는 요인에 관한 연구: 울산광역시 근로자를 중심으로」, 울산대학교 경영대학원 석사학위논문, 2016년 8월.

정은영, 「1회용품 줄이기 자발적 협약에 영향을 미치는 요인에 관한 연구: 커피 전문점의 1회용 컵을 중심으로」, 서강대학교 공공정책대학원 환경정책학과 석사학위논문, 2016년 8월.

차동필, 「단계적 순응 기법 비교 및 단계 연장 연구: 다문화 학생을 위한 대학생 멘토 모집에의 적용」, 『한국언론학보』, 60권 4호(2016년 8월), 151~168쪽.

김민정 · 정희진, 「안전을 위한 공공 시각 매체의 정보 디자인 가이드라인 제안: 지하철역 안전 정보를 중심으로」, 『한국디자인문화학회지』, 22권 2호(2016년 6월), 75~85쪽.

양혜경 · 서보람, 「민영 교도소에서 실시한 음악 치료 프로그램의 효과성 연구」, 『교정연구』, 26권 2호(2016년 6월), 51~71쪽.

이완수 · 김찬석 · 박종률, 「'이콘'(Econ)과 '넛지'(Nudge)의 결합: 커뮤니케이션 효과 연구에 있어 행동경제학 개념과 이론 적용의 타당성」, 『커뮤니케이션 이론』, 12권 2호(2016년 6월), 129~164쪽.

유수지, 「비공식적 커뮤니케이션을 위한 코워킹 공간 특성: 서울시 내 코워킹 공간을 중심으로」, 『한국실내디자인학회 학술대회논문집』, 2016년 5월, 69~74쪽.

배순영, 「행동경제학의 소비자 정책 적용 사례 및 시사점: OECD 소비자정책위원회에서의 논의를 바탕으로」, 『소비자정책동향』, 69권(2016년 4월), 1~22쪽.

김유라 · 김광석 · 김민주, 「마을 자치 사업에서 농촌 현장 포럼의 넛지 효과 분석: 상주시 광골마을 사례를 중심으로」, 『한국행정연구』, 25권 1호(2016년 3월), 25~47쪽.

송다혜 · 김연정, 「커뮤니케이션 강화를 위한 오피스 공용 공간 디자인 사례 연구」, 『한국디자인문화학회지』, 22권 1호(2016년 3월), 175~185쪽.

김선미, 「학습자의 에니어그램 성격 유형을 활용한 프랑스어 쓰기 학습 전략의 넛지 효과(Nudge Effect) 고찰」, 『프랑스문화예술연구』, 55권(2016년 2월), 417~456쪽.

김예지 · 최민식, 「행동경제학의 시간 선호 개념을 통해 살펴본 청소년의 스마트폰 중독 행위」, 『청소년학연구』, 23권 2호(2016년 2월), 401~424쪽.

김재휘 · 한은하, 「단계적 의사 결정 방식에 따른 유인 효과의 변화」, 『한국심리학회지: 소비자 · 광고』, 17권 1호(2016년 2월), 33~55쪽.

박지우, 「선택 과부하 상황의 소비자 휴리스틱 연구」, 서울대학교 대학원 소비자학과 박사학위논문, 2016년 2월.

송병길, 「안전 문화 조성을 위한 정책 방안 연구: 시민 안전 의식 조사 결과를 중심으로」, 울산대학교 정책대학원 공공정책전공 석사학위논문, 2016년 2월.

이은경, 「넛지 디자인을 활용한 미술과 인성 교육 지도 방안 연구: 프로젝트 학습법을 중심으로」, 한양대학교 교육대학원 미술교육전공 석사학위논문, 2016년 2월.

김기영 · 강진희, 「확장된 합리적 행동 이론(ETRA)과 휴리스틱(Heuristics) 이론을 적용한 커피 전문점 선택 행동 연구」, 『관광연구저널』, 30권 1호(2016년 1월), 83~99쪽.

노형식, 「행동경제학이 금융정책에 주는 시사점」, 『한국금융연구원 주간금융브리프』, 25권 1호(2016년 1월), 3~9쪽.

변혜원 · 정인영, 「행태경제학적 접근 방식에 기초한 금융 소비자 정책 사례와 시사섬」,

『KIRI Weekly(이슈)』, 370권(2016년), 1~7쪽.

이미란 · 고선규, 「유권자의 투표 편의성과 일본 · 미국의 사전투표소」, 『일본연구논총』, 44권(2016년), 109~133쪽.

이재민, 「Sunstein의 '자유주의적 온정주의'와 '행동주의적 규제 제1원칙'의 실행 가능성」, 『재정정책논집』, 18권 3호(2016년), 45~79쪽.

김시라 · 김은미, 「FTA의 정책적 활용 방안에 관한 연구: "넛지(Nudge) 기법을 중심으로"」, 『한국무역학회 학술대회 논문집』, 2015년 12월, 3~17쪽.

이병관 · 문영숙, 「기부 동기와 기부 의도에 영향을 미치는 심리적 요인: 기부와 자기 자비의 관계성에 관한 탐색적 연구」, 『광고연구』, 107권(2015년 12월), 126~158쪽.

이유진 · 진상현, 「에너지 자립 마을의 사회적 자본에 관한 연구: 정부 · 주민 주도형 사례를 중심으로」, 『지방정부연구』, 19권 3호(2015년 11월), 153~176쪽.

신민아 · 윤재영, 「절전 행동 증진을 위한 디자인 전략 연구」, 『아시아디지털아트앤디자인학회 학술대회 자료집』, 2015년 10월, 422~425쪽.

이현선, 「장기 기증 촉진을 위한 설득 커뮤니케이션 전략 분석: 메시지 제시 형태(광고 대 퍼블리시티)와 프레이밍을 중심으로」, 『사회과학연구』, 26권 4호(2015년 10월), 279~305쪽.

차동필, 「요청자의 국적과 표현 유형이 다문화 학생들을 위한 멘토 수락 여부에 미치는 영향에 관한 연구: 문전 걸치기 기법을 중심으로」, 『한국광고홍보학보』, 17권 4호(2015년 10월), 173~193쪽.

배일섭, 「원자력 발전소 주변 지역 상생 발전에 관한 연구: 행동경제학적 의사 결정을 중심으로」, 『한국정부학회 학술발표논문집』, 2015년 9월, 123~142쪽.

김예지, 「한중일 청소년의 스마트폰 중독 행위 비교: 행동경제학적 접근」, 이화여자대학교 대학원 사회과교육학과 석사학위논문, 2015년 8월.

남경태, 「기부 수혜자에 대한 텍스트 정보가 기부 의도에 미치는 영향: 죄책감의 매개 효과와 광고 회의주의와 주관인 설득 지식의 조절 효과를 중심으로」, 『언론학연구』, 19권 3호(2015년 8월), 5~31쪽.

최윤정, 「사용자 중심 디자인 관점에서 본 공공 쓰레기통 디자인 연구」, 홍익대학교 대학원 메타디자인학부 석사학위논문, 2015년 8월.

최수영 · 김보연, 「넛지를 이용한 유아 청결 습관 개선의 교구 일러스트레이션 디자인」, 『디지털디자인학연구』, 15권 3호(2015년 7월), 227~235쪽.

김종기 · 김상희, 「행동경제학 관점에서 프라이버시 역설에 관한 연구」, 『한국지능정보시스템학회 학술대회논문집』, 2015년 5월, 178~195쪽.

강은숙 · 김종석, 「공공 재정에 대한 행동경제학적 접근: 주요 의제의 도출과 그 적용」, 『서울행정학회 학술대회 발표논문집』, 2015년 4월, 475~503쪽.

유성신 · 박현선 · 민귀홍 · 하영희 · 김여정, 「장기 기증 서약 의도에 영향을 미치는 요인에 대한 연구: 수정된 계획 행동 이론의 적용」, 『한국광고홍보학보』, 17권 2호(2015년 4월), 43~70쪽.

전석재, 「미래 세대를 향한 전도 방향과 전략」, 『한국기독교신학논총』, 96권(2015년 4월), 127~151쪽.

강은숙,「부정부패 현상에 대한 행동경제학의 시각: Dan Ariely의『The honest Truth about Dishonesty』를 읽고」,『서울행정학회포럼』, 27권(2015년 2월), 22~29쪽.

강효정,「피팅룸 환경이 자기 외모 지각을 매개로 구매 행동에 미치는 영향」, 서울대학교 대학원 의류학과 석사학위논문, 2015년 2월.

고경훈 · 김건위,「지방자치단체 칸막이 현상의 개선 방안에 관한 연구」,『서울행정학회 학술대회 발표논문집』, 2015년 2월, 73~92쪽.

김시라,「넛지(Nudge)에 대한 철학적 고찰과 활용 방안: 설득 커뮤니케이션의 형식에 관한 연구」, 전북대학교 일반대학원 신문방송학과 석사학위논문, 2015년 2월.

박상근,「학교 안전사고 예방을 위한 통합 디자인 체계에 관한 연구」, 한국교원대학교 교육정책전문대학원 박사학위논문, 2015년 2월.

서봉국,「디자인 개선을 위한 행동경제학의 이론적 접근: 인터넷 툴바 설치에서 현상 유지 편향을 중심으로」, 창원대학교 경제학과 석사학위논문, 2015년 2월.

최유식,「인지적 행위 유도를 통한 노후 주거지 골목 환경 개선 방안 연구」, 서울시립대학교 공공환경디자인전공 석사학위논문, 2015년 2월.

강갑생 · 김시곤 · 권영종,「도시철도 역사 내 철도 안전 사상 사고 현황 분석을 통한 예방 대책 수립 방향 도출: 계단 사고를 중심으로」,『한국방재학회논문집』, 15권 3호(2015년), 15~21쪽.

김예지 · 김화실 · 백진경,「서울시 종량제 쓰레기봉투의 사용법 개선을 위한 서비스 디자인 제안」,『디자인융복합연구』, 14권 4호(2015년), 119~132쪽.

명재규 · 김진영,「세월호 사건 보도에 나타난 언론의 행동경제학적 편향에 대한 분석」,『한국정책학회보』, 24권 3호(2015년), 121~155쪽.

박지연 · 김지현 · 장미경,「공유 가치 창출(CSV)이 지역사회 변화를 유도하는 요소 연구: 디자인과 디자이너의 역할을 매개로」,『조형미디어학』, 18권 4호(2015년), 95~105쪽.

백진경 · 황상미 · 천은영,「국내 영화관의 효율적인 쓰레기 분리수거 촉진을 위한 사인 디자인 체계 연구: 메가박스 사례를 중심으로」,『디자인융복합연구』, 14권 4호(2015년), 53~64쪽.

오승연,「행동경제학 개념의 보험 적용 사례와 활용 방안」,『KIRI weekly(주간포커스)』, 340권(2015년), 1~5쪽.

이태준,「금융 공시 정보의 독해 용이성이 금융 의사 결정의 질에 미치는 효과: 금융 소비자의 인지적 반응을 중심으로」,『홍보학연구』, 19권 3호(2015년), 131~156쪽.

정희진 · 강창희,「학생 인권 조례가 학생들의 행동에 미친 영향: 관대한 교육 방법의 효과」,『노동경제논집』, 38권 3호(2015년), 97~130쪽.

한세형 · 조준동,「감염병 예방에 효과적인 올바른 손 씻기 유도를 위해 넛지 이론을 적용한 스마트 거울과 세면대 디자인 모델 제안」,『아시아디지털아트앤디자인학회 학술대회 자료집』, 10호(2015년), 696~697쪽.

한진수,「넛지를 이용해 초등학교 수학 교과서에 경제 내용 융합하기」,『시민교육연구』, 47권 1호(2015년), 247~271쪽.

홍훈 · 강석일,「행동경제학의 부존자원 효과의 진정한 원인은 무엇인가?」,『한국경제학보』, 22권 1호(2015년), 195~205쪽.

김윤권, 「조직 칸막이 형성 요인과 극복 방안에 관한 연구」, 『한국행정학회 학술발표논문집』, 2014년 12월, 1884~1907쪽.

박대민, 「시장 자유주의 통치성의 계보학: 1980년대 이후 선호하는 인간의 통치로서 금융통치성의 대두」, 『커뮤니케이션 이론』, 10권 4호(2014년 12월), 224~262쪽.

차문경·이유재, 「노스탤지어의 유형이 기부 의도에 미치는 영향: 자기 향상감과 사회적 책임감을 통한 조절 초점의 매개된 조절 효과를 중심으로」, 『마케팅연구』, 29권 5호(2014년 10월), 23~49쪽.

박경자·유일식, 「행동경제학 관점에서 본 SNS 사용 중단에 관한 의사 결정: 심적 회계 이론과 제한된 합리성을 중심으로」, 『인터넷전자상거래연구』, 14권 4호(2014년 9월), 377~398쪽.

이재신, 「이성과 감정: 인간의 판단 과정에 대한 뇌과학과 생물학적 접근」, 『커뮤니케이션 이론』, 10권 3호(2014년 9월), 161~194쪽.

박상철, 「근시안적 손실 회피 관점에서 본 모바일 애플리케이션 사용자의 현상 유지 편향에 관한 연구」, 『한국경영학회 통합학술발표논문집』, 2014년 8월, 693~709쪽.

안소현 외, 「사회 인지론 모델을 적용한 나트륨 섭취 줄이기 소비자 영양 교육 프로그램 개발: 포커스 그룹 인터뷰에 기초하여」, 『대한지역사회영양학회지』, 19권 4호(2014년 8월), 342~360쪽.

양승만, 「공공 건물 신재생에너지 설치 의무화 제도의 시행상 문제점 분석 및 개선안: 대학 시설을 중심으로」, 중앙대학교 건설대학원 건설경영학과 석사학위논문, 2014년 8월.

최소망, 「대학생 소비자의 스마트폰 소비 행태와 경제적 합리성과의 관계 연구」, 이화여자대학교 교육대학원 석사학위논문, 2014년 8월.

강은숙·김종석, 「인간의 비합리성에 대한 고려와 공공 정책에의 함의: 원자력 에너지 정책에 대한 행동경제학의 적용」, 『한국행정논집』, 26권 2호(2014년 6월), 191~217쪽.

김재휘·강윤희·권나진, 「사회적 목표 행동 촉진을 위한 설득 커뮤니케이션 연구: 사회적 상호성과 목표 프레임을 적용한 설득」, 『마케팅연구』, 29권 2호(2014년 4월), 79~94쪽.

손정국·성희활, 「'교육에서 자문으로'의 사전적 금융 소비자 보호 방식의 패러다임 변화 모색」, 『증권법연구』, 15권 1호(2014년 4월), 357~400쪽.

이규현·김경진, 「한국 문화와 행동경제학 연구」, 『문화산업연구』, 14권 1호(2014년 3월), 91~100쪽.

김문식, 「패밀리 레스토랑 이용자의 휴리스틱 선택 행동 연구: : 합리적 행동 이론 적용과 계획적 행동 이론의 비교」, 한양대학교 관광학과 외식산업경영 박사학위논문, 2014년 2월.

공현희, 「행동경제학의 디자인 적용 사례에 대한 분석: 심리적 회계 및 디폴트 편향을 중심으로」, 『디지털디자인학연구』, 14권 1호(2014년 1월), 191~200쪽.

이정현·최민식, 「시간 선호를 통해 본 또래 괴롭힘 행동」, 『경제교육연구』, 21권 2호(2014년), 85~122쪽.

최순화·최정혁, 「한, 미, 일 소비자의 환경 의식 및 행동에 관한 탐색적 연구」, 『여성경제연구』, 11권 2호(2014년), 51~76쪽.

홍훈, 「행동경제학의 정책적인 함의」, 『한국정책학회 하계학술발표논문집』, 2014년, 52~74쪽.

권중록, 「국가 브랜드에 관한 사회 마케팅적 연구: 탐색적 조사」, 『언론과학연구』, 제13권 4호(2013년 12월), 43~88쪽.

이종혁 · 이창근, 「공공 가치 목적 지향의 정책 PR 전술 탐색」, 『사회과학연구』(동국대학교 사회과학연구원), 20권 3호(2013년 12월), 55~80쪽.

강준만, 「PR은 대중의 마음에 해악을 끼치는 독인가: 에드워드 버네이스의 '이벤트 혁명'」, 『월간 인물과사상』, 186권(2013년 10월), 37~58쪽.

신호진, 「행동경제학 관점으로 본 소비자 의사 결정에 관한 큐레이션 서비스 사례 고찰: 서브스크립션 커머스를 중심으로」, 홍익대학교 산업미술대학원 석사학위논문, 2013년 8월.

이기석, 「학부모의 학교 교육열 행동 특성 분석: 행동경제학적 관점에서」, 강원대학교 대학원 교육학과 박사학위논문, 2013년 8월.

손지영, 「제한된 합리성과 재범 통제 정책」, 『법학논총』, 30권(2013년 7월), 1~20쪽.

이태준 · 윤태웅, 「광고 공시 정보의 제시 형태와 잠재적 결과에 대한 정교화 성향이 금융 소비자의 의사 결정에 미치는 영향에 관한 실험 연구」, 『한국광고홍보학보』, 15권 3호(2013년 7월), 33~62쪽.

김용익, 「재미 이론(Fun Theory)에 기반한 실과 교수 학습 방안 탐색」, 『한국실과교육학회지』, 26권 2호(2013년 6월), 1~18쪽.

노성종 · 이완수, 「'지구온난화' 對 '기후변화': 환경 커뮤니케이션 어휘 선택의 프레이밍 효과」, 『커뮤니케이션 이론』, 9권 1호(2013년 3월), 163~198쪽.

이종만, 「업무 중 비공식적 커뮤니케이션의 워터쿨러 효과: 스마트폰 사용자의 카카오톡을 중심으로」, 『한국콘텐츠학회논문지』, 13권 3호(2013년 3월), 362~369쪽.

주현경, 「기술적 범죄 예방: 의의와 한계」, 『형사정책연구』, 93권(2013년 3월), 117~143쪽.

한상훈, 「불능 미수(형법 제27조)의 "위험성"에 대한 재검토: 행동법경제학적 관점을 포함하여」, 『형사정책연구』, 93권(2013년 3월), 39~78쪽.

권기은, 「소셜 미디어 시대의 집단지성 형성에 관한 연구: 행동경제학적 관점으로」, 홍익대학교 산업미술대학원 석사학위논문, 2013년 2월.

박지정, 「대학교 건물의 냉난방 시설의 문제점 및 개선 방안 연구: 한양대학교 ERICA캠퍼스 사례 분석」, 한양대학교 이노베이션대학원 건축학과 석사학위논문, 2013년 2월.

서윤경, 「근로소득자의 기부 행동에 영향을 미치는 요인에 관한 연구」, 한양대학교 공공정책대학원 사회복지실천전공 석사학위논문, 2013년 2월.

최형선 · 윤상훈 · 서은영 · 원제무, 「협력적 계획을 적용한 공공 미술 프로젝트의 주체별 사회자본 형성 영향 요인 규명에 관한 연구: 부산시 감천동 공공 미술 프로젝트를 중심으로」, 『국토계획』, 48권 1호(2013년 2월), 5~21쪽.

가정준, 「사회적 비용을 감소하기 위한 입법과 Incentive의 활용: 새로운 패러다임 하에서의 "담배꽁초 회수법" 제정 제안」, 『법과 정책연구』, 13권 3호(2013년), 1101~1122쪽.

강은숙 · 김종석, 「행동경제학과 공공 정책의 합리성: 원자력 에너지 정책을 중심으로」, 『한국지방정부학회 학술발표논문집』, 2013년, 479~500쪽.

권선애,「학교 폭력 학생을 위한 음악 치료 프로그램」,『KJMT』, 8권 1호(2013년), 1~10쪽.

신용덕 · 김진영,「행동경제학의 이야기 짓기 관점에서 살펴 본 정책 사례-경인 아라뱃길 사업을 중심으로」,『한국정책학회보』, 22권 4호(2013년), 163~192쪽.

최민식 · 전은지 · 정우진,「청소년의 시간 선호와 인터넷 중독」,『경제교육연구』, 20권 1호 (2013년), 109~139쪽.

김양태,「신경생물학적 관점에서의 사회적 의사 결정」,『생물치료정신의학』, 18권 2호 (2012년 12월), 96~103쪽.

박구락,「컴퓨터 게임에서의 언어 표현 변화를 통한 인터넷 윤리 확립에 관한 연구」,『한국 컴퓨터정보학회논문지』, 17권 11호(2012년 11월), 47~52쪽.

박영원,「시각 문화 콘텐츠 분석에 관한 연구: 시각적 재미의 분석 방법론을 중심으로」,『한 국콘텐츠학회논문지』, 12권 6호(2012년 6월), 170~181쪽.

차동필,「대학 기부금 증대를 위한 설득 기법의 활용: 일보 후퇴 이보 전진 전략의 적용」, 『언론과학연구』, 12권 2호(2012년 6월), 478~501쪽.

김종화 · 유홍식,「인터넷 건강 보도에서 획득 · 손실 프레임과 댓글이 이슈 지각과 예방 행 위 의도에 미치는 영향」,『한국방송학보』, 26권 3호(2012년 5월), 176~217쪽.

강종수,「중소도시 지역사회자본이 복지 자원 개발에 미치는 효과: 기부 활동을 중심으로」, 『한국지역사회복지학』, 40권(2012년 3월), 239~262쪽.

강치영,「장기 기증의 사회적 거버넌스에 관한 탐색적 연구」, 동의대학교 대학원 행정학과 박사학위논문, 2012년 2월.

권선애,「학교 폭력 가해 및 피해 학생을 위한 음악 치료 프로그램 연구」, 서울기독대학교 일반대학원 사회복지학과 박사학위논문, 2012년 2월.

권선애 · 안석,「학교 폭력 가해 및 피해 학생을 위한 음악 치료 프로그램 연구」,『한국기독 교상담학회지』, 23권 3호(2012년), 9~57쪽.

김종화 · 유홍식,「건강 보도에서 획득 · 손실 프레임과 예시가 이슈의 지각과 예방 행위 의 도에 미치는 영향」,『한국언론학보』, 56권 1호(2012년 2월), 5~30쪽.

김철홍,「자원봉사 활동에 관한 경제학적 연구: 자원봉사 동기, 성향 그리고 인센티브에 관 한 실증 분석」, 연세대학교 경제대학원 공공발전전공 석사학위논문, 2012년 2월.

이의선,「효과적인 금융 교육 설계를 위한 방향성 연구: 비합리적 금융 행동 및 태도 변화 방 안의 모색」, 숙명여자대학교 대학원 경제학과 소비자경제정책 전공 박사학위논문, 2012년 2월.

홍순구,「버스 정보 안내기의 이용 요인 및 활성화 방안에 관한 연구: 부산광역시를 중심으 로」, 동아대학교 경영대학원 경영정보전공 석사학위논문, 2012년 2월.

김광수,「애덤 스미스의 법과 경제: 행동경제학-행동법학적 관점을 중심으로」,『국제경제연 구』, 18권 4호(2012년), 25~53쪽.

정상훈,「지속 가능한 디자인의 속성 정의를 통한 제품디자인 개발」,『Journal of Integrated Design Research』, 10권 3호(2011년 12월), 97~108쪽.

최승재,「효율적 시장 가설의 규범 포섭: 시장 사기 이론의 적용 한계의 획정을 중심으로」, 『증권법연구』, 12권 1호(2011년 5월), 73~110쪽.

최영호 · 최상헌,「헌혈 공간 실태 분석을 통해 본, 헌혈자 방문율을 높이기 위한 공간 개

선 방안에 관한 연구: 2005년 전후의 공간을 공간 마케팅적 접근 방식에 근거하여」,
『한국실내디자인학회 학술대회논문집』, 13권 1호(2011년 5월), 141~147쪽.

홍훈, 「마르크스의 착취 관계와 소비 및 동양의 인간관계」, 『마르크스주의 연구』, 8권 2호
(2011년 5월), 12~39쪽.

김영두, 「금융 소비자의 투자 의사 결정과 금융 소비자 복지 증진 방안 고찰: 행동론적 접근
을 중심으로」, 『소비자문제연구』, 39권(2011년 4월), 1~21쪽.

허선주 · 최종훈, 「헌혈에 대한 대중 인식 개선을 위한 모바일 어플리케이션 디자인」, 『한국
콘텐츠학회논문지』, 11권 4호(2011년 4월), 112~120쪽.

권순구 · 강명구, 「부동산 수익에 대한 인식과 실제간 간극: 행동경제학적 해석」, 『서울도시
연구』, 12권 1호(2011년 3월), 127~138쪽.

차동필, 「장기 기증 활성화를 위한 설득 기법의 적용」, 『한국언론학보』, 55권 1호(2011년 2
월), 32~46쪽.

김진영 · 신용덕, 「행동경제학 모형과 그 정책적 응용에 관한 시론적 연구」, 『한국정책학회
보』, 20권 1호(2011년), 1~27쪽.

범경기, 「모바일 인터넷에서 소비자의 선택 행동에 관한 한중 비교 연구-문화 차원과 심리
적 지각의 접근」, 『동북아경제연구』, 23권 2호(2011년), 111~141쪽.

정제영 · 이희숙, 「'넛지(Nudge) 전략'을 활용한 외국어고 정책' 분석」, 『교육행정학연구』,
제29권 1호(2011년), 227~249쪽.

김혜인, 「사회자본과 대인 커뮤니케이션이 사후 장기 기증 의도에 미치는 영향: 계획된 행
동 이론의 확장」, 이화여자대학교 대학원 언론홍보영상학과 석사학위논문, 2010년
8월.

주소현, 「행동경제학과 심리학: 개인 재무 의사 결정과 소비자 심리」, 『한국심리학회 학술대
회 자료집』, 2010년 8월, 163~175쪽.

이시영 · 이효찬, 「행동경제학적 접근을 통한 국제 경제 현상의 분석」, 『무역학회지』, 35권 2
호(2010년 4월), 1~20쪽.

임효혁, 「서비스 품질과 브랜드 이미지가 헌혈자 만족도 및 로열티에 미치는 영향: 헌혈의
집과 헌혈 카페의 사례 비교를 중심으로」, 인하대학교 경영대학원 경영학과 석사학
위논문, 2010년 2월.

황교근, 「한반도 비핵화 대안: 넛지 전략(Nudge Strategy)을 중심으로」, 『군사논단』, 61권
(2010년), 299~314쪽.

신경아 · 한미정, 「온라인 커뮤니티 이용을 통한 사회적 자본이 에너지 절약 행동 의도에 미
치는 영향에 관한 연구」, 『한국광고홍보학보』, 11권 3호(2009년 7월), 126~158쪽.

지승현 · 남영숙, 「지속 가능 발전에 반영된 사회경제적 인간상에 대한 이론적 고찰: 행동경
제학을 중심으로」, 『한국환경교육학회 학술대회 자료집』, 2009년 6월, 62~67쪽.

김지영 · 류호창, 「업무 환경에서 비공식적 커뮤니케이션 활성화를 위한 공간적 요소에 관
한 연구」, 『한국실내디자인학회 학술대회논문집』, 11권 1호(2009년 5월), 48~53쪽.

차동필, 「미디어 수용자의 헌혈 의도에 영향을 미치는 요인: 공중 건강 캠페인에의 함의」,
『미디어 경제와 문화』, 7권 2호(2009년 5월), 96~127쪽.

차유리, 「TV · 종이 신문 · 라디오 · 인터넷의 이용과 개인의 신체 조직 및 장기 기증 의향

관계: OTD 관련 이슈에 대한 미디어 이용자의 선호적 노출 및 가족 소통성의 매개 과정을 중심으로」, 서강대학교 대학원 신문방송학과 석사학위논문, 2009년 2월.

신두철, 「시민 교육과 정치 참여에 대한 고찰」, 『한국시민윤리학회보』, 제22권 2호(2009년), 149~163쪽.

이규상·홍훈, 「자유 온정주의와 자유방임주의」, 『경제학연구』, 57권 3호(2009년), 171~193쪽.

최승재, 「금융시장에서의 금융 소비자의 행동 양태를 고려한 투자자 보호 규범의 설계에 대한 연구: 소위 '행동경제학'적 관점을 반영하여」, 『증권법연구』, 9권 2호(2008년 12월), 227~270쪽.

배순영, 「행동경제학의 논거가 소비자 정책에 주는 시사점」, 『소비자정책동향』, 4권(2008년 6월), 38~54쪽.

문유석·허용훈, 「사회적 자본이 적극적 경찰 활동에 미치는 영향」, 『한국지방정부학회 학술대회자료집』, 2008년 5월, 43~63쪽.

김수현, 「모바일 서비스가 재헌혈 의지에 미치는 영향」, 전남대학교 대학원 보건학협동과정 석사학위논문, 2008년 2월.

최응렬·이재영, 「기초질서 확립을 위한 시민 의식 제고 방안」, 『한국공안행정학회보』, 17권 3호(2008년), 401~436쪽.

윤세준·채연주, 「제한된 합리성의 재해석: 생태학적 합리성과 규범적 휴리스틱」, 『연세경영연구』, 44권 2호(2007년 12월), 341~365쪽.

손진석, 「의료기관 종사자의 기부 행동에 영향을 미치는 요인 연구」, 한양대학교 행정대학원 사회복지학 석사학위논문, 2007년 8월.

정동민, 「초회 헌혈에 영향을 주는 요인 연구: 전북 지역 헌혈자를 대상으로」, 전북대학교 보건대학원 보건관리학과 석사학위논문, 2007년 8월.

권광임, 「개인 기부자의 기부 행동 특성에 관한 연구」, 신라대학교 대학원 사회복지학과 석사학위논문, 2007년 2월.

박정욱, 「유니버설 디자인의 특성을 고려한 편의 시설물 디자인에 관한 연구: 서울시 동숭동 마로니에공원을 대상으로」, 국민대학교 디자인대학원 환경디자인 전공 석사학위논문, 2007년 2월.

한진수, 「선택에서의 제한적 합리성과 경제 교육」, 『시민교육연구』, 39권 3호(2007년), 263~284쪽.

이혜정, 「등록 헌혈자의 재헌혈 의지에 영향을 미치는 요인」, 전북대학교 보건관리학과 석사학위논문, 2006년 8월.

한명흠, 「적십자사 헌혈의 집 실내 공간의 실태 분석에 따른 개선 방안에 관한 연구: 서울지역을 중심으로」, 『한국실내디자인학회 논문집』, 14권 6호(2005년 12월), 140~147쪽.

김주원, 「대학 기부자와 자선 기부자의 기부 행동 결정 요인에 관한 실증 연구」, 성균관대학교 일반대학원 경영학과 박사학위논문, 2005년 8월.

이규목, 「도시 공원 녹지 관리의 자발적 공동체 내 사회적 자본 형성 요인에 관한 연구」, 『국토계획』, 39권 2호(2004년 4월), 271~284쪽.

안황권·김상돈, 「지역사회의 연결망을 통한 범죄 피해 예방에 관한 연구: 사회적 자본과 네트워크의 효과를 중심으로」, 『교정연구』, 18권(2003년 3월), 121~143쪽.

김태원, 「브랜드 선택의 휴리스틱 접근: 브랜드 단서에 대한 심리 및 사회적 변수의 조정적 역할을 중심으로」, 서강대학교 영상대학원 광고PR학과 석사학위논문, 2002년 8월.

김성태 · 이재기 · 남성민, 「한국 기업 기부금의 결정 요인」, 『국제경제연구』, 8권 2호(2002년), 47~69쪽.

김유나, 「기부 행동 및 기부 노력에 영향을 미치는 요인에 관한 연구: 온라인 기부를 중심으로」, 이화여자대학교 대학원 사회복지학과 석사학위논문, 2002년.

여성훈, 「'Fun Theory(재미의 교육 신학적 해석)'에 있어서 '재미'의 개념-재미는 종교 교육에 있어서 스캔들인가?」, 『기독교사상』, 44권 1호(2000년 1월), 90~102쪽.

참고하면 좋을 교통안전 논문 목록

김병환, 「무단 횡단 금지 시설 개선 방안에 관한 연구: 광주광역시 무단 횡단 사고 다발지역을 중심으로」, 전남대학교 토목공학과 도로 및 교통공학 석사학위논문, 2017년 2월.

김선희, 「교통사고 다발지역 원인 추론 분석과 인지적 요인을 통한 해석 연구: 영등포 로터리 중심으로」, 서울시립대학교 디자인전문대학원 공공환경디자인전공 석사학위논문, 2017년 2월.

련등, 「보행 친화 도시 조성을 위한 가로 공간 보행 증진에 관한 연구: 행정중심복합도시 1지구 상업 · 주거지역을 대상으로」, 배재대학교 대학원 원예조경학과 조경학전공 석사학위논문, 2017년 2월.

오도형, 「보호/비보호 좌회전(PPLT) 효율적 운영 방안 및 통행 행태에 관한 연구」, 전북대학교 일반대학원 건축 · 도시공학과 박사학위논문, 2017년 2월.

이도욱, 「터널 내 교통사고 시 사망 사고 저감 방안에 관한 연구」, 중앙대학교 건설대학원 글로벌건설엔지니어링학과(글로컬설계엔지니어링) 석사학위논문, 2017년 2월.

정근영, 「부산광역시 어린이 보호구역 내 교차로별 교통 시설물 효과 분석」, 부경대학교 대학원 지구환경시스템과학부 석사학위논문, 2017년 2월.

정연승, 「교통안전 사업의 효과성 분석: 사업별 예산 투자에 따른 사상 종별 비용 감소 분석」, 성균관대학교 경영대학원(iMBA) 글로벌경영학과 석사학위논문, 2017년 2월.

주신혜, 「공공 보건 및 교통안전을 고려한 교통 관리 전략 통합 평가 기술 개발」, 한양대학교 교통공학과 박사학위논문, 2017년 2월.

하민규, 「도로 안전성 분석 기법 적용 및 개선 방안 연구」, 공주대학교 대학원 도시교통공학과 석사학위논문, 2017년 2월.

한상화, 「시내버스 버스 베이 효율적 활용 방안 연구: 버스 이용자 및 운전자 관점에서(전북 전주시)」, 전북대학교 일반대학원 건축 · 도시공학과 석사학위논문, 2017년 2월.

임지경 외, 「도로 교통 안전 사업의 효과 분석 및 제도적 개신 방안」, 『한국교통연구원 기본연구보고서』, 2016년 11월, 1~222쪽.

김세교, 「노인 보호구역 제도 개선 방안 연구: 서울시 노인 교통사고 분석을 중심으로」, 서울시립대학교 교통관리학과 석사학위논문.

김일권, 「어린이 보호구역 내 교통안전 시설 개선 방안에 관한 연구」, 아주대학교 ITS학과 석사학위논문, 2016년 8월.

나형철, 「교통사고 잦은 지점 문제점 도출 및 개선 방안 제시: 전라남도를 중심으로」, 전남대 학교 토목공학과 석사학위논문, 2016년 8월.

유경, 「교통 약자의 이동 편의 증진을 위한 대중교통 체계 개선 방안 연구: 부안군 육상 교통 을 中心으로」, 전북대학교 행정대학원 행정학 석사학위논문, 2016년 8월.

최현주 · 최관, 「미국, 영국, 일본의 어린이 학교 통학버스 안전 관리 정책 비교 분석: 지역사 회 안전을 중심으로」, 『한국사회안전학회지』, 11권 1호(2016년 5월), 66~81쪽.

김세호, 「주차 공간 개발의 활성화 방안에 관한 연구: 서울특별시 공용 주차장 개발 사례를 중심으로」, 명지대학교 부동산유통경영대학원 부동산학과 석사학위논문, 2016년 2월.

유희광, 「스쿨존 및 실버존에서의 교통사고 요인 분석 및 예방 방안에 관한 연구」, 호서대학 교 일반대학원 안전공학과 인간공학 석사학위논문, 2016년 2월.

장시중, 「학생 교통안전 시설 및 학생 교통안전 교육 실효성 제고 방안: 부산지역 교통안전 체험 교육장 중심으로」, 한국교원대학교 교육정책전문대학원 교육시설환경정책전공 석사학위논문, 2016년 2월.

정상민, 「고령 운전자의 주행 특성을 고려한 교차로 기하 구조 개선 방향에 관한 연구」, 서 울시립대학교 교통공학과 박사학위논문, 2016년 2월.

정정규, 「초등학교 통학로 안전 환경 개선 방향에 관한 연구: 대전광역시를 중심으로」, 한국 교원대학교 교육정책전문대학원 석사학위논문, 2016년 2월.

최종철, 「안전운전 행태 유도를 위한 자동차보험 과실 제도 개선」, 서울시립대학교 교통공 학과 박사학위논문, 2016년 2월.

한영천, 「보행자 중심의 보행 환경 개선에 관한 연구: (완주군 삼례후정 동학지구 중심으로)」, 전북대학교 환경대학원 환경계획학(도시및지역계획) 석사학위논문, 2016년 2월.

반미영 · 박기철, 「경기도 어린이 등 · 하교길 교통안전 증진 방안」, 『경기연구원 정책연구』, 2015년 10월, 1~128쪽.

유명렬, 「산업단지 교통안전 시설 개선 방안에 관한 연구」, 한밭대학교 산업대학원 도시공 학과 석사학위논문, 2015년 2월.

이성재, 「어린이 교통사고의 실태 및 개선 방안에 관한 연구」, 영산대학교 대학원 경찰행정 전공 석사학위논문, 2015년 2월.

용도, 「네트워크 기반의 안전성 및 효율성을 고려한 신호 교차로 운영 개선 방안 연구」, 인 천대학교 대학원 건설환경공학과 교통전공 석사학위논문, 2015년.

고준호, 「어린이 생활 안전 관리에 관한 연구: 통학버스 안전사고를 중심으로」, 경희대학교 공공대학원 정책학과 석사학위논문, 2014년 2월.

장이연, 「유니버설 디자인 관점에서 본 중국의 시내버스 승강장 시설물 디자인 개선 방향에 관한 연구」, 국민대학교 디자인대학원 환경디자인전공 석사학위논문, 2014년 2월.

서준, 「도로 교통안전 측면에서 현대식 회전 교차로와 신호 교차로의 실용성 비교 연구: 중 국 칭다오와 한국 중심 비교」, 가천대학교 일반대학원 도시계획학과 교통학전공 석사 학위논문, 2013년 8월.

엽천, 「중국 남경시 지속 가능 교통 체계 구축 방안」, 우송대학교 경영학과 석사학위논문, 2013년 8월.

이선화, 「어린이 안전을 위한 스쿨존 보행로 내 시설물 디자인」, 건국대학교 디자인대학원 석사학위논문, 2013년 8월.

김관용·황기연·추상호, 「누적 프로스펙트 이론을 반영한 통행 수단 선택 행태에 관한 비교 연구」, 『교통연구』, 20권 2호(2013년 6월), 1~13쪽.

강소정, 「어린이 보호구역의 유형별 특성 분석에 따른 개선 방안에 관한 연구」, 공주대학교 대학원 도시교통공학과 석사학위논문, 2013년 2월.

김회경·임재문·설재훈·오윤표, 「Smart Bollard를 이용한 어린이 보호구역에서의 안전성 제고에 관한 연구」, 『대한토목학회논문집』, 33권 1호(2013년 1월), 251~259쪽.

리시, 「교통 약자의 시점에 입각한 보행 환경의 고찰: (광주시와 중국 타이안시의 Case Study지역을 중심으로)」, 호남대학교 대학원 도시계획학과 석사학위논문, 2012년 8월.

오요, 「중국 버스 정류장의 사용자 경험 극대화를 위한 디자인 전략 연구: 경험 디자인 선진 사례 중심으로」, 한양대학교 대학원 산업디자인 전공 석사학위논문, 2012년 8월.

이병노, 「보행자 이용 행태 분석을 통한 교통안전 개선 방안에 관한 연구: 아산시를 중심으로」, 한밭대학교 산업대학원 도시공학과 석사학위논문, 2012년 8월.

조성현, 「노인 교통사고 감소 방안에 관한 연구」, 아주대학교 ITS학과 석사학위논문, 2012년 8월.

김명규, 「보행자 교통사고 위험 구간 선정 방법에 관한 연구」, 서울시립대학교 일반대학원 교통공학과 석사학위논문, 2012년 2월.

백승엽, 「무단 횡단 교통사고 예방 대책에 관한 연구: 횡단보도 및 무단 횡단 방지 시설을 중심으로」, 서울시립대학교 일반대학원 교통공학과 석사학위논문, 2012년 2월.

임용지, 「중국과 한국의 자동차보험 약관 체계의 비교 연구」, 목포대학교 대학원 금융보험학과 석사학위논문, 2012년 2월.

전명헌, 「어린이 보호구역 교통사고 예방을 위한 교통안전 시설물에 관한 연구」, 홍익대학교 대학원 메타디자인학부 석사학위논문, 2012년 2월.

송지성·배건, 「어린이 보호구역의 안전성 향상을 위한 운전자 시지각 활용에 대한 연구: 노면 표시를 중심으로」, 『한국디자인문화학회지』, 16권 3호(2010년 9월), 262~274쪽.

임지선·김부치, 「어린이 보호구역의 안전 환경 디자인 현황 연구」, 『한국과학예술포럼』, 6권(2010년 7월), 137~146쪽.

박상선, 「노인 보행자 교통사고 사상자 감소 방안에 관한 연구」, 영남대학교 행정대학원 경찰행정전공 석사학위논문, 2010년 8월.

손인철, 「자동차 교통사고 감소 방안에 관한 연구: 인천광역시 사망 사고를 중심으로」, 인하대학교 정책대학원 행정학과 석사학위논문, 2010년 8월.

안정민, 「교통안전 정책 개선 방안에 관한 연구」, 영남대학교 행정대학원 경찰행정 석사학위논문, 2010년 8월.

노광식, 「한국의 고령자 교통사고 감소 방안에 관한 연구」, 연세대학교 행정대학원 경찰·사법행정전공 석사학위논문, 2010년 2월.

박준호, 「보행자 경로 정보 서비스를 위한 공간 정보 구축 방안에 관한 연구」, 성균관대학교

과학기술대학원 U-city건설공학과 석사학위논문, 2010년 2월.

임재동, 「보행자 사고와 교통안전 방안에 관한 연구」, 한밭대학교 산업대학원 도시공학과 석사학위논문, 2010년 2월.

김승범, 「교통 사망 사고의 효율적 감소 방안에 관한 연구: 제주특별자치도 지역을 중심으로」, 제주대학교 행정대학원 법학과 석사학위논문, 2009년 8월.

김호열, 「교통 사망 사고 감소 방안에 관한 연구: 경기도 내 고령자를 중심으로」, 원광대학교 경찰행정학과 석사학위논문, 2008년 8월.

박헌수, 「전북의 교통사고 감소 방안에 관한 연구」, 원광대학교 경찰행정학과 석사학위논문, 2008년 8월.

이창희, 「노인 보행자의 보행 환경 개선 방안」, 한밭대학교 산업대학원 도시공학과 석사학위논문, 2008년 2월.

이청준, 「교통사고의 실태 분석 및 효율적 대응 방안에 관한 연구」, 대전대학교 경영행정사회복지대학원 경찰학과 석사학위논문, 2008년 2월.

홍승권·김홍태, 「안전벨트 착용율 향상을 위한 방안과 효과 분석」, 『대한인간공학회 학술대회논문집』, 2006년 10월, 377~381쪽.

박세현, 「교통사고 예방 대책에 관한 실증적 연구: 사망 사고를 중심으로」, 대전대학교 경영행정·사회복지대학원 경찰학과 석사학위논문, 2004년.

김종후, 「보행자 교통사고의 감소 방안에 관한 연구: 법제 및 안전시설 기준을 중심으로」, 부산대학교 행정대학원 행정학과 석사학위논문, 2003년 8월.

엄상미, 「어린이 보호구역 교통사고 실태 분석에 따른 안전 대책에 관한 연구」, 한밭대학교 산업대학원 도시공학과 석사학위논문, 2003년 2월.

박종욱, 「교차로 교통사고 감소 방안에 관한 연구: 좌회전 현시 순서를 중심으로」, 홍익대학교 건축도시대학원 교통학과 석사학위논문, 2003년.

신창선, 「교통사고 감소 방안에 관한 연구: 강원도 지역을 중심으로」, 명지대학교 교통관광대학원 교통행정학 석사학위논문, 2001년.

참고하면 좋을 인포그래픽 논문 목록

조은영, 「인포그래픽을 활용한 안전 매뉴얼 그래픽 스타일 연구: 지진을 중심으로」, 이화여자대학교 대학원 디자인학부시각디자인전공 석사학위논문, 2017년 2월.

조태영, 「온라인 신문의 인포그래픽 인지 차이 연구: 텍스트와 인포그래픽의 비교 분석」, 강원대학교 대학원 디자인학과 박사학위논문, 2017년 2월.

고혜영, 「효과적인 스토리텔링을 위한 모션 인포그래픽 연출 연구」, 『영상문화콘텐츠연구』, 11권(2016년 12월), 237~253쪽.

김지윤·최유미, 「유아 흡연 예방 교육을 위한 교사용 인포그래픽 영상 지침서 제작 연구」, 『애니메이션연구』, 12권 4호(2016년 12월), 22~38쪽.

서명숙, 「데이터 시각화를 위한 국내 경제지의 인포그래픽 활용 및 독자 만족도 연구」, 한양대학교 언론정보대학원 신문잡지출판전공 석사학위논문, 2016년 8월.

이희정, 「국내 스포츠 인포그래픽 서비스에서 인포테인먼트 커뮤니케이션 전략의 효과성 연구: 포털 사이트 야구 인포그래픽 서비스를 중심으로」, 이화여자대학교 디자인대학원 디자인매니지먼트전공 석사학위논문, 2016년 8월.

임경훈, 「공모전 수상작 분석을 통한 모션 인포그래픽 디자인 트렌드 연구」, 『한국콘텐츠학회논문지』, 16권 6호(2016년 6월), 293~304쪽.

조성남·서태설, 「학술 정보 시각화 서비스 개발에 관한 연구」, 『한국문헌정보학회지』, 50권 2호(2016년 5월), 183~196쪽.

김재영·김덕용, 「수치 정보 유형에 따른 효과적인 시각적 형태 연구」, 『한국콘텐츠학회논문지』, 16권 4호(2016년 4월), 624~633쪽.

황명화·임은선·전성제, 「정책 지도의 활용성 제고를 위한 지오 인포그래픽 도입 및 적용 방안」, 『국토정책 Brief』, 558권(2016년 3월), 1~8쪽.

송선영, 「내러티브와 인포그래픽 기사의 정보처리 효과: 몰입을 중심으로」, 고려대학교 대학원 언론학과 석사학위논문, 2016년 2월.

이다은, 「정책 홍보 인포그래픽스의 메시지 유형과 소구 유형의 차이가 정책 이해 및 평가에 미치는 영향」, 연세대학교 커뮤니케이션대학원 언론학전공 석사학위논문, 2016년 2월.

최윤영, 「인포그래픽 뉴스의 콘텐츠 인게이지먼트 속성이 수용자의 뉴스 태도에 미치는 영향: 언론사 닷컴의 뉴스 사례를 중심으로」, 홍익대학교 대학원 광고홍보학과 박사학위논문, 2016년 2월.

이미경·박한우, 「스마트 투어리즘 목적지(STD) 실현 방안으로서 공공 빅데이터와 인포그래픽스 활용 방안」, 『관광연구』, 30권 5호(2015년 9월), 227~244쪽.

김종욱, 「TV 뉴스 가상현실 인포그래픽의 몰입(Flow)에 대한 수용자 반응 연구」, 건국대학교 일반대학원 디자인조형학과 박사학위논문, 2015년 8월.

성은숙, 「인포그래픽이 정보 수용자의 인지에 미치는 영향 연구: IT 분야를 중심으로」, 건국대학교 예술디자인대학원 시각정보디자인 석사학위논문, 2015년 8월.

정민이, 「메시지 제시 형태와 관여도에 따른 메시지 주목도와 이해도에 관한 연구」, 『디지털디자인학연구』, 15권 3호(2015년 7월), 237~246쪽.

전은경·한지애·류시천, 「영어 교과서에 활용된 사용자 행위 반영형 인포그래픽 유형 분석: 교수·학습 기준에 따른 유형을 중심으로」, 『한국콘텐츠학회논문지』, 15권 5호(2015년 5월), 651~660쪽.

석수선·신동재, 「사용자 경험을 활용한 (UX) 국가 건강 검진 결과 통보서 디자인 개선안」, 『디지털디자인학연구』, 15권 2호(2015년 4월), 245~256쪽.

임경란·김형년, 「인터렉티브 인포그래픽을 적용한 웹 콘텐츠 기획 및 구현: 양구 DMZ지역을 중심으로」, 『디지털디자인학연구』, 15권 2호(2015년 4월), 865~872쪽.

고영철, 「한·미 지역 일간지 1면 기사 콘텐츠의 구성 방식 비교 분석: 기사의 유형, 구조, 내용 그리고 사진 및 인포그래픽 제시 방법 등을 중심으로」, 『언론과학연구』, 15권 1호(2015년 3월), 5~47쪽.

김진환, 「빅데이터 환경에서 인포그래픽(infographic) 뉴스 기사가 수용자의 정보 수용에 미치는 영향」, 중앙대학교 신문방송대학원 석사학위논문, 2015년 2월.

손영란, 「색채 이미지 분석 기법을 통한 정책 홍보 인포그래픽의 색채 특성과 정부 부처별 차이, 문제점에 관한 연구」, 서강대학교 언론대학원 광고홍보전공 석사학위논문, 2015년 2월.

최성필·김혜선·김지영, 「구조화된 저널리즘 서비스를 위한 과학 칼럼 정보 지식화 프레임워크 설계」, 『한국문헌정보학회지』, 49권 1호(2015년 2월), 341~360쪽.

원종욱, 「퍼소나 시나리오 기반 공공 인포그래픽이 공공 정보 서비스 만족도에 미치는 영향에 관한 연구」, 『디자인지식저널』, 32권(2014년 12월), 55~64쪽.

강성중·최송한, 「사용자 중심의 인포그래픽을 위한 커뮤니케이션 수용자 이론 분석」, 『한국디자인문화학회지』, 20권 3호(2014년 9월), 13~25쪽.

김민정·송지성, 「디지털 에듀테인먼트로서의 인터랙티브 인포그래픽 특성 연구」, 『한국디자인문화학회지』, 20권 3호(2014년 9월), 101~112쪽.

배윤선, 「효과적인 정보 전달을 위한 인포그래픽 뉴스의 활용에 관한 연구」, 『한국디자인문화학회지』, 20권 3호(2014년 9월), 297~307쪽.

강태원, 「디지털 매거진 사용자 경험이 광고 제품에 미치는 영향: 전통적인 기사 형식, 인포그래픽 기사 형식 비교」, 홍익대학교 광고홍보대학원 광고홍보전공 석사학위논문, 2014년 8월.

고수화, 「SNS 환경에서 인포그래픽을 활용한 제품 정보가 브랜드 태도에 미치는 영향: 사전 지식과 관여도 조절 효과를 중심으로」, 홍익대학교 광고홍보대학원 브랜드매니지먼트전공 석사학위논문, 2014년 8월.

이규정, 「시각적 문해력 증진을 위한 인포그래픽 지도 방안」, 서울교육대학교 교육전문대학원 석사학위논문, 2014년 8월.

김민정·이재규, 「정보의 시각화 도구로써의 포토 인포그래픽의 유형과 특성 연구: 사진의 메타포 유형을 중심으로」, 『한국디자인문화학회지』, 20권 2호(2014년 6월), 61~71쪽.

김민정·박정기, 「미디어 환경 변화에 따른 정보 문화 콘텐츠 시각화 방안 연구: 디지털 포토 저널리즘 중심으로」, 『한국과학예술포럼』, 15권(2014년 3월), 59~69쪽.

김민정·정희진, 「정보 유형에 따른 인터랙션 표현 기법에 관한 사례 연구: 뉴욕타임스의 인터랙티브 인포그래픽을 중심으로」, 『한국디자인문화학회지』, 20권 1호(2014년 3월), 145~158쪽.

송규만, 「위계적 인포그래픽을 통한 건축 역사 문화 지도 개발 연구」, 『디자인지식저널』, 29권(2014년 3월), 353~363쪽.

이승영, 「인터넷 신문 인포그래픽 뉴스의 유형 분석에 관한 연구: 조선닷컴 인포그래픽스를 중심으로」, 『한국디자인문화학회지』, 20권 1호(2014년 3월), 495~507쪽.

김예원, 「인포그래픽스가 뉴스 이용자의 기사 정보 처리에 미치는 영향: 사전 지식 및 이슈 관여도의 조절 효과를 중심으로」, 서울대학교 대학원 언론정보학과 석사학위논문, 2014년 2월.

민이범, 「모션 인포그래픽의 구성 요소에 따른 커뮤니케이션 효과 차이에 관한 연구」, 홍익대학교 산업대학원 커뮤니케이션디자인전공 석사학위논문, 2014년 2월.

손성정, 「효율적인 스마트 교육을 위한 인포그래픽의 활용 가능성 연구」, 경희대학교 교육

대학원 디자인교육전공 석사학위논문, 2014년 2월.

송윤재, 「인포그래픽을 이용한 관광 안내 지도 디자인 활용 방안 연구: 대전광역시 둘레산 길 중심으로」, 한남대학교 대학원 미술학과 석사학위논문, 2014년 2월.

이상훈, 「SNS상에서 빅데이터를 활용한 인포그래픽스 연구」, 경북대학교 대학원 시각정보 디자인학과 석사학위논문, 2014년 2월.

이주영, 「수사학적 접근 방식을 활용한 다이내믹 인포그래픽에 관한 연구: 설득 커뮤니케이션 디자인을 중심으로」, 연세대학교 커뮤니케이션대학원 커뮤니케이션디자인전공 석사학위논문, 2014년 2월.

김한수 · 김준교, 「스포츠 인포그래픽스(infographics)의 효과적인 정보 표현 방법에 관한 연구: 인터넷 신문을 중심으로」, 『디지털디자인학연구』, 14권 1호(2014년 1월), 251~260쪽.

민은아, 「과학 디지털교과서의 효과적인 인포그래픽 디자인을 위한 국내외 사례 분석」, 『디지털디자인학연구』, 14권 1호(2014년 1월), 407~416쪽.

김민정 · 송지성, 「인터랙티브 인포그래픽을 사용한 정책 홍보 사례 연구」, 『한국디자인문화학회지』, 19권 4호(2013년 12월), 93~104쪽.

고성주, 「소셜 네트워크 서비스 상에서의 인간관계를 표현한 인포그래픽 사례 고찰」, 홍익대학교 산업미술대학원 석사학위논문, 2013년 8월.

이경은, 「수용자 개인적 특성에 따른 정보 격차와 인포그래픽 이해도에 관한 연구: 공공 인포그래픽을 중심으로」, 홍익대학교 산업미술대학원 광고디자인세부전공 석사학위논문, 2013년 8월.

주헌식, 「웹페이지와 SNS(Social Networking Service)에서 사용되는 광고 유형 변화에 따른 콘텐츠 제작에 관한 연구」, 『한국과학예술포럼』, 13권 1호(2013년 8월), 385~396쪽.

최근혜, 「인포그래픽(infographics)을 활용한 광고가 광고 태도에 미치는 영향」, 홍익대학교 광고홍보대학원 광고홍보전공 석사학위논문, 2013년 8월.

권효정, 「웹 기반 인포그래픽 디자인을 위한 사용성 평가 요소」, 『멀티미디어학회논문지』, 16권 7호(2013년 7월), 879~887쪽.

김미선, 「인포그래픽스 기사에서 상호작용성이 이용자 태도에 미치는 영향: 언론사 인터넷 사이트를 중심으로」, 연세대학교 언론홍보대학원 광고홍보전공 석사학위논문, 2013년 2월.

윤춘근, 「태블릿 신문의 감성적 다이나믹 인포그래픽 연구: 태블릿 신문의 날씨 섹션 적용을 중심으로」, 연세대학교 커뮤니케이션대학원 영상디자인전공 석사학위논문, 2013년 2월.

최진원 · 김이연, 「빅데이터 시대에 효과적인 시각 커뮤니케이션을 위한 인포그래픽 연구 : 정부부처 및 공공기관을 중심으로」, 『한국과학예술포럼』, 11권(2012년 12월), 165~175쪽.

김정희 · 오동근 · 김면, 「정보 디자인의 이해도가 보상감, 기대감 및 상품 유지 동기에 미치는 영향: 납입형 보험 상품 정보를 중심으로」, 『Archives of Design Research』, 25권 4호(2012년 11월), 47~60쪽.

송지성·이지영, 「대중교통 전광판의 효율적인 인포그래픽 개선을 위한 연구: 지하철, 버스 승강장을 중심으로」, 『한국디자인문화학회지』, 18권 3호(2012년 9월), 252~261쪽.

윤현철, 「인포트래픽의 스토리텔링과 수사학적 표현에 관한 연구」, 『디자인지식저널』, 23권 (2012년 9월), 19~29쪽.

김현민, 「인터넷 신문에서의 인포그래픽의 정보 표현 방법과 전달 효과」, 연세대학교 대학원 생활디자인학과 석사학위논문, 2012년 8월.

정소영, 「소셜 미디어 시대의 인포그래픽 경향 분석에 관한 연구」, 『한국디자인문화학회지』, 18권 2호(2012년 6월), 433~446쪽.

남경돈, 「모바일 미디어 인포그래픽의 가독성에 관한 연구」, 경원대학교 디자인대학원 문화 브랜드디자인전공 석사학위논문, 2011년 8월.

이시화, 「공공 디자인에서의 시내버스 INFO GRAPHIC연구: 대전광역시를 중심으로」, 충남 대학교 대학원 산업미술학과 석사학위논문, 2010년 8월.

류시천, 「멀티미디어 디자인에서 인포그래픽 도구로서 디지털 다이어그램 활용에 관한 연구」, 『Archives of Design Research』, 57권(2004년 8월), 133~146쪽.

참고하면 좋을 게이미피케이션 논문 목록

이아영, 「미디어 접근 활성화를 위한 게이미피케이션 사례 연구」, 단국대학교 커뮤니케이션 디자인학과 석사학위논문, 2017년 2월.

이정미, 「게미피케이션(Gamification)을 적용한 중학교 커리어 앵커 진로 역량 개발 프로그램 모형 연구」, 부산대학교 대학원 멀티미디어협동과정 박사학위논문, 2017년 2월.

이창욱, 「넛지와 게이미피케이션 미디어의 활용 사례를 통한 공유적 미디어 비교 분석」, 『커뮤니케이션 디자인학연구』, 58권(2017년), 22~30쪽.

박윤하·윤재영, 「헬스케어 게이미피케이션 융합적 전략 및 효과」, 『한국과학예술포럼』, 25권(2016년 9월), 175~188쪽.

이동혁·박남제, 「게이미피케이션 메커니즘을 이용한 초등 네트워크 정보 보안 학습 교재 및 교구 개발」, 『정보보호학회논문지』, 26권 3호(2016년 6월), 787~797쪽.

김민철·윤학로, 「문화 콘텐츠의 기술적 발전에 따른 게이미피케이션의 활용 가능성에 관한 탐색적 연구」, 『글로벌문화콘텐츠』, 22권(2016년 2월), 1~22쪽.

문하나, 「소셜 네트워크 서비스(SNS) 기반 게이미피케이션 마케팅 연구」, 이화여자대학교 대학원 디지털미디어학부 석사학위논문, 2016년 2월.

이석우 외, 「일상생활에서 신체 활동을 증진하기 위해 게임화와 상징화 전략을 활용한 모바일 게임 디자인 연구」, 『한국HCI학회 학술대회』, 2016년 1월, 170~177쪽.

권보연·류철균, 「국내 게이미피케이션 연구의 메타 분석: 동향과 제안」, 『인문콘텐츠』, 39권(2015년 12월), 97~124쪽.

민슬기·김성훈, 「학습자 몰입 증진을 위한 스마트 e-러닝의 게이미피케이션 적용 연구」, 『한국디자인문화학회지』, 21권 4호(2015년 12월), 177~187쪽.

이선영 · 이승진, 「애니메이션의 게이미피케이션과 캐릭터 라이선싱 연계 연구: 〈터닝메카
     드〉를 중심으로」, 『만화애니메이션 연구』, 41권(2015년 12월), 357~378쪽.
하주일 · 김경수, 「교육용 융합 공연 프로그램의 학습 게임화 전략: 로제 카이와의 놀이론을
     중심으로」, 『한국과학예술포럼』, 22권(2015년 12월), 415~425쪽.
김정태, 「'게이미피케이션 PX(플레이어 경험)'을 위한 '게임의 인문학' 연구」, 『한국컴퓨터
     게임학회논문지』, 28권 2호(2015년 6월), 221~230쪽.
최정 외, 「역사 체험 프로그램에서 위치기반기술 및 게임화 적용 사례 연구: 수원 화성 행궁
     의 게임 콘텐츠 개발을 중심으로」, 『한국컴퓨터게임학회논문지』, 28권 2호(2015년
     6월), 159~172쪽.
권보연, 「SNS의 게임화 연구」, 이화여자대학교 대학원 디지털미디어학부 박사학위논문,
     2015년 2월.
문아름, 「온라인 뉴스 미디어의 사용자 참여 연구: 게임화 이론을 중심으로」, 이화여자대학
     교 대학원 디지털미디어학부 석사학위논문, 2015년 2월.
김현수, 「게이미피케이션(Gamification)을 활용한 모바일 기부 앱 연구」, 이화여자대학교
     디자인대학원 석사학위논문, 2014년 8월.
감주우, 「환경 분야 게이미피케이션 사례 분석을 통한 공익 콘텐츠 개발 방향 연구」, 건국대
     학교 대학원 문화정보콘텐츠학과 석사학위논문, 2014년 8월.
이혜림 외, 「게이미피케이션 사례 분석을 통한 효과적 개발 방향 연구: 게임 메커닉과 다
     이내믹 개념을 중심으로」, 『한국컴퓨터게임학회논문지』, 27권 1호(2014년 3월),
     141~151쪽.
맹한나 외, 「게이미피케이션과 공유 경제의 진화에 대한 탐색: 5개 공유 경제 사이트를 중심
     으로」, 『한국HCI학회 학술대회』, 2014년 2월, 485~488쪽.
박일섭, 「'게임화(gamification)'를 활용한 한국어 학습 방안 연구: 한국 문화 체험 프로그
     램을 중심으로」, 경희대학교 교육대학원 석사학위논문, 2014년 2월.
이재홍, 「기능성 게임의 활성화를 위한 스토리텔링 방향 연구」, 『한국게임학회 논문지』, 14
     권 5호(2014년), 183~192쪽.
원용진 · 강신규, 「'게임화'로 구축된 텔레비전 리얼 버라이어티 쇼의 게임적 리얼리즘」, 『대
     중서사연구』, 19권 2호(2013년 12월), 323~363쪽.
정의준 · 이혜림, 「게이미피케이션에 기반한 게임 3.0 시대의 변화 양상에 관한 연구: 게이
     미피케이션의 개념과 메커니즘을 중심으로」, 『한국컴퓨터게임학회논문지』, 26권 4
     호(2013년 12월), 87~97쪽.
류철균 · 문아름, 「트위터 기반 대안 미디어의 게임성 연구」, 『한국컴퓨터게임학회논문지』,
     26권 3호(2013년 9월), 93~100쪽.
강아영 · 김희현, 「몰입형 게임화에 따른 효과적 체험 마케팅 연구: 번트 슈미트(Bernd
     Schmitt)의 5가지 전략적 체험 모듈을 중심으로」, 『디지털디자인학연구』, 13권 3호
     (2013년 7월), 687~695쪽.
신동희 · 김희경, 「게이미피케이션과 대체현실게임 개념을 적용한 지식 정보 콘텐츠 사례
     연구」, 『한국디지털콘텐츠학회 논문지』, 14권 2호(2013년 6월), 151~159쪽.
신지호, 「게임화(Gamification)된 광고 플랫폼으로서 모바일 소셜 네트워크 게임(SNG)의

활용: 모바일 소셜 네트워크 게임(SNG) 〈레스토랑스타〉 사례 연구를 중심으로」,『한국콘텐츠학회논문지』, 13권 4호(2013년 4월), 86~96쪽.

유명일, 「온라인 게임을 통한 교리 교육에 대한 연구」, 가톨릭대학교 대학원 신학과 실천신학 석사학위논문, 2013년 2월.

권정민 · 김민영, 「기능성 게임을 이용한 지적 장애인 직무 훈련: 직업 기능 교과서의 게임화를 위한 콘텐츠 연구」,『한국컴퓨터게임학회논문지』, 25권 4호(2012년 12월), 35~46쪽.

김성동 · 이면재 · 송경애, 「게임화(Gamification)을 이용한 대안적 학습 모형 개발 방법론에 관한 연구」,『한국컴퓨터게임학회논문지』, 25권 4호(2012년 12월), 81~88쪽.

이동엽, 「게이미피케이션(Gamification)의 정의와 사례 분석을 통해 본 앞으로의 게임 시장 전망」,『디지털디자인학연구』, 11권 4호(2011년 10월), 449~457쪽.

이재홍, 「문화 원형을 활용한 게임 스토리텔링 사례 연구」,『한국문학과 예술』, 7권(2011년 3월), 261~290쪽.

정재엽, 「학습자의 참여적 게임 설계와 개발을 통한 지식 구성에 관한 사례 연구: 초등학교 4학년 학생을 중심으로」, 한국교원대학교 대학원 교육학과 석사학위논문, 2008년 8월.

참고하면 좋을 어포던스 논문 목록

Enxian Li, 「커뮤니티형 전자 상거래 플랫폼 이용자의 이용 동기, 행위 및 어포던스(Affordance) 연구: 중국 커뮤니티형 전자 상거래 플랫폼 Meilishuo(美丽说)를 중심으로」, 서강대학교 대학원 신문방송학과 석사학위논문, 2017년 2월.

김가연, 「반응형 웹에 반영된 디자인 미니멀리즘이 사용자의 인지적 어포던스에 미치는 영향」, 한양대학교 대학원 응용미술학과 박사학위논문, 2016년 8월.

박준우, 「소셜 미디어의 사용자 플래져빌리티 향상을 위한 어포던스 디자인 방안 연구」,『한국디자인문화학회지』, 22권 1호(2016년 3월), 153~162쪽.

김지혜, 「가상현실 콘텐츠에서 인지적 어포던스 요소에 관한 활용 방안 연구」, 남서울대학교 대학원 가상증강현실학과 석사학위논문, 2016년 2월.

박창훈, 「행동 유도성(Affordance) 기반 인터랙티브 광고 전략 모형 개발 연구」, 부경대학교 대학원 마린융합디자인협동과정 석사학위논문, 2016년 2월.

나은영 · 나은경, 「미디어 공간 인식과 프레즌스: 심리적 공간 이동의 단계 모델」,『한국언론학보』, 59권 6호(2015년 12월), 507~534쪽.

김형우, 「스마트폰 인터페이스의 어포던스 맥락에 관한 연구」,『멀티미디어학회논문지』, 18권 5호(2015년 5월), 663~670쪽.

임지은, 「상황적 요소에 따른 어포던스(affordance, 행위 유발성) 표현 연구」, 대구가톨릭대학교 대학원 디자인학과 석사학위논문, 2015년 2월.

이호선, 「어포던스 기반의 모바일 커뮤니케이션 콘텐츠 디자인에 관한 연구」,『한국과학예술포럼』, 18권(2014년 12월), 565~576쪽.

이미호, 「노면의 어포던스 요소를 적용한 초등학교 실내 공간 계획에 관한 연구」, 홍익대학교 건축도시대학원 실내설계전공 석사학위논문, 2014년 8월.

장훈종, 「BTL 광고를 중심으로 한 어포던스 특성 연구」, 『디지털디자인학연구』, 14권 3호(2014년 7월), 95~103쪽.

권지은 · 나건, 「인터랙티브 옥외 광고에 있어서 사용자 참여를 유도하기 위한 어포던스에 관한 연구: 허트슨의 어포던스 유형을 중심으로」, 『한국디자인문화학회지』, 19권 1호(2013년 3월), 19~29쪽.

김선하, 「고령화 사회에 따른 공공 시설물 개선을 위한 인지적 어포던스(Cognitive Affordance) 개념 적용의 유니버설 디자인 연구」, 한양대학교 대학원 응용미술학과 석사학위논문, 2013년 2월.

김근우, 「지각적 어포던스(Affordance) 특성을 적용한 외부 공공장소의 디자인 연구」, 국민대학교 디자인대학원 석사학위논문, 2012년 8월.

김남희, 「관광 공간 계획에서 어포던스(affordance) 적용 가능성에 관한 연구」, 경기대학교 관광전문대학원 석사학위논문, 2012년 8월.

정혜경, 「모바일 인터페이스의 아이콘과 어포던스와의 관계에 관한 연구: 스마트폰 아이폰4와 갤럭시 S2를 중심으로」, 『한국디자인문화학회지』, 18권 1호(2012년 3월), 421~431쪽.

구선아, 「사용자 중심의 경험 공간을 위한 어포던스 디자인 적용에 관한 연구」, 서울시립대학교 디자인전문대학원 산업디자인학과 석사학위논문, 2011년 8월.

윤수미, 「어포던스 개념을 도입한 버스 정류장 디자인에 관한 연구: 서울시 버스 정류장을 중심으로」, 동덕여자대학교 디자인대학원 산업디자인학과 석사학위논문, 2010년 2월.

김보영, 「전시 공간에 나타난 관람자를 위한 어포던스 특성 연구」, 국민대학교 디자인대학원 전시디자인전공 석사학위논문, 2009년 8월.

김다희 · 이명주 · 박승호, 「상호작용적 매체 예술에 있어서의 행동 유발성」, 『디지털디자인학연구』, 8권 2호(2008년 4월), 341~348쪽.

주

머리말 왜 공중도덕을 지키자는 계몽 캠페인은 실패하는가?

1   리처드 탈러(Richard H. Thaler)·캐스 선스타인(Cass R. Sunstein), 안진환 옮김, 『넛지: 똑똑한 선택을 이끄는 힘』(리더스북, 2008/2009), 18쪽; 정재승, 「내가 실수할 줄 자동차가 먼저 알고 있다면」, 『한겨레』, 2016년 4월 9일.

2   리처드 탈러(Richard H. Thaler)·캐스 선스타인(Cass R. Sunstein), 안진환 옮김, 『넛지: 똑똑한 선택을 이끄는 힘』(리더스북, 2008/2009), 100~101쪽.

3   리처드 탈러(Richard H. Thaler)·캐스 선스타인(Cass R. Sunstein), 안진환 옮김, 『넛지: 똑똑한 선택을 이끄는 힘』(리더스북, 2008/2009), 373쪽.

4   리처드 탈러(Richard H. Thaler)·캐스 선스타인(Cass R. Sunstein), 안진환 옮김, 『넛지: 똑똑한 선택을 이끄는 힘』(리더스북, 2008/2009), 21쪽.

5   리처드 탈러(Richard Thaler), 박세연 옮김, 『똑똑한 사람들의 멍청한 선택』(리더스북, 2015/2016), 9쪽.

6   래리 타이(Larry Tye), 송기인·김현희·이종혁 옮김, 『여론을 만든 사람, 에드워드 버네이스: 'PR의 아버지'는 PR을 어떻게 만들었나?』(커뮤니케이션북스, 1998/2004), 89쪽.

7   래리 타이(Larry Tye), 송기인·김현희·이종혁 옮김, 『여론을 만든 사람, 에드워드 버네이스: 'PR의 아버지'는 PR을 어떻게 만들었나?』(커뮤니케이션북스, 1998/2004), 183쪽.

8   래리 타이(Larry Tye), 송기인·김현희·이종혁 옮김, 『여론을 만든 사람, 에드워드 버네이스: 'PR의 아버지'는 PR을 어떻게 만들었나?』(커뮤니케이션북스, 1998/2004), 184쪽; 강준만, 「제3장 PR은 '대중의 마음에 해악을 끼치는 독'인가?: 에드워드 버네이스의 '이벤트 혁명'」, 『자기계발과 PR의 선구자들: 그들은 대중을 어떻게 유혹했는가?』(인물과사상사, 2017), 86~105쪽 참고.

9   강미혜, 「"툭 내려놓는 소통, 그게 바로 감각이에요": [인터뷰] PR 본질 찾기 실험 나선 이종혁 광운대 교수」, 『더피알』, 2016년 1월 22일.

10 『감정 독재: 세상을 꿰뚫는 50가지 이론 1』(인물과사상사, 2013), 『우리는 왜 이렇게 사는 걸까?: 세상을 꿰뚫는 50가지 이론 2』(인물과사상사, 2014), 『생각의 문법: 세상을 꿰뚫는 50가지 이론 3』(인물과사상사, 2015), 『독선 사회: 세상을 꿰뚫는 50가지 이론 4』(인물과사상사, 2015), 『생각과 착각: 세상을 꿰뚫는 50가지 이론 5』(인물과사상사, 2016), 『감정 동물: 세상을 꿰뚫는 40가지 이론 6』(인물과사상사, 2017).

11 강준만, 「넛지 커뮤니케이션'의 방법론적 유형 분류: 공익적 설득을 위한 넛지의 활용 방안」, 『한국언론학보』, 제60권 6호(2016년 12월), 7~35쪽.

12 리처드 탈러(Richard Thaler), 박세연 옮김, 『똑똑한 사람들의 멍청한 선택』(리더스북, 2015/2016), 7, 107, 516~517쪽.

제1장 왜 넛지를 위해 인간을 알아야 하나?

1 문종대, 「존 밀턴(John Milton)의 언론 자유사상: 이성과 자유의지, 그리고 관용」, 『한국언론학보』, 48권 1호(2004년 2월), 337~361쪽.

2 임영호, 「지역 언론학의 학문적 정체성: 쟁점과 진단」, 『언론과학연구』, 제8권 4호(2008년 12월), 5~36쪽; 최현주·이강형, 「지역 언론학 연구의 동향과 특성: 1960년~2008년까지의 연구 논문을 중심으로」, 『언론과학연구』, 제8권 4호(2008년 12월), 37~67쪽; 임영호, 「한국 언론학의 제도적 성공담과 내재적 위기론」, 『커뮤니케이션이론』, 제9권 1호(2013년 3월), 6~38쪽.

3 Paul Dolan et al., 「MINDSPACE: Influencing behaviour through public policy」, 『UK Institute for Government Report』, 2010, pp.1~96. 이 보고서는 구글에서 검색하면 쉽게 전문을 구할 수 있다.

4 Herbert A. Simon, 『Models of Man』(Hoboken, NJ: John Wiley, 1957); 이남석, 『무작제 심리학』(예담, 2008), 146~147쪽; 김경일, 「창의성이란 무엇인가?」, 『네이버캐스트』, 2012년 6월 25일; 장하준, 김희정 옮김, 『장하준의 경제학 강의: 지금 우리를 위한 새로운 경제학교과서』(부키, 2014), 161쪽. 강준만, 「왜 우리 인간은 '인지적 구두쇠'인가?: 한정적 합리성」, 『생각과 착각: 세상을 꿰뚫는 50가지 이론 5』(인물과사상사, 2016), 17~21쪽 참고.

5 춘카 무이(Chunka Mui)·폴 캐롤(Paul B. Carroll), 이진원 옮김, 『똑똑한 기업을 한순간에 무너뜨린 위험한 전략』(흐름출판, 2008/2009), 274~276쪽.

6 셸리 테일러(Shelly E. Taylor), 「사회 지각과 인간 상호작용에서 가용성 편향」, 카너먼, 슬로빅, 트발스키 편저, 이영애 옮김, 『불확실한 상황에서의 판단: 추단과 편향』(아카넷, 1982/2012), 276쪽.

7 리처드 탈러(Richard H. Thaler)·캐스 선스타인(Cass R. Sunstein), 안진환 옮김, 『넛지: 똑똑한 선택을 이끄는 힘』(리더스북, 2008/2009), 21쪽.

8 구창환, 「넛지 마케팅으로 성공한 사례」, 『업코리아』, 2015년 8월 18일.

9 강준만, 「왜 머릿속에 잘 떠오르는 걸 중요하다고 생각하나?: 가용성 편향」, 『감정 독재: 세상을 꿰뚫는 50가지 이론 1』(인물과사상사, 2013), 113~117쪽 참고.

10 최윤아, 「[Why] 치킨 집, 정작 한국에선 '자영업자들의 무덤'으로」, 『조선일보』, 2013년 10월 12일.

11 강준만, 「왜 치킨 가게가 3만 개를 넘어섰을까?: 생존 편향」, 『감정 독재: 세상을 꿰뚫는 50가지 이론 1』(인물과사상사, 2013), 199~203쪽 참고.

12 나은영, 『행복 소통의 심리』(커뮤니케이션북스, 2013), 9~10쪽; 존 어리(John Urry), 강현수·이희상 옮김, 『모빌리티』(아카넷, 2014), 39~40쪽.

13 「어포던스」, 『위키백과』; 「행동 유도성[affordance]」, 『네이버 지식백과』; 「Affordance」, 『Wikipedia』; 박병천, 「소비자의 마음과 행동을 유도하는 힘」, 『머니투데이』, 2010년 10월 12일; 도널드 노먼(Donald A. Norman), 이창우·김영진·박창호 옮김, 『디자인과 인간심리』(학지사, 1988/1996), 24~26쪽.

14 리처드 탈러(Richard H. Thaler)·캐스 선스타인(Cass R. Sunstein), 안진환 옮김, 『넛지: 똑똑한 선택을 이

끄는 힘』(리더스북, 2008/2009), 145쪽.

15 김남희, 「ING생명 4개 팀의 행복 제안 넛지 마케팅(Nudge marketing) 제안한 4색 매력」, 『이코노믹리뷰』, 2015년 9월 24일.

16 강준만, 「사울 알린스키의 커뮤니케이션 전략: 한국 정치의 소통을 위한 적용」, 『정치·정보연구』, 제19권 1호(2016년 2월 28일), 351~387쪽.

17 박석원, 「"투표율 높이자"…쇼핑몰 역사에도 투표소 설치하는 日」, 『한국일보』, 2016년 1월 21일; 해미쉬 프링글(Hamish Pringle)·마조리 톰슨(Majorie Thompson), 김민주·송희령 옮김, 『공익마케팅: 영혼이 있는 브랜드 만들기』(미래의창, 1999/2003), 75~76쪽.

18 강준만, 「왜 우리는 정치 혐오에 모든 열정을 쏟는가?: 어포던스」, 『소통의 무기: 일상의 '왜'에 답하는 커뮤니케이션 이론』(개마고원, 2017), 600~608쪽 참고.

19 강준만, 「왜 "백문(百問)이 불여일견(不如一見)"이란 말은 위험한가?: 무주의 맹시」, 『생각의 문법: 세상을 꿰뚫는 50가지 이론 3』(인물과사상사, 2015), 121~128쪽; 강준만, 「왜 갈등 상황에서의 몰입은 위험한가?: 터널 비전」, 『생각의 문법: 세상을 꿰뚫는 50가지 이론 3』(인물과사상사, 2015), 129~134쪽 참고.

20 라프 코스터(Raph Koster), 안소현 옮김, 『라프 코스터의 재미이론』(디지털미디어리서치, 2005), 54쪽.

21 임세원, 「[서울경제 미래 컨퍼런스 2014] 김희정 장관 제시 '넛지 해법'은」, 『서울경제』, 2014년 9월 19일.

22 김기홍, 「마케팅에 게임을 녹이니…고객들 신나서 참여」, 『조선일보』, 2012년 8월 27일.

23 리누스 토발즈·데이비드 다이아몬드, 안진환 옮김, 『리눅스*그냥 재미로: 우연한 혁명에 대한 이야기』(한겨레신문사, 2001), 243쪽.

24 Pramod K. Nayar, 『An Introduction to New Media and Cybercultures』(Chichester, UK: Wiley-Blackwell, 2010), pp.62~63.

25 강준만, 「왜 재미있게 하던 일도 돈을 주면 하기 싫어질까?: 과잉정당화 효과」, 『생각의 문법: 세상을 꿰뚫는 50가지 이론 3』(인물과사상사, 2015), 169~173쪽 참고.

26 요차이 벤클러(Yochai Benkler), 이현주 옮김, 『펭귄과 리바이어던: 협력은 어떻게 이기심을 이기는가』(반비, 2011/2013), 167~169쪽; 리처드 세넷(Richard Sennett), 김병화 옮김, 『투게더: 다른 사람들과 함께 살아가기』(현암사, 2012/2013), 131~132쪽.

27 알피 콘(Alfie Kohn), 이영노 옮김, 『경쟁에 반대한다: 왜 우리는 이기기 위한 경주에 삶을 낭비하는가?』(산눈, 1986/2009), 167~174, 294~298쪽; 김영선, 『과로사회』(이매진, 2013), 66~67쪽; 수잔 와인생크(Susan M. Weinschenk), 박선령 옮김, 『마음을 움직이는 심리학: 심리학자가 알려주는 설득과 동기유발의 140가지 전략』(위키미디어, 2013), 159~161쪽.

28 필립 코틀러(Philip Kotler), 안진환 옮김, 『마켓 3.0: 모든 것을 바꾸어놓을 새로운 시장의 도래』(타임비즈, 2010), 138~139쪽. 강준만, 「왜 '노드스트롬'과 '자포스' 직원에겐 매뉴얼이 없을까?: 임파워먼트」, 『생각의 문법: 세상을 꿰뚫는 50가지 이론 3』(인물과사상사, 2015), 213~217쪽 참고.

29 롤프 도벨리(Rolf Dobelli), 두행숙 옮김, 『스마트한 생각들: 사람의 마음을 움직이는 52가지 심리 법칙』(걷는나무, 2011/2012), 105~107쪽.

30 대니얼 카너먼(Daniel Kahneman), 이진원 옮김, 『생각에 관한 생각: 우리의 행동을 지배하는 생각의 반란』(김영사, 2011/2012), 132~133쪽; 『Framing effect(psychology)』, 『Wikipedia』.

31 샘 혼(Sam Horn), 이상원 옮김, 『적을 만들지 않는 대화법』(갈매나무, 1996/2008), 109쪽. 강준만, 「왜 진보세력은 선거에서 패배하는가?: 프레임 이론」, 『우리는 왜 이렇게 사는 걸까?: 세상을 꿰뚫는 50가지 이론 2』(인물과사상사, 2014), 285~290쪽 참고.

32 강준만, 「지방의 '내부 식민지화'를 고착시키는 일상적 기제: '대학-매체-예산'의 트라이앵글」, 『사회과학연구』(강원대 사회과학연구원), 54집 2호(2015년 12월), 113~147쪽 참고.

33 마틴 셀리그만(Martin E. P. Seligman), 우문식·최호영 옮김, 『낙관성 학습』(물푸레, 2006/2012), 51~52쪽. 강준만, 「왜 여성이 남성보다 우울증에 더 많이 빠지는가?: 학습된 무력감」, 『우리는 왜 이렇게 사는 걸까?:

세상을 꿰뚫는 50가지 이론 2』(인물과사상사, 2014), 171~176쪽 참고.

34 강준만, 「왜 선물 하나가 사람을 바꿀 수 있을까?: 자기이행적 예언」, 『감정 독재: 세상을 꿰뚫는 50가지 이론 1』(인물과사상사, 2013), 123~129쪽 참고.

35 존 스페이드(Jon Spayde) · 제이 월재스퍼(Jay Walljasper), 원재길 옮김, 『틱낫한에서 촘스키까지: 더 실용적이고 창조적인 삶의 전망』(마음산책, 2001/2004), 148쪽.

36 김재휘, 『설득 심리 이론』(커뮤니케이션북스, 2013), 10~13쪽; 존 메이어(John D. Mayer), 김현정 옮김, 『성격, 탁월한 지능의 발견』(추수밭, 2014/2015), 302쪽; 엘렌 랭어(Ellen J. Langer), 이모영 옮김, 『예술가가 되려면: 심리학의 눈으로 바라본 예술가 이야기』(학지사, 2005/2008), 216~217쪽.

37 로버트 쉴러(Robert J. Shiller), 노지양 · 조윤정 옮김, 『새로운 금융시대』(알에이치코리아, 2012/2013), 327쪽.

38 대니얼 J. 레비틴(Daniel J. Levitin), 김성훈 옮김, 『정리하는 뇌』(와이즈베리, 2014/2015), 409쪽.

39 강준만, 「왜 한국인은 '비교 중독증'을 앓게 되었는가?: 사회 비교 이론」, 『생각과 착각: 세상을 꿰뚫는 50가지 이론 5』(인물과사상사, 2016), 355~360쪽 참고.

40 허진석, 「징세… 환경… 꽉 막힌 정책 '넛지'로 푼다」, 『동아일보』, 2013년 1월 15일.

41 대니얼 카너먼(Daniel Kahneman), 이진원 옮김, 『생각에 관한 생각: 우리의 행동을 지배하는 생각의 반란』(김영사, 2011/2012), 180쪽.

42 강준만, 「왜 검사가 판사를 좌지우지할 수 있는가?: 정박 효과」, 『감정 독재: 세상을 꿰뚫는 50가지 이론 1』(인물과사상사, 2013), 118~122쪽 참고.

43 로버트 치알디니(Robert Cialdini) 외, 윤미나 옮김, 『설득의 심리학 2』(21세기북스, 2007/2008), 29~33, 34~37쪽. 강준만, 「왜 좋은 뜻으로 한 사회 고발이 역효과를 낳을 수 있는가?: 사회적 증거」, 『생각의 문법: 세상을 꿰뚫는 50가지 이론 3』(인물과사상사, 2015), 33~38쪽 참고.

44 Leon Festinger, 『A Theory of Cognitive Dissonance』(Stanford, CA: Stanford University Press, 1957), pp.2~3. 강준만, 「왜 우리는 누군가를 한번 믿게 보면 끝까지 믿게 보나?: 인지부조화 이론」, 『감정 독재: 세상을 꿰뚫는 50가지 이론 1』(인물과사상사, 2013), 61~66쪽 참고.

45 강준만, 「왜 큰 부탁을 위해 작은 부탁을 먼저 해야 하나?: 문전 걸치기 전략」, 『감정 독재: 세상을 꿰뚫는 50가지 이론 1』(인물과사상사, 2013), 147~152쪽 참고.

46 로버트 치알디니(Robert Cialdini), 황혜숙 옮김, 『설득의 심리학(개정5판)』(21세기북스, 2009/2013), 158~159쪽. 강준만, 「왜 지방정부는 재정 파탄의 지경에 이르렀는가?: 로 볼」, 『생각과 착각: 세상을 꿰뚫는 50가지 이론 5』(인물과사상사, 2016), 85~90쪽 참고.

47 리처드 탈러(Richard H. Thaler) · 캐스 선스타인(Cass R. Sunstein), 안진환 옮김, 『넛지: 똑똑한 선택을 이끄는 힘』(리더스북, 2008/2009), 114~115쪽.

48 이민석 · 오로라, 「年 4조 5,000억, 양심과 함께 사라지다」, 『조선일보』, 2015년 10월 14일.

49 이민석 · 최은경, 「정보공개 청구해 놓고 '노쇼'… 날린 세금 63억」, 『조선일보』, 2015년 12월 3일.

50 로버트 치알디니(Robert B. Cialdini) 외, 『설득의 심리학 완결편: 작은 시도로 큰 변화를 이끌어내는 '스몰 빅'의 놀라운 힘』(21세기북스, 2014/2015).

51 칩 히스(Chip Heath) · 댄 히스(Dan Heath), 안진환 옮김, 『스위치: 손쉽게 극적인 변화를 이끌어내는 행동 설계의 힘』(웅진지식하우스, 2010), 209쪽. 강준만, 「왜 "승리는 똥개도 춤추게 만든다"고 하는가?: 정치적 효능감」, 『생각과 착각: 세상을 꿰뚫는 50가지 이론 5』(인물과사상사, 2016), 141~146쪽 참고.

52 크리스토퍼 시(Christopher K. Hsee), 양성희 옮김, 『결정적 순간에 써먹는 선택의 기술』(북돋움, 2011), 136쪽.

53 범상규, 「착각하는 소비자 심리」, 『네이버 캐스트』, 2013년 1월 11일; 「Endowment effect」, 『Wikipedia』; 리처드 세일러(Richard H. Thaler), 최정규 · 하승아 옮김, 『승자의 저주: 경제 현상의 패러독스와 행동경제학』(이음, 1992/2007), 133~141쪽.

54 신병철, 「[DBR 경영 지혜] 좋은 제품이라면…먼저 써보게 하고 기다려라」, 『동아일보』, 2013년 2월 8일. 강준만, 「왜 기업들은 '무조건 100% 환불 보장'을 외치는가?: 소유 효과」, 『감정 독재: 세상을 꿰뚫는 50가지

이론 1』(인물과사상사, 2013), 83~88쪽 참고.

55 이계평, 「기업 경영 변화가 어렵다?…'현상 유지' 편향을 역이용하라」, 『한국경제』, 2012년 2월 3일; 캐스 선스타인(Cass R. Sunstein), 장경덕 옮김, 『심플러: 간결한 넛지의 힘』(21세기북스, 2013), 133~135쪽.

56 캐스 선스타인(Cass R. Sunstein), 장경덕 옮김, 『심플러: 간결한 넛지의 힘』(21세기북스, 2013), 247쪽.

57 마이클 리드, 「타인의 선택 이끄는 '넛지'의 힘」, 『중앙일보』, 2014년 11월 7일. 강준만, 「왜 4달러 커피를 마시면서 팁으로 2달러를 내는 사람들이 많은가?: 디폴트 규칙」, 『생각과 착각: 세상을 꿰뚫는 50가지 이론 5』(인물과사상사, 2016), 22~28쪽 참고.

58 리처드 탈러(Richard H. Thaler) · 캐스 선스타인(Cass R. Sunstein), 안진환 옮김, 『넛지: 똑똑한 선택을 이끄는 힘』(리더스북, 2008/2009), 16~17쪽.

59 정대영, 「'미친 집세', 대안은 임대소득 과세」, 『경향신문』, 2015년 10월 1일.

60 홍훈, 『행동경제학 강의』(서해문집, 2016), 382쪽.

제2장 **교통안전 넛지**

1 리처드 탈러(Richard H. Thaler) · 캐스 선스타인(Cass R. Sunstein), 안진환 옮김, 『넛지: 똑똑한 선택을 이끄는 힘』(리더스북, 2008/2009), 69쪽; 김기오, 「관료주의 수술과 넛지 효과」, 『영남일보』, 2014년 5월 20일.

2 김상진, 「'넛지 효과'로 고가도로 교통사고 줄인다」, 『중앙일보』, 2010년 7월 7일.

3 이상화 · 이서준, 「위험 막는 '넛지'…빨간 선 광안대교, 사고 30% 줄었다」, 『중앙일보』, 2014년 10월 21일.

4 「과속을 줄이는 아이디어, 노래하는 도로!」, https://www.youtube.com/watch?v=ssOuZNXTpzk

5 정유미, 「노래하는 고속도로 슬그머니 '백지화' 왜?」, 『SBS 뉴스』, 2010년 10월 23일.

6 박종욱, 「[2017 전세버스 캠페인] 5초의 양보가 생명을 지킵니다 '졸음운전 예방'」, 『교통신문』, 2017년 7월 14일.

7 변태섭, 「고속도로 졸음사고 치사율, 과속 사고 2.4배…봄철 졸음운전 주의」, 『한국일보』, 2017년 3월 3일.

8 김태형, 「잠은 쫓지만, 안전은 못 지킨 '졸음 쉼터' 개선 시동」, 『건설경제』, 2016년 6월 1일.

9 황정환, 「사고 부르는 '졸음 쉼터'…대형사고 위험」, 『KBS 뉴스』, 2016년 12월 7일.

10 이종혁, 「횡단보도에 깃발 비치 안전하게 길 건너게 해」, 『중앙선데이』, 2015년 3월 29일.

11 김향수, 「[내 생각엔] 정지선 준수와 안전띠 착용은 선택 아닌 필수」, 『인천일보』, 2017년 2월 14일.

12 김경미, 「[작은 외침 LOUD] 책가방에 단 형광색 '옐로카드', 등하굣길 어린이 지켜줘요」, 『중앙일보』, 2015년 12월 5일.

13 김경미, 「[작은 외침 LOUD] 책가방에 단 형광색 '옐로카드', 등하굣길 어린이 지켜줘요」, 『중앙일보』, 2015년 12월 5일.

14 서서린, 「도로 위의 넛지, 노란 발자국」, 『정책브리핑』, 2016년 4월 19일; 고민형, 「전북경찰청, 옐로카펫 설치 등 어린이 보호구역 '강화'」, 『KNS뉴스통신』, 2017년 4월 4일; 도남선, 「'옐로 카펫 · 노란 발자국, 부산 전역에 확대 추진」, 『아시아뉴스통신』, 2017년 4월 6일.

15 최근내, 「마산 합포구, '웃고, 찡그리는' 노란색 과속 경보 시스템 설치」, 『아시아뉴스통신』, 2017년 7월 15일.

16 김동환, 「우리 아이가 국내 최초 '입체 횡단보도'를 건너요」, 『세계일보』, 2017년 7월 12일.

17 이슬비 · 양승주 · 유지한, 「혹시 당신도 눈 뜬 장님 '스몸비'?」, 『조선일보』, 2016년 2월 26일.

18 김경미, 「[작은 외침 LOUD] '스마트폰 좀비' 이제 그만…5명 중 1명 '건널목서 만지다 아찔'」, 『중앙일보』, 2016년 5월 11일.

19 홍정수 · 서형석, 「'걷는 도시' 서울의 새 고민 '포켓몬 고'」, 『동아일보』, 2017년 2월 3일.

20 「고속도로가 노래를 한다?」, 『한겨레』, 2007년 12월 14일.

제3장 교통질서 넛지

1 나창호, 「긍정의 효과 유도하는 버스 정류장들」, 『라펜트』, 2015년 3월 3일; 김경미, 「[작은 외침 LOUD] 정류장 테이프, 군복 태극기…생활 바꾼 '작은 외침'의 힘」, 『중앙일보』, 2015년 12월 27일.

2 이슬비 · 김지연, 「당신도 거리의 민폐인가요…국민 25%가 '스마트폰 좀비'」, 『조선일보』, 2017년 3월 20일.

3 김경미, 「지하철 좌석 밑에 스티커 붙이니…'쩍벌남', '다꼬녀' 이젠 안녕」, 『JTBC 뉴스』, 2015년 12월 5일.

4 강정영, 「선 하나 그었을 뿐인데, 대구대 버스 종점의 변신」, 『뉴스웨이』, 2017년 4월 6일.

5 권재경 · 하대석, 「안전벨트를 매면 '와이파이'가 터진다? 흥미로운 넛지 효과」, 『SBS 뉴스』, 2015년 11월 22일.

6 홍승권 · 김홍태, 「안전벨트 착용율 향상을 위한 방안과 효과 분석」, 『대한인간공학회 학술대회논문집』, 2006년 10월, 377~381쪽.

7 김남희, 「ING생명 4개 팀의 행복 제안 넛지 마케팅(Nudge marketing) 제안한 4색 매력」, 『이코노믹리뷰』, 2015년 9월 24일.

8 김남희, 「ING생명 4개 팀의 행복 제안 넛지 마케팅(Nudge marketing) 제안한 4색 매력」, 『이코노믹리뷰』, 2015년 9월 24일; 김경미, 「[작은 외침 LOUD] 지하철 좌석 밑에 스티커 붙이니…'쩍벌남', '다꼬녀' 이젠 안녕」, 『중앙일보』, 2015년 12월 5일.

9 조원진, 「"메고 있는 가방을 안아주세요"…부산시, Bag hug 캠페인 벌인다」, 『서울경제』, 2017년 4월 5일.

10 박은선, 「[독자마당] 노약자석, 노인 전용석은 아니다」, 『조선일보』, 2017년 6월 9일.

11 박수지 · 임세연, 「"임산부에게 자리를 양보하겠습니다" 배지 달기 운동」, 『한겨레』, 2017년 6월 19일.

12 김종우, 「새로운 불법 주차 단속 장치 '바너클' 미국서 화제」, 『연합뉴스』, 2016년 10월 17일.

13 이종민, 「장애인전용주차 구역 불법 주차 예방을 위한 스마트–통합 시스템 구축 남양주4.0 간담회 개최」, 『뉴스타운』, 2017년 7월 11일.

14 김신영, 「"불법 주정차 꼼짝 마"…남구 '주차 헬퍼' 발대」, 『인천일보』, 2017년 3월 7일.

15 이경, 「대구시, 바른 주차 안내 문자 서비스 실시」, 『불교공뉴스』, 2017년 6월 30일.

16 강갑생 · 김시곤 · 권영종, 「도시철도 역사 내 철도 안전 사상 사고 현황 분석을 통한 예방 대책 수립 방향 도출: 계단 사고를 중심으로」, 『한국방재학회논문집』, 15권 3호(2015년), 15~21쪽.

17 서정윤, 「"뛰어도 못 탑니다, 제가 해봤어요": 당산역 안내문은 어떻게 나왔나」, 『오마이뉴스』, 2017년 3월 24일.

18 김남희, 「ING생명 4개 팀의 행복 제안 넛지 마케팅(Nudge marketing) 제안한 4색 매력」, 『이코노믹리뷰』, 2015년 9월 24일.

19 이종혁, 『PR을 알면 세상이 열린다』(커뮤니케이션북스, 2010), 221~226쪽.

제4장 쓰레기 넛지

1 김경미, 「[작은 외침 LOUD] '쓰레기 투기 금지' 대신 '바로 당신?' 붙였더니」, 『중앙일보』, 2016년 10월 19일.

2 부성필, 「넛지 효과의 기적, "예술 쓰레기봉투를 아시나요?"」, 『노컷뉴스』, 2011년 12월 11일.

3 민경중, 『다르게 선택하라』(샘솟는기쁨, 2015), 127~128쪽.

4 우지임, 「쓰레기 불법 두기와 '넛지 행성'」, 『한라일보』, 2017년 4월 21일.

5 케빈 워바흐(Kevin Werbach) · 댄 헌터(Dan Hunter), 강유리 옮김, 『게임하듯 승리하라』(매일경제신문사, 2012/2013), 55쪽.

6 김남희, 「ING생명 4개 팀의 행복 제안 넛지 마케팅(Nudge marketing) 제안한 4색 매력」, 『이코노믹리뷰』, 2015년 9월 24일.

7 박정훈, 「[마케팅 인사이드] 즐거운 선택을 위한 동기부여, '넛지 마케팅'」, 『이코노믹리뷰』, 2016년 10월 25일.

8 허진석, 「징세…환경…꽉 막힌 정책 '넛지'로 푼다」, 『동아일보』, 2013년 1월 15일.

9 「bottle bank arcade machine」, http://www.thefuntheory.com/bottle-bank-arcade-machine.

10 「분리수거를 유도하는 네덜란드의 이색 쓰레기통 '위컵'」; http://m.post.naver.com/viewer/postView.nhn?volumeNo=2219119&memberNo=2950908; http://wecup.net/.

11 김예지·김화실·백진경, 「서울시 종량제 쓰레기봉투의 사용법 개선을 위한 서비스디자인 제안」, 『디자인융복합연구』, 14권 4호(2015년), 119~132쪽.

12 박원정, 「환경 안전 시리즈 ⑦—유명 해수욕장 깨끗하고 안전한가?」, 『환경미디어』, 2016년 7월 6일.

13 김승수, 「[시민기자 광장] 영화관 쓰레기 분리수거, 관객에게 맡겨라」, 『부산일보』, 2015년 3월 7일.

14 Steffen Kallbekken□Håkon Sælen, 「'Nudging' hotel guests to reduce food waste as a win-win environmental measure」, 『Economics Letters』, 119:3(June 2013), pp.325~327.

15 홍연주, 「늘어나는 뷔페…'얌체족'들의 음식물 쓰레기 폭탄」, 『TV조선』, 2016년 5월 7일.

16 박주연, 「빨간색은 군침, 파란색은 입맛 뚝」, 『경향신문』, 2009년 7월 21일; 이슬기, 「'파란색에 답이 있다?' 다이어트에 좋은 컬러 테라피」, 『foodtvnews』, 2016년 12월 13일.

17 이종혁, 『공공 소통 감각』(한경사, 2015), 72~76쪽.

18 육성연, 「커피 찌꺼기 재활용·머그잔 보급…'환경 담은 한 잔' 따뜻한 카페들」, 『헤럴드경제』, 2017년 4월 26일.

19 한정선, 「대학로·새문안로2길에 담배꽁초 쓰레기통 설치된다」, 『이데일리』, 2016년 10월 18일.

20 백진경·황상미·천은영, 「국내 영화관의 효율적인 쓰레기 분리수거 촉진을 위한 사인 디자인 체계 연구: 메가박스 사례를 중심으로」, 『디자인융복합연구』, 14권 4호(2015년), 53쪽.

21 허현범, 「제물포역 인근 일명 담배 골목 '화려한 변신'」, 『경기일보』, 2017년 6월 14일.

22 이원율, 「[빗물받이 수난시대] "웃는 얼굴에 꽁초를 버리시겠습니까?…네"」, 『헤럴드경제』, 2017년 5월 12일.

23 김다윤, 「Public Information Campaign: 사회적 이슈에 대응하는 저마다 다른 방식」, 『디아이투데이』, 2017년 7월 14일.

24 김상기, 「"흡연 부스도 있는데 길빵하는 사람들" 사진 고발…페북지기 초이스」, 『국민일보』, 2016년 5월 11일.

제5장 자원 절약·환경보호 넛지

1 리처드 탈러(Richard H. Thaler)·캐스 선스타인(Cass R. Sunstein), 안진환 옮김, 『넛지: 똑똑한 선택을 이끄는 힘』(리더스북, 2008/2009), 112~113쪽; Howook "Sean" Chang, Chang Huh□Myong Jae Lee, 「Would an Energy Conservation Nudge in Hotels Encourage Hotel Guests to Conserve?」, 『Cornell Hospitality Quarterly』, 57:2(June 2015), pp. 172~183; 허진석, 「징세…환경…꽉 막힌 정책 '넛지'로 푼다」, 『동아일보』, 2013년 1월 15일.

2 리처드 탈러(Richard H. Thaler)·캐스 선스타인(Cass R. Sunstein), 안진환 옮김, 『넛지: 똑똑한 선택을 이끄는 힘』(리더스북, 2008/2009), 305쪽.

3 리처드 탈러(Richard H. Thaler)·캐스 선스타인(Cass R. Sunstein), 안진환 옮김, 『넛지: 똑똑한 선택을 이끄는 힘』(리더스북, 2008/2009), 307쪽.

4 라즐로 복(Laszlo Bock), 이경식 옮김, 『구글의 아침은 자유가 시작된다: 구글 인사책임자가 직접 공개하는 인재등용의 비밀』(알에이치코리아, 2015), 478쪽.

5 허진석, 「징세…환경…꽉 막힌 정책 '넛지'로 푼다」, 『동아일보』, 2013년 1월 15일.

6 박지정, 「대학교 건물의 냉난방 시설의 문제점 및 개선 방안 연구: 한양대학교 ERICA캠퍼스 사례 분석」, 한양대학교 이노베이션대학원 건축학과 석사학위논문, 2013년 2월, 6쪽.

7 조혜정, 「성탄 전야에도 촛불…박근혜 겨냥한 충격적 제보 "관계자들도 경악 금치 못해…참 이상한 일"」, 『뉴스타운』, 2016년 12월 25일.

8 안은진, 「넛지 디자인, 마음을 움직이는 부드러운 설득」, 『카이스트신문』, 2013년 12월 4일.

9 이종혁, 『공공 소통 감각』(한경사, 2015), 191~195쪽.

10 육성연, 「커피 찌꺼기 재활용·머그잔 보급…'환경 담은 한잔' 따뜻한 카페들」, 『헤럴드경제』, 2017년 4월 26일.

11 이누리, 「화장실 '두루마리 휴지'를 반드시 바깥쪽으로 걸어야 하는 이유」, 『문화뉴스』, 2016년 12월 16일.

12 김다윤, 「Public Information Campaign: 사회적 이슈에 대응하는 저마다 다른 방식」, 『디아이투데이』, 2017년 7월 14일.

13 이종혁, 「페트병 생수 대신 개인 물병…석유 300만 배럴 감축 실험」, 『중앙선데이』, 2015년 2월 23일.

제6장 건강 넛지

1 「Nudging in Public Health-An Ethical Framework」, A Report by the National Advisory Committee on Bioethics, 『UK Department of Health』, December 2015, p.21.

2 리처드 탈러(Richard H. Thaler)·캐스 선스타인(Cass R. Sunstein), 안진환 옮김, 『넛지: 똑똑한 선택을 이끄는 힘』(리더스북, 2008/2009), 13~14쪽; 신아름, 「욕실에 깃든 '넛지' 이론을 아시나요?」, 『머니투데이』, 2016년 9월 25일.

3 허진석, 「징세…환경…꽉 막힌 정책 '넛지'로 푼다」, 『동아일보』, 2013년 1월 15일.

4 리처드 탈러(Richard H. Thaler)·캐스 선스타인(Cass R. Sunstein), 안진환 옮김, 『넛지: 똑똑한 선택을 이끄는 힘』(리더스북, 2008/2009), 74~76쪽; 칩 히스(Chip Heath)·댄 히스(Dan Heath), 안진환 옮김, 『스위치: 손쉽게 극적인 변화를 이끌어내는 행동설계의 힘』(웅진지식하우스, 2010), 14~16쪽.

5 니컬러스 에플리(Nicholas Epley), 박인균 옮김, 『마음을 읽는다는 착각: 오해와 상처에서 벗어나는 관계의 심리학』(을유문화사, 2014), 238쪽.

6 이수지, 「구글의 10가지 업무 규칙」, 『ㅍㅍㅅㅅ』, 2017년 2월 11일.

7 J. Schwartz, J. Riis, B. Elbel, and D. Ariely, 「Inviting consumers to downsize fast-food portions significantly reduces calorie consumption」, 『Health Affairs』, 31:2(February 2012), pp.399~407.

8 리처드 탈러(Richard H. Thaler)·캐스 선스타인(Cass R. Sunstein), 안진환 옮김, 『넛지: 똑똑한 선택을 이끄는 힘』(리더스북, 2008/2009), 106쪽.

9 김동우, 「SUGAR…눈 뜨고 '당'할라」, 『국민일보』, 2017년 2월 28일.

10 「아프리카 아이들이 갑자기 손 씻기에 빠져든 기가 막힌 사연」, 밀알복지재단 페이스북.

11 마이클 리드, 「타인의 선택 이끄는 '넛지'의 힘」, 『중앙일보』, 2014년 11월 7일.

12 김기오, 「관료주의 수술과 넛지 효과」, 『영남일보』, 2014년 5월 20일.

13 권재경·하대석, 「안전벨트를 매면 '와이파이'가 터진다? 흥미로운 넛지 효과」, 『SBS 뉴스』, 2015년 11월 22일.

14 케빈 워바흐(Kevin Werbach)·댄 헌터(Dan Hunter), 강유리 옮김, 『게임하듯 승리하라』(매일경제신문사, 2012/2013), 45~46쪽.

15 최현묵, 「[Weekly BIZ] 민화 한 편 딤긴 이메일이 협상 이끌어 낸다면? 당장 1분만 투자해보라」, 『조선일보』, 2015년 2월 14일.

16 강진일, 「직장인 10명 중 9명, 평균 5개 질병 달고 산다」, 『컨슈머와이드』, 2016년 11월 7일.

17 범상규, 『심리학이 소비자에 대해 가르쳐준 것들』(바다출판사, 2013), 66쪽.

18 김라윤, 「쇼핑 지름신 보내고…저축의 기쁨 만끽해 보세요」, 『세계일보』, 2017년 6월 7일.

제7장 매너 넛지

1 공보영, 「세상을 바꾸는 '한 줄 문장'의 힘…'넛지 효과' 활용」, 『MBC 뉴스』, 2017년 5월 30일.
2 「매너 없는 행동은 그만! 영화관 민폐 관람객 유형 BEST 5 [카드뉴스]」, 『비주얼 다이브』, 2016년 2월 24일.
3 강홍준, 「문 앞 배려가 꼭 필요한 곳」, 『중앙일보』, 2015년 1월 26일.
4 곽수근, 「몰래 쉬하다…쉬 맞아요」, 『조선일보』, 2015년 7월 28일.
5 한지숙, 「택시 기사 화장실 고충 심각, 74% "노상 방뇨 해봤다"」, 『헤럴드경제』, 2017년 5월 17일.
6 박수지·임세연, 「시험 기간 도서관 자리 부족에 '공백 시간표', '잠수카드' 등장」, 『한겨레』, 2017년 6월 22일.
7 박수지·임세연, 「시험 기간 도서관 자리 부족에 '공백 시간표', '잠수카드' 등장」, 『한겨레』, 2017년 6월 22일.
8 이민석·오로라, 「年 4조 5,000억, 양심과 함께 사라지다」, 『조선일보』, 2015년 10월 14일.
9 오로라, 「함부로 예약 취소 땐 위약금 엄격히 적용…부도율 5% 미만 '뚝'」, 『조선일보』, 2015년 10월 17일.
10 「Nudging in Public Health – An Ethical Framework」, A Report by the National Advisory Committee on Bioethics, 『UK Department of Health』, December 2015, p.22.
11 로버트 치알디니(Robert B. Cialdini) 외, 『설득의 심리학 완결편: 작은 시도로 큰 변화를 이끌어내는 '스몰 빅'의 놀라운 힘』(21세기북스, 2014/2015), 78쪽.
12 박태희, 「카페베네·파스쿠찌·망고식스는 "커피 나왔습니다"」, 『중앙선데이』, 2015년 2월 8일.
13 이종혁, 『공공 소통 감각』(한경사, 2015), 52쪽.

제8장 행정·범죄 예방 넛지

1 정재승, 「내가 실수할 줄 자동차가 먼저 알고 있다면」, 『한겨레』, 2016년 4월 9일.
2 이미란·고선규, 「유권자의 투표 편의성과 일본·미국의 사전투표소」, 『日本硏究論叢』, 44권(2016년), 109~133쪽.
3 박수진, 「"투표하고 복권 당첨 기회 잡으세요" 국민투표로또 등장」, 『한겨레』, 2017년 4월 21일.
4 이재원, 「홍보→모금→저변 확대…美 대선 '정치 굿즈' 효과 '굿'」, 『머니투데이』, 2017년 3월 29일.
5 로버트 치알디니(Robert B. Cialdini) 외, 『설득의 심리학 완결편: 작은 시도로 큰 변화를 이끌어내는 '스몰 빅'의 놀라운 힘』(21세기북스, 2014/2015), 31~32쪽; 최현묵, 「[Weekly BIZ] 설득하지 않고 설득하는 힘」, 『조선일보』, 2015년 2월 14일; 유혜영, 「똑똑한 정부가 필요하다: 행동경제학이 가져온 정부 정책의 변화」, 김윤이 외, 『빅 픽처 2016: 특이점과 마주한 사회』(생각정원, 2015), 167~168쪽.
6 리처드 탈러(Richard H. Thaler)·캐스 선스타인(Cass R. Sunstein), 안진환 옮김, 『넛지: 똑똑한 선택을 이끄는 힘』(리더스북, 2008/2009), 108~109쪽; 노태호, 「[사이언스 토크] 넛지와 선택설계」, 『국민일보』, 2016년 7월 22일.
7 Cait Lamberton, 「A Spoonful of Choice: How Allocation Increases Satisfaction with Tax Payments」, 『Journal of Public Policy·Marketing』, 32:2(Fall 2013), pp.223~238.
8 라즐로 복(Laszlo Bock), 이경식 옮김, 『구글의 아침은 자유가 시작된다: 구글 인사책임자가 직접 공개하는 인재등용의 비밀』(알에이치코리아, 2015), 478쪽; 허진석, 「징세…환경…꽉 막힌 정책 '너지'로 푼다」, 『동아 일보』, 2013년 1월 15일.
9 Lisa L. Shua, Nina Mazarb, Francesca Ginoc, Dan Ariely, and Max H. Bazermanc, 「Signing at the beginning makes ethics salient and decreases dishonest self-reports in comparison to signing at the end」, 『PNAS』, 109:38(September 2012).
10 댄 애리얼리(Dan Ariely), 이경식 옮김, 『거짓말하는 착한 사람들: 우리는 왜 부정행위에 끌리는가』(청림출판, 2012), 68~75쪽.

11 권경성, 「부서 간 칸막이 탓에 세금 수백억 덜 걷은 국세청」, 『한국일보』, 2017년 7월 5일.

12 마이클 리드, 「타인의 선택 이끄는 '넛지'의 힘」, 『중앙일보』, 2014년 11월 7일.

13 리처드 탈러(Richard H. Thaler)·캐스 선스타인(Cass R. Sunstein), 안진환 옮김, 『넛지: 똑똑한 선택을 이끄는 힘』(리더스북, 2008/2009), 180~185쪽; 마이클 리드, 「타인의 선택 이끄는 '넛지'의 힘」, 『중앙일보』, 2014년 11월 7일.

14 이재덕, 「금융 상품 선택하는 소비자는 합리적일까…금융에 도입된 '넛지(nudge)'」, 『경향신문』, 2016년 1월 3일.

15 이수지, 「구글의 10가지 업무 규칙」, 『ㅍㅍㅅㅅ』, 2017년 2월 11일.

16 김소연, 「늘어나는 연금저축 해지…"중도 해지만큼은 피해라"」, 『브릿지경제』, 2017년 5월 9일.

17 EBS 지식프라임 제작팀, 『지식 EBS 프라임』(밀리언하우스, 2009), 182쪽; 「Broken windows theory」, 『Wikipedia』.

18 티모시 윌슨(Timothy D. Wilson), 강유리 옮김, 『스토리: 행동의 방향을 바꾸는 강력한 심리처방』(웅진지식하우스, 2011/2012), 232쪽; Mark Kosters·Jeroen Van der Heijden, 「From mechanism to virtue: Evaluating Nudge theory」, 『Evaluation』, 21:3(July 2015), p.238. 강준만, 「왜 '깨진 유리창' 하나가 그 지역의 무법천지를 불러오는가?: '깨진 유리창' 이론」, 『우리는 왜 이렇게 사는 걸까?: 세상을 꿰뚫는 50가지 이론 2』(인물과사상사, 2014), 249~253쪽 참고.

19 김경태, 「'넛지'를 통한 범죄 예방」, 『이투데이』, 2014년 12월 8일.

20 임선영, 「빈집 노린 '스파이더 범죄'…가스관만 잡아도 딱 걸린다」, 『중앙일보』, 2017년 7월 18일.

21 권선애·안석, 「학교 폭력 가해 및 피해 학생을 위한 음악 치료 프로그램 연구」, 『한국기독교상담학회지』, 23권 3호(2012년), 9~57쪽.

22 양혜경·서보람, 「민영교도소에서 실시한 음악 치료 프로그램의 효과성 연구」, 『교정연구』, 26권 2호(2016년 6월), 51~71쪽.

23 최진성, 「클래식을 들으면 범죄 심리가 사라진다?」, 『헤럴드경제』, 2015년 1월 4일.

24 김중걸, 「양산 경찰 기발한 성폭력 예방법은…3년째 대학 신입생 오리엔테이션에서 역할극 '호평'」, 『경남도민일보』, 2017년 2월 24일.

25 남지원, 「여성 5명 중 1명 성추행 피해…대중교통이 취약지대」, 『경향신문』, 2017년 2월 27일.

26 http://blog.naver.com/wjwn1n8cs/220604542433

제9장 소통 넛지

1 최현묵, 「[Weekly BIZ] 만화 한 편 담긴 이메일이 협상 이끌어 낸다면? 당장 1분만 투자해보라」, 『조선일보』, 2015년 2월 14일.

2 로버트 치알디니(Robert B. Cialdini) 외, 『설득의 심리학 완결편: 작은 시도로 큰 변화를 이끌어내는 '스몰 빅'의 놀라운 힘』(21세기북스, 2014/2015), 311~312쪽.

3 최현묵, 「[Weekly BIZ] 만화 한 편 담긴 이메일이 협상 이끌어 낸다면? 당장 1분만 투자해보라」, 『조선일보』, 2015년 2월 14일; 로버트 치알디니(Robert B. Cialdini) 외, 『설득의 심리학 완결편: 작은 시도로 큰 변화를 이끌어내는 '스몰 빅'의 놀라운 힘』(21세기북스, 2014/2015), 210~223쪽.

4 최현묵, 「[Weekly BIZ] 만화 한 편 담긴 이메일이 협상 이끌어 낸다면? 당장 1분만 투자해보라」, 『조선일보』, 2015년 2월 14일.

5 김성회, 「김성회의 인문경영」 직언의 기술」, 『이투데이』, 2017년 1월 24일.

6 라즐로 복(Laszlo Bock), 이경식 옮김, 『구글의 아침은 자유가 시작된다: 구글 인사책임자가 직접 공개하

는 인재등용의 비밀』(알에이치코리아, 2015), 447∼449쪽; 이수지, 「구글의 10가지 업무 규칙」, 『ㅍㅍㅅㅅ』, 2017년 2월 11일.

7 유정식, 『당신들은 늘 착각 속에 산다: 번아웃 시대 직장인을 위한 조직의 심리학』(알에이치코리아, 2015), 233쪽.

8 임귀열, 「[임귀열 영어] 독백은 두 번해도 대화가 아니다(Two monologues do not make a dialogue)」, 『한국일보』, 2011년 5월 18일.

9 스티븐 코비, 김경섭 옮김, 『성공하는 사람들의 8번째 습관』(김영사, 2004/2005), 274, 278쪽; 「Talking stick」, 『Wikipedia』; 「Council circle」, 『Wikipedia』.

10 엘리어트 애런슨(Elliot Aronson), 윤진·최상진 옮김, 『사회심리학(개정5판)』(탐구당, 1988/1991), 403쪽; 토드 부크홀츠(Todd G. Buchholz), 장석훈 옮김, 『러쉬: 우리는 왜 도전과 경쟁을 즐기는가』(청림출판, 2011/2012), 317∼318; 「Ben Franklin effect」, 『Wikipedia』.

11 폴커 키츠(Volker Kitz)·마누엘 투쉬(Manuel Tusch), 김희상 옮김, 『스마트한 심리학 사용법』(갤리온, 2013/2014), 33∼36쪽.

12 Mark Kosters·Jeroen Van der Heijden, 「From mechanism to virtue: Evaluating Nudge theory」, 『Evaluation』, 21:3(July 2015), p.282; William F. Moroney&Joyce Cameron, 「The Questionnaire as Conversation: Time for a Paradigm Shift, or at Least a Paradigm Nudge?」, 『Ergonomics in Design』, 24:2(April 2016), p.14.

13 이종혁, 「카톡 속 말풍선 같은 친근한 상징물이 소통에 효과적」, 『중앙선데이』, 2015년 2월 15일.

14 김경미, 「[작은 외침 LOUD] "안녕하세요" 한마디, 마음 시린 이들에겐 큰 힘 돼요」, 『중앙일보』, 2016년 12월 28일.

15 김호, 「엘리베이터에 인사 유도 장치, 운남동의 실험」, 『중앙일보』, 2016년 1월 6일.

16 홍기확, 「"똑똑한 선택을 이끄는 힘"…넛지 행정, 변화의 서막」, 『헤드라인제주』, 2016년 8월 17일.

17 리처드 탈러(Richard H. Thaler)·캐스 선스타인(Cass R. Sunstein), 안진환 옮김, 『넛지: 똑똑한 선택을 이끄는 힘』(리더스북, 2008/2009), 343∼344쪽.

18 이유진, 「구글 '술주정 막는 메일' 선보여」, 『연합뉴스』, 2008년 10월 8일.

19 케빈 워바흐(Kevin Werbach)·댄 헌터(Dan Hunter), 강유리 옮김, 『게임하듯 승리하라』(매일경제신문사, 2012/2013), 32∼33쪽.

20 강주일, 「EBS 다큐프라임, 인터넷 폭력 예방 프로젝트 1부」, 『경향신문』, 2012년 12월 5일.

21 리처드 탈러(Richard H. Thaler)·캐스 선스타인(Cass R. Sunstein), 안진환 옮김, 『넛지: 똑똑한 선택을 이끄는 힘』(리더스북, 2008/2009), 299∼300쪽.

22 최현묵, 「[Weekly BIZ] 설득하지 않고 설득하는 힘」, 『조선일보』, 2015년 2월 14일.

23 캐스 선스타인(Cass R. Sunstein), 장경덕 옮김, 『심플러: 간결한 넛지의 힘』(21세기북스, 2013), 183, 198∼200쪽.

24 Pete Lunn, OECD 대한민국 정책센터 옮김, 「규제 정책과 행동경제학」, OECD Publishing, 2014; OECD 대한민국 정책센터, 15∼16쪽.

25 Pete Lunn, OECD 대한민국 정책센터 옮김, 「규제 정책과 행동경제학」, OECD Publishing, 2014; OECD 대한민국 정책센터, 28∼29쪽.

26 정대연, 「개인정보 수집 동의서, 알기 쉽게 바꿔」, 『경향신문』, 2017년 7월 14일.

27 칩 히스(Chip Heath)·댄 히스(Dan Heath), 안진환 옮김, 『스위치: 손쉽게 극적인 변화를 이끌어내는 행동 설계의 힘』(웅진지식하우스, 2010), 328∼330쪽.

28 김지연·윤수정, 「운전 중 문자 메시지, 버젓이 광고에 내보내는 국내 통신사」, 『조선일보』, 2017년 3월 31일.

29 김표향, 「방통심의위, '미우새' 등 음주 반복 프로 행정 지도」, 『한국일보』, 2017년 1월 20일.

제10장 마케팅 · 자기계발 넛지

1   김경훈, 「라이프스타일을 팝니다: 상상초월의 가구 왕국 '이케아'는 어떻게 만들어졌는가」, 『한겨레21』, 2006년 12월 12일, 51면.

2   최병두, 「DIY 전쟁 I: IKEA 이야기」, 『CHEIL WORLDWIDE』, 2011년 5월, 48~51쪽.

3   크리스 앤더슨(Chris Anderson), 윤태경 옮김, 『메이커스: 새로운 수요를 만드는 사람들』(알에이치코리아, 2012/2013), 110~111쪽; 댄 애리얼리(Dan Ariely), 김원호 옮김, 『경제심리학』(청림출판, 2010/2011), 120~154쪽.

4   크리스 앤더슨(Chris Anderson), 윤태경 옮김, 『메이커스: 새로운 수요를 만드는 사람들』(알에이치코리아, 2012/2013), 110~111쪽. 강준만, 「왜 어떤 사람들은 조립 가구를 더 좋아할까?: 이케아 효과」, 『감정 독재: 세상을 꿰뚫는 50가지 이론』(인물과사상사, 2013), 73~77쪽 참고.

5   롤프 옌센(Rolf Jensen) · 미카 알토넨(Mika Aaltonen), 박종윤 옮김, 『르네상스 소사이어티』(내인생의책, 2013/2014), 140~141쪽.

6   James B. Twitchell, 『Shopping for God: How Christianity Went From In Your Heart to In Your Face』(New York: Simon&Schuster, 2007), pp.77~78.

7   김환표, 「레이쥔 샤오미는 애플 · 구글 · 아마존을 합한 회사다"」, 『월간 인물과사상』, 제214호(2016년 2월), 75~76쪽; 오광진, 「[Weekly BIZ] 고객과 화끈하게 놀자 55조 원 기업이 됐다…개발 · 마케팅 · AS 참여하는 '미펀'」, 『조선일보』, 2015년 9월 12일.

8   롤프 옌센(Rolf Jensen) · 미카 알토넨(Mika Aaltonen), 박종윤 옮김, 『르네상스 소사이어티』(내인생의책, 2013/2014), 150쪽.

9   마크 고베(Marc Gobé), 안장원 옮김, 『감성디자인 감성브랜딩 뉴트렌드』(김앤김북스, 2007/2008), 328쪽.

10   로버트 세틀(Robert B. Settle) · 파멜라 알렉(Pamela L. Alreck), 대홍기획 마케팅컨설팅그룹 옮김, 『소비의 심리학: 소비자의 코드를 읽는 12가지 키워드』(세종서적, 1989/2003), 60~61쪽.

11   다비트 보스하르트(David Bosshart), 박종대 옮김, 『소비의 미래: 21세기 시장 트렌드』(생각의나무, 1997/2001), 405쪽. 강준만, 「왜 어떤 기업들은 절대 시장조사를 하지 않을까?: 사회적 선망 편향」, 『감정 독재: 세상을 꿰뚫는 50가지 이론』(인물과사상사, 2013), 209~214쪽 참고.

12   리처드 탈러(Richard H. Thaler) · 캐스 선스타인(Cass R. Sunstein), 안진환 옮김, 『넛지: 똑똑한 선택을 이끄는 힘』(리더스북, 2008/2009), 114~115쪽.

13   해미쉬 프링글(Hamish Pringle) · 마조리 톰슨(Majorie Thompson), 김민주 · 송희령 옮김, 『공익마케팅: 영혼이 있는 브랜드 만들기』(미래의창, 1999/2003), 207~209쪽.

14   이혜운, 「[Weekly BIZ] 3초 만에 눈길 잡고 全 세계인 신발 벗기는 마케팅」, 『조선일보』, 2016년 10월 1일.

15   정재승, 「내가 실수할 줄 자동차가 먼저 알고 있다면」, 『한겨레』, 2016년 4월 9일.

16   이유미, 「[똑똑! 빅데이터] ① 맥주는 왜 기저귀 옆에 있을까」, 『이데일리』, 2017년 1월 21일.

17   구창환, 「구창환의 브랜드 글쓰기 (25)-넛지 마케팅으로 성공한 사례」, 『업코리아』, 2015년 8월 18일.

18   구창환, 「구창환의 브랜드 글쓰기 (25)-넛지 마케팅으로 성공한 사례」, 『업코리아』, 2015년 8월 18일.

19   이재덕, 「금융 상품 선택하는 소비자는 합리적일까…금융에 도입된 '넛지(nudge)'」, 『경향신문』, 2016년 1월 3일.

20   질리언 테트(Gillian Tett), 신예경 옮김, 『사일로 이펙트: 무엇이 우리를 눈멀게 하는가』(어크로스, 2015/2016), 248~264쪽.

21   이인열, 「명문 기업들의 疏通 방법」, 『조선일보』, 2015년 4월 11일; Philip Ebert☐Wolfgang Freibichler, 「Nudge management: applying behavioural science to increase knowledge worker productivity」, 『Journal of Organization Design』, 6:4(March 2017).

22   마이클 폴라니, 표재명 · 김봉미 옮김, 『개인적 지식: 후기비판적 철학을 향하여』(아카넷, 1958/2001); 「Tacit

knowledge」, 「Wikipedia」.

23 김병도, 『코카콜라는 어떻게 산타에게 빨간 옷을 입혔는가: 위기를 돌파하는 마케팅』(21세기북스, 2003), 142~143쪽.

24 홍성욱, 『네트워크 혁명, 그 열림과 닫힘: 지식기반사회의 비판과 대안』(들녘, 2002), 118쪽. 강준만, 「왜 장관들은 물러날 때쯤에서야 업무를 파악하게 되는가?: 암묵지」, 『우리는 왜 이렇게 사는 걸까?: 세상을 꿰뚫는 50가지 이론 2』(인물과사상사, 2014), 42~50쪽 참고.

25 짐 스텐겔(Jim Stengel), 박아람 · 박신현 옮김, 『미래기업은 무엇으로 성장하는가』(리더스북, 2011/2012), 202쪽.

26 댄 애리얼리(Dan Ariely), 김원호 옮김, 『경제심리학』(청림출판, 2010/2011), 173~174쪽. 강준만, 「왜 세월호 참사와 관련해 "이게 나라인가?"라는 말이 나오는가?: NIH 증후군」, 『우리는 왜 이렇게 사는 걸까?: 세상을 꿰뚫는 50가지 이론 2』(인물과사상사, 2014), 51~57쪽 참고.

27 댄 애리얼리(Dan Ariely), 김원호 옮김, 『경제 심리학: 경제는 감정으로 움직인다』(청림출판, 2010/2011), 112~118쪽.

28 최현묵, 「[Weekly BIZ] 만화 한 편 담긴 이메일이 협상 이끌어 낸다면? 당장 1분만 투자해보라」, 『조선일보』, 2015년 2월 14일.

29 노리나 허츠(Noreena Hertz), 이은경 옮김, 『누가 내 생각을 움직이는가: 일상을 지배하는 교묘한 선택의 함정들』(비즈니스북스, 2013/2014), 277~278쪽. 강준만, 「왜 독일은 '2014 브라질 월드컵'에서 우승할 수 있었는가?: 필수적 다양성의 법칙」, 『독선 사회: 세상을 꿰뚫는 50가지 이론 4』(인물과사상사, 2015), 225~229쪽 참고.

30 노리나 허츠(Noreena Hertz), 이은경 옮김, 『누가 내 생각을 움직이는가: 일상을 지배하는 교묘한 선택의 함정들』(비즈니스북스, 2013/2014), 48~50쪽.

31 권순재, 「"외국인의 시각으로 관광지 홍보" 충남도, 외국인 유학생 SNS 홍보단 출범」, 『경향신문』, 2017년 7월 16일.

32 정유미, 「부산 달동네, 골목마다 숨은 사연과 숨바꼭질하다」, 『경향비즈』, 2016년 10월 26일.

33 조형주, 「대구 달성군, '스탬프 투어' 앱 서비스 시작」, 『뉴스통신』, 2017년 2월 15일.

34 백세종, 「[전주를 문화특별시로 ① 관광객 1,000만 시대] '전주 전통문화' 국가 브랜드로 만들자」, 『전북일보』, 2017년 3월 28일.

35 이신우, 「전주 한옥마을 '꼬치마을' 불명예 씻을 수 있을까」, 『전북중앙신문』, 2017년 4월 6일.

36 이성훈, 「영국 정부의 '너지(nudge · 살짝 찌르다) 정책」, 『조선일보』, 2014년 11월 5일; 유혜영, 「똑똑한 정부가 필요하다: 행동경제학이 가져온 정부정책의 변화」, 김윤이 외, 『빅 픽처 2016: 특이점과 마주한 사회』(생각정원, 2015), 166~167쪽.

37 최현묵, 「[Weekly BIZ] 만화 한 편 담긴 이메일이 협상 이끌어 낸다면? 당장 1분만 투자해보라」, 『조선일보』, 2015년 2월 14일; 로버트 치알디니(Robert B. Cialdini) 외, 『설득의 심리학 완결편: 작은 시도로 큰 변화를 이끌어내는 '스몰 빅'의 놀라운 힘』(21세기북스, 2014/2015), 185~187쪽.

38 에이미 커디(Amy Cuddy), 이경식 옮김, 『프레즌스』(알에이치코리아, 2015/2016), 379~389쪽.

39 캐롤 드웩(Carol Dweck), 정명진 옮김, 『성공의 새로운 심리학: 마인드세트』(부글북스, 2006/2011), 19~27쪽. 강준만, 「왜 "그냥 너답게 행동하라"는 조언은 우리에게 무익한가?: 고착형 마인드세트」, 『생각과 착각: 세상을 꿰뚫는 50가지 이론 5』(인물과사상사, 2016), 129~134쪽 참고.

40 이승구, 「'독서 장려' 위해 도서 구입비 특별 소득공제 추진」, 『일간 NTN』, 2017년 3월 21일.

41 해미쉬 프링글(Hamish Pringle) · 마조리 톰슨(Majorie Thompson), 김민주 · 송희령 옮김, 『공익마케팅: 영혼이 있는 브랜드 만들기』(미래의창, 1999/2003), 182~187쪽.

제11장 기타 넛지

1 리처드 탈러(Richard H. Thaler) · 캐스 선스타인(Cass R. Sunstein), 안진환 옮김, 『넛지: 똑똑한 선택을 이끄는 힘』(리더스북, 2008/2009), 281~282쪽; 마이클 리드, 「타인의 선택 이끄는 '넛지'의 힘」, 『중앙일보』, 2014년 11월 7일.

2 라즐로 복(Laszlo Bock), 이경식 옮김, 『구글의 아침은 자유가 시작된다: 구글 인사책임자가 직접 공개하는 인재등용의 비밀』(알에이치코리아, 2015), 479쪽.

3 최현묵, 「[Weekly BIZ] 설득하지 않고 설득하는 힘」, 『조선일보』, 2015년 2월 14일.

4 이동영, 「'헌혈 절벽' 시대가 온다」, 『동아일보』, 2017년 7월 14일.

5 리처드 탈러(Richard H. Thaler) · 캐스 선스타인(Cass R. Sunstein), 안진환 옮김, 『넛지: 똑똑한 선택을 이끄는 힘』(리더스북, 2008/2009), 333~334쪽.

6 남승우, 「희생자 많을 땐 '동정심 피로증'」, 『조선일보』, 2007년 3월 19일, A21면.

7 칩 히스(Chip Heath) · 댄 히스(Dan Heath), 안진환 · 박슬라 옮김, 『스틱: 1초 만에 착 달라붙는 메시지, 그 안에 숨은 6가지 법칙(개정증보판)』(엘도라도, 2009), 245~250쪽. 강준만, 「왜 "한 명의 죽음은 비극, 백만 명의 죽음은 통계"인가?: 사소한 것에 대한 관심의 법칙」, 『감정 독재: 세상을 꿰뚫는 50가지 이론』(인물과사상사, 2013), 301~307쪽 참고.

8 댄 애리얼리(Dan Ariely), 김원호 옮김, 『경제 심리학: 경제는 감정으로 움직인다』(청림출판, 2010/2011), 353~354, 366쪽.

9 칩 히스(Chip Heath) · 댄 히스(Dan Heath), 안진환 · 박슬라 옮김, 『스틱: 1초 만에 착 달라붙는 메시지, 그 안에 숨은 6가지 법칙(개정증보판)』(엘도라도, 2009), 266~269쪽.

10 김용운, 「단어 하나 바꿨더니…모금액 90% 증가?」, 『이데일리』, 2015년 2월 11일.

11 하혜린, 「한 노숙자의 센스 있는 구걸」, 『더팩트 트렌드』, 2015년 5월 16일

12 이현우, 『한국인에게 가장 잘 통하는 설득전략 24』(더난출판, 2005), 57쪽.

13 이시영, 「한국 ODA 정책에 대한 인식 유형 탐구: Q 연구방법론을 활용하여」, 서울대학교 행정대학원 행정학과 석사학위논문, 2015년 8월, 9쪽.

14 「[사설] 선의의 기부자에 세금 폭탄 막는 '황필상法' 당장 만들라」, 『조선일보』, 2017년 4월 22일.

15 황준호, 「카카오 '다름' 차별 방지 캠페인 '더불어 삶' 시작」, 『아시아경제』, 2017년 5월 25일.

16 박주석, 「'직업 · 성차별적 용어 바꿔 쓰기 운동' 눈길」, 『강원도민일보』, 2017년 5월 6일.

17 한경, 「여대생의 성적 대상화 경험, 외모에 대한 사회문화적 기준의 내면화, 신체 감시, 신체 수치심이 취업 스트레스에 미치는 영향」, 원광대학교 일반대학원 교육학과 석사학위논문, 2013년 8월.

18 서영석 · 이정림 · 차주환, 「성역할 태도, 종교 성향, 권위주의 및 문화적 가치가 대학생의 동성애 혐오에 미치는 영향」, 『한국심리학회지: 상담 및 심리치료』, 18권 1호(2006년 2월), 177~199쪽.

19 칩 히스(Chip Heath) · 댄 히스(Dan Heath), 안진환 옮김, 『스위치: 손쉽게 극적인 변화를 이끌어내는 행동 설계의 힘』(웅진지식하우스, 2010), 267~271쪽.

20 칩 히스(Chip Heath) · 댄 히스(Dan Heath), 안진환 옮김, 『스위치: 손쉽게 극적인 변화를 이끌어내는 행동 설계의 힘』(웅진지식하우스, 2010), 312~313쪽.

21 이상화 · 이서준, 「위험 막는 '넛지'…빨간 선 광안대교, 사고 30% 줄었다」, 『중앙일보』, 2014년 10월 21일.

22 김다운, 「Public Information Campaign: 사회적 이슈에 대응하는 저마다 다른 방식」, 『디아이투데이』, 2017년 7월 14일.

23 http://terms.naver.com/entry.nhn?docId=3409564&cid=58413&categoryId=58413.

24 이순철, 「로드 킬 예방, 생명 보호와 사랑의 실천」, 『아시아뉴스통신』, 2016년 6월 27일.

제12장 왜 넛지를 위해 논문을 활용하지 않는가?

1　강준만, 『소통의 무기: 일상의 '왜'에 답하는 커뮤니케이션 이론』(개마고원, 2017).
2　엄주엽, 「전문 지식 활용하고 싶은데…일반인은 볼 수 없는 학술 논문」, 『문화일보』, 2017년 6월 15일.
3　강내희, 「지식 생산의 민주화」, 『한겨레』, 2017년 6월 26일.
4　이상(以上)은 내가 『한겨레』 2017년 7월 3일자에 기고한 「'논문의 대중화'를 위하여」라는 제목의 칼럼을 조금 손봐 실은 것이다.

넛지 사용법

ⓒ 강준만 외, 2017

초판 1쇄 2017년 9월 8일 펴냄
초판 4쇄 2020년 6월 2일 펴냄

지은이 l 강준만 외
펴낸이 l 강준우
기획 · 편집 l 박상문, 박효주, 김환표
디자인 l 최진영, 홍성권
마케팅 l 이태준
관리 l 최수향
인쇄 · 제본 l (주)삼신문화

펴낸곳 l 인물과사상사
출판등록 l 제17-204호 1998년 3월 11일

주소 l 121-839 서울시 마포구 서교동 392-4 삼양E&R빌딩 2층
전화 l 02-325-6364
팩스 l 02-474-1413

www.inmul.co.kr l insa@inmul.co.kr

ISBN 978-89-5906-456-4 03300

값 15,000원